21 世纪高等学校金融学系列教材

中央银行通论学习指导

（修 订 版）

主　编　孔祥毅

副主编　王永亮

中国金融出版社

责任编辑：罗邦敏
责任校对：刘　明
责任印制：张　莉

图书在版编目（CIP）数据

中央银行通论学习指导（Zhongyang Yinhang Tonglun Xuexi Zhidao）/孔祥毅主编 . —修订版 . —北京：中国金融出版社，2009.2
（21 世纪高等学校金融学系列教材 . 货币银行学子系列）
ISBN 978 - 7 - 5049 - 4913 - 4

Ⅰ. 中… Ⅱ. 孔… Ⅲ. 中央银行—高等学校—教学参考资料 Ⅳ. F830.31

中国版本图书馆 CIP 数据核字（2009）第 007043 号

出版
发行　中国金融出版社

社址　北京市丰台区益泽路 2 号
市场开发部　（010）63266347，63805472，63439533（传真）
网 上 书 店　http://www.chinafph.com
　　　　　　　（010）63286832，63365686（传真）
读者服务部　（010）66070833，62568380
邮编　100071
经销　新华书店
印刷　北京市松源印刷有限公司
装订　平阳装订厂
尺寸　169 毫米 × 239 毫米
印张　24.25
字数　472 千
版次　2004 年 3 月第 1 版　2009 年 2 月修订第 2 版
印次　2016 年 1 月第 2 次印刷
印数　5001—6000
定价　38.00 元
ISBN 978 - 7 - 5049 - 4913 - 4/F. 4473
如出现印装错误本社负责调换　联系电话（010）63263947

作者简介

孔祥毅，1941 年生，山西财经大学教授，博士生导师，享受国家特殊津贴专家，中国商业史学会名誉会长，中国供销合作经济学会副会长，中国金融学会常务理事，全国高等财经教育研究会顾问，曾任山西财经学院院长、山西财经大学党委书记。主要研究金融理论和金融史，著有《金融票号史论》、《百年金融制度变迁与金融协调研究》、《宏观金融调控理论》等 30 多部专著；发表《山西票号与中国商业革命》、《金融协调理论的若干问题》、《山西票号的风险控制及其现实意义》等论文 140 多篇，其中多项获国家与省部奖励。

王永亮，1967 年生，山西财经大学财政金融学院副教授、晋商研究院专职研究人员，从事中央银行学课程教学工作 10 多年。主要学术兴趣是中央银行理论、平民金融理论、金融史和金融仿生学，著有《票号仿生论》、《金融理论教程》、《银行市场营销学》等专著、教材 10 余部，发表论文 30 多篇，主持和参与完成各类科研项目 10 余项，其中 2 项获山西省科技进步二等奖。

高等学校

金融学

系列教材

货币银行学子系列

修订说明

　　《中央银行通论学习指导（修订版)》是与《中央银行通论（第三版)》相配套的教学指导书，服务于高等院校金融学专业主干课程《中央银行学》的教学与学习。《中央银行通论学习指导》于 2004 年 3 月由中国金融出版社出版，已经使用 4 年多，印刷 7 次，计 43 000 册，受到金融界与教育界的欢迎。借《中央银行通论》修订出版第三版之机，我们对《中央银行通论学习指导》同时进行了大幅度的修改，包括增补、删节、调整。

　　本书由孔祥毅任主编、王永亮任副主编，各编编写分工如下：

第一编、第三编、第四编　山西财经大学王永亮

第二编　北京联合大学张峰

第五编　江南大学郭建伟

第六编　太原理工大学杨国佐（第十七章）

　　　　山西财经大学王永亮（第十八章）

　　　　北京联合大学张峰（第十九章）

　　需要说明的是，本书的修订出版，中国金融出版社彭元勋、罗邦敏等同志付出了辛勤的劳动，在此表示衷心的感谢。

孔祥毅

二○○八年十二月二十二日

目　录

21世纪高等学校金融学系列教材

第 一 编
中央银行概述

第一章

中央银行的产生与发展

内容提要

本章介绍中央银行产生与发展的基本过程、各个阶段的主要特征和我国中央银行产生与发展的大体脉络。学习本章的目的是了解中央银行产生与发展过程中的重要时间和事件，把握中央银行制度变迁的主要特征。

第一节 中央银行的产生

一、中央银行制度的先驱：古代的公共银行

在中国，中国最早的政府金融机构和货币立法可以追溯到西周初年。秦、汉、唐、宋、明、清政府常常出台干预货币金融的政策。清康雍时期，出现了金融行会组织。

在西亚和欧洲，古希腊的许多城市在公元前4世纪就成立了公共银行，它们除了办理一般的银行业务外，还负责征收赋税和铸造货币。公元前3世纪，古埃及建立了皇家银行，垄断了银行业务。15—16世纪文艺复兴时期，欧洲的公共银行再度出现。

1656年，瑞典成立威克塞尔银行，它发行了世界上最早的纸币。1668年，瑞典组建王国国家银行——这就是人们讲的最早的中央银行。

在漫长的农业社会中缓慢前进的公共银行是中央银行的先驱。

二、中央银行产生的客观经济基础

18世纪后半叶到19世纪中叶，随着资本主义生产力水平的提高、商品流通规模和范围的扩大以及与此相互促进的货币信用业务的扩展、股份制银行的增多，原有的自由银行制度越来越不适应，由此滋生的许多问题阻碍了经济的进一

步发展，客观上呼唤建立中央银行制度。

1. 银行券发行问题。银行业竞争的激烈和跨地区商品交易的发展要求改变银行券分散发行的制度，由一家实力雄厚、信誉卓著的大银行集中发行能在全国范围流通的银行券。

2. 票据交换问题。银行业务和银行数量的增加，导致银行之间债权债务关系日益复杂，结算效率降低，信用纠纷增多，要求建立一个统一的银行间票据交换和资金清算中心。

3. 最后贷款人问题。由于银行竞争的激烈和债权债务关系的复杂，银行的头寸管理越来越困难、流动性风险日益增加，任由银行倒闭会给社会与经济带来严重混乱和创伤，客观上要求有人为发生支付困难的银行提供资金支持。

4. 金融管理问题。银行业市场规模的扩大和市场关系的复杂，日益需要政府制定统一、公平的"游戏规则"，并由专门的机构监督执行，以维护市场秩序和金融效率。

三、中央银行制度的基本建立

从 1656 年瑞典银行设立到 1913 年美国联邦储备体系建立，中央银行制度的基本建立大约经历了 260 年的时间。这一时期，全世界经自然演变而形成或者专门设立的中央银行约有 29 家。其中，瑞典银行、英格兰银行、法兰西银行、德国国家银行、日本银行和美国联邦储备体系是主要代表。

四、中央银行产生的特点

中央银行制度基本设立时期的主要特点有：

1. 由普通银行自然演进。早期的中央银行大多数是由普通商业银行经过长期演变而成的。一般称之为自然演进型中央银行。

2. 逐步集中货币发行。商业银行向中央银行自然演进的过程就是一个逐步集中掌管货币发行权的过程。

3. 对一般银行提供服务。早期中央银行都为商业银行提供贷款、票据交换和资金清算服务，最终成为全国统一的银行清算中心。

第二节　中央银行制度的扩展

一、第一次世界大战后货币金融的混乱

第一次世界大战期间，各国政府为了保障战时的财政需要，大量向中央银行借款，并且纷纷强迫中央银行停止或限制银行券兑现，导致战后经济金融混乱、

通货膨胀严重。

为医治战争创伤，1920 年布鲁塞尔国际货币金融会议作出了关于各国应平衡财政收支、割断政府对发行银行之控制，以稳定货币的重要决议；1922 年日内瓦会议除了重申这些主张外，进一步建议未设立中央银行的国家应尽快设立。

二、中央银行制度的推广

从 1921 年到 1942 年，世界各国改组或者新设立的中央银行有 43 家。其中，德国国家银行、奥地利国家银行、匈牙利国家银行、苏联国家银行、智利中央银行、厄瓜多尔中央银行是典型代表。

三、中央银行制度扩展的原因

除了布鲁塞尔会议和日内瓦会议的推动之外，这一时期中央银行制度发展的原因还有：

1. 新国家的产生。第一次世界大战后新产生的国家需要解决国内货币金融问题，先后设立了中央银行。

2. 来自国外的支持。许多国家为解决经济困难、金融混乱，依靠国际联盟或者美国的帮助设立了中央银行。

3. 重建币制的需要。为稳定币值、重建币制，参战各国不得不强化、改组或者新设中央银行。

4. 货币发行的制度化。为改变货币发行混乱的状况，稳定币值，各国都授权中央银行集中统一发行钞票，并建立了比例发行准备金制度。

四、中央银行扩展时期的特点

1. 为适应客观需要而设立。这个时期，大多数国家的中央银行都是出于通货膨胀压力，为稳定币值、重建或整顿币制而专门创设的。一般称之为人工创设型中央银行。

2. 活动重心在于稳定货币。这一时期中央银行业务活动的中心任务是解决第一次世界大战期间和战后的通货膨胀问题。

3. 集中储备成为稳定金融的重要手段。20 世纪 30 年代经济大危机后，各国将准备金制度作为中央银行管理金融的重要手段。

第三节　中央银行制度的强化

一、国家开始控制中央银行

20世纪30年代经济大危机使得金本位制崩溃，信用货币制度建立，管理货币供应、控制货币数量自然成为各国中央银行的重要职责。第二次世界大战结束后，各国为了恢复经济、稳定金融，也都加强了对中央银行的控制。许多国家开始了中央银行国有化进程，中央银行成为国家机器的重要组成部分，制定和实施货币政策成为中央银行的主要职责。

二、当代中央银行的变化

从1945年到1971年，改组、重建和新设的中央银行共有50多家。其中，法兰西银行、英格兰银行、德意志联邦银行和美国联邦储备体系是几个重要代表。

三、中央银行制度的重大发展

当代中央银行制度的发展有这样几个重要特征：
1. 国有化成为设立中央银行的重要原则。
2. 实行国家控制是各国中央银行的共同变化。
3. 制定和实施货币政策成为中央银行的重要职责。
4. 中央银行的国际合作日益加强。

第四节　中国中央银行的产生和发展

一、中国历史上的中央银行

1. 清康熙末年到乾隆初年归化城（呼和浩特）的宝丰社已经具有类似银行的银行和管理金融行政的职能，是中国早期中央银行的雏形。
2. 清政府垮台后，北洋政府控制的中国银行和交通银行都部分地承担了中央银行的职责。北洋政府时期，中国中央银行制度只是处于萌芽阶段。
3. 孙中山领导的中央政府在广州成立的中央银行也没有真正全部行使中央银行的职能。
4. 蒋介石领导的国民党政府时期，中央银行职能主要由在上海新设立的中央银行行使，但同时中国银行、交通银行和中国农民银行也享有发钞权，1937

年成立的四联总处也拥有部分中央银行的职能。

5. 1932 年在江西瑞金成立的中华苏维埃共和国国家银行是革命根据地的发行的银行和政府的银行。

二、新中国的中央银行

1. 1948—1978 年的中国人民银行。1948 年 12 月 1 日，在合并解放区华北银行、北海银行和西北农民银行的基础上，在石家庄成立了中国人民银行。1949 年中国人民银行迁入北京。20 世纪 50 年代所有制的社会主义改造完成以后，我国建立起了"大一统"的国家银行体系。这种中国人民银行"一统天下"的格局直至 1978 年末基本上没有改变。

2. 1979—1983 年的中国人民银行。中共十一届三中全会后，我国于 1979 年先后恢复设立了中国农业银行、中国银行和中国人民保险公司，同时全国广泛设立了信托投资公司，多元混合性金融机构体系基本建立。在这种情况下，中国人民银行"一身二任"的弊病日渐暴露出来，金融业"群龙无首"的问题亟待解决。

3. 1983—1992 年的中国人民银行。1983 年 9 月 17 日，国务院发布了《国务院关于中国人民银行专门行使中央银行职能的决定》。1984 年 1 月 1 日，中国工商银行设立，承担了原来由中国人民银行经办的城镇居民储蓄存款和城市工商信贷业务，中国人民银行成为了我国专门的中央银行。中国人民银行专门行使中央银行职能，对于集中资金进行重点建设、加强宏观经济调控、进一步搞活经济和稳定货币流通、健全和完善社会主义金融体系等多方面具有重要的意义。

4. 1993—2002 年的中国人民银行。1992 年中共十四大明确了我国经济体制改革的目标是建立社会主义市场经济体制。1993 年 11 月，党的十四届三中全会作出了《中共中央关于建立社会主义市场经济体制若干问题的决定》，随后明确的市场取向的各项经济体制改革全面启动。1993 年 12 月，国务院发布了《国务院关于金融体制改革的决定》，确立了我国金融体制改革的目标，其中明确提出要"建立在国务院领导下，独立执行货币政策的中央银行宏观调控体系"，要"把中国人民银行办成真正的中央银行"。以此为指导，以完善宏观调控、强化金融监管为重点，我国逐步对中国人民银行的机构组织体系和职能操作体系进行了改革与调整。1995 年 3 月 18 日，八届全国人大三次会议通过了《中华人民共和国中国人民银行法》（以下简称《中国人民银行法》），中国人民银行作为我国的中央银行开始走上了法制化轨道。1998 年，根据国务院关于机构改革的决定，中国人民银行的分支机构管理体制进行了重大改革——撤销了原来的 31 家省级分行，跨省区设立了 9 家分行，对其他各级分支机构及其职能也作了调整。这些改革标志着中国人民银行正在积极稳妥地朝着规范化、法制化的新型现代中央银行体制迈进。

5. 2003 年以来的中国人民银行。2003 年 4 月,我国将中国人民银行对银行业金融机构的监管职能分离出来,成立了中国银行业监督管理委员会。人民银行不再承担上述监管职能,有利于其更好地发挥在金融宏观调控和维护宏观金融稳定方面的作用。为适应职能调整,2003 年 12 月 27 日,第十届全国人大常委会第六次会议通过了《全国人民代表大会常务委员会关于修改〈中华人民共和国中国人民银行法〉的决定》。修改后的《中国人民银行法》将中国人民银行的职能调整为:制定和执行货币政策,防范和化解金融风险,维护金融稳定。

综合练习

一、名词解释

中央银行   自然演进型中央银行   人工创设型中央银行

二、填空题

1. 如果以集中钞票发行作为衡量中央银行的标志,设立于____年的_____银行是中央银行的鼻祖。

2. 在英格兰银行逐步成为英国唯一的货币发行机关的进程中,1844 年国会通过《_____》是一个重要的里程碑。

3. 第一次世界大战后召开的_____会议和_____会议对中央银行的扩展发挥了重要推动作用。

4. 根据 1944 年 7 月在美国_____召开的国际货币金融会议的决议,1945 年成立了_____和_____。

5. 1948 年 12 月,在合并了解放区_____、_____和北海银行的基础上,成立了中国人民银行。

6. 根据 2003 年修订后的《中国人民银行法》,中国人民银行的职能为:制定和执行货币政策,_____,_____。

三、单项选择题

1. 一般认为,世界中央银行的鼻祖是(   )。

A. 瑞典银行   B. 英格兰银行

C. 法兰西银行   D. 德国国家银行

2. 美国最早的中央银行是(   )。

A. 1782 年成立的北美银行   B. 1791 年成立的第一国民银行

C. 1816 年成立的第二国民银行 D. 1914 年成立的联邦储备体系

3. 强调集中发行货币的重要性是(   )时期中央银行制度发展的显著特

点之一。

A. 初步发展　　　　　　　　　　B. 第一次世界大战后普遍推广

C. 第二次世界大战后强化　　　　D. 20 世纪 80 年代以来进一步发展

4. 集中储备成为稳定金融的重要手段是（　　）时期中央银行制度发展的显著特点之一。

A. 初步发展　　　　　　　　　　B. 第一次世界大战后普遍推广

C. 第二次世界大战后强化　　　　D. 20 世纪 80 年代以来进一步发展

5. 国有化是（　　）时期中央银行制度发展的显著特点之一。

A. 初步发展　　　　　　　　　　B. 第一次世界大战后普遍推广

C. 第二次世界大战后强化　　　　D. 20 世纪 80 年代以来进一步发展

6. 管理信用货币，制定和执行货币政策是（　　）中央银行最重要的职责。

A. 19 世纪　　　　　　　　　　　B. 初期发展阶段

C. 第一次世界大战后普遍推广时期　D. 当代

7. 成立国际货币基金组织是在（　　）国际货币金融会议上决定的。

A. 比利时布鲁塞尔　　　　　　　B. 瑞士日内瓦

C. 巴黎凡尔赛　　　　　　　　　D. 美国布雷顿森林

8. 中国人民银行成立于（　　）。

A. 江西瑞金　　　　　　　　　　B. 陕西延安

C. 河北石家庄　　　　　　　　　D. 北京

9. 中国人民银行是从（　　）开始专门行使中央银行职能的。

A. 1948 年 12 月 1 日　　　　　　B. 1983 年 9 月 17 日

C. 1984 年 1 月 1 日　　　　　　 D. 1995 年 3 月 18 日

10. 1998 年中国人民银行管理体制改革的核心内容是（　　）。

A. 开始专门行使中央银行职能　　B. 剥离政策性贷款业务

C. 跨行政区设置分行　　　　　　D. 剥离金融监管职能

11. 2003 年中国人民银行体制和职责改革的主要内容是（　　）。

A. 将政策性贷款业务移交给政策性银行

B. 将证券监管职能移交给中国证监会

C. 将保险监管职能移交给中国保监会

D. 将金融监管职能移交给中国银监会

四、多项选择题

1. 初创时期中央银行制度的特点有（　　）。

A. 与政府关系密切　　　　　　　B. 由普通银行演变成中央银行

C. 逐步垄断银行券的发行权　　　D. 对一般银行提供服务

E. 逐步成为银行资金清算中心

2. 第一次世界大战后对世界中央银行制度普遍推广发挥了重要促进作用的会议有（   ）。

A. 巴黎和会   B. 布鲁塞尔会议

C. 日内瓦会议   D. 凡尔赛会议

E. 布雷顿森林会议

3. 第一次世界大战后中央银行制度普遍推广的原因有（   ）。

A. 新国家的产生   B. 国际联盟的援助

C. 重建币制的需要   D. 布鲁塞尔会议的推动

E. 日内瓦会议的推动

4. 根据布雷顿森林国际货币金融会议决定，于1945年成立的国际金融组织有（   ）。

A. 国际货币基金组织   B. 国际复兴开发银行

C. 国际金融公司   D. 国际开发协会

E. 国际清算银行

5. 蒋介石领导的国民政府时期行使中央银行职能的机构有（   ）。

A. 中央银行   B. 中国银行

C. 交通银行   D. 中国农民银行

E. "四联总处"

6. 2003年，中国人民银行已经将对各类商业银行、（   ）的监管职能移交给了中国银行业监督管理委员会。

A. 金融资产管理公司   B. 政策性银行

C. 信托投资公司   D. 城乡信用合作社

E. 金融租赁公司和财务公司

7. 目前中国人民银行总行掌握的权力有（   ）。

A. 货币发行权   B. 政策性金融机构监管权

C. 基础货币管理权   D. 信贷总量调控权

E. 基准利率调节权

五、判断题

1. 瑞典银行和英格兰银行在成立之初都是商业银行，后来才逐步演变为中央银行。   （   ）

2. 集中储备成为稳定金融的重要手段是第一次世界大战后普遍推广时期中央银行制度发展的显著特点之一。   （   ）

3. 中国早期中央银行制度的雏形是光绪三十年成立的户部银行。   （   ）

4. 孙中山政府在广州设立的中央银行全部行使了中央银行的职能。（   ）

5. 蒋介石领导的国民政府设立的中央银行真正完全执行了中央银行的职能。
（　　）

6. 中国人民银行从成立直到 1983 年底都是既行使中央银行职能，又经办普通银行业务。
（　　）

六、简答题

1. 简述中央银行产生的客观经济基础。

2. 简述中央银行制度基本设立时期的主要特点。

3. 简述第二次世界大战后中央银行制度发展的主要特征。

七、论述题

1. 试论第一次世界大战后中央银行制度推广的原因及其特征。

2. 试论中国人民银行专门行使中央银行职能的背景及重要意义。

参考答案

一、名词解释

1. 中央银行：以制定和执行货币政策为其主要职责的国家宏观经济调控部门。

2. 自然演进型中央银行：在中央银行制度初创时期由普通商业银行经过长期演变而成的中央银行。

3. 人工创设型中央银行：指第一次世界大战以后，有关国家出于通货膨胀压力，为稳定币值、重建或整顿币制而专门创设的中央银行。

二、填空题

1. 1694、英格兰

2. 比尔条例（或"银行特许条例"）

3. 布鲁塞尔、日内瓦

4. 布雷顿森林、国际货币基金组织、国际复兴开发银行（或"世界银行"）

5. 华北银行、西北农民银行

6. 防范和化解金融风险，维护金融稳定

三、单项选择题

1. B　2. B　3. A　4. B　5. C　6. D　7. D　8. C

9. C　10. C　11. D

四、多项选择题

1. ABCDE　2. BC　3. ABCDE　4. AB　5. ABCDE

6. ABCDE　7. ACDE

五、判断题

1. √   2. √   3. ×   4. ×   5. ×   6. √

六、简答题

1. 中央银行产生的客观经济基础（或条件）主要有：

（1）银行券发行问题。银行业竞争的激烈和跨地区商品交易的发展要求由一家实力雄厚、信誉卓著的大银行集中发行能在全国范围流通的银行券。

（2）票据交换问题。银行之间债权债务关系日益复杂，结算效率降低，信用纠纷增多，要求建立一个统一的银行间票据交换和资金清算中心。

（3）最后贷款人问题。银行的头寸管理越来越困难、流动性风险日益增加，客观上要求有人为发生支付困难的银行提供资金支持。

（4）金融管理问题。银行业市场规模的扩大和市场关系的复杂，日益需要政府制定统一、公平的"游戏规则"，并由专门的机构监督执行。

2. 中央银行制度基本设立时期的主要特点有：

（1）由普通银行自然演进。早期的中央银行大多数是由普通商业银行经过长期演变而成的。

（2）逐步集中货币发行。商业银行向中央银行自然演进的过程就是一个逐步集中掌管货币发行权的过程。

（3）对一般银行提供服务。早期中央银行都为商业银行提供贷款、票据交换和资金清算服务，最终成为全国统一的银行清算中心。

3. 第二次世界大战后中央银行制度的发展有这样几个重要特征：

（1）国有化成为设立中央银行的重要原则；

（2）实行国家控制是各国中央银行的共同变化；

（3）制定和实施货币政策成为中央银行的重要职责；

（4）中央银行的国际合作日益加强。

七、论述题（要点）

1. 第一次世界大战后中央银行制度推广的主要原因有：

（1）布鲁塞尔会议和日内瓦会议的推动；

（2）新国家的产生；

（3）来自国外的支持；

（4）重建币制的需要；

（5）货币发行的制度化。

这一时期中央银行制度发展的主要特征有：

（1）为适应客观需要而设立；

（2）活动重心在于稳定货币；

（3）集中储备成为稳定金融的重要手段。

2. 背景：1979 年以后多元混合性金融机构体系形成，人民银行"一身二任"的弊病日渐显露，"群龙无首"。

重要意义：

(1) 有利于集中资金进行重点建设；

(2) 有利于加强对宏观经济的调节和控制；

(3) 有利于进一步搞活经济和稳定货币流通；

(4) 有利于健全和完善社会主义金融体系。

参考资料

I　国务院关于中国人民银行专门行使中央银行职能的决定

(1983 年 9 月 17 日颁布)

近几年来，随着经济体制的逐步改革和对外开放、对内搞活经济政策的贯彻实施，经济发展了，社会资金多了，银行的作用日益重要。为了充分发挥银行的经济杠杆作用，集中社会资金，支持经济建设，改变目前资金管理多头、使用分散的状况，必须强化中央银行的职能。为此，国务院决定，中国人民银行专门行使中央银行职能，不再兼办工商信贷和储蓄业务，以加强信贷资金的集中管理和综合平衡，更好地为宏观经济决策服务。

一、中国人民银行是国务院领导和管理全国金融事业的国家机关，不对企业和个人办理信贷业务，集中力量研究和做好全国金融的宏观决策，加强信贷资金管理，保持货币稳定。其主要职责是：研究和拟订金融工作的方针、政策、法令、基本制度，经批准后组织执行；掌管货币发行，调节市场货币流通；统一管理人民币存贷利率和汇价；编制国家信贷计划，集中管理信贷资金；管理国家外汇、金银和国家外汇储备、黄金储备；代理国家财政金库；审批金融机构的设置或撤并；协调和稽核各金融机构的业务工作；管理金融市场；代表我国政府从事有关的国际金融活动。

二、中国人民银行成立有权威的理事会，作为决策机构。理事会由下列人员组成：人民银行行长、副行长和少数顾问、专家，财政部一位副部长，国家计委和国家经委各一位副主任，专业银行行长，保险公司总经理。理事长由人民银行行长担任，副理事长从理事中选任；理事会设秘书长，由理事兼任。理事会在意见不能取得一致时，理事长有权裁决，重大问题请示国务院决定。

中国人民银行的分支机构原则上按经济区划设置。其主要任务是，在人民银行总行的领导下，根据国家规定的金融方针政策和国家信贷计划，在本辖区调节信贷资金和货币流通，协调、指导、监督、检查专业银行和其他金融机构的业务活动，承办上级人民银行交办的其他事项。为了加强人民银行全面管理金融事业的力量，须从各专业银行、保险公司抽调一部分业务骨干。人民银行对其分支机构，在银行业务和干部管理上实行垂直领导、统一管理。地方各级政府要保证和监督人民银行贯彻执行国家的方针、政策，但不得干预银行的正常业务活动。

国家外汇管理局及其分局，在人民银行的领导下，统一管理国家外汇。中国银行统一经营国家外汇的职责不变。成立中国工商银行，承担原来由人民银行办理的工商信贷和储蓄业务。

三、人民银行对专业银行和其他金融机构（包括保险公司），主要采取经济办法进行管理。各专业银行和其他金融机构，对人民银行或人民银行理事会作出的决定必须执行，否则人民银行有权给予行政或经济的制裁。国际信托投资公司的业务活动，也要接受人民银行的管理和监督。建设银行在财政业务方面仍受财政部领导，有关信贷方针、政策、计划，要服从人民银行或人民银行理事会的决定。要尽快制订银行法，建立健全各项规章制度，以便依法管理。

中国工商银行、中国农业银行、中国银行、中国人民建设银行、中国人民保险公司，作为国务院直属局级的经济实体，在国家规定的业务范围内，依照国家法律、法令、政策、计划，独立行使职权，充分发挥各自的作用。在基建、物资、劳动工资、财务、人事、外事、科技、文电等方面，在有关部门单独立户。专业银行和保险公司分支机构受专业银行总行、保险公司总公司垂直领导，但在业务上要接受人民银行分支机构的协调、指导、监督和检查。今后建设银行集中精力办理基本建设和结合基本建设进行的大型技术改造的拨款和贷款，原人民银行办理的基本建设贷款交由建设银行办理，建设银行办理的一般技术改造贷款交由工商银行办理。其他专业银行的业务分工，人民银行理事会成立后再研究调整。

四、为了加强信贷资金的集中管理，人民银行必须掌握百分之四十至五十的信贷资金，用于调节平衡国家信贷收支。财政金库存款和机关、团体等财政性存款，划为人民银行的信贷资金。专业银行吸收的存款，也要按一定比例存入人民银行，归人民银行支配使用。各专业银行存入的比例，由人民银行定期核定。在执行中，根据放松或收缩银根的需要，人民银行有权随时调整比例。专业银行的自有资金由人民银行重新核定。

专业银行的信贷收支，必须全部纳入国家信贷计划，按照人民银行总行核定的信贷计划执行。专业银行计划内所需的资金，首先用自有资金和吸收的存款（减去按规定存入人民银行的部分），不足部分，由人民银行分支机构按核定的计划贷给。在执行中超过计划的临时需要，可向所在地人民银行分支机构申请贷款。也可向其他专业银行拆借。

国内各金融机构办理的外汇贷款和外汇投资,人民银行也要加以控制。专业银行和国际信托投资公司,必须编制年度外汇信贷计划和外汇投资计划,报经人民银行统一平衡和批准后执行。

五、人民银行专门行使中央银行的职能,是银行体制的一项重要改革,涉及许多复杂问题,改革工作既要抓紧,又要做细做好,步子要稳妥。人民银行总行和工商银行总行要尽快分开。分行以下机构,要区别不同情况,分批进行。为了避免业务中断,影响社会经济活动,分行以下各级人民银行机构,在工商银行未分设前暂不变动,加挂工商银行牌子;各项业务工作,分别接受人民银行和工商银行两个总行的领导。在改革过程中,各个银行要从加强宏观控制,有利于经济全局的稳定和发展出发,顾全大局,团结一致,做好职工的思想政治工作,保持银行业务工作的正常进行。各地人民政府对人民银行分支机构的改革要加强领导,给予支持,并对群众做好宣传工作,确保人民银行的机构改革顺利进行。

II　中央银行发展的新阶段

——评人民银行机构改革与职责调整①

众人瞩目的央行职能调整方案终于在近日出炉。正如人们所预料的,在人民银行新的内设机构中,增加了金融市场司、金融稳定局、征信管理局、反洗钱局几个新司局。这些适应市场和社会变化所作出的调整,意在强化央行在宏观管理中的地位和作用。分析家认为,此次调整突出了央行的宏观性和社会性职责,不仅会对今后中央银行自身,而且对我国经济金融的改革与发展将产生重要而深远的影响。

中央银行是商品经济发展到一定阶段的产物。在央行诞生100多年间,适应社会经济金融结构演进,中央银行机构和职能不断进行改革和调整,特别是20世纪90年代以来,一些国家的央行诸如英格兰银行、日本银行、澳大利亚储备银行、韩国银行等,陆续将银行监管职能分离出去,在职能上越来越宏观化、社会化和专业化,逐步成为信用制度的枢纽和调控经济的重要杠杆,并在维护币值稳定、维护金融稳定、促进社会资金清算和运行中发挥着重要作用。这次人民银行机构改革,强化了其制定和执行货币政策的职能,转换了对金融业实施宏观调控和防范化解系统性金融风险的方式,增加了反洗钱和管理信贷征信业的新职责。这些调整符合国际上中央银行的发展趋势,反映出我国在立足本国国情的基础上,正以开放的视野重组和改革中央银行的体制。

---

① 资料来源:《金融时报》,2003－10－13。

我们注意到，人民银行职责增加了反洗钱和管理信贷征信业两项新职责。这两项职责具有广泛的社会性，涉及社会的方方面面。加强这些工作，是建立现代信用经济的需要，是国际经济金融合作的需要，是一项庞大的社会系统工程。央行承担这样的职责面临许多挑战，也有许多优势：它不以营利为目的，有一套相对完备的法规，有一套对全社会资金流量和国际收支的监测体系。特别是征信系统作为社会运行中的公共产品，在全社会信用秩序转型时期，由央行负责推动征信工作可以起到事半功倍的效果。中央银行作为信用制度的中枢，具有对全社会信用监测的天然优势；它所建立的信贷登记系统已初步形成了全国性网络，并积累了一定经验；它所推动的"金卡工程"已覆盖全国各地，可以为征信体系建设提供一定的便利；另外，中央银行垂直管理体系具有明显的组织优势和人力优势，也是推动征信工作的必要条件。

在新设司局中，设立金融管理局，以加强防范化解系统性金融风险，维护金融稳定格外受到关注。其实，这并非央行的新职责。作为最后贷款人和重要宏观金融政策的制定者、执行者，无论业务和职能如何划转，央行与金融稳定、监管间内生的天然关系，是很难划断的。从历史来看，组建中央银行的目的，起初是要推动支付体系建设，后来则是要维护银行业的稳健运行，之后才具有制定和执行货币政策的职责。但是在一般性银行监管职能分离后，我们要以全新的视角看待央行的金融稳定职能。这种职能是系统性的、综合性的，并覆盖整个金融市场；这种职能是与央行所具有的宏观调控职能相辅相成的，与国家经济金融安全密切联系的。换言之，这种职能更具宏观性和社会性，它不再集宏观与微观于一身，不再集市场准入、日常业务监管、市场退出各环节为一身。央行金融稳定职能有明确的内涵，将更加专注地研究银行、证券和保险业的协调发展问题以及金融业改革发展规划；评估金融系统风险，研究实施防范和化解系统性金融风险的政策措施；协调风险处置中财政工具和货币工具的选择；负责金融控股公司和交叉性金融工具的监测；等等。

需要指出的是，金融稳定职责给人民银行带来了许多新的挑战。中央银行不仅要加强与有关政府部门和监管机构的协调，而且要整合和协调内部不同职责，这就需要以一种新的分析框架和思路驾驭整个工作。从央行自身讲，维护币值稳定、维护金融稳定，既是央行的重要职责也是央行的目标。在这样的目标框架内，构筑新的央行组织架构体系，促进建立一个稳定有序、充满活力的金融体系，将是一个必然的选择。同时，应积极借鉴他国经验，结合我国货币政策委员会的成功经验，在人民银行内部建立由不同部门、不同机构、社会有关方面代表参加的金融稳定委员会，以及时协调金融发展中的重大问题。这样做，便于央行对不同目标的协调，减少机构摩擦和组织成本以提高效率，同时也有利于央行以更加宏观的视野制定和执行金融政策和金融规划。

中国人民银行成立 55 年来，其机构和职能经历了多次重大的历史性调整。1984 年正式履行中央银行职能以来，先后分离出证券监管、保险监管、银行监管职能。每次重大的职能调整，都推动了我国金融服务体系进一步完善，推动了中央银行职能的宏观化和社会化，推动了中央银行的法律地位和权威性的提升。我们相信，以新的改革为契机，人民银行事业必将进入新的发展阶段，为促进社会信用秩序的根本好转，为维护国家经济金融安全，为促进金融业的发展，为促进社会主义市场经济体制的建立和完善作出新的贡献。

Ⅲ 中国银行业监督管理委员会简介[①]

银监会主要职责

1. 依照法律、行政法规制定并发布对银行业金融机构及其业务活动监督管理的规章、规则。

2. 依照法律、行政法规规定的条件和程序，审查批准银行业金融机构的设立、变更、终止以及业务范围。

3. 对银行业金融机构的董事和高级管理人员实行任职资格管理。

4. 依照法律、行政法规制定银行业金融机构的审慎经营规则。

5. 对银行业金融机构的业务活动及其风险状况进行非现场监管，建立银行业金融机构监督管理信息系统，分析、评价银行业金融机构的风险状况。

6. 对银行业金融机构的业务活动及其风险状况进行现场检查、制定现场检查程序、规范现场检查行为。

7. 对银行业金融机构实行并表监督管理。

8. 会同有关部门建立银行业突发事件处置制度，制定银行业突发事件处置预案，明确处置机构和人员及其职责、处置措施和外置程序，及时、有效地处置银行业突发事件。

9. 负责统一编制全国银行业金融机构的统计数据、报表，并按照国家有关规定予以公布；对银行业自律组织的活动进行指导和监督。

10. 开展与银行业监督管理有关的国际交流、合作活动。

11. 对已经或者可能发生信用危机，严重影响存款人和其他客户合法权益的银行业金融机构实行接管或者促成机构重组。

12. 对有违法经营、经营管理不善等情形的银行业金融机构予以撤销。

13. 对涉嫌金融违法的银行业金融机构及其工作人员以及关联行为人的账户予以查询；对涉嫌转移或者隐匿违法资金的申请司法机关予以冻结。

---

① 资料来源：中国银行业监督管理委员会网站。

14. 对擅自设立银行业金融机构或非法从事银行业金融机构业务活动予以取缔。

15. 负责国有重点银行业金融机构监事会的日常管理工作。

16. 承办国务院交办的其他事项。

银监会监管工作所遵循的主要工作经验

1. 必须坚持法人监管，重视对每个金融机构总体风险的把握、防范和化解；

2. 必须坚持以风险为主的监管内容，努力提高金融监管的水平，改进监管的方法和手段；

3. 必须注意促进金融机制风险内控机制形成和内控效果的不断提高；

4. 必须按照国际准则和要求，逐步提高监管的透明度。

银监会监管工作目的

1. 通过审慎有效的监管，保护广大存款人和消费者的利益；

2. 通过审慎有效的监管，增进市场信心；

3. 通过宣传教育工作和相关信息披露，增进公众对现代金融的了解；

4. 努力减少金融犯罪。

银监会监管工作标准

1. 良好监管要促进金融稳定和金融创新共同发展；

2. 要努力提升我国金融业在国际金融服务中的竞争力；

3. 对各类监管设限要科学、合理，有所为，有所不为，减少一切不必要的限制；

4. 鼓励公平竞争、反对无序竞争；

5. 对监管者和被监管者都要实施严格、明确的问责制；

6. 要高效、节约地使用一切监管资源。

第二章

中央银行的结构、性质与职能

内容提要

本章分别介绍中央银行制度的形式、中央银行的资本来源和机构设置、中央银行的性质、中央银行的职能、中央银行的作用等内容。学习本章的目的是从多个方面了解一般中央银行制度的基本内容和我国中央银行制度的基本内容。

第一节 中央银行制度的形式

一、中央银行制度的几种形式

1. 复合的中央银行制，是指在一个国家内没有单独设立中央银行，而是把中央银行的业务和职能与商业银行的业务和职能集于一家银行来执行。此种类型的中央银行又可分为两种形式：一体式中央银行制几乎集中央银行和商业银行的全部业务和职能于一身。混合式中央银行制既设中央银行，又设专业银行，中央银行兼办一部分专业银行业务，一部分业务由专业银行办理。

2. 单一的中央银行制，是指在一个国家内单独设立中央银行，由中央银行作为发行的银行、政府的银行、银行的银行和执行金融政策的银行，全权发挥作用。它又分为两种形式：一元中央银行制，是指一国只设立独家中央银行和众多的分支机构执行其职能，它是由总分行组成的高度集中的中央银行制；二元中央银行制，是指一国在中央和地方设立两级中央银行机构，中央级机构是最高权力或管理机构，地方级机构也有其独立的权力。

3. 跨国中央银行制，与一定的货币联盟相联系，是参加货币联盟的所有国家共同的中央银行，而不是某一个国家的中央银行。

4. 类似于中央银行的机构，或者是一个通货局，不制定和执行货币政策，也不要求商业银行交存款储备金，或者是介乎通货局与中央银行之间的机构。

二、决定中央银行体制选择的主要因素

1. 商品经济发展水平与信用发达程度。商品经济发展水平与信用发达程度高的国家，大多数趋于实行单一的中央银行体制。

2. 经济运行机制。以市场经济为主的国家多实行单一的中央银行制，以计划经济为主的国家多实行复合的中央银行制。

3. 国家体制。联邦制国家多实行二元中央银行制，单一型集权国家多实行一元中央银行制。

第二节   中央银行的资本来源和机构设置

一、中央银行的资本结构

1. 资本金全部为国家所有，即国有化的中央银行。目前世界各国的中央银行大多数属于这种类型。

2. 公私股份混合所有，即半国家性质的中央银行。国家持股一般占资本金总额的50%以上。如日本、比利时、墨西哥等国的中央银行。

3. 全部股份属于私人所有。资本金全部由私人股东投入，经政府授权执行中央银行职能。如意大利的中央银行、美国的12家联邦储备银行。

4. 没有资本金。这是指设立时没有资本金（无创设资本），而不是说其资产负债表中没有所有者权益。如韩国中央银行。

现代中央银行无论其资本结构如何，都受国家的直接控制和监督，是国家的货币管理当局，负责制定和执行货币政策。

二、中央银行最高权力机构的组织形式

1. 中央银行最高权力机构的组织形式有三种：

（1）金融政策决策和执行权集于一身。如英国、美国、马来西亚、菲律宾等国的中央银行；

（2）最高领导机构分为金融政策决策机构和执行机构。如日本、德国和意大利的中央银行；

（3）最高领导机构分为决策机构、执行机构和监督机构。如法国、比利时和瑞士等国的中央银行。

2. 中央银行最高权力机构组织形式的特点有：

（1）地位超然，权力较大；

（2）中央银行总裁是核心人物；

（3）权力机构人选具有较为广泛的代表性。

3. 中国人民银行的权力分配。

根据《中国人民银行法》，中国人民银行在国务院领导下履行职责；中国人民银行实行行长负责制。行长领导中国人民银行的工作，副行长协助行长工作；中国人民银行设立货币政策委员会，在国家宏观调控、货币政策制定和调整中发挥重要作用。

根据《中国人民银行货币政策委员会条例》，货币政策委员会的职责是在综合分析宏观经济形势的基础上，依据国家的宏观经济调控目标，讨论货币政策事项，并提出以下建议：货币政策的制定、调整；一定时期的货币政策控制目标；货币政策工具的运用；有关货币政策的重要措施；货币政策与其他宏观经济的协调。

三、中央银行的机构设置

1. 为便于行使职能，各国中央银行总行一般都设立有专门的行政办公机构、业务操作机构、金融监督管理机构和经济金融调研机构等几大类型的职能机构。

2. 中央银行总行设置职能机构的特点有：

（1）机构设置多，对政策性强的工作的直接管理多；

（2）多数国家都设置有经济金融研究和政策理论方面的调研机构；

（3）中央银行的主要业务活动与业务管理有专设机构。

3. 中国人民银行总行的机构设置。2003 年货币政策职能与银行业监管职能分离后，中国人民银行的内部机构设置相应发生了变化。目前，中国人民银行内设 19 个职能司（局、厅），分别是：（1）办公厅（党委办公室）；（2）条法司；（3）货币政策司；（4）汇率司；（5）金融市场司；（6）金融稳定局；（7）调查统计司；（8）会计财务司；（9）支付结算司；（10）科技司；（11）货币金银局；（12）国库局；（13）国际司（港澳台办公室）；（14）内审司；（15）人事司（党委组织部）；（16）研究局；（17）征信管理局；（18）反洗钱局（保卫局）；（19）党委宣传部（党委群工部）。

4. 2005 年 8 月 10 日，为了围绕金融市场和金融中心加强中国人民银行的调节职能和服务职能，中国人民银行设立了上海总部。上海总部是总行的有机组成部分，在总行的领导和授权下开展工作，主要承担部分中央银行业务的具体操作职责，同时履行一定的管理职能。设立中国人民银行上海总部，有利于进一步完善中央银行决策与操作体系，提高中央银行宏观调控水平；有利于发挥贴近金融市场一线的优势，提高中央银行宏观调控、金融服务特别是金融市场服务的效率；有利于扩大上海金融市场的影响力，加快推进上海国际金融中心建设。

5. 各国中央银行的分支机构有的是按经济区域设置的，有些同时考虑经济区域和行政区域而设置。

6. 中央银行分支机构的权力和地位视不同的国家而有所不同：二元制中央银行的地方机构地位较高，有一定独立权力；一元制中央银行的分支机构仅仅是总行的派出机构。

7. 自建行至 1998 年，中国人民银行的分支机构一直是按照行政区域的划分设置的。这种体制存在无法抵制地方政府干预、分支机构重叠、人员过多、力量分散、成本高、效率低等多方面弊端。1998 年，中国人民银行的分支机构管理体制进行了重大改革：撤销了 31 个省级分行，跨省区设立了 9 家分行，设立了两家总行直属的营业管理部。9 家分行分别是天津分行（管辖天津、河北、山西、内蒙古）、沈阳分行（管辖辽宁、吉林、黑龙江）、上海分行（管辖上海、浙江、福建）、南京分行（管辖江苏、安徽）、济南分行（管辖山东、河南）、武汉分行（管辖江西、湖北、湖南）、广州分行（管辖广东、广西、海南）、成都分行（管辖四川、贵州、云南、西藏）、西安分行（管辖陕西、甘肃、宁夏、青海、新疆）。

8. 中国人民银行跨省区设置分行的意义在于：（1）有利于提高宏观调控的有效性；（2）有利于加强金融监管的力度；（3）有利于增强中央银行金融监管的独立性和公正性；（4）有利于精简机构和人员，进一步减少管理费用，提高效率。

第三节　中央银行的性质

一、中央银行是特殊的金融机构

1. 中央银行是货币经济发展的产物。中央银行是随着商品经济的发展、商品流通量的增加和范围的扩大、银行业务品种的增多和范围的扩大、金融机构类型和数量的增加，为了防范和治理货币危机、经济危机，从银行群体中产生的。

2. 中央银行地位的逐步提高。随着经济金融环境的变化和理论研究的深入，中央银行的地位适应需要不断升级，最终成为了国家的货币管理当局，是发行的银行、政府的银行和银行的银行，在金融体系中居于核心和领导地位。

二、近代中央银行的两个特点

1. 中央银行成为完成国家经济目标的重要机构。

2. 中央银行管理金融机构的职能得到突出的发展，代表国家制定和执行金融政策，成为国家的重要金融行政管理机构。

三、中央银行的地位掩盖了其固有性质

1. 当代各国中央银行都是国家机构的重要组成部分，处于金融活动的中心地位和金融体系的最高地位。

2. 当代中央银行的特殊地位掩盖了其原来作为金融机构的性质，决定了它具有区别于普通金融机构的诸多特征：

（1）它代表国家制定和执行货币政策，监督金融机构的活动。其领导人由国家任命。

（2）它是居于超然地位的、有一定特权的特殊法人。

（3）其业务活动的对象主要是金融机构和政府，不以营利为目的。

（4）它虽为金融机构提供存款、贷款和清算服务，但发挥的不是普通的支付中介和信用中介的作用，而是控制信用、调节货币流通的作用。

（5）中央银行吸收存款一般不支付利息，为政府及金融机构提供服务一般也不收费。

（6）中央银行资产应保持较大的流动性。

四、中央银行的地位是其性质的升华

作为国家机构重要组成部分的中央银行与一般政府管理机关不同：

（1）它为政府和金融机构办理银行业务与提供服务，有经营业务收入。

（2）它不是单纯凭借政治权力，而是主要运用经济手段行使职能。因此，中央银行是代表国家进行金融控制、管理金融的特殊金融机构。

第四节　中央银行的职能

一、服务职能

1. 服务职能是指中央银行向政府和银行及其他金融机构提供资金融通、划拨清算、代理业务等方面金融服务的职能。

2. 中央银行为政府服务，具体表现在：

（1）经理国库；

（2）临时的财政垫支；

（3）代表政府参与国际金融活动；

（4）作为政府的金融顾问和参谋。

3. 中央银行为银行与非银行金融机构服务，具体表现在：

（1）主持全国的清算事宜；

（2）作为银行的最后贷款人。

二、调节职能

1. 调节职能是指中央银行运用自己所拥有的金融手段，对货币与信用进行调节和控制，进而影响和干预整个社会经济进程，实现预期的货币政策目标的职能。

2. 调节职能具体表现为：

（1）调节货币供应量；

（2）调整存款准备金率与再贴现率；

（3）公开市场操作。

三、管理职能

1. 管理职能是指中央银行作为一国金融管理当局，有责任维护金融体系的健全与稳定，防止金融紊乱给社会经济发展造成困难。

2. 管理职能表现在：

（1）制定有关金融政策、法令；

（2）管理各银行和金融机构；

（3）检查监督银行及其他金融机构的活动。

四、各职能之间的关系

1. 中央银行的服务职能、调节职能与管理职能之间存在相互依存、相互补充的关系。

2. 服务贯穿于调节、管理过程的始终。因为，只有搞好服务，支持银行与金融机构提高经营管理水平，使之健全稳定，才能为中央银行实现货币政策目标奠定金融基础。调节、管理既包含有约束，也包含有服务。银行及金融机构的活跃与发展，是中央银行调节、管理的前提。如果银行及金融机构萎缩或倒闭了，中央银行也就失去了存在的理由，所以服务要服从于管理、调节。管理与调节是同一问题的两个方面。管理必然伴随调节，无调节的管理难以实现理想的管理。调节促进实现有效管理，管理对调节也有促进作用。服务和调节本身就是一种积极的管理。

五、中国人民银行的职能

1. 2003 年修订后的《中国人民银行法》将中国人民银行的职能调整为：在国务院领导下，制定和执行货币政策，防范和化解金融风险，维护金融稳定。

2. 根据《中国人民银行主要职责内设机构和人员编制规定》 （国办发

〔2008〕83 号），中国人民银行的主要职责为：

（1）拟订金融业改革和发展战略规划，承担综合研究并协调解决金融运行中的重大问题、促进金融业协调健康发展的责任，参与评估重大金融并购活动对国家金融安全的影响并提出政策建议，促进金融业有序开放。

（2）起草有关法律和行政法规草案，完善有关金融机构运行规则，发布与履行职责有关的命令和规章。

（3）依法制定和执行货币政策；制定和实施宏观信贷指导政策。

（4）完善金融宏观调控体系，负责防范、化解系统性金融风险，维护国家金融稳定与安全。

（5）负责制定和实施人民币汇率政策，不断完善汇率形成机制，维护国际收支平衡，实施外汇管理，负责对国际金融市场的跟踪监测和风险预警，监测和管理跨境资本流动，持有、管理和经营国家外汇储备和黄金储备。

（6）监督管理银行间同业拆借市场、银行间债券市场、银行间票据市场、银行间外汇市场和黄金市场及上述市场的有关衍生产品交易。

（7）负责会同金融监管部门制定金融控股公司的监管规则和交叉性金融业务的标准、规范，负责金融控股公司和交叉性金融工具的监测。

（8）承担最后贷款人的责任，负责对因化解金融风险而使用中央银行资金机构的行为进行检查监督。

（9）制定和组织实施金融业综合统计制度，负责数据汇总和宏观经济分析与预测，统一编制全国金融统计数据、报表，并按国家有关规定予以公布。

（10）组织制定金融业信息化发展规划，负责金融标准化的组织管理协调工作，指导金融业信息安全工作。

（11）发行人民币，管理人民币流通。

（12）制定全国支付体系发展规划，统筹协调全国支付体系建设，会同有关部门制定支付结算规则，负责全国支付、清算系统的正常运行。

（13）经理国库。

（14）承担全国反洗钱工作的组织协调和监督管理的责任，负责涉嫌洗钱及恐怖活动的资金监测。

（15）管理征信业，推动建立社会信用体系。

（16）从事与中国人民银行业务有关的国际金融活动。

（17）按照有关规定从事金融业务活动。

（18）承办国务院交办的其他事项。

六、中央银行制度变迁、功能演进与理论发展

1. 中央银行职能与中央银行制度是互动演进的。只有用历史的、全局的观

点去看问题，才能深刻理解中央银行制度和中央银行职能的变化。

2. 中央银行是社会公共机构。中央银行是世界各个国家和民族共同创造的社会公共机关，这种创造是在长期的经济社会发展历程中一步步发展的。把早期的公共银行与后来的中央银行联系起来，是合乎逻辑的。

3. 中央银行的功能是不断拓展的。中央银行的功能是在历史的发展中不断扩展、不断拓宽、不断深化的，它的功能在扩大、加强。第二次世界大战以来，在政府融资功能、货币发行功能、金融服务功能、金融监管功能之外，中央银行调控宏观经济的功能格外突出，近年又产生了反洗钱功能、征信管理功能。

4. 国家调控经济不是从凯恩斯开始的。国家通过"看得见的手"调节经济至少有将近 4 000 年的历史。利用货币金融政策调节经济社会古已有之。第二次世界大战以后，国家通过中央银行的货币政策调控宏观经济在具体内容和方法上更科学、更频繁、更全面、更有力。

5. 中央银行的国际协调越来越重要。在金融全球化的背景下，中央银行是国家对外金融活动的总顾问和全权代表，是国家国际储备的管理者、国际金融活动的调节者和监管者。由于国际经济活动固有的溢出效应，为了国家金融安全，中央银行肩负着国际金融协调的重任。

6. 中央银行制度变迁、功能演进与理论发展是互动的。中央银行制度的创新，会提升中央银行的功能，它需要理论的支持；国家要赋予中央银行新的职责和功能，必然修订、改革旧有的某些制度规定，也需要理论的支持；而理论的发展，也常常产生中央银行制度的调整、变革，进而提升中央银行的功能。

综合练习

一、名词解释

复合的中央银行制　单一的中央银行制　一元中央银行制　二元中央银行制
跨国中央银行制　通货局

二、填空题

1. 复合的中央银行制有＿＿＿＿＿＿＿＿和＿＿＿＿＿＿＿＿两种类型。

2. 单一的中央银行制又可分为＿＿＿＿＿＿＿和＿＿＿＿＿＿＿两种类型。

3. 实行二元中央银行制的国家有＿＿＿＿＿＿＿＿和＿＿＿＿＿＿＿＿。

4. 通货局的主要负债是＿＿＿＿＿，主要资产是＿＿＿＿＿。

5. 在一元中央银行制下，分支机构没有独立的法人资格和权力，它们是中央银行的＿＿＿＿＿＿＿＿机构。

6. 中国人民银行的职责之一是持有、＿＿＿＿＿＿和＿＿＿＿＿＿国家的外汇储备、黄金储备。

三、单项选择题

1. 世界多数国家的中央银行制度都属于（　　）。

A. 复合的中央银行制　　　　　　B. 单一的中央银行制

C. 跨国中央银行制　　　　　　　D. 类似于中央银行的机构

2. 目前世界多数国家中央银行属于（　　）的资本结构类型。

A. 全部资本归国家所有　　　　　B. 公私股份混合所有

C. 全部股份属于私人所有　　　　D. 无设立资本

3. 中国人民银行货币政策委员会主席（　　）。

A. 由委员会集体推举，国务院总理任命

B. 由人民银行行长担任

C. 由人民银行行长提名，国务院总理任命

D. 由全体委员选举产生

4. "经理国库、充当最后贷款人"表示中央银行在行使（　　）。

A. 调节职能　　　　　　　　　　B. 服务职能

C. 管理职能　　　　　　　　　　D. 盈利职能

5. 公开市场操作属于中央银行的（　　）。

A. 调节职能　　　　　　　　　　B. 服务职能

C. 管理职能　　　　　　　　　　D. 盈利职能

6. 就决策机制而言，中国人民银行实行的是（　　）。

A. 行长负责制　　　　　　　　　B. 货币政策委员会负责制

C. 理事会负责制　　　　　　　　D. 党组负责制

7. 中国人民银行保卫局也就是（　　）。

A. 货币金银局　　　　　　　　　B. 国库局

C. 金融稳定局　　　　　　　　　D. 反洗钱局

四、多项选择题

1. 世界多数国家的中央银行制度属于（　　）。

A. 复合的中央银行制　　　　　　B. 单一的中央银行制

C. 一元中央银行制　　　　　　　D. 二元中央银行制

E. 通货局制度

2. 复合的中央银行制的主要形式有（　　）。

A. 一元中央银行制　　　　　　　B. 二元中央银行制

C. 一体式中央银行制　　　　　　D. 混合式中央银行制

E. 跨国中央银行制

3. 单一的中央银行制的主要形式有（　　）。

A. 一元中央银行制　　　　　　B. 二元中央银行制

C. 一体式中央银行制　　　　　D. 混合式中央银行制

E. 跨国金融监管体制

4. 以下属于跨国中央银行制的有（　　）。

A. 西非国家中央银行　　　　　B. 中非中央银行

C. 欧洲中央银行　　　　　　　D. 香港金融管理局

E. 东加勒比海通货管理局

5. 决定中央银行制度类型的因素有（　　）。

A. 经济发展水平　　　　　　　B. 信用发达程度

C. 经济运行机制　　　　　　　D. 国家体制

E. 人口数量

6. 中央银行的资本结构有（　　）等几种形式。

A. 全部国有　　　　　　　　　B. 半国有

C. 全部私有　　　　　　　　　D. 无所有者权益

E. 无创设资本

7. 各国中央银行的最高权力机构一般包括（　　）等几部分。

A. 决策机构　　　　　　　　　B. 执行机构

C. 监督机构　　　　　　　　　D. 纪检机构

E. 工会组织

8. 目前，下列属于中国人民银行职责的有（　　）。

A. 监管金融资产管理公司　　　B. 负责金融业的调查和统计

C. 组织协调反洗钱工作　　　　D. 推动社会信用体系建设

E. 防范与化解系统性金融风险

9. 目前，下列属于中国人民银行监管职责的有（　　）。

A. 监管银行间同业拆借市场　　B. 监管银行间债券市场

C. 监管银行间外汇市场　　　　D. 监管结售汇市场

E. 监管黄金市场

10. 各国中央银行总行的职能机构通常都有（　　）等几部分。

A. 行政办公机构　　　　　　　B. 业务操作机构

C. 金融监督管理机构　　　　　D. 经济金融调研机构

E. 离退休人员管理机构

11. 目前中国人民银行内设机构中的职能局有（　　）和研究局。

A. 货币金银局　　　　　　　　B. 国库局

C. 金融稳定局　　　　　　　　D. 征信管理局

E. 反洗钱局

12. 中国人民银行上海分行的管辖范围包括（　　　）。

A. 上海市　　　　　　　　　　B. 江苏省

C. 浙江省　　　　　　　　　　D. 福建省

E. 安徽省

13. 中国人民银行的营业管理部有（　　　）。

A. 人民银行营业管理部　　　　B. 人民银行天津营业管理部

C. 人民银行上海营业管理部　　D. 人民银行重庆营业管理部

E. 人民银行香港营业管理部

14. 中央银行为政府服务的职能表现在（　　　）等方面。

A. 代表政府发行货币　　　　　B. 临时的财政垫支

C. 充当政府的金融顾问和参谋　D. 经理国库

E. 代表政府参与国际金融活动

五、判断题

1. 世界多数国家的中央银行都属于一元中央银行制。　　　　　（　　　）

2. 计划经济国家多实行复合的中央银行制。　　　　　　　　　（　　　）

3. 一般而言，中央银行制度的完善程度是一个国家信用制度和银行体系发展与完善程度的重要标志。　　　　　　　　　　　　　　　　　　（　　　）

4. 目前，国有化的中央银行在世界上占绝大多数。　　　　　　（　　　）

5. 当代各国的中央银行，无论其资本结构属于哪种类型，都受国家的直接控制和监督。　　　　　　　　　　　　　　　　　　　　　　　　（　　　）

6. 目前人民银行在北京和重庆设有营业管理部，而其余各省（市，区）设有分行。　　　　　　　　　　　　　　　　　　　　　　　　　　（　　　）

7. 人民银行只能持有和管理外汇储备，不能经营外汇买卖。　　（　　　）

8. 区域性货币联盟和跨国型中央银行只会在不发达地区出现。　（　　　）

9. 中国人民银行的最高权力机构是货币政策委员会。　　　　　（　　　）

10. 中国人民银行货币政策委员会组成单位的调整由国务院决定。　（　　　）

六、简答题

1. 简述中央银行的制度类型。

2. 简述决定中央银行体制选择的主要因素。

3. 简述中央银行最高权力机构的组织形式及特点。

4. 简述中国人民银行货币政策委员会的职责。

5. 列出目前中国人民银行总行的内设机构。

6. 简述设立中国人民银行上海总部的意义。

7. 列出目前中国人民银行的所有分行及各自的管辖范围。

8. 与普通金融机构相比，当代中央银行有哪些特征？

9. 目前中国人民银行承担了哪些具体职责？

七、论述题

1. 试论中央银行的职能及各项职能之间的关系。

2. 试论 1998 年中国人民银行撤销省级分行，跨行政区设置分行的重要意义。

参考答案

一、名词解释

1. 复合的中央银行制：是指在一个国家内没有单独设立中央银行，而是把中央银行的业务和职能与商业银行的业务和职能集于一家银行来执行。

2. 单一的中央银行制：是指在一个国家内单独设立中央银行，由中央银行作为发行的银行、政府的银行、银行的银行和执行金融政策的银行，全权发挥作用。

3. 一元中央银行制：是指一国只设立独家中央银行和众多的分支机构执行其职能，它是由总分行组成的高度集中的中央银行制。

4. 二元中央银行制：是指一国在中央和地方设立两级中央银行机构，中央级机构是最高权力或管理机构，地方级机构也有其独立的权力。

5. 跨国中央银行制：与一定的货币联盟相联系，是参加货币联盟的所有国家共同的中央银行，而不是某一个国家的中央银行。

6. 通货局：一些国家或地区设置的执行中央银行的部分职能，类似于中央银行的一种机构；其资产负债表上一般只有流通中货币一种主要负债，只有外汇储备一种主要资产；它不制定和执行货币政策，也不要求商业银行上缴存款准备金。

二、填空题

1. 一体式中央银行制、混合式中央银行制

2. 一元中央银行制、二元中央银行制

3. 美国、德国

4. 流通中货币（现金）、外汇储备

5. 派出

6. 管理、经营

三、单项选择题

1. B　　2. A　　3. B　　4. B　　5. A　　6. A　　7. D

四、多项选择题

1. BC　　　2. CD　　　3. AB　　　4. ABCE　　　5. ABCD　　　6. ABCE
7. ABC　　8. BCDE　9. ABCDE　10. ABCD　11. ABCDE　12. ACD
13. AD　　　14. BCDE

五、判断题

1. √　　2. √　　3. √　　4. √　　5. √　　6. ×　　7. ×　　8. ×
9. ×　　10. √

六、简答题

1. （1）复合的中央银行制，是指在一个国家内没有单独设立中央银行，而是把中央银行的业务和职能与商业银行的业务和职能集于一家银行来执行。它又可分为两种形式：一体式中央银行制集中央银行和商业银行的全部业务和职能于一身；混合式中央银行制既设中央银行，又设专业银行，中央银行兼办一部分专业银行业务。

（2）单一的中央银行制，是指在一个国家内单独设立专门的中央银行，由其全权发挥作用。它又可分为两种形式：一元中央银行制是由总机构和各级分支机构组成的单一法人、高度集中的中央银行制；二元中央银行制是指一国在中央和地方设立两级中央银行机构，地方级机构也有其独立的权力。

（3）跨国中央银行制，与一定的货币联盟相联系，是参加货币联盟的所有国家共同的中央银行。

（4）类似于中央银行的机构，或者是一个通货局，不制定和执行货币政策，也不要求商业银行交存款储备金，或者是介乎通货局与中央银行之间的机构。

2. （1）商品经济发展水平与信用发达程度。商品经济发展水平与信用发达程度高的国家，大多数趋于实行单一的中央银行制。

（2）经济运行机制。以市场经济为主的国家多实行单一的中央银行制，以计划经济为主的国家多实行复合的中央银行制。

（3）国家体制。联邦制国家多实行二元中央银行制，单一型集权国家多实行一元中央银行制。

3. 中央银行最高权力机构的组织形式：

（1）金融政策决策和执行权集于一身。

（2）最高权力机构分为金融政策决策机构和执行机构。

（3）最高权力机构分为决策机构、执行机构和监督机构。

中央银行的最高权力机构的组织形式的特点：

（1）地位超然，权力较大。

（2）中央银行总裁是核心人物。

（3）权力机构人选具有较为广泛的代表性。

4. 在综合分析宏观经济形势的基础上，依据国家的宏观经济调控目标，讨论货币政策事项，并提出以下建议：货币政策的制定、调整，一定时期的货币政策控制目标，货币政策工具的运用，有关货币政策的重要措施，货币政策与其他宏观经济的协调。

5. 目前中国人民银行内设 19 个职能司（局、厅），分别是：（1）办公厅（党委办公室）；（2）条法司；（3）货币政策司；（4）汇率司；（5）金融市场司；（6）金融稳定局；（7）调查统计司；（8）会计财务司；（9）支付结算司；（10）科技司；（11）货币金银局；（12）国库局；（13）国际司（港澳台办公室）；（14）内审司；（15）人事司（党委组织部）；（16）研究局；（17）征信管理局；（18）反洗钱局（保卫局）；（19）党委宣传部（党委群工部）。

6.（1）有利于进一步完善中央银行决策与操作体系，提高中央银行宏观调控水平；

（2）有利于发挥贴近金融市场一线的优势，提高中央银行宏观调控、金融服务特别是金融市场服务的效率；

（3）有利于扩大上海金融市场的影响力，加快推进上海国际金融中心建设。

7.（1）天津分行，管辖天津、河北、山西、内蒙古。

（2）沈阳分行，管辖辽宁、吉林、黑龙江。

（3）上海分行，管辖上海、浙江、福建。

（4）南京分行，管辖江苏、安徽。

（5）济南分行，管辖山东、河南。

（6）武汉分行，管辖江西、湖北、湖南。

（7）广州分行，管辖广东、广西、海南。

（8）成都分行，管辖四川、贵州、云南、西藏。

（9）西安分行，管辖陕西、甘肃、宁夏、青海、新疆。

8.（1）它代表国家制定和执行货币政策，监督金融机构的活动。其领导人由国家任命。

（2）它是居于超然地位的、有一定特权的特殊法人。

（3）其业务活动的对象主要是金融机构和政府，不以营利为目的。

（4）它虽为金融机构提供存款、贷款和清算服务，但发挥的不是普通的支付中介和信用中介的作用，而是控制信用、调节货币流通的作用。

（5）中央银行吸收存款一般不支付利息，为政府及金融机构提供服务一般也不收费。

（6）中央银行资产应保持较大的流动性。

9.（1）拟订金融业改革和发展战略规划，承担综合研究并协调解决金融运行中的重大问题、促进金融业协调健康发展的责任，参与评估重大金融并购活动对国家金融安全的影响并提出政策建议，促进金融业有序开放。

（2）起草有关法律和行政法规草案，完善有关金融机构运行规则，发布与履行职责有关的命令和规章。

（3）依法制定和执行货币政策；制定和实施宏观信贷指导政策。

（4）完善金融宏观调控体系，负责防范、化解系统性金融风险，维护国家金融稳定与安全。

（5）负责制定和实施人民币汇率政策，不断完善汇率形成机制，维护国际收支平衡，实施外汇管理，负责对国际金融市场的跟踪监测和风险预警，监测和管理跨境资本流动，持有、管理和经营国家外汇储备和黄金储备。

（6）监督管理银行间同业拆借市场、银行间债券市场、银行间票据市场、银行间外汇市场和黄金市场及上述市场的有关衍生产品交易。

（7）负责会同金融监管部门制定金融控股公司的监管规则和交叉性金融业务的标准、规范，负责金融控股公司和交叉性金融工具的监测。

（8）承担最后贷款人的责任，负责对因化解金融风险而使用中央银行资金机构的行为进行检查监督。

（9）制定和组织实施金融业综合统计制度，负责数据汇总和宏观经济分析与预测，统一编制全国金融统计数据、报表，并按国家有关规定予以公布。

（10）组织制定金融业信息化发展规划，负责金融标准化的组织管理协调工作，指导金融业信息安全工作。

（11）发行人民币，管理人民币流通。

（12）制定全国支付体系发展规划，统筹协调全国支付体系建设，会同有关部门制定支付结算规则，负责全国支付、清算系统的正常运行。

（13）经理国库。

（14）承担全国反洗钱工作的组织协调和监督管理的责任，负责涉嫌洗钱及恐怖活动的资金监测。

（15）管理征信业，推动建立社会信用体系。

（16）从事与中国人民银行业务有关的国际金融活动。

（17）按照有关规定从事金融业务活动。

（18）承办国务院交办的其他事项。

七、论述题（要点）

1.（1）服务职能。

为政府服务：①经理国库；②临时的财政垫支；③代表政府参与国际金融活动；④作为政府的金融顾问和参谋。

为银行与非银行金融机构服务：①主持全国的清算事宜；②作为银行的最后贷款人。

（2）调节职能。表现在：①调节货币供应量；②调整存款准备金率与再贴现率；③公开市场操作。

（3）管理职能。表现在：①制定有关金融政策、法令；②管理各银行和金融机构；③检查监督银行及其他金融机构的活动。

（4）各职能之间存在相互依存、相互补充的关系。

2.（1）有利于提高宏观调控的有效性。

（2）有利于加强金融监管力度。

（3）有利于增强人民银行金融监管的独立性和公正性。

（4）有利于人民银行减少管理费用，提高工作效率。

参考资料

I 项俊波副行长就上海总部有关问题接受采访①

问：项主任，中国人民银行上海总部的成立引起了金融界和媒体的广泛关注，有很多报道和猜测。非常感谢您这次接受我们的采访，回答大家普遍关注的一些问题。

答：也谢谢你的采访。确实像你所说，上海总部成立前后，媒体给予了大量宣传报道，有的还配发了评论。对这些分析报道和评论我都认真进行了阅读。在此，我也对新闻媒体对人民银行上海总部工作的关心和支持表示感谢。

问：改革开放以来，央行体制的重要调整可以理解为这么几次：1984 年国务院决定中国人民银行专门履行中央银行的职责；1995 年通过《中国人民银行法》进一步从法律上明确了中国人民银行作为中央银行的地位；1998 年人民银行撤销省级分行，跨省设立分行；2003 年将对银行业金融机构的监管职责分离出去。那么，这次上海总部的成立是否可以说是央行又一次的重大体制调整？这次调整跟前几次相比，又将给中国的金融业格局带来什么样的影响呢？

答：改革开放以来，随着我国社会主义市场经济体制的逐步完善，我国的中央银行体制也在适应新的形势不断进行优化和调整。这次人民银行设立上海总部，是我国中央银行体制的一次自我完善，是更好地发挥中央银行在宏观调控中作用的重要制度安排。成立上海总部，主要是围绕金融市场和金融中心的建设来加强中央银行的调节职能和服务职能。正如周小川行长在上海总部揭牌仪式上指

---

① 资料来源：中国人民银行网站，2005 – 09 – 23。

出的，经济市场化程度越高，交通通信越便利，跨区域的经济活动就越多，金融市场和金融服务的规模经济效应就越突出。而金融中心的形成又是一个国家具有国际竞争力和国内金融服务效率大幅度提高的一个标尺。这就相应要求包括中央银行在内的金融组织形式顺从客观规律，围绕金融市场的发展开展各项业务，围绕金融中心的建设改进各种功能。

目前上海已成为各类金融机构在我国内地的主要集聚地。这里设有全国统一的银行间同业拆借市场、债券市场和外汇市场，拥有证券、商品期货和黄金三个交易所。建设上海国际金融中心也已成为一项国家战略。因此，用"应运而生"来形容上海总部的设立是非常贴切的。

总体而言，设立中国人民银行上海总部有利于进一步完善中央银行的决策和操作体系，提高中央银行宏观调控的水平，有利于发挥贴近金融市场一线的优势，提高中央银行金融市场服务的效率，同时也有利于巩固目前上海作为国内重要金融中心的地位，并将为上海国际金融中心的建设注入新的活力。

问：我们注意到，有一些国内媒体猜测，央行成立上海总部意在建立类似美联储的组织结构以及政策决策和市场操作模式，并且有专业人士倾向于将央行上海总部与纽约联邦储备银行相提并论，对此您如何评论？

答：人民银行设立上海总部有借鉴纽约联邦储备银行经验的成分，但是由于中美两国政治体制、历史文化等方面的差异，人民银行上海总部的设立有适合我国自己国情的特点。上海总部作为总行的有机组成部分，在总行的领导和授权下开展工作，主要承担部分中央银行业务的具体操作职责，同时履行一定的管理职能。

具体地说，上海总部承担的主要职责有以下几项：根据总行提出的操作目标，组织实施中央银行公开市场操作；承办在沪商业银行及票据专营机构再贴现业务；管理银行间市场，跟踪金融市场发展，研究并引导金融产品的创新；负责对区域性金融稳定和涉外金融安全的评估；负责有关金融市场数据的采集、汇总和分析；围绕货币政策操作、金融市场发展、金融中心建设等开展专题研究；负责有关区域金融交流与合作工作，承办有关国际金融业务；承担国家部分外汇储备的经营和黄金储备经营管理工作；承担上海地区人民银行有关业务的工作等。

上海总部承担的管理职能包括对现有上海分行辖区内人民银行分支机构的管理，以及人民银行部分驻沪企事业单位的管理和协调。直接管理的单位包括中国外汇交易中心、中国反洗钱监测分析中心、中国人民银行数据处理中心、中国人民银行征信服务中心等。协调管理的单位是中国银联和上海黄金交易所。

我们的目标是：尽快把上海总部建设成为总行公开市场操作的平台、金融市场运行监测的平台、对外交往的重要窗口和一部分金融服务与研究和开发业务的中心。

问：您刚才提到了上海总部建设的目标，那么进一步来讲，央行的操作体系究竟如何发挥贴近市场的优势？

答：在现代市场经济条件下，中央银行的货币政策操作主要采用间接调控模式，即中央银行通过参与金融市场交易来调节市场流动性或利率水平，并借助金融市场将货币政策信号传导到金融体系，进而影响实体经济的产出和总体价格水平。间接调控的货币政策操作以公开市场操作为主，同时辅以再贴现操作等手段。

由于中央银行的货币政策操作是一种市场行为，就必须对市场形势有准确的判断。目前上海是金融市场集中的地方。中央银行在上海设立总部，并承担公开市场操作等货币政策操作职能。一是操作人员可以实时、实地观察金融市场的变化，切身感受市场情绪，及时对市场走向作出判断，这有助于操作人员选择最佳操作策略。二是操作人员可以及时与市场组织者和市场参与者沟通，了解市场参与者对市场行情和市场走向的看法，有利于形成正确的市场预期。三是中央银行在上海开展货币政策操作还可以对市场的异常波动迅速作出反应，有利于市场的平稳运行。

问：那么，围绕着提高金融市场服务的效率，上海总部如何进一步提高市场监测管理的水平？对推动货币市场、外汇市场发展和产品创新会起到哪些作用？

答：人民银行的一项重要职责是管理银行间货币和外汇市场。将中央银行监测管理金融市场的职能前移到上海总部，由于贴近市场，一方面可以对市场规则的适用性有更加切身的感受，不断校正有关交易规则，适应市场需要；另一方面也便于对市场交易行为进行实时、实地的观察，及时发现市场上的异常交易行为，并采取必要的干预措施。当然，监测管理市场的职能前移，也便于全面实时地采集金融市场交易数据，为总行进行货币政策分析和决策提供更好的支持服务。

在推动市场发展和产品创新方面，简要地说，我们将采取以下措施：一是逐渐放宽市场准入，不断扩大银行间市场的参与主体范围，不断扩大银行间市场的覆盖范围，将银行间市场逐步发展成为统一、完善的公开市场。二是鼓励市场不断推出新的交易方式，鼓励市场参与者使用新的交易方式。三是鼓励市场不断推出新的交易产品，包括期货、期权、远期、掉期等各种交易工具，方便市场参与者利用市场工具规避市场风险。四是从方便市场参与者的角度出发，不断完善有关规则，以规则的更新引导市场发展并巩固市场发展成果。

问：2004 年 7 月，胡锦涛总书记的上海之行，特别强调了上海要服务全国，提出要努力把上海建设成为国际经济、金融、贸易、航运中心之一。您认为央行上海总部将会与上海国际金融中心的建设形成怎样的良性互动？

答：建设上海国际金融中心，是党中央、国务院从我国社会主义现代化建设全局出发作出的一项重大战略决策。早在 20 世纪 90 年代初，小平同志就曾说过："中国在金融方面取得国际地位，首先要靠上海。"1992 年江泽民同志在党的十四大报告中提出"加快把上海建成国际经济、金融、贸易中心之一，带动长江三角洲和整个长江流域地区经济的新飞跃"。

2004 年 7 月，胡锦涛总书记在上海视察时，强调要继续推进上海成为国际经济、金融、贸易、航运中心的建设。

国际经验表明，中央银行总部的设立与国际金融中心的发展存在着互动关系。历史上国际金融中心的兴起，在一定程度上与这些地方作为主要商贸中心、交通枢纽、首都和中央银行总部所在地的地位变迁有关。阿姆斯特丹、伦敦、东京、香港、新加坡、纽约国际金融中心地位的变化，全部或部分地反映了上述特征。法兰克福尽管不是一个港口城市，但在第二次世界大战后能胜出汉堡和杜塞尔多夫并取代柏林成为德国的金融中心，原因之一就是德国央行——德意志银行坐落在那里。现在，欧洲中央银行的总部又设在了法兰克福，作为欧洲单一货币成员国实施货币政策和从事银行间资金清算与结算的中心，这进一步巩固了法兰克福作为欧洲大陆国际金融中心的地位。苏黎世国际金融中心地位的形成与法兰克福类似，尽管苏黎世并非瑞士首都，但它能胜出瑞士其他城市，是因为最早的瑞士中央银行设在那里。

同样，设立中国人民银行上海总部，相信也将会起到良好的示范带动效应。一方面通过不断完善货币政策操作职责和提高金融市场服务的效率，吸引国内外更多的金融机构将相关业务或部门迁移至上海，吸引更多的人才聚集到上海；另一方面通过上海总部不断扩大的对外金融交往和合作，扩大上海金融市场对亚太地区金融的整体影响力，从而加速上海国际金融中心的建设。

问：在明确职责和建设的目标后，上海总部将以怎样的内设组织架构呈现在我们面前，也是大家普遍关心的问题，您能不能简单向我们介绍一下？

答：好的，为保证职责的有效履行，上海总部将内设公开市场操作部、金融市场管理部、金融稳定部、调查统计研究部、国际部、金融服务部、外汇管理部 7 个业务部门，并设立综合管理、人力资源管理以及纪检监察 3 个支持服务部门。

问：在组织框架搭建的过程中，上海总部与上海分行之间将如何实现有效整合？整合之后上海分行是否继续存在？整合的过程是否有一个具体的时间表？

答：根据上海总部的职能定位，上海总部主要是以现有上海分行为基础进行组建。现上海分行承担的业务，一部分分别划入公开市场操作、金融市场管理、金融稳定、调查统计研究、国际等部门，一部分纳入金融服务部进行管理，外汇业务由外汇管理部承担。

同时，为了保持现有上海分行所办理业务的连续性，中国人民银行上海分行和国家外汇管理局上海市分局的牌子将继续保留。由于上海总部的建设涉及部分职能从总行的划转、上海分行相关机构的重组以及人员的调配等，将会有一定的整合期，但整合的节奏将是平稳有序的。在积极、稳妥的原则下，我们将尽早完全实现新机构、新体制的运作。

问：那么上海总部与北京的总行之间又将如何进行协调呢？

答：刚才已提到，上海总部作为总行的有机组成部分，是在总行的领导和授权下开展工作的。总行侧重于政策的决策，是决策中心，总部侧重政策的操作和实施，是业务运营中心。为充分发挥好总部作为总行有机组成部分的作用，在领导体制上，由总行的两位行级领导分别兼任上海总部的主任和副主任，上海总部党委接受人民银行党委领导；在内部组织架构上，凡需要接受总行相关指令进行操作的业务，有些采取由总行有关司局负责人在总部有关机构兼职的形式；在技术手段上，总行与上海总部之间将建立完善的远程办公自动化系统，依靠现代通信技术跨越地理空间上的限制，缩短从政策决策到操作的时滞。

问：将一批优秀人才会聚到上海为上海总部服务，是否是现阶段上海总部工作的重要一环？上海总部的人力资源将主要通过哪些渠道获得？

答：是的。上海总部的建设需要一大批优秀人才投身于这项事业。2003年，周小川行长在人民银行工作报告中提出了要建立学习型、研究型、专家型、务实型和开拓型央行人才队伍的目标。实现这一目标，需要基础广泛的人才队伍作为支撑。上海总部的建设除要发挥好上海丰富的人力资源优势外，根据工作需要，将主要通过以下途径补充人员：一是从总行选派一些业务骨干；二是定期从总行交流部分业务骨干；三是从人民银行系统选调一批有一定专长的年轻业务骨干；四是从海内外选拔一些具有相应专业经验和学历背景的高级专门人才。为吸引人才，我们将为各类人才提供同等的发展机会，并为他们着力营造大有用武之地的良好工作和生活环境。

问：外界普遍将您描述成金融界的一位学者型领导，您的专业涉及财政、经济、审计以及法学多个领域，业余时间还喜欢电视剧创作。您认为这些学术背景以及在审计领域的实践经验，会给您在上海总部的管理工作带来什么样的益处？您期待"上海总部"这一全新"剧本"将给中国金融业带来怎样一抹"亮彩"？

答：应该说在金融界我还算是一名新兵，大学学的财政、西方经济学等课程与目前从事的金融工作，从专业学科的角度来讲虽然相去不远，但也有一个重新学习和适应的过程。我将尽最大努力缩短这个磨合期。当然，多学科背景促使我在思考问题时倾向于从多个角度、各个不同的层面来把握。与一线实践经验的结合，又有助于我顾及宏观决策具体执行过程中的可操作性。我希望以我所长更好地服务于央行上海总部这个全新的大舞台。

影视剧本的创作是一门艺术，金融管理同样也是一门艺术。我期待着，随着

"上海总部""剧情"的发展，金融市场一线优势将得到充分发挥，金融资源将得到更加有效的利用和整合。

上海总部的建设是一项全新的工作。社会主义市场经济体制的不断发展和完善，从客观上要求我国金融业实现质的突破，向国际一流水准看齐。为着这个目标，我个人以及上海总部的全体同事，一定会求真务实，不遗余力、扎扎实实地工作，力争在上海总部这个平台上，为中国金融业发展贡献自己的力量。

Ⅱ　适应央行职能调整和监管体制改革需要[①]

——央行有关负责人就《中国人民银行法》修改有关问题答记者问

记者　卓夫

12 月 27 日，第十届全国人大常委会第六次会议通过了《中国人民银行法》的修改决定。12 月 28 日，中国人民银行负责人就《中国人民银行法》修改有关问题回答了记者的提问。

记者：修改《中国人民银行法》的背景如何？

负责人：今年是国务院决定中国人民银行专门行使中央银行职能 20 周年，中国人民银行职能的调整变化是中国金融体制改革不断深化的表现。

1984 年 1 月 1 日，中国人民银行专门行使中央银行职能，标志着在金融业的发展上我们放弃了计划经济条件下以社会簿记功能为特征的集货币发行与信贷发放为一体的"大一统"银行体制，实行了与商品经济发展相适应的中央银行体制。

中央银行由于垄断了现钞发行权而具备了维护金融稳定的能力和实施金融监管的便利。金融监管是一种行政权力，它也可以相对独立地存在，因而各国根据其历史、文化、政治、经济和金融的不同情况有着各不相同的监管模式。20 多年的改革开放、世界经济一体化和金融全球化趋势的发展使中国的经济金融逐渐融入全球经济金融之中，中国货币政策的独立性受到了严峻挑战。全球金融创新的发展和金融综合经营趋势的发展以及电子技术带来的金融业务在时间上、空间上发生的巨大变化，使金融监管的专业水准要求越来越高。为了适应变化着的形势，中国人民银行在不断地完善和强化制定和实施货币政策职能，国家在不断地调整金融监管的体制。为了强化金融宏观调控、维护金融稳定、提高银行业监管水平，党中央、国务院作出了分设银行业监督管理委员会的决定。12 月 27 日，第十届全国人大常委会第六次会议通过了《中国人民银行法》和《商业银行法》的修改决定，通过了《银行业监督管理法》，以法律的形式肯定了中国金融业改革的成果。

---

① 资料来源：《金融时报》，2003 - 12 - 29。

这次修改《中国人民银行法》和《商业银行法》所遵循的原则，是从法律上分清中国人民银行和中国银监会的职责，为这两个机构依法行政提供法律依据，同时为银行业的进一步发展留下空间。中央银行制定和实施货币政策非常重要的内容之一是统计、调控货币供应量。货币供应量由现钞和商业银行的存款组成，货币政策工具的运用主要是调整商业银行和金融机构的经营活动，从这个意义上讲，货币政策的制定和实施与金融监管既有相对独立的一面，又有难以分割的联系。为此，在两法修改中最大限度地划分了人民银行和银监会的职责，同时也一再强调了双方之间的协调和信息共享，以尽可能地提高货币政策实施的有效性和监管的效率，最大限度地减少金融机构不必要的负担。在党中央和国务院的正确领导下，人民银行和银监会将密切配合，依法履行职责，共同促进中国金融业的发展和稳定。

记者：修改《中国人民银行法》的目的是什么？

负责人：为了进一步健全金融监管体制，国务院决定设立银监会，统一监管银行、金融资产管理公司、信托投资公司等银行业金融机构。人民银行不再履行上述金融监管职责后，其职能主要是制定和执行货币政策，不断完善有关金融机构的运行规则，更好地发挥作为中央银行在宏观调控和防范与化解金融风险中的作用。这次修改《中国人民银行法》，主要是为了适应中国人民银行职能的调整和金融监管体制的改革。

根据我国金融体制改革的需要，自 1984 年 1 月 1 日起，中国人民银行专门行使中央银行职能，承担着制定和执行货币政策、提供金融服务以及监管银行业、证券业、保险业的职责。1995 年，《中华人民共和国中国人民银行法》颁布实施，以法律的形式明确了中国人民银行的性质和地位。

中国人民银行专门行使中央银行职能 20 年来，金融监管体制经历了几次重大调整。1992 年 12 月，国务院证券委员会和中国证券监督管理委员会成立，与中国人民银行共同管理证券业。1997 年 11 月，原来由中国人民银行监管的证券经营机构划归中国证监会统一监管。1998 年 11 月，中国保险监督管理委员会成立，负责监管全国商业保险市场。2003 年 4 月，中国银行业监督管理委员会成立，统一监管银行、金融资产管理公司、信托投资公司等金融机构。人民银行的主要职能转变为"制定和执行货币政策，不断完善有关金融机构的运行规则，更好地发挥作为中央银行在宏观经济调控和防范与化解系统性金融风险中的作用"。为了适应人民银行职能的转变和金融监管体制的一系列改革，对《中国人民银行法》进行修改是非常必要的。

记者：修改《中国人民银行法》涉及的主要内容有哪些？

负责人：原《中国人民银行法》共计八章 51 条，赋予中国人民银行的职责主要有制定和执行货币政策、实施金融监管和提供金融服务三个方面。这次修改后的《中国人民银行法》，法条增加至 53 条，对 25 处进行了修改，其中增加 4 条，删除 2 条，修改 19 条，将中国人民银行的职责调整为制定和执行货币政策、维护金融稳定和提供金融服务三个方面。概括而言，今后中国人民银行在履行职责方面最大的变化集中体现在："一个强化、一个转换和两个增加"。

"一个强化"就是强化了中国人民银行与制定和执行货币政策有关的职责。具体而言，《中国人民银行法》第十二条要求中国人民银行货币政策委员会在国家宏观调控、货币政策制定和调整中发挥重要作用；第二十三条增加了中国人民银行在公开市场买卖金融债券这一货币政策工具；第三十一条要求中国人民银行依法监测金融市场的运行情况，对金融市场实施宏观调控，促进金融市场协调发展；等等。

"一个转换"即由过去主要通过对银行业金融机构的设立审批、业务审批和高级管理人员任职资格审查和日常监督管理等直接监管的职能转换为履行对金融业宏观调控和防范与化解系统性风险的职能，即维护金融稳定职能。具体而言，《中国人民银行法》第一条删除了"加强对金融业的监督管理"，而代之以"维护金融稳定"；第二条明确中国人民银行在国务院领导下防范和化解金融风险，维护金融稳定，删除了原《中国人民银行法》第三十一条，即"中国人民银行按照规定审批金融机构的设立、变更、终止及业务范围"，而代之以"中国人民银行依法监测金融市场的运行情况，对金融市场实施宏观调控，促进其协调发展"；增加了第三十四条，即"当银行业金融机构出现支付困难，可能引发金融风险时，为了维护金融稳定，中国人民银行经国务院批准，有权对银行业金融机构进行检查监督"等。

"两个增加"是指增加反洗钱和管理信贷征信业两项职能。《中国人民银行法》第四条规定：中国人民银行指导、部署金融业反洗钱工作，负责反洗钱的资金监测。

应当说明的是，中国人民银行履行信贷征信业管理职能，其法律依据也是《中国人民银行法》第四条第一款规定的中国人民银行履行"国务院规定的其他职责"。经国务院批准由中央编制办公室制发的中国人民银行"三定"方案中明确规定"中国人民银行管理信贷征信业，推动建立社会信用体系"。据此，虽然《中国人民银行法》没有明确规定中国人民银行履行信贷征信业的管理职责，但管理信贷征信业仍然是中国人民银行的法定职责之一。

记者：人民银行维护金融稳定的职责在修改后的《中国人民银行法》中是如何体现的？

负责人：金融稳定是一个广义的概念，是金融运行的一种状态。以前中国人民银行既负责制定和执行货币政策，又履行金融监管的职责，维护金融稳定这一职责分解在中国人民银行的各项职责中。现在，中国人民银行不再履行对银行业金融机构的市场准入及业务范围审批等监督管理职责，维护金融稳定主要包括以下几个方面：一是作为最后贷款人在必要时救助高风险金融机构；二是共享监管信息，采取各种措施防范系统性金融风险；三是由国务院建立监管协调机制。

中国人民银行作为我国的中央银行，是银行的银行、政府的银行和发行的银行，有最后贷款人的手段，具有维护国家金融稳定的手段，从而承担着金融稳定的职能。但中国人民银行不能轻易运用最后贷款人的手段实现维护金融稳定的目标，否则会产生道德风险，损害社会信用的基础，只有采取各种手段防范系统性金融风险才是维护金融稳定的治本之计。因此，《中国人民银行法》从防范和化解系统性金融风险角度，设计了近 10 个条文，赋予中国人民银行维护金融稳定的职能，明确中国人民银行为维护金融稳定可以采取的各种法律手段。

具体而言，《中国人民银行法》第一条、第二条和第十三条明确中国人民银行及其分支机构负有维护金融稳定的职能；第四条和第二十七条要求中国人民银行维护支付、清算系统的正常运行，促进金融稳定；第三十条明确了中国人民银行提供再贷款化解金融风险，维护金融稳定；第三十一条"中国人民银行依法监测金融市场的运行情况，对金融市场实施宏观调控，促进其协调发展"，要求中国人民银行从维护金融市场稳定的角度，做好金融稳定工作；第三十四条明确"当银行业金融机构出现支付困难，可能引发金融风险时，为了维护金融稳定，中国人民银行经国务院批准，有权对银行业金融机构进行检查监督"，从分析风险性质及严重程度这一角度出发，赋予中国人民银行为化解金融风险而享有的检查监督权；第三十五条要求中国人民银行与银行业监督管理机构等金融监督管理机构建立监管信息共享机制，从信息共享、及时沟通情况角度出发，为中国人民银行维护金融稳定提供信息基础。此外，考虑到维护金融稳定还涉及银行、证券及保险等专业监管部门以及国家财政部门，要求在更高层次对相关政策措施进行协调，建立防范和化解金融风险的长效机制，《中国人民银行法》规定："国务院建立金融监督管理协调机制，具体办法由国务院规定。"

记者：修改后的《中国人民银行法》对货币政策委员会的作用是如何规定的？

负责人：根据原《中国人民银行法》的规定，经国务院批准，中国人民银行于 1997 年设立货币政策委员会，作为中国人民银行制定货币政策的咨询议事机构。货币政策委员会的主要职责是根据国家的宏观经济调控目标，讨论货币政策的制定和调整、货币政策工具的运用、货币政策与其他宏观经济政策的协调等涉及货币政策的重大事项，提出制定和实施货币政策的建议。国务院颁布了《中国人民银行货币政策委员会条例》，明确了货币政策委员会的职责、组成和工作程序。

中国人民银行的职能调整后，可以更加专注于履行其金融宏观调控职能。为了充分发挥货币政策委员会对中央银行制定和执行货币政策的咨询议事作用，修改后的《中国人民银行法》增加了"中国人民银行货币政策委员会应当在国家宏观调控、货币政策制定和调整中，发挥重要作用"的规定。

记者：修改后的《中国人民银行法》保留了人民银行必要的监管职责，这是否会与银监会的监管职责发生冲突？

负责人：不会。根据我国目前的金融监督管理体制，人民银行为履行制定、执行货币政策，维护金融稳定，防范和化解系统性金融风险等职责，必须要保留对货币市场、金融机构部分业务等的监督管理权力。例如，人民银行负责的监督管理全国银行间债券市场、同业拆借市场、银行间外汇市场和黄金市场，审批商业银行结售汇业务等监管职责。人民银行所保留的这些必要的监管职责中，有些是与银监会的监管职能完全可以划分清楚的，例如上面提到的人民银行所保留的监管职能和修改后的《中国人民银行法》第三十二条所规定的直接监督检查权。但由于银监会对银行业金融机构的业务准入负有直接监管职责，因此在人民银行行使对货币市场的监督管理职责方面，银监会的监管职能可能会与人民银行的监管职能存在一些交叉。由于《中国人民银行法》、《商业银行法》和《银行业监督管理法》三部法律同时审议，三部法律为解决此类问题已作出了一系列的制度性安排，例如《中国人民银行法》通过赋予人民银行建议监督检查权，从而可以避免对银行业金融机构的重复监督检查。而在特定情况下，人民银行的全面监督检查权则可以最小成本地防范和化解金融风险，维护金融稳定。因此，人民银行所保留的必要的监管职责是提高效率的一种制度性安排，也是人民银行与银监会进行高效监管的制度基础。

人民银行的监督检查权规定在《中国人民银行法》第三十二条、第三十三条和第三十四条中。其中，第三十二条明确规定了人民银行有权对与其制定和执行货币政策、开展业务、从事金融服务等直接相关的金融机构、其他单位和个人的9种行为直接进行监督检查，主要包括执行有关存款准备金管理规定的行为，与中国人民银行特种贷款有关的行为，执行人民币管理规定等行为。也就是说，中国人民银行在通常情况下不对银行业金融机构进行全面的、日常性的监督检查，对于人民银行为了实施货币政策和维护金融稳定，需要对银行业金融机构进行监督检查的，则可以建议银监会对其进行监督检查。例如，银行业金融机构违反利率管理规定、违反支付结算有关规定的违法行为。但当银行业金融机构出现支付困难，可能引发金融风险时，为了维护金融稳定，根据第三十四条的规定，中国人民银行经国务院批准，有权对银行业金融机构进行全面检查监督。

总之，银监会作为银行业监管部门，对银行类金融机构具有机构监管的权力，但不排斥人民银行对金融机构的功能监管权。而且，银监会的机构监管与人民银行的功能监管也各有不同的侧重点，两者在现实操作中是完全可以加以区分的，我们将依据法律的分工协调对金融机构的检查，不会导致对银行业金融机构的重复监督检查，增加其负担。

记者：修改后的《中国人民银行法》对人民银行的职责有哪些调整？

负责人：修改后的《中国人民银行法》将人民银行的职责由原来的 11 项调整为 13 项，除了仍保留的"制定和执行货币政策"、"发行人民币，管理人民币流通"、"经理国库"、"持有、管理、经营国家外汇储备、黄金储备"、"维护支付、清算系统的正常运行"、"负责金融业的统计、调查、分析和预测"等职责外，增加了"指导、部署金融业反洗钱工作，负责反洗钱的资金监测"职责，规定了"监督管理银行间同业拆借市场和银行间债券市场"、"实施外汇管理，监督管理银行间外汇市场"、"监督管理黄金市场"等职责。另外，《中国人民银行法》第四条所规定的人民银行最后一项职责——"国务院规定的其他职责"是一个兜底条款。根据此规定，在《中国人民银行法》中没有规定，但经国务院批准的人民银行"三定"方案所规定的人民银行负有的职责也是人民银行的法定职责，例如，负责管理信贷征信业，协调有关部门的反洗钱工作。将来根据国务院的授权，人民银行也可能会增加其他一些职责。

记者：修改后的《中国人民银行法》对人民银行的反洗钱职责是如何规定的？

负责人：这次修改的《中国人民银行法》第四条第（十）项规定，人民银行负责"指导、部署金融业反洗钱工作，负责反洗钱的资金监测"。同时根据经国务院批准调整后的人民银行"三定"方案，人民银行还负责协调国务院有关部门的反洗钱工作。近年来，按照国务院的要求，中国人民银行一直非常重视反洗钱工作。2001 年 9 月，中国人民银行就成立了反洗钱工作领导小组，统一领导、部署我国银行业反洗钱工作，审批银行业反洗钱对外合作交流项目，研究和制定银行系统的反洗钱战略。2002 年 3 月，中国人民银行又分别成立了反洗钱工作处和支付交易监测处。2003 年 3 月，国家外汇管理局也成立了专门监管跨境洗钱的反洗钱处。2003 年 10 月，中国人民银行根据国务院批准的"三定"方案，组建了反洗钱局，主要负责承办组织协调国家反洗钱工作，研究和拟定金融机构反洗钱规划和政策，承办反洗钱的国际合作与交流工作，汇总和跟踪分析各部门提供的人民币、外币等可疑支付交易信息等反洗钱工作职责。此外，2003年 1 月，中国人民银行还颁布了《金融机构反洗钱规定》、《人民币大额和可疑支付交易报告管理办法》和《金融机构大额和可疑外汇资金交易报告管理办法》，为人民银行做好金融业的反洗钱工作提供了有力的法律武器。

因此，此次《中国人民银行法》增加的人民银行的"指导、部署金融业反洗钱工作，负责反洗钱的资金监测"职责，为人民银行履行反洗钱法定职责提供了法律保障。

Ⅲ　加强社会信用体系建设　为国民经济发展创造良好氛围①

——吴晓灵副行长在社会信用体系建设座谈会上的讲话

一、社会信用体系建设的主要内容

市场经济是信用经济。没有良好的信用环境，就不会有适应经济发展需要的信用工具和金融产品。加强社会信用体系建设，是发展社会主义市场经济的基础性工作。

社会信用体系是一个庞大的系统，涉及方方面面。至少包括三个方面：（1）规范、约束信用行为的法律体系；（2）促进企业和个人自觉履行承诺的诚信体系；（3）帮助债权方判别对方信用状况和违约风险，从而降低交易成本的征信体系。上述三个方面，构成了社会信用体系的主要内容。

改革开放二十多年来，作为社会主义市场经济建设的一个重要组成部分，我国社会信用体系正逐步走向成熟。

首先，信用法制建设快速发展。改革开放二十多年来，围绕着建设市场经济这个中心，我国已经制定了一大批与信用建设密切相关的法律法规。譬如，《商业银行法》、《公司法》、《合同法》、《票据法》等。此外，还颁布了一大批条例、规章等法规。应当说，我国的信用法律体系已经初步建立。但总的来看，我国信用法律体系还很不完善。大量违约行为和违规行为，由于缺少相应法律规定没有受到应有的惩处。

其次，诚信系统建设已经开始起步。诚信系统主要记录当事人守约情况的信息，以此提高企业和个人的信用意识。在这方面，我国许多部门和地方政府积极推动建设的诚信工程是很好的例子。譬如，国家工商行政管理总局推动建设的"红盾 315 系统"，商务部建设的诚信系统，国家税务总局正准备建设的纳税人信誉等级信息系统等，都属于诚信建设范畴。

最后，征信体系建设正在稳步推进。征信是对企业、个人信用状况的评估活动。征信系统以第三方征信为主要形式。现在，社会上已有许多民间和政府推动建设的征信机构。加快征信体系建设步伐，能够加快我国信用体系的建设和发展。

此外，为了促进我国信用体系建设的快速发展，还应当加强宣传和对公众的道德教育。道德是社会的基石，更是信用体系的支柱。"人以信为本"，"人无信不立"是我们中华民族的优良传统。我们要大力宣传讲信用、守诺言的道德风尚，让我们中华民族重振信用之风。

---

① 资料来源：中国人民银行网站，2003 – 08 – 08。

二、以征信发展促进社会信用体系的建设

征信的发展促使人们重视和珍惜自身的信誉，从而促进整个社会诚信水平的提高。为加快我国征信体系建设，借鉴西方国家的有关经验是一条有效的途径。

纵观当今世界征信业的发展，其主要特点可以概括为五个方面：

一是征信活动建立在完备的法律法规基础上。社会和经济的发展，使征信的关系复杂起来。用法律的形式规定征信各方的权利和义务，保护各方的正当利益，调整这些复杂的关系，以保证征信业务的正常进行和健康发展。

二是建有覆盖全国的征信主干系统。经济的发展，交通和通信的发达，使市场的地域范围迅速扩张，人员的跨地区流动，交易的跨地区开展，都对征信服务的广度和深度提出新的要求。在此背景下，西方发达国家都建立了覆盖全国的征信主干系统。

三是现代电子技术和通信技术在征信活动中的广泛应用。目前的征信公司，一般都建有一个大型的数据中心，以保证迅速、高质量地处理数据；拥有良好的通信网络，以保证信息的迅速传递。速度和准确性正日益成为征信机构之间竞争的重要内容。

四是征信产品的高端化。征信机构最初提供的是借款人的负面信用信息。后来既提供负面信息，又提供正面信息。目前，征信机构在处理大量数据的基础上，运用先进技术对借款人进行信用评分。围绕评分，又出现诸如贷款决策系统、市场营销服务系统等。目前征信市场的竞争主要集中在这些高端产品上。

五是日益显著的全球化趋势。美国和英国的一些征信公司已经建立跨国分支机构，把业务拓展到全球。欧盟各国正在筹划建立覆盖全区的征信系统。

根据世界征信发展的特点和趋势，结合我国的实际情况，为加快我国企业和个人征信体系建设，需要抓好以下四个方面的工作：

（1）制定信息披露的法律法规，为征信发展奠定基础

征信以信息的收集为基础。信用信息主要来源于政府机构的执法过程和企业的各种交易活动。为了保证征信机构能够从政府部门和有关企业——如金融机构——顺利地获得信用信息，需要相应的法律法规作为依据，使信息的收集有法可依。为此，需要尽快制定和颁布政务信息披露和企业信息披露的相关法律法规。

（2）依法规范征信机构行为，为社会提供高质量征信服务

为了规范征信机构行为，有效监督征信业务，需要制定专门的征信管理法规。为此，人民银行已经为国务院代拟起草了《征信管理条例》，对征信机构运营的各个环节，包括信息的收集、保存、加工和产品出售作出规定。通过对重要环节的规范，确保征信信息的真实、完整。

此外，在《征信管理条例（代拟稿）》中，还对征信机构的监管、外资机构

的进入等问题进行了规定。

由于征信行业涉及多方面当事人，是一项全新的、专门的服务行业，直接关系到我国诚信制度建设，有必要设立或指定一个部门实施征信业的监督管理。从国外情况看，大都有征信监督管理机构。

对是否允许外资进入我国征信业市场的问题，我们倾向于给外资机构与中资机构相同的国民待遇。这样有利于对外开放和借鉴国外经验，促进我国征信业发展。至于对自然人征信业务问题，只要我们抓紧建设自己的信贷征信系统，完全有条件、有能力与外资机构竞争。在相关法律法规的规范制约下，国外资本无论以何种形式进入我国征信行业，都不会对我国国家经济信息安全产生影响。

（3）建立信息共享、追求规模效益的竞争机制

从全国征信建设的情况看，各部门、各地方的热情都很高，这应当是好的。但是，也存在着画地为牢、各自为政、互不通信、信息分散等问题。从发达国家的经验来看，信息共享，通过市场竞争，实现资源整合的规模效应，是征信业发展的正确方向。

（4）加强政府引导，规范技术标准，减少资源浪费

为了保证我国征信业发展从高起点起步，不再重复西方国家征信发展初期的自然演化过程，政府对征信建设的规划和指导是必要的。其中，制定和推行征信行业的技术标准，实现最大限度的信息资源共享，避免不必要的重复建设，是目前我国征信体系建设的一项紧迫任务。近年来，我国征信行业在各地政府和有关部门的推动下不断发展，但是征信行业标准化建设相对滞后。今后，这方面的工作要抓紧。

三、以信贷征信促进整个征信业的发展

银行信贷征信建设是征信业发展的重要组成部分，也是征信体系建设的重点。这是因为：（1）在大量的征信信息中，银行贷款记录占90%以上。这种情况已被国外征信实践所证实。（2）银行是征信市场的主要需求方。

针对我国的实际情况，加快银行信贷征信系统的建设，能够实现两个目标：一是有利于防范信贷风险，扩大贷款，促进经济发展。二是有利于其他征信机构利用这个系统的信息提供各类资信评级服务，形成市场竞争格局，更好更快地发展我国征信业。

全国银行信贷征信系统由企业信贷征信系统和个人信贷征信系统组成。企业信贷征信系统主要是收集、加工和整理企业信用信息；个人信贷征信系统主要是收集、加工和整理个人的信用信息。运营银行信贷征信系统的机构，在组织形式上，采用股份制，为市场独立法人；在经营范围上，以信息加工为主。

第三章

中央银行与政府的关系

本章在介绍中央银行与政府关系不同模式的基础上，分析了中国人民银行与政府的关系。学习本章的目的是认识中央银行保持相对独立性的必要性，了解中央银行与政府关系的现状。

第一节 中央银行与政府关系的不同模式

一、中央银行相对独立性概述

1. 各国中央银行产生之初，无不与政府关系密切。当时中央银行与政府的关系主要表现在五个方面：一为争取政府支持，独享货币发行权；二为承办政府财政收支，建立资金往来关系；三为处理政府借垫与公债募集；四为政府解救货币经济危机；五为由政府任命总裁。

2. 第一次世界大战后开始了独立性的争议。第一次世界大战前基于中央银行的私营企业属性，普遍认为中央银行不应受政府控制。第一次世界大战期间和战后由于财政问题，中央银行的自由原则和独立性受到严重冲击。1920年在布鲁塞尔和1922年在日内瓦召开的两次国际金融会议，一再强调中央银行应脱离政府控制而独立。战后各国纷纷组织独立的中央银行，有的国家中央银行法中列有维持独立性的条文。20世纪30年代经济大危机后，一些经济学家认识到，单靠中央银行难以保证经济和金融的稳定，中央银行独立于政府的浪潮有所平息。

3. 第二次世界大战后独立性思潮再起。第二次世界大战后中央银行既要满足财政筹措资金的要求，又要实现货币政策目标，理应受到政府的控制和监督。20世纪70年代，西方国家的"滞胀"再次提出中央银行独立性问题。其理由主要有：（1）政治家缺乏经济远见，往往干扰货币政策的稳定性和连贯性。

（2）政府为满足短期利益的需要，推行通货膨胀政策。中央银行独立于政府可以对此有所制约。（3）中央银行与政府的工作侧重点不一致，致使彼此的措施矛盾对立。（4）中央银行作为社会化的服务机构，也需要相对的独立性。

4. 当代中央银行与政府关系的实质表现为既不能视中央银行为一般政府机构，也不能使之完全独立于政府之外，不受政府约束，而应在政府的监督和国家总体经济政策的指导下，独立地制定、执行货币政策。这就是当代中央银行的相对独立性。

5. 保持中央银行的相对独立性要遵循两个原则：（1）经济发展目标是中央银行活动的基本点。中央银行不仅要考虑自身所担负的任务和承担的责任，还要重视国家的利益。（2）中央银行货币政策要符合金融活动的规律性。防止为特定政治需要而不顾必要性和可能性，牺牲货币政策的稳定性。

6. 中央银行与政府关系的主要方面：

（1）财政政策要求与货币政策配合。中央银行要为政府发行债券，提供短期借款，但要拒绝为弥补财政赤字而进行的超经济的货币发行。

（2）货币政策争取财政政策的配合。如在经济发展不正常时，要求税率能作相应的调整；在固定资产投资超过国力许可时，要求大量削减投资；在国际收支不平衡时，要求提高关税以限制进口；等等。

二、中央银行与政府关系的不同模式

1. 当代中央银行与政府的关系存在以下特征或趋势：

（1）中央银行资本所有权有完全归政府所有的趋势，即使是资本属私股的中央银行，股东也无权干预和影响中央银行的货币政策和业务经营。因为对中央银行的管理监督权属于国家，所以资本所有权已成为无关紧要的问题。

（2）中央银行的总裁的任命多由政府部门或议会提名，国家元首任命，任期与政府任期接近。理事任期稍长于总裁，多数国家允许连任，与政府的任期错开。

（3）多数国家赋予中央银行法定职责，明确其制定或执行货币政策的相对独立性，在承担稳定货币金融的同时，作为政府在金融领域的代理人，接受政府的控制与督导。

（4）中央银行与政府的隶属关系、与财政部的资金关系是中央银行独立性的主要方面。一般而言，中央银行在一定的限度内有支持财政的义务，为财政直接提供贷款融通资金，为财政筹集资金创造有利条件。但同时，许多国家对融资的方式、额度与期限都从法律上加以严格限制，禁止财政部向中央银行透支。

（5）理事会中是否应该有政府代表的问题，各国在实践和认识上对此都有分歧。反对者认为，中央银行的职能与政府不同，没有代表可以避免政府的直接干预，保障中央银行不受政府压力和政府偏见的影响。赞同者认为，有代表有利于沟通和纠正双方观点与认识上的偏差；理事会中可以有各经济部门的代表，就不能排斥政府的代表。

2. 中央银行与政府关系的三种模式：

（1）独立性较大的模式。中央银行直接对国会负责，可以独立制定货币政策及采取相应的措施，政府不得直接对它发布命令、指示，不得干涉货币政策。如果中央银行与政府发生矛盾，通过协商解决。美国和德国都属于这一模式。

（2）独立性稍次的模式。在这种模式下，中央银行名义上隶属于政府，而实际上保持着较大的独立性。有些国家法律规定财政部直辖中央银行，可以发布指令，但事实上并不使用这种权力，中央银行可以独立地制定、执行货币政策。英国和日本都属于这一模式。

（3）独立性较小的模式。在这种模式下，中央银行接受政府的指令，货币政策的制定及采取的措施要经政府批准，政府有权停止、推迟中央银行决议的执行。采取这种模式的典型国家是意大利。

第二节　中国人民银行与政府的关系

一、中国人民银行与国务院的关系

1. 对于中国人民银行应隶属于国务院还是隶属于全国人民代表大会，以及如何从立法上保证它的独立性问题，主要有以下三种观点。

（1）第一种观点认为，在政府长远的总体经济目标与近期经济发展意图上，国务院和全国人民代表大会不会也不可能存在重大分歧，中国人民银行没有必要脱离政府，直接对全国人民代表大会负责。

（2）第二种观点认为，人民银行直接隶属于全国人民代表大会（常务委员会），在其指导下独立地制定和贯彻执行金融政策，可以使人民银行不受政府短期经济政策的局限与随着短期经济政策摆动而摆动。

（3）第三种观点认为，在政治体制未作相应改革的情况下，人民银行是直接隶属于全国人民代表大会还是直接隶属于国务院，没有实质性的区别。人民银行的相对独立性应通过立法来保证。

2. 中国人民银行是国务院直属的具有一定独立性的机构。这主要表现在三个方面：（1）中国人民银行行长由全国人大决定，全国人大闭会期间，由全国人大常委会决定，由国家主席任免。（2）中国人民银行实行行长负责制，行长领导中国人民银行的工作。（3）在法定权限内，中国人民银行依法独立执行货币政策和履行其他职责。

3. 中国人民银行向全国人大或者全国人大常委会报告工作，并接受其监督。作为全国最高权力机关的全国人大及其常委会有权力、有责任了解中国人民银行的工作情况，并进行监督；作为我国最重要的宏观控制调节机构之一，中国人民银行可以在不违背中央的战略目标和大政方针的前提下，独立地制定和执行货币政策，不受其他部门的干扰。

二、中国人民银行与财政部的关系

1. 历史上，中国人民银行与财政部的关系是"大财政、小银行"，"长期资金归财政、短期资金归银行，无偿资金归财政、有偿资金归银行"。

2. 改革开放以后，中国人民银行与财政部的关系正在理顺，表现在：

（1）在行政关系上，中国人民银行与财政部同属国务院直接领导，以平等独立的身份协调配合工作。

（2）在业务关系上，中国人民银行与财政部历来是密切配合、相互支持的。

（3）在资金关系上，两者主要是资金的融通关系，尤其是解决财政向中国人民银行透支的问题。

（4）在政策关系上，中国人民银行的货币政策和财政部的财政政策是国家的宏观经济政策，两者必须保持平行、相互配合、密切合作。

三、中国人民银行与国家其他金融管理部门之间的关系

1. 中国金融业目前实行分业监管的体制。中国人民银行负责制定和执行货币政策，防范和化解金融风险，维护金融稳定。同时，中国银行业监督管理委员会、中国证券监督管理委员会和中国保险监督管理委员会分别承担中国银行业、证券业和保险业的监督管理。

2. 在具体的金融监管中，中国人民银行与三个监督管理委员会有一定业务交叉。如金融机构业务活动涉及的银行间同业拆借市场和银行间债券市场、外汇市场等，中国人民银行负责直接的监督管理；当银行业金融机构出现支付困难，可能引发金融风险时，中国人民银行经国务院批准，有权对这些机构进行检查监督。为了实现金融业的整体稳健运行和健康发展，中国人民银行应与三个监督管理委员会协调监管机制。

第三节 中国人民银行分支机构与地方政府的关系

一、问题的提出

中国人民银行要履行其职能，必然会与地方政府发生这样那样的联系。

二、中国人民银行分支机构与地方政府的关系

1. 中国人民银行分支机构与地方政府的关系具有中国特色，因为中国地方政府不仅办社会，而且办企业。过去按行政区划设置人民银行分支机构，也在客观上为地方政府干预提供了可能，所以1998年要撤销省级分行，建立跨省分行。

2. 中国人民银行分支机构受总行垂直领导，是总行的派出机构，在行政上、业务上与地方政府不发生直接关系。但是，人民银行分支机构有义务在中央宏观决策指导下，积极为地方经济发展服务，实现地区经济发展目标。

3. 中国人民银行分支机构与地方政府有关部门既无任何行政隶属关系，也无任何业务从属关系，是各自平行且完全独立的关系。

综合练习

一、名词解释

中央银行的相对独立性

二、填空题

1. 中央银行与政府关系的主要方面是与_____的关系，即货币政策与_____政策的相互配合。

2. 美国联邦储备理事会成员由_____任命，但必须得到_____的核准。

3. 英格兰银行表面上隶属于_____，实际上拥有相当的独立性。

4. 日本银行的最高决策机构是_____。

5. 中国人民银行在_____领导下，依法独立执行货币政策。

6. 中国人民银行行长由_____决定，由_____任免。

7. 中国人民银行不得对政府财政_____，不得直接_____、_____国债和其他政府债券。

三、单项选择题

1. 对中央银行独立性的争论开始于（　　）。

A. 中央银行产生之初　　　　　　B. 第一次世界大战后

C. 第二次世界大战后　　　　　　D. 20世纪70年代

2. 中央银行与政府关系的最主要方面是与（　　）的关系。

A. 财政部　　　　　　　　　　　B. 国家计委

C. 国有商业银行　　　　　　　　D. 地方政府

3. 以下各国中，中央银行独立性最小的国家是（　　）。

A. 日本　　　　　　　　　　　B. 英国

C. 德国　　　　　　　　　　　D. 意大利

4. 中国人民银行不得直接（　　　）、包销国债和其他政府债券。

A. 认购　　　　　　　　　　　B. 购买

C. 买卖　　　　　　　　　　　D. 回购

5. 中国人民分支机构是总行的（　　　）机构。

A. 全资附属　　　　　　　　　B. 控股

C. 派出　　　　　　　　　　　D. 内部

四、多项选择题

1. 中央银行与政府关系的主要方面是（　　　）。

A. 中央银行与政府的隶属关系　　B. 中央银行与财政部的资金关系

C. 中央银行与国家计委的资金关系 D. 货币政策与财政政策的关系

E. 货币政策与产业政策的关系

2. 中央银行直接对国会负责，可以独立制定和执行货币政策，政府不得对其发布命令和指示的国家有（　　　）。

A. 美国　　　　　　　　　　　B. 英国

C. 法国　　　　　　　　　　　D. 德国

E. 日本

3. 中央银行名义上隶属于政府，实际上有较大独立性的国家有（　　　）。

A. 美国　　　　　　　　　　　B. 英国

C. 意大利　　　　　　　　　　D. 德国

E. 日本

4. 在资金关系上，中国人民银行（　　　）。

A. 与财政部同属国务院直接领导　 B. 不得对财政透支

C. 与财政部不存在行政隶属关系　 D. 不得认购政府债券

E. 不得包销政府债券

5. 根据《中国人民银行法》，中国人民银行不得（　　　）。

A. 对政府财政透支　　　　　　B. 给政府贷款

C. 直接认购政府债券　　　　　D. 包销政府债券

E. 购买国债

五、判断题

1. 在中央银行初创伊始即出现了关于其是否应当保持相对独立性的激烈争论。　　　　　　　　　　　　　　　　　　　　　　　　　（　　　）

2. 20 世纪 30 年代经济大危机后，中央银行独立于政府的浪潮再次兴起。

（　　　）

3. 中央银行与政府关系的核心是与各级地方政府的关系。　　　（　　）

4. 美国总统虽然有权任命联邦储备理事会主席和其他成员，但无权向理事会发布命令。　　　（　　）

5. 美国联邦储备理事会制定和执行货币政策无须总统批准。　　　（　　）

6. 在日本银行政策委员会中，财务省和经济企划厅的代表无表决权。　　　（　　）

7. 在意大利，政府有权停止、推迟中央银行决议的执行。　　　（　　）

8. 中国人民银行虽然直接受国务院领导，但仍有一定独立性。　　　（　　）

9. 中国人民银行直接对国务院负责，无须向全国人大汇报工作。　　　（　　）

10. 中国人民银行与财政部既不存在行政隶属关系，也没有业务上的领导与被领导的关系。　　　（　　）

11. 中国人民银行不得直接买卖政府债券。　　　（　　）

12. 中国人民银行不得向各级政府和政府部门提供贷款。　　　（　　）

六、简答题

1. 简述 20 世纪 70 年代经济金融界人士主张中央银行应独立于政府的主要理由。

2. 什么是中央银行的相对独立性？

3. 简述中国人民银行与财政部的关系。

七、论述题

1. 当代中央银行与政府关系的主要特征或趋势。

2. 试述当代各国中央银行与政府关系的主要模式。

3. 试述中国人民银行的相对独立性。

参考答案

一、名词解释

中央银行的相对独立性：指中央银行既不能完全受制于政府，也不能不受政府约束，而是应在政府的监督和国家总体经济政策的指导下，独立地制定和执行货币政策。

二、填空题

1. 财政部、财政

2. 总统、参议院

3. 财政部

4. 日本银行政策委员会

5. 国务院

6. 全国人民代表大会或其常务委员会、国家主席

7. 透支、认购、包销

三、单项选择题

1. B　　2. A　　3. D　　4. A　　5. C

四、多项选择题

1. ABD　　2. AD　　3. BE　　4. BDE　　5. ACD

五、判断题

1. ×　　2. ×　　3. ×　　4. √　　5. √　　6. √　　7. √

8. √　　9. ×　　10. √　　11. ×　　12. ×

六、简答题

1. （1）政治家缺乏经济远见，往往干扰货币政策的稳定性和连贯性。

（2）政府为满足短期利益的需要，推行通货膨胀政策。中央银行独立于政府可以对此有所制约。

（3）中央银行与政府的工作侧重点不一致，致使彼此的措施矛盾对立。

（4）中央银行作为社会化的服务机构，也需要相对的独立性。

2. 中央银行既不能完全受制于政府，也不能完全独立于政府之外，而应在政府的监督和国家总体经济政策的指导下，独立地制定、执行货币政策。这就是当代中央银行的相对独立性。

保持中央银行的相对独立性要遵循两个原则：（1）经济发展目标是中央银行活动的基本点。中央银行不仅要考虑自身所担负的任务和承担的责任，还要重视国家的利益。（2）中央银行货币政策要符合金融活动的规律性。防止为特定政治需要而不顾必要性和可能性，牺牲货币政策的稳定性。

3. （1）在行政关系上，中国人民银行与财政部同属国务院直接领导，以平等独立的身份协调配合工作。

（2）在业务关系上，中国人民银行与财政部历来是密切配合、相互支持的。

（3）在资金关系上，两者主要是资金的融通关系，尤其是解决财政向中国人民银行透支的问题。

（4）在政策关系上，中国人民银行的货币政策和财政部的财政政策是国家的宏观经济政策，两者必须保持平行、相互配合、密切合作。

七、论述题（要点）

1. （1）资本所有权已成为无关紧要的问题。

（2）中央银行的总裁的任命多由政府部门或议会提名，国家元首任命，任期与政府任期接近。

（3）多数国家赋予中央银行制定或执行货币政策的相对独立性，同时要接

受政府的控制与督导。

（4）许多国家对中央银行为政府融资的方式、额度与期限都从法律上加以严格限制，禁止财政部向中央银行透支。

（5）至于理事会中的是否应该有政府代表的问题，各国在实践和认识上对此都有分歧。

2.（1）独立性较大的模式。中央银行直接对国会负责，可以独立制定货币政策及采取相应的措施，政府不得直接对它发布命令、指示，不得干涉货币政策。如果中央银行与政府发生矛盾，通过协商解决。美国和德国都属于这一模式。

（2）独立性稍次的模式。在这种模式下，中央银行名义上隶属于政府，而实际上保持着较大的独立性。有些国家法律规定财政部直辖中央银行，可以发布指令，但事实上并不使用这种权力，中央银行可以独立地制定、执行货币政策。英国和日本都属于这一模式。

（3）独立性较小的模式。在这种模式下，中央银行接受政府的指令，货币政策的制定及采取的措施要经政府批准，政府有权停止、推迟中央银行决议的执行。采取这种模式的典型国家是意大利。

3.（1）中国人民银行是国务院直属的具有一定独立性的机构。这主要表现在三个方面：①中国人民银行行长由全国人大或其常委会决定，由国家主席任免；②中国人民银行实行行长负责制；③在法定权限内，中国人民银行依法独立执行货币政策和履行其他职责。

（2）中国人民银行向全国人大或其常委会报告工作，并接受其监督。

（3）中国人民银行与财政部的关系。①在行政关系上，两者同属国务院直接领导，平等独立；②在业务关系上，两者密切配合、相互支持；③在资金关系上，人民银行不得对财政透支，不得直接认购、包销各类政府债券；④在政策关系上，货币政策和财政部的财政政策应该协调配合。

（4）中国人民银行分支机构是总行的派出机构，在行政上、业务上与地方政府和政府部门不发生直接关系。但是，人民银行分支机构有义务在中央宏观决策指导下，积极为地方经济发展服务，实现地区经济发展目标。

参考资料

中央银行独立性及其理由①

一、中央银行独立性定义

关于中央银行的独立性，大多数人都没有给出明确的定义。弗里德曼认为，中央银行的独立性指与政府—司法机构关系相同的中央银行—政府关系。司法机构只能在立法机构制定的法律基础上行使职能。只有法律变化时，它才会相应地改变其职能。哈斯（Hasse）认为，中央银行的独立性主要表现在三个方面：人事独立、信用独立和政策独立。人事独立指政府在中央银行任命过程中的影响。不过，在中央银行这样重要的公众机构的任命上将政府的影响完全排除在外也是不现实的。信用独立指政府直接或间接从中央银行获得信贷以融通政府支出的能力。如果政府能从中央银行直接贷款则意味着货币政策从属于财政政策，反之则不是。政策独立指赋予中央银行制定、贯彻货币政策的操作空间。代布莱（Debele）和费歇（Fischer）认为应该分清政策目标的独立和政策工具的独立之间的区别。关于政策目标需要注意两点：中央银行自主决定政策目标的范围有多大，以及是否将货币稳定性规定为中央银行的首要目标。如果中央银行被赋予多个不同的目标，如低通胀和低失业率，则说明中央银行拥有较大的政策目标独立性。如果给中央银行规定总体目标的同时还规定具体的目标，就会限制中央银行自主判断决策的能力。中央银行为达到其目标，必须通过有效的政策工具来实行。如果中央银行能自主决定实现目标的方式，则中央银行的政策工具也是独立的，反之，如果在使用政策工具时需要政府的批准则说明中央银行没有独立的政策工具。

一般地，中央银行的相对独立性主要表现在以下几个方面：

1. 从法律赋予中央银行的职责看，多数国家从法律角度赋予中央银行以法定职责，明确规定在制定和执行货币政策上享有相对独立性。但是，中央银行在制定货币政策，承担稳定货币金融，实现政府经济目标和社会职责的同时，不能脱离国家经济发展的总政策和总目标。如德国1957年7月26日通过了《联邦银行法》，法律赋予联邦银行完全的自主权，联邦银行不受总理领导，不受政府监督，也不受银行监管局检查。规定"在行使本法授予的权力与职能时，联邦银行不受联邦政府指令的干涉"。同时，联邦银行也有义务在保证完成其任务的前提下支持联邦政府总理的经济政策。但如果政府的政策与联邦银行保卫货币的目

---

① 节选自《中央银行独立性理论和我国现状》（作者不详），华东交通大学经济管理学院网站。

标有矛盾，联邦银行则可以不顾政府的政策，而独立地行使法律赋予它的货币政策权，以达到稳定货币的目的。

2. 从中央银行的理事和总裁的任命看，政府作为中央银行唯一的或主要的股东，或者甚至在私人全部持有中央银行股票的情况下，政府一般都拥有任命中央银行的理事和总裁的权力。这说明政府在人事上对中央银行有一定的控制权，可以通过人事的任免来影响中央银行的活动。至于中央银行理事会中是否应有政府的代表以及代表的权限有多大，各国有较大差别。一般有两种情况：一是中央银行理事会中没有政府代表，对中央银行政策的制定不过问，如英国、美国、荷兰等；二是在中央银行决策机构中有政府代表，但政府代表的发言权、投票权、否决权以及暂缓执行权各有不同。如在德国，政府内阁成员可以参加中央银行理事会会议，并提出动议，但没有表决权。政府只有权要求中央银行理事会推迟两星期作出决议，但无权要求中央银行理事会改变其决议。

3. 从中央银行与财政部的关系来看，很多国家严格限制中央银行直接向政府提供长期贷款，以防止中央银行用货币发行来弥补财政赤字，但又要通过某些方法，在一定限度内对政府融资予以支持。表现在以下两点：一是在财政部筹资遇到困难时，可为财政提供短期贷款；二是为财政筹资创造有利条件，如通过各种信用调节措施为政府公债的发行创造条件。但为了防止中央银行对政府过度融资引起通货膨胀，许多国家对融资方式、额度和期限都从法律上严加限制，禁止财政部向中央银行透支。

4. 从中央银行的利润分配和资金来源来看，中央银行不是企业，不以营利为目的。但它有盈利，且盈利很高。中央银行不需财政拨款，这是中央银行不同于其他政府机关的地方。但中央银行不以营利为目的，它的收入扣除必需的支付与积累外，全部上缴政府，这又是它作为政府部门性质的体现。

5. 从中央银行的资本所有权看，它的发展趋势是趋于归政府所有。目前许多西方国家的中央银行资本归国家所有，如英国、法国、德国、加拿大、澳大利亚、挪威、荷兰等；有些国家中央银行的股本是公私合有的，如比利时、墨西哥、奥地利等；另外有一些国家的中央银行虽归政府管辖，但资本仍归个人所有，如美国和意大利等。凡允许私人持有中央银行股份的国家，一般都对私人股权作了一些限制，以防止私人利益在中央银行占有特殊地位。如美联储系统在争取私营银行合作的同时，又对私营银行的权力加以限制，不受私营银行的操纵。

从上可以看出，中央银行对于政府的独立性不是绝对的，而是相对的。所谓相对独立性就是有限制的独立性、在一定范围内的独立性。中央银行与政府的使命是共同的，都承担了促进经济增长、稳定物价与增加就业等义务。因此，中央银行政策目标不能背离国家总体经济发展目标。中央银行必须与政府密切配合，并受政府的监督和指导，而不是凌驾于政府之上，或者独立于政府体制之外自行其是。随着垄断资本对国家干预的加强，政府对经济和金融领域的干预也不断加深。加上中央银行公开市场业务的不断发展扩大，中央银行必须在政府制定的总的经济政策目标下制定自己的政策，在某些方面不得不受政府的监督与控制。另外，中央银行有其特殊性，它不同于一般的行政管理部门，它有权独立制定货币政策，在管理金融、调节经济方面必须具有相对的独立性。

二、保持中央银行相对独立性的必要性

1. 避免出现政治性经济波动的需要。西方国家的政府一般都是每隔几年要进行一次大选，执政党为了争取选票，往往要采取一些措施来保证政治目标实现。高工资和高就业会给执政党带来很多选票，执政党往往把放松银根作为支持高工资和高就业的主要武器。因此，在大选时，政府往往实行放松的货币政策与财政政策，刺激经济增长，以争取选票，结果导致通货膨胀。但上台后，面临通货膨胀不得不采取从紧的货币政策与财政政策，以稳定经济和金融。这样，中央银行就易于受到某种政治压力的影响，使货币政策偏离原定目标。因此，为了对政府的超经济行为发挥有效的制约作用，防止政府为政治目的而牺牲货币政策，中央银行就必须有很高的独立性。而且，中央银行是负有社会责任的机构，它的货币政策对社会经济的发展有重大影响，它应具有稳定性和连续性，不受党派和政治的干扰。

2. 避免财政赤字货币化的需要。所谓财政赤字货币化，就是指财政出现赤字时，中央银行无条件地去弥补，或者直接对政府贷款、透支，或者想办法降低市场利率，减少财政向市场借款的成本。这会导致通货膨胀，并引发赤字与通货膨胀之间的恶性循环。中央银行作为政府的银行，虽然有义务帮助政府平衡财政预算和弥补赤字，但财政活动的客观结果并不一定是保持经济的稳定增长和物价稳定。中央银行货币政策的主要目标是稳定货币，它对财政的支持只能是一般的支持，因此，为避免政府的短期经济行为，避免通过发行货币去弥补财政赤字，造成通货膨胀，有必要保持中央银行的相对独立性。中央银行对政府的贷款一般只限于短期贷款且有贷款最高限额，其目的之一就在于限制政府推行通货膨胀政策。

3. 为了稳定经济和金融的需要。中央银行与政府所处的地位不同，因而它们在考虑一些经济政策的侧重点上存在差异。就一国来说，行政首脑更关心的是促进经济增长与解决就业问题，因此政策的重点是通过推行赤字财政政策，以刺激经济增长，增加就业，其结果往往导致通货膨胀。财政部长更关心如何有效地从市场筹措资金，以维持政府机构的正常运行，因而要求市场利率稳定且维持在低水平上。中央银行的首要任务是稳定货币，采取紧缩政策，提高市场利率，以制止通货膨胀。如果中央银行完全受制于政府，其结果只能是更便于政府推行通货膨胀政策，这会使经济更加不稳定。如果中央银行有较大的独立性，明确其首要任务是稳定货币，中央银行就可以独立地制定和执行正确的货币政策，对政府推行通货膨胀政策也可以起到约束作用。

4. 为了适应中央银行特殊地位与业务的需要。中央银行既不是一般的行政管理机关，也不同于一般的国有企业，它的业务具有高度技术性，它的政策直接影响国民经济各部门。因此，它的最高管理人员一般都有丰富的国内外经济知识，有熟练的技术和经验。从业务看，中央银行的主要客户虽然是政府和外国中央银行，但它同时还为商业银行等其他金融机构服务。因此，中央银行也不应完全受政府的控制。

第四章

中央银行的对外金融关系

内容提要

本章讨论中央银行的对外金融关系。学习本章的主要目的是要认识中央银行在对外金融关系中的任务、中央银行金融监管国际合作和国际货币政策协调的必要性，并在此基础上了解加强国际货币政策协调的内容和途径。

第一节 中央银行在对外金融关系中的地位与任务

一、中央银行在对外金融关系中的地位

1. 中央银行是国家对外经济活动的总顾问和全权代表。各国中央银行主要负责人代表国家出席各种国际性金融会议，代表国家在会议上发表意见，阐明立场，投票表决，或者代表国家签署条约、协议和文件。

2. 中央银行是国家国际储备的管理者。中央银行负责保管黄金，负责调节外汇储备数量、货币结构和期限结构，保证外汇储备的安全，并且负责管理和调节由特别提款权、黄金和外汇组成的外汇平准基金。

3. 中央银行是国家的国际金融活动的调节者和监管者。

二、中央银行在对外金融关系中的任务

1. 负责与各国中央银行进行官方结算。中央银行负责编制国家国际收支平衡表，负责对国际收支差额进行调整。

2. 负责对国际资本流动的调节管理和对外负债的监测。中央银行通过各种手段，对资本的流入或流出进行控制和调节，同时对国家对外负债进行监测，建立相应的监测调控体系。

3. 负责外汇交易和管理。中央银行通过外汇交易干预来缓和由于外汇收支不平衡引起的短期资本流动，以避免外汇市场价格波动所带来的损失。

4. 负责发展与各国中央银行和国际金融机构的关系。一国中央银行负责与其他各国中央银行、国际金融机构、区域性金融机构建立和发展友好合作关系，促进本国与世界各国经济金融的发展和稳定。

5. 负责制定国家对外金融总体发展战略。中央银行必须结合本国情况为国家制定正确的对外金融总体发展战略和政策。

三、中央银行与国际金融机构的关系

1. 代表政府参与国际货币基金组织的活动。
2. 与世界银行的合作。
3. 参与国际清算银行的活动。
4. 参与区域性国际金融机构的活动。
5. 各国中央银行间的交流合作活动。
6. 建立中央银行驻外代表处。

第二节　中央银行金融监管的国际合作

一、金融监管国际合作的必要性

1. 随着国际金融市场的迅速发展，国际银行业竞相压低价格和放宽条件提供贷款，各种金融新产品和新业务在银行资产负债表外迅速增加，发展中国家债务问题也困扰着银行业的稳定与发展，导致了国际金融业经营风险的增大和金融市场的动荡，需要各国中央银行加强合作、协调统一，加强对国际金融市场的管理。

2. 各国金融监管当局的监管政策与态度存在着很大差异，导致国际金融监管有许多漏洞和矛盾，从而加大了国际金融业的风险，因此迫切需要统一协调对国际金融市场的监督和管理。

3. 现在国际金融市场上的动荡越来越频繁，需要各国相互协调、统一加强对国际金融业进行监督和管理。

二、国际金融监管组织体系

1. 目前公认的国际金融监管组织体系是巴塞尔银行监管委员会。
2. 巴塞尔委员会有效地推动了各国国内金融监管和国际金融监管的合作和协调。

第三节 中央银行货币政策的国际协调

一、国际货币体系及其历史演变

1. 国际货币体系是由国际间资本流动及货币往来而引起的货币兑换关系，以及相应的国际规则或惯例组成的有机整体。它主要包括安排国际间的汇率、确立国际储备货币、解决国际收支不平衡问题和协调各国的经济政策等内容。国际间的汇率安排是国际货币体系的核心部分。

2. 在历史上，国际货币体系先后经历了国际金本位体系、布雷顿森林体系以及牙买加体系三个历史阶段。

3. 在牙买加体系下，各国为追求汇率制度的稳定性付出了一定的努力，从而使得当前国际货币体系的发展呈现了一些新的特点：

（1）区域货币一体化。即在目标区域内实行固定汇率制度，或者实行单一货币，而对外则联合浮动。

（2）国际间的货币政策协调得到了发展。在经济金融全球化的大背景下，为了避免这种货币政策的相互影响对国际货币体系造成不良的冲击，国际间的货币政策协调得到了空前的发展。

二、国际货币政策协调的必要性

1. 在经济全球化背景下，由于对外经济交往的频繁，货币政策不仅需要考虑经济的内部平衡，也要注重经济的外部平衡，即国际收支平衡。

2. 在经济全球化的条件下，一国货币政策的溢出效应越来越大；反过来，国外的货币政策也会波及国内，使国内货币政策的效果产生扭曲，难以达到预期的政策效果。为了更好地保持货币政策的独立性和更好地执行货币政策，必须在国际间建立起符合各方面利益的协调机制。

3. 在经济全球化背景下，货币政策的作用机制发生了变化。一般情况下，货币政策的传导途径有三个：利率途径（及其他资产价格途径）、信贷配给途径和国际经济途径。对外经济开放程度的提高相应提高了国际经济途径在货币政策传导中的作用，从而使得货币当局在制定货币政策时不仅要从本国范围内考虑，也要从国际范围内进行综合考虑。

4. 在经济全球化背景下，货币替代使货币政策中介目标发生了变化。货币替代现象的存在，使得世界各国货币政策的中介目标逐步由总量性指标向价格性指标过渡。

5. 在经济全球化背景下，外部经济因素对货币政策的影响增大。随着对外经济开放程度的不断提高，汇率、外汇储备和国际收支状况在货币政策中的地位是不断上升的，这加大了货币政策制定和执行的难度。

三、加强国际货币政策协调的内容和途径

1. 国际货币政策协调的核心内容主要包括两个方面：一是汇率政策的协调，二是利率政策的协调。

2. 各国货币政策国际协调的基本途径是：

（1）加强国际间货币政策有关信息的交换；

（2）减少对货币总量指标的依赖；

（3）强调汇率在货币政策传导中的作用；

（4）加强国际间金融货币合作。

综合练习

一、名词解释

国际货币体系　国际金本位体系　布雷顿森林体系　牙买加体系　货币替代

二、填空题

1. 国际货币基金组织与_____、_____一起构成了支持世界经济体系的三大支柱。

2. _____年，我国在国际货币基金组织和世界银行的合法席位才正式恢复。

3. 世界银行集团由国际复兴开发银行、_____、_____和_____四部分组成。

4. 根据国际公约，中央银行不能在国外设立分支机构，但可以设立_____。

5. 1976年4月，国际货币基金组织理事会通过《国际货币基金组织协定第二次修正案》，标志着国际货币体系从此进入了_____的时代。

6. 目前公认的国际金融监管组织体系是_____。

7. 布雷顿森林体系崩溃后各国均采用了浮动汇率制，但并不是完全自由的浮动，而是_____。

8. 对外经济开放程度越高，货币的内生性越_____，中央银行控制货币数量的主动性就越_____。

9. 国际货币政策的协调有_____和随机协调两种方式。

三、单项选择题

1. 我国在国际货币基金组织的合法地位于（　　）年正式恢复。

A. 1945
B. 1949
C. 1980
D. 1987

2. 布雷顿森林体系是以（　　）为基本特征的国际货币体系。

A. 固定汇率
B. 浮动汇率
C. 金本位制
D. 有管理的浮动汇率

3. （　　）是国际货币体系的核心部分。

A. 确定国际储备货币
B. 国际间的汇率安排
C. 解决国际收支不平衡问题
D. 协调各国的经济政策

4. 国际金本位体系的典型形式是（　　）。

A. 金币本位制
B. 金块本位制
C. 金汇兑本位制
D. 虚金本位制

5. 发展中国家主要采取（　　）的形式来消化国际收支不平衡。

A. 变动汇率和增减外汇储备
B. 汇率的变动
C. 货币替代
D. 增减外汇储备

6. 货币替代现象的存在，使各国货币政策中介目标逐步由（　　）过渡。

A. 利率指标向汇率指标
B. 汇率指标向利率指标
C. 总量指标向价格指标
D. 价格指标向总量指标

四、多项选择题

1. 世界银行集团由（　　）等几部分组成。

A. 国际清算银行
B. 国际复兴开发银行
C. 国际开发协会
D. 国际金融公司
E. 多边投资担保机构

2. 国际货币体系包括（　　）等主要内容。

A. 国际间的汇率安排
B. 确立国际储备货币
C. 解决国际收支不平衡问题
D. 银行监管国际合作
E. 协调各国的经济政策

3. 国际金本位制包括（　　）等几种形式。

A. 金币本位制
B. 金块本位制
C. 生金本位制
D. 金汇兑本位制
E. 虚金本位制

4. 布雷顿森林体系的核心内容有（　　）。

A. 美元充当国际货币
B. 美元与黄金挂钩
C. 其他货币与美元挂钩
D. 多渠道调节国际收支失衡
E. 由国际货币基金组织维护布雷顿森林体系

5. 牙买加体系的主要内容有（　　）。

A. 国际储备多元化

B. 汇率安排多样化

C. 浮动汇率合法化

D. 依赖国际间政策协调解决国际收支失衡

E. 依赖国际金融市场解决国际收支失衡

6. 国际货币政策协调的核心内容包括（　　　）。

A. 规则协调   B. 随机协调

C. 汇率政策的协调   D. 利率政策的协调

E. 准备金政策的协调

五、判断题

1. 中央银行在对外金融关系中的任务之一是负责外汇交易和管理。（　　　）

2. 根据国际公约，中央银行不能在国外设立分支机构。（　　　）

3. 在牙买加体系时代，发展中国家一般保持相对稳定的汇率。（　　　）

4. 一国经济的对外开放程度越低，货币供应的外生性就越强。（　　　）

5. 货币替代现象的出现，加大了货币政策操作的难度。（　　　）

六、简答题

1. 简述中央银行在对外金融关系中的地位和任务。

2. 简述中央银行与国际金融机构关系的主要表现。

3. 简述金融监管国际合作的必要性。

4. 简述当前国际货币体系发展的新特点。

5. 什么是货币替代？它有何负面影响？

七、论述题

1. 试论国际货币政策协调的必要性。

2. 试述加强国际货币政策协调的内容和途径。

参考答案

一、名词解释

1. 国际货币体系：由国际间资本流动及货币往来而引起的货币兑换关系，以及相应的国际规则或惯例组成的有机整体。

2. 国际金本位体系：第二次世界大战前实行的以黄金作为本位货币的国际货币制度，包括金币本位制、金块本位制和金汇兑本位制三种形式。

3. 布雷顿森林体系：第二次世界大战后建立的以美元为国际货币，以固定汇率为基本特征的国际货币体系。

4. 牙买加体系：1976 年建立的国际储备多元化，以有管理的浮动汇率为基本特征的国际货币体系。

5. 货币替代：由于金融抑制，金融市场不发达和效率低下以及政治、经济不稳定等原因而引发的国内公众躲避本国货币的行为。

二、填空题

1. 世界银行、世界贸易组织

2. 1980

3. 国际开发协会、国际金融公司、多边投资担保机构

4. 代表处

5. 牙买加体系

6. 巴塞尔银行监管委员会

7. 有管理的自由浮动

8. 强、低

9. 规则协调

三、单项选择题

1. C　　2. A　　3. B　　4. A　　5. D　　6. C

四、多项选择题

1. BCDE　　2. ABCE·　　3. ABD　　4. ABCDE　　5. ABCDE　　6. CD

五、判断题

1. √　　2. √　　3. √　　4. √　　5. √

六、简答题

1. （1）中央银行在对外金融关系中的地位：①它是国家对外金融活动的总顾问和全权代表；②它是国家国际储备的管理者；③它是国家的国际金融活动的调节者和监管者。

（2）中央银行在对外金融关系中的任务：①负责与各国中央银行进行官方结算；②负责对国际资本流动的调节管理和对外负债的监测；③负责外汇交易和管理；④负责发展与各国中央银行和国际金融机构的关系；⑤负责制定国家的对外金融总体发展战略。

2. （1）参与国际货币基金组织的活动。

（2）与世界银行集团合作。

（3）参与国际清算银行的活动。

（4）参与区域性国际金融机构的活动。

（5）各国中央银行间的交流合作活动。

（6）建立中央银行驻外代表处。

3. （1）由于贷款条件的放松、表外业务风险的增加和发展中国家债务问题

的困扰，国际金融业经营风险增大，金融市场动荡，需要各国中央银行加强合作、协调统一，加强对国际金融市场的管理。

（2）各国金融监管当局的监管政策与态度存在着很大差异，导致国际金融监管有许多漏洞和矛盾，从而加大了国际金融业的风险，因此迫切需要统一协调对国际金融市场的监督和管理。

（3）现在国际金融市场上的动荡越来越频繁，需要各国相互协调、统一加强对国际金融业的监督和管理。

4.（1）区域货币一体化。即在目标区域内实行固定汇率制度，或者实行区域内单一货币，而对外则联合浮动。欧盟走在了前列。

（2）国际间的货币政策协调得到了发展。在经济金融全球化的大背景下，国与国之间的货币政策会相互影响。为了避免这种相互影响对国际货币体系造成不良的冲击，国际间的货币政策协调得到了空前发展。

5.（1）货币替代是指由于金融抑制及经济、政治不稳定等原因而引发的国内公众对本国货币的躲避行为。

（2）一般用外币存款占金融资产的份额来衡量一国货币替代的程度。

（3）货币替代的负面影响：①增大了货币政策操作的难度；②具有内在的紧缩效应；③容易诱发投机性活动。

七、论述题（要点）

1.（1）在经济全球化背景下本外币政策的冲突。

（2）在经济全球化背景下货币政策的独立性受到影响。

（3）在经济全球化背景下货币政策的作用机制发生了变化。

（4）在经济全球化背景下货币替代使货币政策中介目标发生了变化。

（5）在经济全球化背景下外部因素对货币政策的影响增大。

2.（1）国际货币政策协调的核心内容：①汇率政策的协调；②利率政策的协调。

（2）各国货币政策国际协调的基本途径：①加强国际间货币政策有关信息的交换；②减少对货币总量指标的依赖；③强调汇率在货币政策传导中的作用；④加强国际间金融货币合作。

参考资料

I　金融开放与货币政策的独立性[①]

一、加入世界贸易组织对中国货币政策的影响及对策

（一）加入世界贸易组织对中国货币政策的影响

加入世界贸易组织后，中国金融业开放将促使中国货币政策的制定和实施更多地依赖于市场手段，加快实现宏观调控方式从直接向间接的转变。但从近期看，银行业开放导致的中国金融体系变化，将改变货币需求的稳定性，使货币政策传导机制更加复杂化，对转轨时期中国货币政策的有效性产生重大影响。

1. 货币政策控制力减弱。货币政策的实施需要通过金融机构传导才能对实体经济起作用。相对于国内银行，货币政策对外资银行的控制能力要弱一些——外资银行的资金主要来自国外金融市场，它们受利率管制、窗口指导、信贷政策等货币政策的约束很小。当国内货币政策的意图发生变动时，它们会通过转向国外市场加以规避。这必然会缩小货币政策的直接覆盖面，弱化货币政策效应。

2. 货币政策中介目标的有效性降低。目前，中国货币政策是以货币供应量 M_1、M_2 为中介目标，但是现行货币供应量 M_2 统计遗漏了两项内容：一是国内金融机构外汇存款；二是外资金融机构存款。这两项内容所涉及的金融业务量（以资产度量）占国内全部金融业务量的14%，对货币供应量中介目标的实现会产生一定的影响。并且随着外资银行业务量的扩大，这种偏差还会随之放大。

另外，随着外资银行大规模进入后金融机构多元化及其业务多元化的发展，国内企业和居民的货币需求形式也会随之发生变化，从而货币政策中介目标和最终目标的相关性也会受到影响。同时外资银行带来的金融创新及发展、利率市场化压力的增大，也都会削弱货币供应量作为中介目标的有效性。

3. 部分货币政策工具的效率有所减弱。银行业开放除了有助于增强中央银行公开市场操作工具的效果外，对其他货币政策工具都有抵消作用。

首先是利率。外资银行外汇贷款利率完全不受中央银行管制，外资银行市场份额的增加实际上意味着不受利率管制的金融业务量增大。结果必然会减弱中央银行利率管理的有效性。

其次是存款准备金。外资银行在中国境内的贷款受其存款来源的制约比较小，它们既有从国际金融市场融通外汇资金的优势，同时也能够方便地从国内银行获得人民币资金。由于同业资金不要求缴存存款准备金，因此，外资银行的发

---

① 节选自易纲：《中国货币政策框架》第三部分，2001，中国金融学会网站。

展将削弱准备金制度的有效性。

最后是再贷款、再贴现。这些政策工具对国内银行业的资金支持具有积极作用，但外资银行不是调控对象。银行业开放意味着再贷款、再贴现工具传导的范围和程度相对缩小。

4. 货币政策的外在约束增强。外资银行作为国内金融市场和国际金融市场的连接点，其在境内运作会使货币政策的对外依赖程度日益加强，从而部分地削弱货币政策工具的效果。

（二）完善货币政策操作

1. 稳步推进利率市场化进程。利率改革目标是建立以中央银行利率为基础、货币市场利率为中介，由市场供求决定金融机构存贷款利率水平的市场利率体系及形成机制。要按照先外币、后本币，先贷款、后存款，先农村、后城市的总体思路，循序渐进地推进利率市场化进程。

2. 扩大公开市场操作。公开市场操作是金融开放条件下以市场为导向的货币政策工具，因此，要提高货币政策运用的效率，加快建立货币市场步伐，完善公开市场操作等货币政策工具运用的市场环境，充分发挥公开市场操作的预调、微调作用。

3. 完善货币供应量中介目标。一是参照国际惯例，将外汇存款和外资银行存款纳入货币供应量统计范围。同时，应关注货币流通速度的变化趋势，针对网络金融、金融创新、资本市场发展使现有货币供应量 M_2 增长减缓的情况，注意及时改进货币供应量统计方法。二是中央银行在以货币供应量为中介目标的同时，应关注利率、汇率和资产价格等辅助指标的变化。三是随着利率市场化的推进和金融创新的发展，货币政策中介目标应逐步由货币供应量向利率转化。

二、汇率制度与货币政策

（一）汇率制度

实践证明，独立的货币政策、固定汇率和资本自由流动，三者之中只能取其二，而不可能三者均得。

目前，我国对资本项下实行外汇管制，但是人民币汇率不是就不受资本流动影响了。资本流动的影响反映在外汇管制的成本上和资本外逃的数量上。我国在多大意义上能有完全独立的货币政策（如自由制定利率）和保持固定汇率主要取决于我国控制资本流动的能力和效率。

（二）我国汇率形成机制的现状和存在的主要问题

1. 市场汇率僵化，缺乏随供求变化的弹性。亚洲金融危机以来，我国坚持人民币不贬值，对稳定亚洲经济金融起到了重要作用。尽管自 1994 年 1 月 1 日起实行的有管理的浮动汇率制度没有改变，但由于人民币汇率有些僵化，给外界留下了"中国实行的是事实上的固定汇率制度"的印象。近期内，如何淡化我国政府对人民币汇率的承诺是汇率机制改革面临的重要问题。

2. 目前人民币汇率离均衡点不远。

3. 加入世界贸易组织，汇率市场化的压力将增大。

（三）汇率问题对货币政策的影响

外汇市场陡然而生的压力也会从供给和需求两方面影响了货币政策操作的效果。

1. 外汇占款增幅放缓，影响了货币供给。

2. 货币替代现象加剧，影响了货币需求。尽管人民币还不可以自由兑换，但货币替代现象在我国已是客观存在的事实，而本外币利差是影响居民本外币资产选择偏好的重要因素。例如，连续降息以来，本外币逐渐出现负向利差并不断扩大，境内居民个人外币储蓄呈现快速增长的势头。据测算，人民币利率每下调1个百分点，我国居民个人外币储蓄存款增长约56.7亿美元。而且，从发展的趋势看，降息对于我国居民个人外币储蓄增加的刺激作用也越来越明显。1999年6月降息后，下半年居民个人外币储蓄存款月均增加额达到13.9亿美元，较上半年多增加4.3亿美元，比上年同期多增加3.6亿美元。其结果是，我国境内的"美元化"倾向进一步加剧。

（四）改革汇率机制的建议

1. 扩大银行间市场汇率浮动区间。目前人民币对美元汇率的每日浮动范围为基准汇率的上下各0.3%，基准汇率是前一天的加权平均汇率。但此浮动范围过去从来都没有用足过。我们以前对外公布过日浮动上下各0.3%的范围，建议不改变此规则，但允许用足。除每天浮动幅度外，还应规定每年浮动的幅度，比如5%～10%，如遇特殊情况，需要超过，须报国务院批准。这将向市场传递中央银行减少干预的重要信号，有利于汇率浮动，为中央银行减少市场干预频度创造条件。

2. 在市场供求基础上，人民币汇率调控目标可由盯住美元转为盯住"一篮子"货币。"一篮子"中包括美元、日元和欧元三种货币，可按贸易情况选择适当权数。采取盯住"一篮子"货币的做法，有助于淡化市场对美元对人民币汇率的关注程度，稳定我国对美元区、欧元区和日元区的贸易条件。

3. 调整银行结售汇周转头寸。

4. 推广远期银行结售汇业务。

Ⅱ　首家外国央行代表处——韩国银行北京代表处成立[①]

12月4日下午，韩国银行北京代表处揭牌典礼在京举行。韩国银行总裁朴

---

① 资料来源：中国人民银行网站，2003 - 12 - 04。

昇主持了典礼，中国人民银行行长周小川、韩国驻中国大使金夏中、国家开发银行行长陈元、中国人民银行副行长李若谷等出席了典礼。

周小川在致辞中回顾了中韩经济金融合作及两国中央银行交往的历史。他表示，韩国银行北京代表处的设立有助于两国金融业交流信息、相互学习。他相信，韩国银行北京代表处将成为中韩两国中央银行继续加强合作、增进理解的重要桥梁，必将为推动两国经济金融的合作发挥重要作用。

朴昇在致辞中说，作为两国中央银行业务联系、信息交换等的桥梁和窗口，韩国银行北京代表处今后将发挥重要作用，并以此为契机，加强双方人员的交流。他相信，韩国银行北京代表处的成立还将为两国中央银行合作制度作出重要贡献。

金夏中在致辞中说，韩国银行北京代表处的设立，将成为两国中央银行发展政策合作的新契机，它不仅能促进两国经济进一步发展，也将为整个亚洲经济稳定增长作出贡献。

韩国银行北京代表处的设立是中韩两国经贸和金融交往不断发展，两国中央银行合作日益密切的结果。2002 年 6 月，朴昇总裁访华时首次提出设立北京代表处的愿望并获得中国人民银行的支持。两国中央银行于 2003 年 3 月签署了设立韩国银行北京代表处的协议。经过两国中央银行的共同努力，韩国银行成为首家在华设立代表处的外国中央银行。

Ⅲ   日本银行北京代表处成立①

12 月 23 日下午，日本银行北京代表处开业剪彩仪式在京举行。日本银行总裁福井俊彦、中国人民银行行长周小川、日本驻中国大使阿南惟茂、日本银行副总裁武腾敏郎、中国人民银行副行长李若谷等出席了剪彩仪式。

周小川在致辞中回顾了中日经济金融合作及两国中央银行交往的历史。他说，中日两国一衣带水，有着深厚的历史文化渊源，这使得两国的合作具备得天独厚的优越条件。自 1972 年中日邦交正常化以来，两国经贸和金融合作发展迅速，日本已连续 10 年成为中国最大的贸易伙伴，中国成为日本第一大出口国和第二大贸易对象国。目前，日本也是在华设立金融机构数目最多的国家。两国经济发展的相互依存性不断加深的同时，两国中央银行的交流与合作也不断加强。中国人民银行于 1993 年在东京设立了代表处，日本银行也在日本驻华使馆有专职的官员。两行高层实现了密切互访，业务交流日益频繁，并于 2002 年 3 月签署了货币互换协议。此外，两国中央银行还在全球和地区性多边框架下积极展开

---

① 资料来源：中国人民银行网站，2003 - 12 - 23。

交流与合作。他指出，中日经贸、金融关系的发展，不仅为两国人民带来了实在的利益，也为本地区以及世界的经济发展和金融稳定作出了贡献。他表示，日本银行北京代表处的成立既体现了两国金融合作的成果，又适应了两国进一步加强金融、经贸合作，实现共同繁荣的客观需要。他相信，日本银行北京代表处必将成为中日两国金融界增进交流与理解的重要桥梁。

福井俊彦在致辞中说，近年来，东亚地区的贸易、投资相互依存关系日益加深。尤其是中国与日本的相互依存关系也不断加强。中国经济强有力地发展目前支撑着日本经济的恢复，而日本经济又对东亚经济有着重大影响。日中双方基于对东亚金融经济的共识，继续加深相互的合作关系将成为今后所面临的重要课题。他相信，日本银行代表处的成立将会进一步加强两国中央银行间的交流与合作。

阿南惟茂在致辞中说，日本银行北京代表处的设立，将成为两国中央银行间发展合作的新契机，它不仅能促进两国经济进一步发展，也将为整个亚洲经济稳定增长作出贡献。

21世纪高等学校金融学系列教材

第 二 编

中央银行业务

第五章

中央银行的资产业务

内容提要

　　本章讲的是中央银行的资产业务，主要包括中央银行贷款和再贴现业务、证券买卖业务和金银外汇储备业务等内容。通过本章的学习，我们应该了解中央银行资产业务的主要类型、我国以及西方主要发达国家中央银行资产业务的经营状况，理解中央银行开展诸业务的意义，掌握各类业务的特点。

第一节　中央银行贷款和再贴现业务

一、中央银行贷款业务

　　1. 中央银行贷款业务充分体现了中央银行作为最后贷款人的职能，其意义在于中央银行通过向商业银行、国家财政以及其他金融机构发放应急贷款，起到维护金融体系稳定与安全、抑制通货膨胀、执行货币政策，进而促进经济发展的作用。

　　2. 中央银行贷款按照贷款对象不同，可分为对商业银行的放款、对财政部的放款和其他放款三种主要类型。

　　3. 中央银行作为特殊的金融机构，其贷款也体现出独有的特征：（1）以短期贷款为主，一般不经营长期贷款业务；（2）不以营利为目的；（3）应控制对财政的放款，以保持中央银行的相对独立性；（4）一般不直接对工商企业和个人发放贷款。

　　4. 中国人民银行贷款按融通资金的方式可分为信用放款、抵押放款和票据再贴现；按期限可分为20天以内、3个月以内、6个月以内和1年期四个档次。

　　5. 申请人民银行贷款的金融机构必须具备三个条件：（1）属于中国人民银行的贷款对象；（2）信贷资金营运基本正常；（3）还款资金来源有保障。

6. 人民银行贷款的管理主要有发放和收回两部分。具体程序是：借款行提出贷款申请 → 借款审查 → 借款发放 → 贷款的收回。

二、再贴现业务

1. 再贴现政策是中央银行货币政策工具的"三大法宝"之一，是国家进行宏观经济调控的重要手段。中央银行通过调整再贴现率，提高或者降低再贴现额度，对信用规模进行间接调节，从而达到宏观金融调控的目的。

2. 再贴现是指商业银行为弥补营运资金的不足，将其持有的通过贴现取得的商业票据提交中央银行，请求中央银行以一定的贴现率对商业票据进行二次买进的经济行为。

3. 从广义上来讲，再贴现属于中央银行贷款的范畴。但两者之间还是存在一定的区别，具体体现在两个方面：（1）利息支付时间不同。再贴现是商业银行预先向中央银行支付利息，而贷款业务是在归还本金时支付利息。（2）本质和范围不同。再贴现本质上是中央银行向商业银行发放的抵押贷款，而中央银行贷款的范畴比再贴现广得多，不仅包括抵押贷款，还包括信用贷款。

4. 美国联邦储备银行的再贴现业务是通过贴现窗口开展的，贴现窗口是美国中央银行实施货币政策的重要途径之一，其在保证美国银行和金融系统稳定方面起着重要作用。联邦储备银行贴现窗口的贷款主要分为调节性贷款、季节性贷款和延伸性贷款三类。但值得一提的是，在美国，各种金融机构很少求助于贴现窗口，而宁愿利用同业拆借或通过欧洲货币市场来筹集资金。原因在于求助于贴现窗口往往被同业视为经营不善的标志，从而影响其声誉。

5. 德意志联邦银行再贴现业务的最大特点在于其对再贴现金额有严格的数量限制。

6. 中国的再贴现业务最早是在 1986 年中国人民银行上海分行率先开办的。随后，这项业务才在全国其他城市推广开来。自 20 世纪 90 年代以来，再贴现业务受到了高度重视。

第二节　证券买卖业务

一、中央银行证券买卖业务的意义

中央银行通过公开市场业务买卖证券，对于调节货币流通、维护金融市场稳定具有重要意义。具体表现在：（1）调节和控制货币供应量，进而调节宏观经济；（2）配合准备金政策和再贴现政策，削弱和抵消过激的政策调整对金融和整个经济的震动；（3）缓解财政收支造成的不利影响；（4）协助政府公债的发行与管理。

二、中央银行证券买卖业务的种类

中央银行在公开市场上买卖的证券主要是政府债券、国库券以及其他市场流动性非常高的有价证券。

三、中央银行证券买卖业务与其贷款业务的比较

1. 两者的相同之处：（1）中央银行证券买卖业务与贷款业务都是中央银行调节和控制货币供应量的政策工具。（2）就对货币供应量的影响而言，中央银行买进证券同发放贷款一样，实际上都会引起基础货币供应量的增减。（3）就融资效果而言，中央银行买进证券实际上与中央银行贷款一样，都是以自己创造的负债去扩大自己的资产，而卖出证券则相当于收回贷款。

2. 两者的不同之处：（1）形成资产的流动性不同。证券买卖业务的资产流动性高于贷款业务的资产流动性。（2）获得收益的形式不同。对中央银行而言，贷款业务有利息收入，而未到期的证券买卖业务只有买卖过程中的价差收益。（3）对金融市场的发达程度的要求不同。公开市场上的证券买卖业务对经济和金融环境的要求较高，贷款业务则对金融市场的发达与否没有过多要求。（4）主动性不同。公开市场中的证券买卖业务是中央银行主动进行的，其规模大小完全由它控制，而贷款业务实现不了这种控制。（5）灵活性不同。贷款政策无法经常变动，而证券买卖业务却可以根据需要恰到好处地把握好规模，并且出现错误时可立即通过逆向操作来进行矫正。

四、美国联邦储备体系公开市场业务

公开市场业务是联邦储备体系最有效、最灵活的货币政策工具。联邦储备体系的政府债券买卖是在与政府债券初级交易商之间进行的。联邦储备体系公开市场操作的工具主要有两个：一是永久性储备调节；二是临时性储备调节。

五、中国人民银行的证券买卖业务

中国人民银行从事证券买卖业务，有利于增加国债的流动性，促进国债二级市场的发展，同时使中国人民银行宏观金融调控的手段更加丰富、更加灵活，有利于各金融机构改善自身资产结构，增强流动性，提高资产质量。

目前，中国人民银行是通过银行间同业拆借市场实施公开市场业务的，操作工具包括国债、中央银行融资券、政策性金融债券，交易主体是国债一级交易商。

六、中央银行在买卖证券过程中应注意的问题

1. 不能在一级市场上购买有价证券，而只能在二级市场上购买。
2. 不能购买市场性差的有价证券。
3. 不能购买无上市资格、在证券交易所没有挂牌交易的有价证券。
4. 一般不能买入国外的有价证券。

第三节　金银外汇储备业务

一、中央银行保管金银外汇储备业务

1. 中央银行保管金银外汇储备的意义主要表现在稳定币值、稳定汇价以及调节国际收支等方面。

2. 金银、外汇作为国际储备各有利弊：（1）从安全性考虑，黄金无疑是实现保值的最好手段，但金银的灵活兑现性不强，保管成本也很高，因此，在各国的国际储备中金银所占比例呈逐年下降的趋势。（2）外汇的灵活兑换性较强，保管成本低廉，但由于汇率处于不断变动之中，使得持有外汇面临的贬值风险较大。

因此，各国中央银行在保管金银、外汇储备过程中，必须从本国国际收支状况和经济政策出发，确定合理的金银、外汇储备比例和数量。

二、中国的外汇储备管理

1. 中国外汇储备管理坚持"安全第一，流动第二，盈利第三"的经营管理原则。

2. 中国外汇储备经营管理的战略目标是：（1）采用科学的管理和经营手段，保证人民银行调整外汇供求、平衡外汇市场等宏观调控的顺利进行；（2）加强风险防范，确保资金安全，保证资金的及时调拨和运用；（3）建立科学的储备资产结构，提高储备经营水平，增加资产回报；（4）合理安排投资，有重点地支持国内建设项目。

3. 建立适合中国国情的外汇储备经营管理模式，实现中国外汇储备经营管理的战略目标，应从以下几个方面着手进行：（1）建立风险管理制度，规避面临的各种风险，防患于未然；（2）采用科学的风险控制手段，确保外汇资产的安全；（3）划分外汇储备为经常性储备和战略性储备，这样既可以保证对外支付，维护人民币汇率稳定，又可以提高外汇储备资产的收益性。

综合练习

一、名词解释

再贴现　调节性贷款　延伸性贷款　公开市场业务　永久性储备调节
临时性储备调节　国际储备

二、填空题

1. 中央银行资产业务主要包括_____、_____和_____。

2. 《中国人民银行法》规定，人民银行对商业银行贷款期限不得超过
_____年。

3. 人民银行贷款的管理主要有发放和收回两部分，具体程序是_____，
_____，_____，_____。

4. 目前，人民银行公开市场业务操作工具有_____、_____、_____。

5. 国际储备主要由_____、_____、_____、_____四项构成。

三、单项选择题

1. 中央银行证券买卖业务的主要对象是（　　）。
A. 国库券和国债　　　　　　　　B. 股票
C. 公司债券　　　　　　　　　　D. 金融债券

2. 中央银行贷款一般以（　　）为主，这是由中央银行的地位与作用决定
的。
A. 长期贷款　　　　　　　　　　B. 中长期贷款
C. 短期贷款　　　　　　　　　　D. 无息贷款

3. 再贴现是指（　　）。
A. 商业银行对工商企业的贴现　　B. 商业银行之间进行的贴现
C. 中央银行各分支机构之间的贴现　D. 中央银行对商业银行的贴现

4. 根据《中国人民银行法》，人民银行对商业银行贷款的期限不得超过
（　　）。
A. 3 个月　　　　　　　　　　　B. 6 个月
C. 9 个月　　　　　　　　　　　D. 1 年

5. 中国人民银行正式启动国债公开市场业务是在（　　）年。
A. 1993　　　　　B. 1994　　　　　C. 1995　　　　　D. 1996

6. 我国人民银行公开市场业务的交易主体是（　　）。
A. 商业银行　　　　　　　　　　B. 证券公司
C. 国债一级交易商　　　　　　　D. 企事业单位

四、多项选择题

1. 外汇储备管理应满足（　　　）三方面的要求。

A. 安全性　　　　B. 流动性　　　　C. 合理性

D. 盈利性　　　　E. 发展性

2. 在中央银行的下述业务中，属于资产业务的项目有（　　　）。

A. 货币发行　　　　　　　　B. 贷款和再贴现

C. 金银储备　　　　　　　　D. 外汇储备

E. 经理国库

3. 中央银行在买卖证券过程中，有些基本原则需要注意。这些原则是（　　　）。

A. 可在二级市场购买证券　　B. 不能购买市场性差的证券

C. 不能购买无上市资格的证券　D. 可买入国外的证券

E. 不能买入国外的证券

4. 中央银行证券买卖业务的意义或作用有（　　　）。

A. 调节和控制货币供应量　　B. 与准备金政策相配合

C. 与再贴现政策相配合　　　D. 协助政府债券的发行与管理

E. 缓减财政收支季节性波动的不利影响

5. 我国的国际储备主要由（　　　）组成。

A. 金银储备　　B. 外汇储备　　C. 特别提款权

D. 稀有金属　　E. 在国际货币基金组织的储备头寸

6. 中央银行保管金银外汇储备具有特殊意义，主要表现在：（　　　）。

A. 贮藏国民财富　B. 稳定币值　　C. 稳定汇价

D. 调节国际收支　E. 增强经济实力

7. 中国人民银行的贷款按期限划分，可分为（　　　）。

A. 1 个月以内　B. 3 个月以内　C. 6 个月以内

D. 9 个月以内　E. 1 年期

8. 美国联邦储备银行贴现窗口的贷款主要包括（　　　）。

A. 调节性贷款　　B. 季节性贷款　　C. 延伸性贷款

D. 短期性贷款　　E. 长期性贷款

五、判断题

1. 从广义上讲，再贴现属于中央银行贷款的范畴。　　　　　　（　　　）

2. 货币发行业务是中央银行最重要的资产业务之一。　　　　　（　　　）

3. 人民银行只能持有和管理外汇储备，不能经营外汇买卖。　　（　　　）

4. 中央银行不能在二级市场上购买证券，只能在一级市场上直接购买。

（　　　）

5. 目前，我国的外汇储备包括国家外汇库存和中国银行的外汇结存两部分。

（　　　）

六、简答题

1. 简述中央银行资产业务的基本内容。

2. 贴现与转贴现、再贴现之间的关系如何？

3. 中央银行贷款的特征有哪些？

4. 再贴现与中央银行贷款有何区别与联系？

5. 中央银行的证券买卖业务与其贷款业务有何异同？

6. 中央银行保管（持有）外汇储备的意义或作用何在？

七、论述题

1. 中央银行证券买卖业务的意义何在？在实际操作中应注意哪些问题？

2. 结合中国外汇管理状况，谈谈如何建立适合中国国情的外汇储备管理模式。

参考答案

一、名词解释

1. 再贴现：也叫重贴现，是指商业银行为弥补营运资金的不足，将其持有的通过贴现取得的商业票据提交中央银行，请求中央银行以一定的贴现率对商业票据进行二次买进的经济行为。

2. 调节性贷款：是美国联邦储备体系为了满足存款机构短期内对资金的临时性需求而发生的贷款。其对银行使用该贷款规定了诸多原则性要求，目的是为了防止有些银行利用贴现贷款搞套利活动。

3. 延伸性贷款：是美国联邦储备体系为经营出现困难的银行提供的贷款。由于银行陷入困境后便很难从正常渠道筹得资金，在通过合并、扩资后，为避免破产，摆脱困境，只能依靠美国联邦储备体系的贷款维持。

4. 公开市场业务：是中央银行重要的货币政策工具之一，是指中央银行通过在公开市场上买卖有价证券来发放和回笼货币，以此来调节和控制货币供给量，从而调节宏观经济的行为。

5. 永久性储备调节：是美国联邦储备体系在公开市场操作中单向性的购入或售出债券，使存款机构的储备在一个较长的时期内得以增加或减少。

6. 临时性储备调节：是美国联邦储备体系在公开市场操作中通过再回购协议和等量售出—购入交易进行双向操作，使存款机构储备在短期内得到临时性的调节，但不对储备的累计总量产生影响。

7. 国际储备：是一国货币当局为平衡本国国际收支，稳定本币汇率而持有的国际普遍接受的结算工具，主要包括金银储备、外汇储备、特别提款权和在国际货币基金组织的储备头寸等。

二、填空题

1. 中央银行贷款和再贴现业务、证券买卖业务、金银外汇储备业务

2. 1

3. 借款行提出贷款申请、借款审查、借款发放、贷款的收回

4. 国债、中央银行融资券、政策性金融债券

5. 金银储备、外汇储备、特别提款权、在国际货币基金组织的储备头寸

三、单项选择题

1. A   2. C   3. D   4. D   5. D   6. C

四、多项选择题

1. ABD   2. BCD   3. ABCE   4. ABCDE   5. ABCE   6. BCD

7. BCE   8. ABC

五、判断题

1. √   2. ×   3. ×   4. ×   5. ×

六、简答题

1. 中央银行资产业务主要包括中央银行贷款和再贴现业务、证券买卖业务、金银外汇储备业务等内容。中央银行贷款和再贴现是中央银行向商业银行等部门提供短期融资的经济行为；中央银行买卖证券一般都是通过其公开市场业务进行，它与前一项业务共同构成了中央银行货币政策的重要工具，为宏观经济调控服务；金银外汇储备业务则以平衡本国国际收支和稳定本币币值及汇价为主要目的。

2. 贴现是商业银行买进工商企业持有的未到期商业票据，以提供给工商企业流动资金的一种行为；再贴现是指商业银行为弥补营运资金的不足，将其由贴现取得的商业票据提交中央银行，请求中央银行以一定的贴现率对商业票据进行二次买进的经济行为。中央银行接受再贴现即为买进商业银行已经贴现的商业票据，因此贴现是再贴现的基础。转贴现则是指商业银行相互之间对未到期商业票据的二次买卖行为，当然贴现也是转贴现的前提和基础。

3. 中央银行作为特殊的金融机构，其贷款也体现出独有的特征：（1）以短期贷款为主，一般不经营长期贷款业务；（2）不以营利为目的；（3）应控制对财政的放款；（4）一般不直接对工商企业和个人发放贷款。

4. 在中央银行贷款和再贴现两种业务过程中，中央银行都是贷出资金，对商业银行进行资金融通，因此，从广义上讲，再贴现属于中央银行贷款的范畴。但两者还是有区别的，具体体现在两个方面：第一，再贴现业务中商业银行实际

是预先向中央银行支付利息，而且只能获得票据面额的部分资金，而贷款业务中商业银行是到期归还本息，且可获得贷款的全额资金；第二，再贴现本质上相当于中央银行对商业银行发放抵押贷款，而中央银行贷款既包括抵押放款，又包括信用放款，在范畴上比再贴现要宽得多。

5.（1）两者的相同之处：①都是中央银行调节和控制货币供应量的政策工具。②就对货币供应量的影响而言，两者都会引起基础货币供应量的增减。③就融资效果而言，两者都是以自己创造的负债去扩大自己的资产，卖出证券则相当于收回贷款。

（2）两者的不同之处：①形成资产的流动性不同。证券买卖业务的资产流动性高于贷款业务的资产流动性。②获得收益的形式不同。贷款业务有利息收入，而未到期的证券买卖业务只有买卖过程中的价差收益。③对金融市场的发达程度的要求不同。公开市场上的证券买卖业务对经济和金融环境的要求较高，贷款业务则对金融市场的发达与否没有过多要求。④主动性不同。公开市场中的证券买卖业务是中央银行主动进行的，其规模大小完全由它控制，而贷款业务实现不了这种控制。⑤灵活性不同。贷款政策无法经常变动，而证券买卖业务却可以根据需要恰到好处地把握好规模，并且出现错误时可立即进行逆向操作来矫正。

6.（1）稳定币值。（2）稳定汇率。（3）调节国际收支。

七、论述题（要点）

1.（1）意义或作用：

①调节和控制货币供应量。

②与准备金政策和再贴现政策相配合。

③缓解财政收支季节性波动的不利影响。

④协助政府债券的发行与管理。

（2）应注意的问题：

①不能在一级市场购买有价证券。

②不能购买流动性差的证券。

③不能购买未上市证券。

④一般不能购买国外的证券。

2.（1）自1994年起，我国建立了中国人民银行集中管理外汇储备的体系。中国人民银行直接在外汇市场上吞吐外汇，购买大量的外汇储备资产；人民银行直接经营外汇储备的同时，还对部分储备资产进行委托管理。国家外汇管理局负责经营和管理外汇储备，实施外汇储备的市场运作。外汇储备的职能由过去单一从事经常项目下和部分资本项目下的日常支付，发展到在平抑人民币汇率方面起重要作用。

（2）为实现我国外汇储备经营管理的战略目标，必须从中国国情出发，吸

取国外的先进经验，从以下方面着手建立我国的外汇储备经营管理模式：第一，
建立风险管理制度；第二，采用科学的风险控制手段；第三，划分外汇储备为经
常性储备和战略性储备。

参考资料

I　票据融资增速趋缓[①]

　　2007 年，商业汇票累计签发 5.87 万亿元，同比增长 8.13%；贴现累计
10.11 万亿元，同比增长 19.07%；再贴现累计 138.22 亿元，同比增加 98.35 亿
元。期末，商业汇票未到期金额为 2.44 万亿元，同比增长 10.36%；贴现余额
为 1.28 万亿元，同比下降 25.61%；再贴现余额为 57.43 亿元，同比增加 39.20
亿元。

　　2007 年票据业务大幅波动，贴现业务增长速度自 2001 年以来首次出现同比
下降。商业汇票承兑业务增长速度趋缓，年末商业汇票承兑余额比年初增加
2 288 亿元，同比少增 213 亿元。票据贴现余额大幅减少，年末比年初下降 4 414
亿元。由于票据融资具有期限短、周转快、风险可控、成本收益稳定等特点，已
成为商业银行调整资产负债结构、管理流动性的一种重要手段；且票据利率市场
化程度高，能及时有效地传导货币政策信号，对宏观调控政策反应灵敏。因此，
随着宏观调控力度加大，商业银行出于调整贷款总量和结构、追求利润最大化的
需要，办理票据业务大幅减少。

II　中国外汇储备超常增长的剖析[②]

　　从无到有，由少到多，中国外汇储备在过去 20 多年的时间中创造了举世惊
人的奇迹。辉煌的记录固然可以激发起我们的自信心与成就感，但在一个复杂多
变的国际金融与贸易环境中，过高的外汇储备所代表的并非全是乐观向上的市场
状态，其携带并随时可能释放出来的反冲力量客观上也会侵害和损伤一国健康的
经济肌体。因此，当中国外汇储备实现了无与伦比的超越时，实际上已经被推到

---

　　① 节选自《2007 年第四季度中国货币政策执行报告》。
　　② 节选自高焰辉：《中国外汇储备超常增长的剖析》，载《中国证券期货》，2008（1），转引自国研
网。

了一个重新检视和矫正自我的转折点上。

外汇储备基本状态分析

在翻过了 1 万亿美元大关后，中国外汇储备在最近一年中仍然一路快跑——1.2 万亿美元、1.3 万亿美元、1.4 万亿美元……

1.4 万亿美元——一个国家外汇史上从来没有出现过的数字，其所能够包容的经济能量已经得到了统计专家们精确的类比：它相当于全球外汇储备的 20%，相当于中国经济总量的 45%，相当于全中国人手中钞票总金额的 3 倍；如以千元美钞堆积，它相当于五个珠穆朗玛峰的高度。

1.4 万亿美元——一个让世界为之震撼的庞大数据，其所具备的超级购买能力已经得到了经济学家们形象性描绘：对内，它可以造 41 座三峡工程，建 320 万个希望小学，可以偿还中国所有的短期外债 6 次；对外，它可以购买 4.6 万架波音 747 飞机，可以买下花旗集团、埃克森美孚和微软，余下的"零头"还足够买下通用汽车和福特汽车。

的确，在世界大约 190 个国家中，经济规模能够上万亿美元的国家大概也不超过 10 个；面对着中国外汇储备的巨人般身躯，即便是全球最大的共同基金——拥有 1 470 亿美元资产的美国成长基金也相形见绌，至于哈佛大学 300 亿美元的捐赠基金看上去更像是零钱小票。中国再一次以非凡的努力证实了自己在地球村中不可小觑的存在。

然而，随着中国外汇储备的增长和积累，一个十分敏感的问题提了出来："中国的外汇储备是否太多？"

一国究竟持有多少外汇储备才算适度，无论在理论和实践中目前还没有统一标准。国际上也只是定义了外汇储备的下限，而上限则没有明确的答案。传统观点认为，一国外汇储备的合理水平是能够满足 3 个月的进口需求，即一般不超过 GDP 的 10%。按照这个标准，中国只需保有 1 500 亿美元的外汇储备。不过，传统国际储备理论是以金融全球化程度较低和全球实行固定汇率制度为背景的，而现在国际金融市场发生了巨大的变化，全球绝大多数国家都以某种形式采取弹性的汇率制度；不少国家外汇储备的迅速增加，更多的是为了在变动不断的国际金融市场中维持对本国经济与金融市场的信心以及保证本国金融体系的稳定。因此，关于适度外汇储备，至少需要考虑三个因素。

一是适度储备的基准规模。目前界定基准规模相应的因素包括：5~6 个月的进口用汇、全部短期外债偿还用汇、中长期外债偿还用汇、外商在华已实现尚未汇出的利润、中国企业境外直接投资、证券投资的规模等。

二是考虑中国外汇储备特性的预留安全规模。中国的外汇储备，一方面既是中央银行资产，同时也对应着中央银行日益膨胀的负债，以及变幻莫测的资本流动逆转的威胁。即便考虑到中央银行可以有对异常资本流动实施临时管制措施的预案，也应在目前的外汇储备中，给中央银行预留出安全规模。

三是国际收支基本平衡、略有盈余的动态增量规模。考虑到中国快速增长的GDP和对外经济规模，因此适度储备规模也必然随之水涨船高。一个粗略接受的动态增量大致在GDP的2%～3%，也就是今后3～5年，适度储备规模可以每年向上调整500亿～600亿美元。

遵循上述思路，那么目前的适度外汇储备的基准规模大致不会高于8 000亿美元，其余可以视做富余储备。

外汇迅猛增长的原因

中国外汇储备的快速增长是多种力量复合推动的结果。

——是全球贸易收支失衡的推动；

——中国出口导向贸易政策的激励；

——"热钱"的流入。

高额外汇储备的后果

严格意义上而言，外汇储备只是国际收支平衡和整个经济增长的一个产物。一个经济体应该在维持国际收支基本平衡、金融市场没有出现显著扭曲前提下所形成的外汇储备才是相对正常和稳健的。然而，今天的中国所面对的是全球经济的明显失衡以及国际收支错位的不断恶化，加之国内市场机制扭曲（尤其是汇率并不能反映货币的价值），中国外汇储量所具备的科学性与合理逻辑就值得怀疑。

首先，外汇储备的剧增只能导致国民财富的流失。

有关研究认为，美元只有在贬值30%～40%的水平上，才有可能纠正美国的巨大贸易不平衡现象，美元才能重新建立稳定的基础，如果是这样，相对于中国超过1万亿美元的外汇储备来说，即使美元贬值20%，也会造成超过1万亿元人民币的损失。另外，我国庞大外汇储备中的绝大部分被投放于中国境外的金融市场，并未参与到境内资金循环的过程中来。这就意味着，不断增加的外汇储备是以牺牲国内投资机会为前提，并最终绝对损害了国民的福利水平，长此下去会直接削弱中国经济增长的后续能力。

其次，过高的外汇储备会导致宏观调控工具自主性的丧失。

统计资料表明，截至2007年7月，中央银行通过外汇占款方式投放的基础货币已占基础货币投放总量的120.3%，外汇占款几乎已成为基础货币投放的唯一渠道，并呈现出"货币发行美元化"的怪现象，货币政策所具有的自主性由此受到动摇。

再次，高额外汇储备增大了中央银行对冲成本的支出。

最后，外汇储备的增加恶化了中国企业的对外贸易环境。

由于外汇储备的膨胀，本币升值压力日趋加大，但每天只有0.5%的浮动区间已经很难能满足国外政府和相关企业的胃口，于是全球范围内围绕着人民币升值问题对中国企业所展开的各种贸易制裁和拦截频繁发生。只要高额的外汇储备对人民币的升值压力一日不解除，中国企业的海外征程就一天不会平坦。

外汇使用与管理的合理路径

留给中国外汇储备使用的合法路径主要就是股权投资。一方面，可以像中央银行原先投资建设银行、中国银行等那样继续对国内其他银行进行入股以从中取得股份收益；另一方面，可继续购买美国国债以及其他外国有价证券等。为此我们认为，运用新的观念来管理中国的外汇储备已经成为必要。作为第一步，暂可考虑将外汇储备分为流动性部分和投资性部分两档。其中，流动性部分主要用以维持汇率稳定及金融安全，主要以流动性较高的资产形式持有，不对其提出收益性要求，而对于投资性部分，则应提出保值增值的目标。与此相匹配，中国必须加快培养和吸收一批熟悉国际金融市场的操作人才，并尽可能将外汇储备的投资部分交给充分竞争的私人部门去操作，以实现最大化增值。

实际上，中国的外汇储备已经不只是一个使用问题了，由于外汇储备还将继续增加，对增量部分的管理就显得特别重要。本着安全性、流动性和增值性原则，笔者认为，未来中国外汇管理应当在以下几个方面有所突破：

——进一步推动外汇管理体制改革。其关键在于如何逐步、有序地开放资本项目。结合我国的国情，在资本项目开放顺序上，我国应该先放宽对资本流出的管制，再放宽对资本流入的管制。

——合理改善对外贸易状况。首先要调整"奖出限入"的贸易取向，不断优化进出口贸易结构。一方面，可以限制高耗能、高污染和资源性产品出口；另一方面，要减少对进口的限制，增加先进技术和设备进口。同时要调整引进外资策略，将引资的政策重点转移到提高资本质量和效益上来。

——变"藏汇于国"为"藏汇于民"。逐步放宽国家相关持有和使用外汇的政策限制，从以国家持有外汇为主转向以民间持有与使用外汇为主。

——完善人民币汇率形成机制。适当扩大人民币汇率的波动区间，让"看不见的手"能够挥动自如。

第六章

中央银行的负债业务

内容提要

本章讲的是中央银行的负债业务。中央银行的负债是指社会集团和个人持有的对中央银行的债权。中央银行的负债业务主要包括货币放行、经理国库和集中存款准备金等业务。通过本章的学习，我们应该了解各类负债业务的含义、发展沿革及现状；理解中央银行开展负债业务的意义；掌握货币发行的原则及我国的货币发行制度、中央银行经理国库的优越性、我国国库业务和存款准备金制度的主要内容。

第一节 货币发行业务

一、货币发行的含义、意义和原则

1. 货币发行具有双重含义：一是指货币从中央银行的发行库通过各家银行的业务库流向社会；二是指货币从中央银行流出的数量大于流入的数量。

2. 中央银行经营货币发行业务具有特殊意义：一方面提供了流通手段和支付手段，满足了社会商品发展和商品流通扩大的需要；另一方面也相应地筹集了社会资金，满足了中央银行履行其各项职能的需要。

3. 中央银行发行货币要遵循三条重要原则：（1）垄断发行原则。即货币发行权高度集中于中央银行。（2）信用保证原则。即通过建立一定的发行准备制度（要有一定的黄金或有价证券作为保证），保证中央银行的独立发行。（3）弹性发行原则。即货币发行要具有高度的伸缩性和灵活性，不断适应社会经济状况变化的需要。

二、货币发行的准备制度

中央银行一般都以某种或几种形式的资产作为其发行货币的准备，这种制度就是货币发行的准备制度。该部分应掌握以下内容：

1. 货币发行准备金包括：（1）现金准备。即以金银、外汇等具有极强流动性的资产作为准备。（2）保证准备。即以短期商业票据、财政短期国库券、政府公债等可在金融市场上交易、流通的证券作为准备。

2. 由于现金准备缺乏弹性，保证准备又难以控制，许多国家都将两种准备结合起来，即规定发行准备中现金准备和保证准备的比例，这个比例被称为货币发行准备金比率。该比率的高低对金融经济稳定具有重要影响，因此制定货币发行准备金比率有相当的难度，是极具技术和艺术性的工作。

3. 目前，各国采用的货币发行准备制度有弹性比例制、保证准备制、保证准备限额发行制、现金准备发行制和比例准备制五种。

三、货币发行制度的发展与沿革

货币发行制度是伴随着商品经济的发展而发展的。不同国家在不同时期，采取的货币发行制度各不相同，但我们从中可以找到一条货币发行制度随着经济发展客观需要的变化而不断发展变化的轨迹，即发行准备经历了金属准备 → 保证准备 → 管理通货的发展过程。

四、中国中央银行货币发行制度

1. 我国中央银行的货币发行坚持集中发行、经济发行和计划发行的原则。

2. 中国货币的稳定性建立在商品物资的基础上。即货币发行必须以商品作为保证，以有效的商品供应为界限。

3. 中国的货币发行是通过各级发行库和业务库之间的调拨往来实现的。

五、各国货币发行制度比较

1. 美国的货币发行实行发行抵押的制度，通过提供100%质量合格的抵押品使联邦储备券的发行成为具有充分担保的经济发行，同时又不以事先规定的限额为依据，具有相当的弹性。美国货币发行制度的最大特点是独立性极强。

2. 英国的货币发行制度具有如下特点：（1）英格兰银行根据自身持有的黄金数量超额发行；（2）英格兰银行只在英格兰和威尔士享有货币发行权，但一般商业银行在苏格兰和北爱尔兰两地发行货币都要以英格兰银行发行的货币作为保证；（3）英格兰银行通过自己的分支机构向商业银行供应货币，并且贷款给贴现所和承兑所，而不直接贷款给商业银行。

3. 日本的货币发行制度的特点表现为：（1）实行最高限额发行制；（2）法律规定的发行保证物包括金银、外汇、3 个月内到期的商业票据、银行承兑票据以及特殊的抵押担保放款等；（3）购买黄金、外汇，对民间、政府提供信用是其货币发行的主要途径。

4. 随着区域经济一体化的发展，在一些经济共同体已经有了多国一币的金融实践。较为典型的有欧洲货币联盟、非洲货币联盟等。欧元的发行制度是根据欧盟 11 国国民经济发展状况，按一定的比例确定欧元的价值，11 国首先统一利率——3.5%，并成立统一的中央银行——欧洲中央银行，实行统一的货币政策。欧元发行制度的特点是多国一币，这样可以减少欧元区内的交易成本，事实上增强了欧元的国际竞争实力。

5. 各国货币发行制度虽然各具特点，但也存在一些共性和值得关注的问题：（1）各国货币发行制度一般都经历了三个阶段：第一阶段是金属准备阶段；第二阶段是保证准备阶段；第三阶段是管理通货阶段。（2）都有准备金规定。（3）都规定有最高发行限额。（4）一般只允许货币的经济发行，而禁止货币的财政发行。（5）都有一系列健全的适合本国或本地区经济发展需要的货币制度。（6）在某些地区已经出现区域货币一体化的实践，其中欧盟就是实行区域货币一体化的典型，这可能预示着未来世界货币制度的发展方向。

第二节　经理国库业务

一、国库体制

1. 国库是国家金库的简称，是专门负责办理国家预算资金的收纳和支出的机关。从世界范围来看，国家财政预算收支保管一般有两种形式：国库制和银行制。世界上经济发达的国家多采用委托国库制。如同中国通过法律规定了由中国人民银行履行经理国库的职责一样，各国也均以相应的法律确定了中央银行对其国库的代理关系。

2. 中央银行的重要职能之一是作为政府的银行，经理国库业务便是中央银行履行该职能的具体体现。中央银行经理国库业务具有诸多优越性：（1）收缴库款方便；（2）库款调拨灵活；（3）资金安全，数字准确；（4）有利于中央银行的宏观调控；（5）有利于发挥中央银行对财政的监督作用。

二、中国国库的产生和发展

1. 中国最早的国库雏形是公元前 11 世纪周朝建立后，设立专司府库诸职，专门负责管理各种财物的出纳。

2. 中国国库的发展大体经历了两个阶段：一是以保管实物为主的国库；二是银行代理国库。新中国成立后，先后颁布了三个法律文件，确定了由中国人民银行经理国库。

3. 我国国家金库分别设立了中央金库和地方金库两个工作机构。中央金库实行业务上垂直领导的管理体制，地方金库实行中国人民银行与地方政府双重领导的管理体制。

三、中国国库业务的现状

1. 中国人民银行作为经理国库的机关，被国家赋予了多项相应的职责：（1）准确及时地收纳国家预算收入；（2）审查办理财政库款的支拨；（3）对各级财政库款和预算收入进行会计账务核算；（4）协助财政、征收机关组织预算收入及时缴库，监督财政预算收入的退库；（5）组织管理和检查指导下级国库和国库经收处的工作及其他同国库有关的业务，总结交流经验，及时解决存在的问题；（6）协助财政税务机关监督企业单位，同时向国家缴纳款项。

2. 中国人民银行经理国库的业务内容主要包括：（1）预算收入的吸纳、划分和报解；（2）预算支出的拨付。

第三节　集中存款准备金业务

一、中央银行存款业务概述

（一）中央银行存款业务的特点

中央银行存款业务与商业银行存款相比具有自身的特殊性，主要表现在存款动机、存款原则、存款对象、存款当事人关系等几个方面：（1）从存款动机来讲，中央银行吸收存款是出于金融宏观调控和监督管理的需要，存款动机具有非营利性。（2）从存款的原则来看，中央银行的存款业务具有一定的强制性。（3）从存款对象而言，中央银行只针对金融机构、政府、外国和特定机构吸收存款。（4）从存款当事人关系来看，中央银行与存款当事人之间除经济关系外，还有管理与被管理的关系。

（二）中央银行存款业务与中央银行职能发挥的关系

中央银行的各项存款业务的开展与这三大职能的有效发挥密切相关。

1. 存款业务与发行的银行的关系：在中央银行负债总额不变的情况下，中央银行存款业务与流通中现金的投放有直接关系，存款的增减可以调节现金发行的数量和货币结构。

2. 存款业务与银行的银行的关系：（1）中央银行通过对法定存款准备金率

的规定可以直接限制商业银行创造信用的规模，同时通过对法定存款准备金率的调整，间接影响商业银行的超额准备金数量，从而改变存款货币银行的信用创造能力和支付能力，进而调控货币供应量。（2）中央银行通过存款业务，集中保管商业银行及其他存款机构的存款准备金，增强了中央银行的资金实力，为中央银行在不影响货币供给的情况下发挥最后贷款人的职责提供了资金储备。（3）中央银行通过存款业务吸收各种金融机构存款，为全国资金清算提供方便。

3. 存款业务与政府的银行的关系：中央银行作为政府的银行，为政府经理国库、融通资金。同时中央银行又通过对商业银行和其他金融机构在中央银行存款的变化情况，及时了解和监督金融业的资金运动情况，从而监控金融业风险。

二、存款准备金业务

（一）存款准备金的含义

存款准备金是商业银行等存款货币机构按吸收存款的一定比例提取的准备金，它由三部分组成：（1）自存准备；（2）法定准备金；（3）超额准备金。

存款准备金制度是中央银行依据法律规定，根据金融宏观调控的客观需要，规定商业银行等金融机构缴存中央银行存款准备金的比率和结构并根据货币政策的需要对存款准备金的比率和结构进行调整，从而调节货币供应量的制度。存款准备金制度的建立，一方面有利于中央银行调节信用规模和调控货币供应量；另一方面有利于保障存款人的资金安全和银行等金融机构的经营安全。

（二）存款准备金业务的基本内容

存款准备金业务一般包括以下几方面的内容：（1）法定存款准备金率。（2）按照存款的类别规定存款准备金率。（3）按照金融机构种类、信用创造能力不同规定不同的存款准备金率。（4）规定存款准备金率的调整幅度。（5）规定可充当存款准备金的内容。在西方，存款准备金分为第一准备和第二准备。（6）确定存款准备金计提的基础和缴存的基期。①确定存款准备金计提的基础是存款准备金业务操作的核心。各国主要有两种确定存款余额的方法，即平均余额法和期末余额法。②确定缴存存款准备金的基期一般有两种方法，即当期准备金账户制和前期准备金账户制。

三、中国的存款准备金制度

1. 我国商业银行的存款准备金包括三部分：一是库存现金；二是法定存款准备金；三是超额存款准备金。其中，法定存款准备金只有在商业银行存款或负债总额出现增减变动时才可调增调减，平时不能动用。超额准备金才是真正用于应付客户提现和清算的准备资金。

2. 我国的法定存款准备金制度是由中国人民银行对缴纳准备金的对象、范围、比例、罚则等作出具体规定，要求各金融机构共同遵守的一项制度。

3. 我国法定存款准备金制度的实施对象包括商业银行、城乡信用合作社和其他金融机构。具体缴存方式为：商业银行直接缴存中国人民银行；城乡信用合作社原则上缴存中国人民银行，也可视具体情况由开户行代收代缴。

四、其他国家的存款准备金制度

简单了解其他国家存款准备金制度的相关规定，与我国相比有哪些不同和可资借鉴之处。

综合练习

一、名词解释

货币发行　信用保证原则　经济发行　存款准备金制度　发行库　保证准备制　业务库　存款准备金　超额准备金　期末余额法

二、填空题

1. 中央银行的负债业务主要包括_____、_____、_____。

2. 中央银行货币发行应遵循三条原则，即_____原则、_____原则和_____原则。

3. 各国不同时期实行的不同货币发行制度中，贯穿其中的一条制度变迁轨迹为_____→_____→_____。

4. 经理国库业务是指中央银行利用其优势，代理国家预算资金的_____和_____的相关业务。它是中央银行履行_____职能的具体体现。

5. 国库预算收入的三种主要吸纳方式为_____、_____、_____。

6. 在西方国家，存款准备金分为第一准备和第二准备。其中，第一准备主要包括_____和_____；第二准备主要是_____及_____。

三、单项选择题

1. 从货币发行的渠道和程序看，（　　）是货币回笼的首要环节。

A. 发行库　　　　B. 业务库　　　　C. 市场　　　　D. 发行库和市场

2. （　　）是中央银行作为银行的银行职能作用的体现，是中央银行对商业银行的主要服务性业务。

A. 货币发行

B. 集中存款准备金业务

C. 代理发行和兑付国债

D. 清算业务

3. 在货币发行制度中，规定在某一限额内，钞票发行不需要以黄金作保证，可以用商业票据和国家证券作担保；超过限额发行钞票，则必须以100%的黄金作保证。这种制度称为（　　）。

　　A. 双重限制制　　　　　　　　B. 伸缩限制制

　　C. 定额信用发行制　　　　　　D. 百分比例准备制

四、多项选择题

1. 货币发行具有双重含义，具体是指（　　）。

　　A. 货币从业务库流向发行库

　　B. 货币从发行库流向业务库

　　C. 货币从中央银行流出的数量大于流入的数量

　　D. 货币流入中央银行的数量大于流出的数量

　　E. 货币流入流出的数量无关紧要

2. 在下列中央银行业务中，属于负债业务的有（　　）。

　　A. 货币发行　　　　　　　　　B. 贷款和再贴现

　　C. 金银和外汇储备　　　　　　D. 经理国库

　　E. 集中存款准备金

3. 下列各项中，属于货币发行准备制度的是（　　）。

　　A. 弹性比例制　　　　　　　　B. 保证准备制

　　C. 保证准备限额发行制　　　　D. 现金准备发行制

　　E. 比例准备制

4. 我国中央银行货币发行的原则是（　　）。

　　A. 集中发行原则　　　　　　　B. 经济发行原则

　　C. 计划发行原则　　　　　　　D. 实物保证原则

　　E. 黄金保证原则

5. 国家金库分别设立了中央金库和地方金库两个工作机构。中央金库在业务上实行垂直领导的管理体制。在下列各项中，属于中央金库系列的是（　　）。

　　A. 总库　　　　B. 国库司　　　　C. 中心支库

　　D. 支库　　　　E. 分库

6. 银行的存款准备金主要包括三个部分，即（　　）。

　　A. 库存现金　　　　　　　　　B. 活期存款

　　C. 定期存款　　　　　　　　　D. 法定存款准备金

　　E. 超额存款准备金

7. 银行集中存款准备金业务主要包括（　　）。

　　A. 制定法定存款准备金率　　　B. 规定存款准备金构成

　　C. 定超额准备金率　　　　　　D. 按规定计提法定存款准备金

　　E. 管理存款准备金

8. 下列各项中，（　　）属于国债兑付的资金来源。

A. 经常性预算收入

B. 预算盈余

C. 举借新债

D. 偿还基金

E. 增发纸币

五、判断题

1. 货币发行权高度集中于中央银行体现了货币发行的信用保证原则。

（　　）

2. 坚持货币的经济发行是指货币发行必须以黄金、外汇和实物为发行保证。

（　　）

3. 我国中央银行设立的发行基金是指经由发行库并已进入业务库的人民币票券。（　　）

4. 财政发行是指为弥补国家财政赤字而引起的货币发行。（　　）

5. 存款准备金是商业银行为应付客户提取存款和划拨清算的需要而设置的专项准备金，实质就是通常所说的库存现金。（　　）

6. 货币发行权高度集中于中央银行体现了货币发行的经济发行原则。

（　　）

7. 中央银行的货币发行可采取经济发行与财政发行相结合的方式进行。

（　　）

8. 我国国家金库分别设立了中央金库和地方金库两个工作机构，在业务上实行人民银行垂直领导的管理体制。（　　）

六、简答题

1. 存款准备金制度的基本内容是什么？

2. 中央银行经理国库业务的主要内容是什么？

3. 简述人民币发行的原则。

4. 货币发行应遵循哪些原则？

5. 我国存款准备金缴存制度包括哪些内容？

6. 中央银行经理国库的优越性体现在哪些方面？

7. 中央银行的存款业务与商业银行的存款业务有何区别？

8. 简述中央银行存款业务与中央银行职能发挥之间的关系。

七、论述题

1. 简述货币发行准备制度的类型及各种准备制度的优缺点。

2. 试谈我国中央银行货币发行工作存在的问题及改进办法。

3. 试述中国人民银行经理国库的职责及主要业务内容。

4. 结合我国商业银行存款准备金现状，谈谈我国存款准备金制度存在的问题及改革的方向。

参考答案

一、名词解释

1. 货币发行：具有双重含义，一是指货币从中央银行的发行库通过各家银行的业务库流向社会；二是指货币从中央银行流出的数量大于流入的数量。

2. 信用保证原则：是指货币发行要有一定的黄金或有价证券作为保证，也就是说，通过建立一定的发行准备制度，保证中央银行的独立发行。

3. 经济发行：是指中央银行根据国民经济发展的需要适度地增加货币发行量，货币的投放必须适应流通中货币需求量增长的需要，既避免过多发行，又确保经济发展对货币的需要。

4. 存款准备金制度：是指依据法律所赋予的权力，中央银行规定商业银行等金融机构缴存中央银行存款准备金的比率和结构，并根据货币政策的变动对既定比率和结构进行调整，借以间接地对社会货币供应量进行控制，同时满足宏观货币管理的需要、控制金融体系信贷额度的需要以及维持金融机构资产流动性的需要的制度。

5. 发行库：是指中央银行的发行基金保管库。

6. 保证准备制：是货币发行准备制度的一种，指货币发行要以政府公债、短期国库券、短期商业票据等国家信用作为发行准备。

7. 业务库：是各商业银行的基层行处为办理日常业务收付现金而设立的金库。

8. 存款准备金：商业银行为满足客户提取现金和转账结算的要求而持有的现金资产，包括库存现金和其在中央银行的存款。

9. 超额准备金：商业银行的准备金总额中扣除法定准备金之后的剩余部分，也称剩余准备金或业务备付金。

10. 期末余额法：是以月末或旬末存款余额扣除当期应付未付款项后作为计提存款准备金的基础。

二、填空题

1. 货币发行业务、经理国库业务、集中存款准备金业务
2. 垄断发行、信用保证、弹性发行
3. 金属准备、保证准备、管理通货
4. 收纳、支出、政府的银行
5. 就地缴库、集中缴库、自取汇缴
6. 库存现金、在中央银行的法定存款准备金、国库券、其他流动资产

三、单项选择题

1. B　　2. B　　3. C

四、多项选择题

1. BC　　　 2. ADE　　 3. ABCDE　　 4. ABC　　 5. ACDE　　 6. ADE

7. ABDE　　 8. ABCDE

五、判断题

1. ×　 2. ×　　 3. ×　　 4. √　　 5. ×　　 6. ×　　 7. ×　　 8. ×

六、简答题

1. （1）确定存款准备金制度的适用对象。

（2）规定法定存款准备金率。

（3）规定存款准备金的构成。

（4）规定存款准备金的计提基础。

（5）确定存款准备金的付息标准。

（6）规定考核办法。

2. （1）预算收入的吸纳、划分、报解。

（2）预算支出的拨付。

3. （1）集中发行。

（2）经济发行。

（3）计划发行。

4. （1）垄断发行原则。

（2）信用保证原则。

（3）弹性发行原则。

5. （1）法定存款准备金制度的实施对象，包括商业银行、城乡信用合作社及其他金融机构。

（2）法定存款准备金的缴存比例。

（3）法定存款准备金的缴存方式。

（4）法定存款准备金缴存的操作。

6. （1）收缴库款方便。

（2）库款调拨灵活。

（3）资金安全，数字准确。

（4）有利于中央银行的宏观调控。

（5）有利于发挥中央银行的监督作用。

7. 中央银行的存款业务与商业银行的存款业务相比具有自身的特殊性，主要表现在存款动机、存款原则、存款对象、存款当事人关系等几个方面：

（1）从存款动机来讲，中央银行吸收存款是出于金融宏观调控和监督管理的需要，存款动机具有非营利性。

（2）从存款的原则来看，中央银行的存款业务具有一定的强制性。

（3）从存款对象而言，中央银行只针对金融机构、政府、外国和特定机构吸收存款。

（4）从存款当事人关系来看，中央银行与存款当事人之间除经济关系外，还有管理与被管理的关系。

8. 中央银行的各项存款业务的开展与这三大职能的有效发挥密切相关：

（1）存款业务与发行的银行的关系：在中央银行负债总额不变的情况下，中央银行存款业务与流通中现金的投放有直接关系，存款的增减可以调节现金发行的数量和货币结构。

（2）存款业务与银行的银行的关系：①中央银行通过对法定存款准备金率的规定可以直接限制商业银行创造信用的规模，同时通过对法定存款准备金率的调整，间接影响商业银行的超额准备金数量，从而改变存款货币银行的信用创造能力和支付能力，进而调控货币供应量。②中央银行通过存款业务，集中保管商业银行及其他存款机构的存款准备金，增强了中央银行的资金实力，为中央银行在不影响货币供给的情况下发挥最后贷款人的职责提供了资金储备。③中央银行通过存款业务吸收各种金融机构存款，为全国资金清算提供方便。

（3）存款业务与政府的银行的关系：中央银行作为政府的银行，为政府经理国库、融通资金。同时中央银行又通过对商业银行和其他金融机构在中央银行存款的变化情况，及时了解和监督金融业的资金运动情况，从而监控金融业风险。

七、论述题（要点）

1. 货币发行准备制度主要有五种类型：（1）弹性比例制，是指当增加发行的钞票数超过了规定的现金比例时，国家对超过法定现金准备部分的发行征收一定的超额发行税。

（2）保证准备制，是指货币发行要以政府公债、短期国库券、短期商业票据等国家信用作为发行准备。

（3）保证准备限额发行制，是指在规定的一定的发行限额内，可以全部用政府债券作为发行准备，但超过限额的任何发行都必须用十足的现金作准备。

（4）现金准备发行制，是指货币的发行必须以100%的现金作为准备。

（5）比例准备制，是指规定货币发行准备中现金与其他有价证券各占相应的比例。

2. （1）目前，我国中央银行货币发行工作存在的问题主要有：第一，货币发行体制不顺；第二，市场流通货币整洁度不高；第三，制、贩假币屡禁不止；第四，发行库撤并后问题突出；第五，货币发行工作没有得到足够重视。

（2）基于以上问题，结合当前实际情况，改进我国货币发行工作有如下建议：第一，加强法制建设，健全金融法规；第二，提高市场流通货币整洁度；第三，严厉打击制、贩假币犯罪活动；第四，加快货币发行现代化建设；第五，提高发行队伍的整体素质。

3. （1）中国人民银行作为经理国库的机关，其职责如下：第一，准确及时地收纳国家预算收入；第二，审查办理财政库款的支拨；第三，对各级财政库款和预算收入进行会计账务核算；第四，协助财政、征收机关组织预算收入及时缴库，监督财政预算收入的退库；第五，组织管理和检查指导下级国库和国库经收处的工作及其他同国库有关的业务，总结交流经验，及时解决存在的问题；第六，协助财政税务机关监督企业单位，同时向国家缴纳款项。

（2）国库业务的主要内容包括：①预算收入的吸纳、划分和报解。②预算支出的拨付。

4. （1）存款准备金是指金融机构为满足客户提取存款和资金清算的需要而准备的在中央银行的存款，中央银行要求的法定存款准备金占其存款总额的比例就是法定存款准备金率。中央银行通过调整法定存款准备金率，可以影响金融机构的信贷扩张能力，从而间接调控货币供应量。

（2）自1984年建立存款准备金制度以来，中国人民银行将其作为我国重要的货币政策工具加以运用，先后近30次对法定存款准备金率进行了调整。特别是2006年7月至2008年10月底，人民银行使用存款准备金政策工具的频率显著提高——调整多达20次（2006年连续3次调高，2007年连续10次调高，2008年上半年连续5次调高，下半年7至10月又连续2次调低）。

（3）1984年建立存款准备金制度时，我国按存款类型不同制定了不同的存款准备金率，1985年统一调整为10%。2004年4月，我们又按资本充足状况实行了差别存款准备金率制度——对资本充足率低于一定水平的金融机构实行较高的法定存款准备金率。近年来，在利用存款准备金政策实施宏观调控的过程中，人民银行还兼顾农村信用社和城市信用社改革、四川汶川抗震救灾的需要以及不同类型金融机构流动性状况的差异，实施了区别对待的存款准备金政策。

（4）中国货币政策改革的一项重要工作就是重新审视目前的存款准备金制度，正确处理商业银行在中央银行的存款准备金问题：第一，中央银行是否应继续为准备金存款支付利息。第二，如何完善差别存款准备金率制度，以有利于货币政策与银行业监管的协调。第三，在利用存款准备金政策实施调控时如何兼顾灵活性、公平性与严肃性。第四，如何更好地搭配使用各项货币政策工具，以降低法定存款准备金率的调整频率。

参考资料

I　采取综合措施，加强流动性管理[①]

2007 年，中国人民银行继续搭配使用公开市场操作和存款准备金等对冲工具，加大力度回收银行体系流动性。

灵活开展公开市场操作。一是加大中央银行票据发行力度。2007 年中国人民银行累计发行中央银行票据 4.07 万亿元。年末中央银行票据余额为 3.49 万亿元，比年初增加 4 600 亿元。二是适时开展正回购操作。2007 年初，中国人民银行灵活掌握正回购操作期限和规模，缓解商业银行春节前的支付清算压力；特别国债发行后，逐步加大以特别国债为工具的正回购操作力度，全年共开展正回购操作 1.27 万亿元，年末余额 6 200 亿元，比年初增加 5 600 亿元。三是重启 3 年期中央银行票据。为缓解中央银行票据集中到期投放流动性的压力，于 1 月末重启 3 年期中央银行票据，较为深度冻结银行体系流动性。四是市场化发行中央银行票据与定向发行中央银行票据相结合。五次对部分贷款增长较快且流动性充裕的商业银行定向发行 3 年期中央银行票据 5 550 亿元，既有效收回了流动性，也对信贷增长较快的机构起到警示作用。五是中央银行票据发行利率适度上行，引导市场利率适度上行，发挥市场利率调节资金供求关系的作用。2007 年以来，3 个月期、1 年期和 3 年期中央银行票据发行利率分别上升 90 个、126 个和 155 个基点。

在积极开展公开市场对冲操作的同时，中国人民银行继续发挥存款准备金工具冻结程度深、主动性强的特点，通过提高存款准备金率大力对冲流动性，抑制银行体系货币创造能力。根据流动性的动态变化，2007 年先后 10 次上调金融机构人民币存款准备金率共 5.5 个百分点。2008 年 1 月 25 日再次上调 0.5 个百分点。一般金融机构人民币存款准备金率达到 15%。此外，继续实施差别存款准备金率制度，即对资本充足率低于一定比例、不良贷款率高于一定比例的金融机构实施较高的差别存款准备金率。2007 年 9 月按照差别存款准备金率制度有关标准，对执行差别存款准备金率的金融机构进行了调整，凡是资本充足率等相关指标达到要求的金融机构均恢复执行正常的存款准备金率，执行差别存款准备金率的金融机构家数明显减少。总的来看，差别存款准备金率制度实施以来，在抑制资本充足率较低且资产质量较差的金融机构盲目扩张贷款，促进金融机构稳健经营等方面取得积极成效。执行差别存款准备金率的金融机构积极采取措施筹集

[①]　节选自《2007 年第四季度中国货币政策执行报告》。

资本金、调整资产负债结构，金融机构的资本充足率总体水平得到显著提升。

Ⅱ 对话：下半年 CPI 涨 5% 比较合理①

2008 年政府工作报告指出：今年国民经济和社会发展预期目标是国内生产总值增长 8% 左右，居民消费价格总水平（CPI）涨幅控制在 4.8% 左右。

2 月份，中国 CPI 同比上涨 8.7%，高出 1 月份的 7.1%，创下 1996 年 5 月份以来的最高月度升幅。今年的通货膨胀最终是否会超出 4.8%？在通货膨胀影响下，市民又该如何管好自己的钱包？……就上述焦点问题，我们专访了三位中国极具影响力的通货膨胀研究专家——货币推动论的核心主张者、北京大学中国经济研究中心教授宋国青，中间学派代表、原亚行首席经济学家、中国发展基金会副秘书长汤敏，成本推动论拥护者、国务院发展研究中心金融所所长夏斌。

"货币政策如果执行严格，下半年 CPI 大概在 5% 比较合理，即全年 6% 左右比较靠谱。"

宋国青：上半年 CPI 大概涨 7%

对于通货膨胀的主因，你一直主张通货膨胀就是货币主导。

宋国青：我的看法是 80% 是货币推动，20% 是物价雪灾因素，2 月份 CPI 达 8.7% 有雪灾因素，但是如果 CPI 为 7% 则与雪灾无关，尽管猪肉涨价影响一定程度还存在，但持续这长时间后，猪肉涨价同比增长率在下降，5 至 6 月后，猪肉同比增长率会变小，影响将逐步消失。也就是说，猪肉和雪灾对通货膨胀的贡献是小的，而我计算的货币因素导致的通货膨胀在 6% ~ 7% 之间。

你主张货币是通货膨胀主因，也就是钱多了。这些钱来自哪里？

宋国青：货币有两个生成器，一是外汇，二是国内贷款。从数据分析，2 月份外汇贷款非常猛，这些贷款通过兑换变成了外来资金，计在国外净资产口径下。这两个部分共同作用，导致钱多了。

这些过多流动性，是受国内贷款影响大还是受国外影响大？

宋国青：到目前为止，还是国内占主要，但今年可能发生逆转，如果把外汇贷款加进去，包括结汇即外汇贷款变成的人民币，今年国外来的钱可能超过国内贷款。

你能否预测今年通货膨胀趋势？通货膨胀率多少比较合理？

宋国青：2 月份比较特殊，受雪灾等影响，菜价涨得比较凶，虽然现在已经回落，但短期内 CPI 还会继续上升，上半年在 7% 出头一些，现在关键是下半年

---

① 柳建云：《对话：下半年 CPI 涨 5% 比较合理》，载《广州日报》，2008 - 04 - 01，转引自国研网。

怎么样，主要取决于货币政策落实情况。货币政策如果执行严格，下半年CPI大概在5%比较合理，即全年6%左右比较靠谱。

现在有不少观点认为，加大汇率升值步伐或大幅提升利率能制住通货膨胀，你是否认同？

宋国青：一次性升值20%能把通货膨胀制住，但许多部门会有意见。同样利率一下子提升10%也能制住通货膨胀，但显然不可能做到。

你建议普通百姓应如何投资保值？

宋国青：如果是短期通货膨胀，房地产可能没有机会，但如果是长期通货膨胀则意味着房价还将大幅上涨。就股市而言，目前3 600点这个阶段可以作一些分散投资。

"全面通货膨胀的特征在于，工资与通货膨胀呈滚雪球轮番上涨，当前应防止出现这种情况，尽管目前工资水平比较低，但在非常时期，哪怕工资少涨，也应避免全面通货膨胀局面。"

汤敏：CPI涨4.8%左右不等于4.8%

对此次通货膨胀的根源，你支持货币派还是成本派？

汤敏：目前看来，存在货币供应过多的因素，但直接原因是农产品价格上涨。国内方面，农资价格上涨，城乡收入差距过大，供应短缺。国外方面，对外依存度超过60%～70%的食用油、玉米等价格上涨，加上能源涨价，表现为输入性通货膨胀影响。但总体上来看，价格上涨速度还不是非常快。

你如何评价政府设立通货膨胀率4.8%左右这个目标？

汤敏：4.8%说的是左右，可能高，也可能低。当时在雪灾前和世界局势还没明朗时，订立的目标可能偏低，但作为目标考虑，订低点让大家朝这个方向努力。

这个目标实现的可能性有多大？

汤敏：包括美国在内的世界经济最终衰退，世界范围内物价下降，也会对中国物价产生心理影响。这一年来，变数最大莫过于美国经济影响。学界认为，美国衰退已成定局，而且程度比原来预想深得多，时间长得多。美国的衰退导致对国际需求减少，最终影响世界价格，从而缓解中国输入性通货膨胀压力。

百姓更关心物价上涨后，工资是否应该加。

汤敏：全面通货膨胀的特征在于，工资与通货膨胀呈滚雪球轮番上涨，当前应防止出现这种情况，尽管目前工资水平比较低，但在非常时期，哪怕工资少涨，也应避免全面通货膨胀局面。

老百姓应如何应对通货膨胀对日常生活的影响？

汤敏：老百姓可通过选择性消费，如略微降低生活质量要求，或者是减少对品牌追求，通过消费者意愿表达对提价厂家施加压力，鼓励不提价行为。

怎么看通货膨胀对中国股市和房市的影响？

汤敏：中国宏观经济问题没有很好解决，股市房市不可能独善其身。

"中国经济基本面不错、前景不错、经济与股市的相关性比过去大大提高。好股票长期持有会有高回报。"

夏斌：政府应用适当政策引导股市

你认为目前通货膨胀主要是成本推动？

夏斌：对物价而言，输入性成本占主要因素，靠传统的货币回收是压不住的，但是对货币与物价的关系，我同意弗里德曼提出的任何物价都是货币现象的说法，物价涨都是因为货币多，但反过来，货币在任何时期多了，物价都会涨。比如在价格管制期，有时货币发行多也会出现物价压不住的情况。

你对货币政策从紧抱着怎样的态度？

夏斌：我支持从紧，目前对货币供应量、信贷等实行从紧存在争论，在金融市场结构变化快、不稳定的情况下，按传统经验判断货币供应量和贷款数据并以此来进行调控有时比较难。这个指标只是方向。

控制信贷和货币目的在于保持经济稳定增长，物价不上涨，而对实体经济发生作用的是信用度，包括贷款、短期融资券、股票等增长情况。人民币贷款、外汇贷款、短期融资券、股票对于实体经济企业方而言都是融资需求，这一两个月，短期融资券和外汇贷款增长很快，人民币贷款增长并不快，因此在争论货币与物价问题上，更应结合自身制度原因引起的因素，看看当前资金状况。

政府为何要设立4.8%左右的这个目标？

夏斌：政府当时设立目标既有一定根据，又想尽可能努力实现这个目标。4.8%的水平既考虑了全球物价传导因素，又考虑了在对低收入者合理补偿基础上，老百姓的可承受能力。我相信发展改革委统计时，已考虑了价格翘尾因素、政策滞后因素，也考虑了海外市场价格因素。

实现这个目标难不难？

夏斌：实现目标难在中国经济全球化加剧，输入性因素影响较大；与此同时，美国经济全年不确定，美国美元贬值及对物价的影响仍不确定，作为最大经济体，美国对全球影响深远，中国实际上是在为美国的经济问题买单。当前各国主要经济体国家都把控制物价当做重要问题。此外，农产品价格上涨也是趋势，否则不会出现包括中国在内的有些国家对农产品出口征收关税。

中国应如何减低世界衰退的负面影响？

夏斌：中国在这种不平衡情况下，可通过加快结构调整和增长方式转变，包括通过调整汇率手段，逐步减弱世界经济不稳定对中国的负面影响。这不仅为稳定物价，更是实现经济可持续发展的需要。1至2月份贸易顺差已经下来，3月份也不会很高，这就要分析，美国经济衰退占多大份额，自身结构调整占多大份额。

最近一段时间股市持续低迷，如果是通货膨胀，股市是否也该上涨？

夏斌：股市振荡原因很多，政府对大小非解禁未表态，股民担心创业板出台后会对主板资金形成分流，等等。政府应采取适当政策引导股市，但不等于干预股市，而只是解决股改历史遗留问题。从一般推理说，物价涨了，金融资产的选择应调整，要我说现在就赶紧进，但很多人会说被套着，进不去。

现在存款仍是负利率，股市低迷，房地产也不是一买就涨，老百姓应如何理财？

夏斌：通过各种委托理财，寻找更好的投资产品，尽可能保持正利率。不要简单跟着行情走，而应挖掘一些好股票、强股票，长期持有，中国经济基本面不错、前景不错、经济与股市的相关性比过去大大提高。好股票长期持有会有高回报。

第七章

中央银行的其他业务

内容提要

中央银行的业务除资产业务和负债业务外，还有一种业务，它既不是中央银行自己的资产，也不形成中央银行的负债，这类业务统称为中央银行的其他业务。通过本章的学习，我们应该了解中央银行其他业务的主要类型；理解中央银行开展其他业务的优势和意义所在；掌握各类业务的含义、特点和主要内容，以及中央银行业务经营的基本原则。

第一节　代理发行和兑付国债业务

一、国债的概念及类型

1. 国债是一国政府发行的有价证券的通称。政府债券是国家或地方政府因公共支出上的需要，基于其信用，在国内外借入资金而出具的借款凭证。

2. 国债种类很多，按不同的划分标准可以划分为不同的类型。应该对按照偿还期限、发行募集形式、计息方式和使用用途对国债进行的分类有所了解。

二、中央银行代理发行和兑付国债的意义

1. 弥补财政赤字，促进财政收支的平衡。

2. 聚集社会闲置资金，加强经济建设。

3. 有国家信用作保证，风险小、流动性强，为居民提供可靠的资产选择方式。

4. 调整投资结构，加强重点建设，有利于国民经济稳定协调发展。

5. 将国家信用与银行信用结合起来，有利于实施金融宏观调控。

三、中国国债业务的内容

（一）国债的发行

目前，凭证式国债发行完全采用承购包销方式，记账式国债发行完全采用公开招标方式。

1. 公开招标方式。公开招标方式是指通过投标人的直接竞价来确定发行价格（或利率）水平，发行人将投标人的标价，自高价向低价排列，或自低利率排到高利率，发行人从高价（或低利率）选起，直到达到需要发行的数额为止。至今，我国共采用过六种招标模式发行国债。

（1）以价格为标的的荷兰式招标。

（2）以价格为标的的美国式招标。

（3）以缴款期为标的的荷兰式招标。

（4）以缴款期为标的的美国式招标。

（5）以收益率为标的的荷兰式招标。

（6）以收益率为标的的美国式招标。

2. 承购包销方式。承购包销方式是指由发行人和承销商签订承购包销合同，合同中的有关条款是通过双方协商确定的。对于事先已确定发行条款的国债，我国仍采取承购包销方式，目前主要运用于不可上市流通的凭证式国债的发行。

（二）国债的兑付

1. 世界各国国债兑付的资金来源主要有经常性预算收入、预算盈余、举借新债、偿还基金以及增发纸币等五种办法。我国现在国债兑付的资金来源是在经常性预算收入中安排当年应偿债务支出。

2. 国债的偿还虽然本金和利息都是固定的，但是可采取的偿还方式仍有多种，如到期一次偿还法、提前偿还法、抽签分次偿还法、转期偿还法、市场购销法等。

第二节　清算业务

一、清算业务的含义和意义

1. 清算是指因一定经济行为所引起的货币关系的计算和结清。它分为现金清算和转账清算两种。

2. 清算业务是中央银行作为银行的银行职能的体现，是中央银行对商业银行的主要服务性业务。它通过票据清算和电子联行系统的运作，服务于商业银行的资金清算业务。

3. 中央银行办理资金清算业务，主持一国的资金清算事宜，具有极其重要的意义：（1）有利于缩短资金在途时间，加速资金周转，提高资金效益，节约社会劳动；（2）有利于提高银行工作效率，增强银行信誉；（3）有利于中央银行正确制定和执行金融政策，有效地进行金融宏观调控。

二、国外的清算系统

简单了解国外清算系统的状况。各国中央银行对本国支付体系的参与程度表现为两个极端：一是完全不参与，支付系统完全由私营机构经营和管理，如加拿大和英国。二是中央银行积极参与，从支付活动规则的制定到直接提供支付服务等一系列支付系统的工作。这一类型的典型代表是美国和法国。

美国联邦储备体系提供的支付服务概括起来有两个方面：一是通过联邦储备账户提供的同业清算服务，可通过同业之间直接转移、互为代理账户、交易银行双方共同在第三家银行设立代理账户、各银行在中央银行设立账户等四种方式进行；二是为私营清算组织提供的差额清算服务。

三、中国人民银行的清算业务

（一）业务种类

人民银行作为银行间的支付中介，它为其他金融机构提供以下三类清算业务：

1. 集中办理票据交换。
2. 集中清算交换的差额。
3. 办理异地的资金转移。

（二）支付清算系统

1. 支付清算系统的运作原理。支付清算是指金融业为了解决经济行为人之间由于经济活动中的商品交换和劳务关系所引起的债权债务的清算和结算所提供的一系列金融服务。经济行为人之间由于交易而产生支付义务，这种支付义务必须依靠银行为其提供支付服务，商业银行通过往账、来账进行银行间的资金清算和结算，最终由中央银行提供银行间的清算，所以中央银行是清算的终结机构。

2. 支付清算系统的主要类型。按支付系统交易规模大小，通常将支付清算系统分为大额支付系统和小额支付系统。

（1）大额支付系统。如果说支付系统是金融体系的血液循环系统的话，那么大额支付系统就是支付系统的主动脉，其处理着一国绝大部分支付交易值，对金融效率与金融安全具有重大影响。大额支付系统主要处理行间往来、证券和金融衍生工具交易、黄金和外汇交易、货币市场交易及跨国交易等产生的大额资金转账结算。

（2）小额支付系统。小额支付系统的服务对象主要是工商企业、消费者、小型经济交易的参与者。其特点是服务对象数目众多，支付业务量（笔数）巨大，单笔交易金额较小，种类较多，覆盖范围广泛，如卡类支付系统、小额转账系统等。

3. 行间支付系统的结算方式。在以两级银行结构为基础的支付体系中，行间清算的效率与安全异乎寻常的重要。行间清算需通过行间支付系统进行，包括两个基本程序：一是付款行通过支付系统向收款行发出支付信息（指令）；二是付款行和收款行之间实现资金划转。具有不同特征的净额（差额）结算与全额结算，是实现行间资金清算的两种基本途径。

4. 中国人民银行建设支付清算系统的新进展。自 1991 年起，中国人民银行开始规划建设我国重要的金融基础设施——中国现代化支付系统（CNAPS）。2002 年 10 月，中国现代化支付系统的主干线——大额支付系统正式投入试运行。作为我国金融机构和金融市场的公共支付平台，中国现代化支付系统为全社会提供了一个稳定、安全、公平的支付环境，有助于中央银行履行金融服务职能。

第三节　金银管理业务

一、金银管理业务概述

1. 金银管理是根据国家金融、外汇管理、金银储备等方面政策的需要，而对金银收购、配售、加工、进出境等方面进行管理的行为。对于实行金银管制的国家，此项业务一般由该国的中央银行经办。

2. 明确中央银行金银管理业务的主要职责和经管范围。

二、业务内容

中央银行金银管理业务主要包括金银收购、金银调拨、金银库存保管、金银配售、金银专项贷款、金银制品管理以及金银进出境管理等内容。

三、金银管理的发展趋势

1. 20 世纪 80 年代以来，黄金在国际货币储备中的比重呈不断下降趋势。从世界黄金市场看，供给较大，需求不旺，过多的黄金储备会因价格下降而给国家造成损失。这不利于经济发展。

2. 就我国而言，黄金白银作为一种特殊商品由中央银行管理还是非常必要的，其趋势大体是金、银一并交易，期货、现货分离，从有形市场向无形市场转变。

第四节　中央银行业务经营原则

一、中央银行业务基本经营原则

1. 不以营利为目的。
2. 不经营一般银行业务。
3. 一般不支付存款利息。
4. 资产具有最大的流动性。
5. 定期公布业务状况。
6. 在国内设立相应的分支机构。
7. 保持相对的独立性。

二、中央银行业务的限制性规定

1. 不得直接从事商业票据的承兑业务。
2. 不得直接从事不动产买卖和不动产抵押放款业务。
3. 不得直接对企业和个人发放贷款。
4. 不得收买本行股票（当中央银行是以股份制形式组建时）。
5. 不得以本行的股票为抵押进行放款。

综合练习

一、名词解释

清算业务　政府债券　联邦电子资金划拨系统　票据交换　大额支付系统

二、填空题

1. 国债按偿还期限划分可分为短期国债、中期国债和长期国债，其中，偿还期限在_____年以内的为短期；_____年以上、_____年以下的为中期；_____年以上的为长期。

2. 国债按使用用途可分为_____国债、_____国债和_____国债。

3. 国库券发行工作结束后，各经办行要做好清点核对工作，即剩余的国库券、国库券收款单要与"_____"和"_____"表外科目账户的余额核对相符。

4. 金银专项贷款主要用于黄金生产的基本建设和技术改造项目，期限一般为_____～_____年，最长不超过_____年。

5. 中央银行清算业务源于其作为_____的职能。

三、单项选择题

1. 根据法律规定，中国人民银行不得（　　）。

A. 购买政府债券 　　　　　　　　B. 经营黄金买卖

C. 为中央政府贷款 　　　　　　　D. 为政府财政透支

2. 中国国债的发行一般采取（　　）形式进行。

A. 代销 　　　　B. 分销 　　　　C. 承销 　　　　D. 承购包销

3. 目前，我国记账式国债发行完全采用（　　）方式。

A. 代销 　　　　B. 分销 　　　　C. 承销 　　　　D. 公开招标

4. 票据交换是指同一城市中各银行间收付的票据所进行的当日交换，通常在（　　）进行。

A. 人民银行营业部 　　　　　　　B. 人民银行财务部

C. 电子联行系统 　　　　　　　　D. 票据交换所

5. （　　）已成为各国中央银行提供支付清算服务和实施货币政策的重要工具。

A. FEDWIRE 　　　B. RTGS 系统 　　　C. CHIPS 　　　D. CNAPS

四、多项选择题

1. 在中央银行的下述业务中，属于中间业务的项目有（　　）。

A. 货币发行 　　　　B. 代理业务 　　　　C. 金银储备

D. 信托业务 　　　　E. 经理国库

2. 下列属于中央银行清算业务的是（　　）。

A. 再贴现 　　　　　　　　　　　B. 集中办理票据交换

C. 集中清算交换的差额 　　　　　D. 办理异地资金转移

E. 支付现金差额

3. 弥补财政赤字的途径包括（　　）。

A. 动用上年结余 　　　B. 向银行透支 　　　C. 发行国债

D. 国际贷款 　　　　　E. 提高税率

4. 我国国债发行招标规则的制定借鉴了国际资本市场中的（　　）规则。

A. "英国式" 　　　　　B. "荷兰式" 　　　　C. "美国式"

D. "法国式" 　　　　　E. "德国式"

5. 中央银行被限制经营的业务有（　　）。

A. 从事商业票据承兑 　　　　　　B. 从事商业票据再贴现

C. 从事证券买卖 　　　　　　　　D. 从事不动产买卖

E. 收买本行股票（以股份制形式组建的中央银行）

五、判断题

1. 中央银行清算业务源于其作为政府的银行的职能。　　　　　　　　（　　）

2. 中央银行的独立性是指中央银行与政府关系的具体形态。　　　（　　）

3. 人民银行不得直接认购和包销政府债券。　　　　　　　　（　　）

4. 国债一般只有在到期时才进行兑付，未到期不得提前偿还。　（　　）

5. 境外人员携带金银入境，数量有严格限制。　　　　　　　（　　）

六、简答题

1. 列出中央银行业务基本经营原则。

2. 中国人民银行为其他金融机构办理的清算业务有哪几类？

3. 大额支付系统与小额支付系统有哪些差异？

4. 各国法律对中央银行的业务有哪些共同的限制性规定？

5. 简述我国记账式国债的发行方式。

6. 国债的偿还方式有哪些？

七、论述题

1. 简述中央银行代理发行和兑付国债的意义。

2. 中央银行办理资金清算业务的优势和意义。

参考答案

一、名词解释

1. 清算业务：中央银行的业务之一，是指各商业银行及其他金融机构都在中央银行开立存款准备金账户，相互之间发生的资金往来和债权债务关系都由中央银行办理。

2. 政府债券：国家或地方政府因公共支出上的需要，基于其信用，在国内外筹集资金时出具的借款凭证。

3. 联邦电子资金划拨系统：是由美国联邦储备体系所有并经营，用于支付命令的发送及资金和记账证券转移的贷记支付系统。它由两大部分构成：一是大额资金电子转移系统；一是记账政府债券、政府部门债券、全资国营企业债券、国际组织债券的发行与交易电子转移系统。

4. 票据交换：指同一城市中各银行间收付的票据所进行的当日交换，通常在票据交换所进行。

5. 大额支付系统：是指主要处理行间往来、证券和金融衍生工具交易、黄金和外汇交易、货币市场交易及跨国交易等产生的大额资金转账结算的清算系统。

二、填空题

1. 1、1、10、10

2. 建设、赤字、替换

3. 未发行的国库券、空白重要凭证

4. 1、3、5

5. 银行的银行

三、单项选择题

1. D   2. D   3. D   4. D   5. B

四、多项选择题

1. BD   2. BCD   3. ABC   4. BC   5. ADE

五、判断题

1. ×   2. √   3. ×   4. ×   5. ×

六、简答题

1. （1）不以营利为目的。

（2）不经营一般银行业务。

（3）一般不支付存款利息。

（4）资产具有最大流动性。

（5）定期公布业务状况。

（6）在国内设立相应分支机构。

（7）保持相对独立性。

2. （1）集中办理票据交换。

（2）集中清算交换差额。

（3）办理异地资金转移。

3. （1）大额支付系统。如果说支付系统是金融体系的血液循环系统的话，那么大额支付系统就是支付系统的主动脉，其主要处理行间往来、证券和金融衍生工具交易、黄金和外汇交易、货币市场交易及跨国交易等产生的大额资金转账结算。

（2）小额支付系统。小额支付系统的服务对象主要是工商企业、消费者、小型经济交易的参与者。其特点是服务对象数目众多，支付业务量（笔数）巨大，单笔交易金额较小，种类较多，覆盖范围广泛，如卡类支付系统、小额转账系统等。

4. （1）不得直接从事商业票据的承兑业务。

（2）不得直接从事不动产（非自用）买卖业务。

（3）不得直接从事不动产抵押放款业务。

（4）不得直接对个人和企业发放贷款。

（5）不得收买本行股票。

（6）不得以本行的股票为抵押进行放款。

5. 我国记账式国债共采用过六种招标发行模式：

（1）以价格为标的的荷兰式招标。

（2）以价格为标的的美国式招标。

（3）以缴款期为标的的荷兰式招标。

（4）以缴款期为标的的美国式招标。

（5）以收益率为标的的荷兰式招标。

（6）以收益率为标的的美国式招标。

6.（1）到期一次偿还法。

（2）提前偿还法。

（3）抽签分次偿还法。

（4）转期偿还法。

（5）市场购销法。

七、论述题（要点）

1. 中央银行代理发行和兑付国债的意义主要体现在以下方面：（1）弥补财政赤字，促进财政收支平衡。（2）聚集社会闲置资金，加强经济建设。（3）以国家信用作保证，为居民提供资产选择方式。（4）调整投资结构，加强重点建设，有利于国民经济稳定协调发展。（5）将国家信用与银行信用结合起来，有利于实施金融宏观调控。

2. 中央银行作为银行的银行，各商业银行及其他金融机构都在中央银行开立存款准备金账户，从而中央银行可以通过账务处理来办理各商业银行间的资金往来和债权债务关系，因此，中央银行办理资金清算业务具备特有的优势。中央银行办理资金清算业务，主持一国的资金清算事宜，具有重要意义：一是有利于缩短资金在途时间，加速资金周转，提高资金效益，节约社会劳动；二是有利于提高银行工作效率，增强银行信誉；三是有利于中央银行正确制定和执行金融政策，有效地进行金融宏观调控。

参考资料

首期 6 000 亿元特别国债发行　长期来看带来回调压力①

备受关注的首期特别国债终于揭开神秘面纱。中央银行昨天表示，当天已从境内商业银行买入特别国债 6 000 亿元。此举有利于增强公开市场操作的灵活性和有效性。中国人民大学金融与证券研究所副所长赵锡军表示，相关措施的出台

---

① 陈琰、敖晓波：《首期 6 000 亿元特别国债发行　长期来看带来回调压力》，载《京华时报》，2007－08－30，转引自和讯新闻网。

为中央银行后期的紧缩银根创造了条件，与资金面关联密切的股市也可能因此遭受影响。

6 000 亿元特别国债发行

中央银行昨天公布的信息显示，根据全国人大常委会审议通过的相关议案，财政部在银行间债券市场向境内商业银行发行了 2007 年第一期特别国债购买外汇。根据银行体系流动性管理需要，中央银行于当天进行公开市场操作，从境内商业银行买入特别国债 6 000 亿元。中央银行买入特别国债后，将搭配使用中央银行票据、特别国债等操作工具，灵活开展公开市场操作。

中央银行虽未就特别国债的后期发行安排作详细阐述，但简短的几行字引起业内高度关注。中国人民大学金融与证券研究所副所长赵锡军认为，由中央银行持有的这部分特别国债极有可能演变成回收银行流动性过剩的工具，其对市场的作用将类似于中央银行发行的票据。具体到特别国债的后期流向方面，赵锡军认为，受制于公开市场操作的有关规则，中央银行只能把这部分国债向金融机构投放，发行时间则会视市场流动性状况决定。

清华大学 EMBA 特聘教授梁小民认为，相比于前期采取的加息、提高存款准备金率等措施，特别国债的发行对市场流动性的回收将起到立竿见影的作用。参照 2006 年 8 月中央银行提供的统计数据，6 000 亿元特别国债若一次性发行，其对市场的紧缩作用将等同于"四度提高存款准备金率 0.5 个百分点"。

2007 年 6 月，全国人大常委会批准财政部发行 1.55 万亿元人民币特别国债购买 2 000 亿美元外汇储备的议案。相关消息发布后，对国民尚属陌生的名词"特别国债"一夜间成为金融界的"明星"。部分投资者担心：在 A 股跃过 5 000 点之际，这个肩负着调控重任的工具，或许会成为"压死骆驼的最后一根稻草"。

间接促成大盘回调

特别国债发行当天，股市究竟发生了怎样的变化呢？

来自沪深交易所的统计显示，昨天，上证综指跌 85.26 点，深成指下跌 374.74 点。个股方面，除了航空板块、有色金属铝业板块表现比较抢眼之外，大盘蓝筹股和基金重仓股明显成为市场的领跌品种。仅中国石化、中国银行两只股票就把沪指下拉了近 35 点。

系列数据表明，股指在历经七连阳突破 5 200 点高位后，终于在指标股调整下出现下跌。泰达荷银投资经理蒋俊国认为，刨除连续上涨后调整压力增加的原因，特别国债的发行也间接促成了大盘回调。上海远东证券分析师孙卫党则表示，相比于其他个股，特别国债的发行将直接抽走银行的资金，加上中央银行屡次加息导致的利差缩小，银行股近期所面临的回调压力较大。不过，孙卫党也指出，中央银行在持有这 6 000 亿元特别国债后，也不可能一次性发行。眼下大盘出现的调整多半与股民的投资心理有关。

另据消息人士透露，在完成发行首期 6 000 亿元特别国债后，财政部还将面向社会发行 2 000 亿元的特别国债。中国人民大学金融与证券研究所副所长赵锡军认为，相比于由中央银行持有、向金融机构发行的这 6 000 亿元特别国债，后期向社会直接发行的 2 000 亿元特别国债可能会吸引部分入市的投资者，进而导致股市资金分流。但由于 2 000 亿元的规模并不大，分流作用也相对有限。清华大学 EMBA 特聘教授梁小民表示，从目前股市资金的构成结构来说，居民储蓄占据了相当大的比例，而特别国债的发行对居民的投资取向将不会起到强制作用。仅从追求收益的角度考虑，居民自然愿意把钱投放到回报丰厚的股市。

专家警示投资风险

特别国债的发行对资本市场而言无疑是件大事，股民后期的投资策略也成为关注焦点。

清华大学 EMBA 特聘教授梁小民指出，尽管特别国债的发行对市场短期影响有限，但联系到近期监管层频繁出台的加息、上调存款准备金率等系列举措，相关做法再度向市场传递出紧缩银根的信号。在这种情况下，投资者应本着谨慎入市的态度。

孙卫党认为，监管层近期采取的允许境内居民投资 H 股、扩大境内 QDII 海外投资范围等举措都将在一定程度上分流 A 股资金。这些做法的短期影响虽然有限，但长期来看，给 A 股带来的回调压力不容小视。

具体到操作策略上，天治天得利货币市场基金经理史向明认为，根据目前的经济形势，中央银行仍需要通过多种方式回笼市场流动性，来平抑通货膨胀预期。对交易类机构，债市行情仍需留一分谨慎。如果美联储转而降低利率，将大大制约国内利率上升的空间，债市的投资机会也将出现。对于操作相对灵活的债券基金，建议适度拉长持久期，为债市可能的投资机会做好布局。

泰达荷银投资经理蒋俊国则表示，未来的投资策略仍将围绕人民币升值和通货膨胀两个主题。对普通投资者来说，长期持有基金是规避风险的好办法。

21世纪高等学校金融学系列教材

第 三 编
中央银行货币政策

第八章

中央银行货币政策目标

内容提要

本章介绍货币政策的特征与功能、货币政策目标及相互之间的关系、我国的货币政策目标等内容。学习本章的目的是理解货币政策的功能，掌握货币政策目标及其选择的基本理论。

第一节 中央银行货币政策概述

一、货币政策的概念

货币政策是中央银行通过控制货币与信贷总量，调节利率和汇率水平等，以影响社会总需求和总供给，促进宏观经济目标实现的方针和措施的总称。

二、货币政策的特征

1. 货币政策是一项总量经济政策和宏观经济政策。在市场经济条件下，结构调整主要是由产业政策等来完成的，货币政策主要通过对社会总需求的调控而产生影响。

2. 货币政策是调节社会总需求的政策。货币的供给形成对商品和劳务的购买能力，货币对商品和劳务的追逐形成社会总需求；利率水平的变化通过对投资需求、消费需求的调节而影响社会总需求；汇率的变化将通过对进出口贸易、国际资本流动的影响，形成对社会总需求的调节。

3. 货币政策调节机制的间接性。货币政策的运行主要是通过货币供应量、信用总量、利率水平等市场机制的作用对经济行为主体产生间接作用的。

4. 货币政策目标的长期性。货币政策是一种结合短期性与长期性，运用短期性的政策调节措施来达到长期性目标的工具。

三、货币政策的构成要素

货币政策的构成要素包括货币政策的最终目标，实现政策目标所运用的政策工具，监测和控制目标实现的各种操作目标和中介目标，货币政策的作用过程、传导机制以及货币政策的有效性分析等问题。

四、货币政策的功能

1. 促进社会总需求与总供给的均衡。社会总供给是经济发展长期累积的结果，影响总供给的因素在短期内是比较稳定的。因此，实现社会总供给与总需求的均衡，主要通过对社会总需求的调控来完成。社会总需求的最终表现形式是以货币形式支付的购买能力，货币供应量同社会总需求发生关联，并成为决定社会总需求的一个主要因素。因此，利用货币政策工具调控货币供应量成为货币政策调节宏观经济的着力点，这也构成货币政策的主要功能。

2. 确保经济的稳定。中央银行利用货币政策稳定经济，一方面要防止货币供给成为经济波动的根源，另一方面也要利用货币政策抵消其他经济因素对经济稳定的冲击。只有这样，才能为经济社会的运行提供一个良好的货币金融环境。

第二节 中央银行货币政策目标的内容

货币政策目标包括最终目标和中间性目标两个层次。中间性目标又包括操作目标和中介目标。货币政策最终目标是中央银行调节货币流通的出发点和归宿，必须服务于宏观经济政策的总体目标。

一、物价稳定

1. 由于通货膨胀和通货紧缩都会对经济运行构成较大的负面影响，所以，中央银行货币政策的一个传统目标便是维持价格水平的稳定。

2. 物价稳定目标并不是中央银行一经设立就确立的，而是随着社会经济问题的产生和变迁而发展和完善的。金本位制时期，物价稳定的目的已经形成，但并没有形成有效的货币政策。第二次世界大战后，美国经济出现了巨大的通货膨胀压力，货币政策重心便逐渐转向物价稳定。特别是 20 世纪六七十年代的"滞胀"及周期性不断发作的通货膨胀压力，使得中央银行将物价稳定作为货币政策的主要目标之一。

3. 所谓物价稳定是指一般物价水平在短期内没有显著的或急剧的波动，保持在一定的限度内。

4. 物价水平高低的衡量标准使用的是物价指数。其主要指标有三种：一是国民生产总值平减指数；二是消费物价指数；三是批发物价指数。

二、充分就业

1. 充分就业作为货币政策目标的意义，可以从高失业率带来的巨大负面影响来反映：第一，高失业率会带给人们许多灾难；第二，高失业状态一般代表着有大量的闲置资源未被充分利用，形成社会资源的浪费，降低了产出和收入水平。

2. 充分就业目标的确立受到 1929 年至 1933 年资本主义国家经济大萧条的影响。随着 1946 年美国就业法案的通过，各国政府竞相效仿，充分就业成为货币政策的主要目标之一。

3. 所谓充分就业是指凡有劳动能力并愿意参加工作者，都可以在较合理的条件下，随时找到适当的工作。充分就业并不是人人都有工作，而是指将失业率维持在一个较低的合理的限度之内。

4. 衡量充分就业的指标是失业率，也就是一个社会劳动力中处于失业状态的人数与全社会劳动力人数的比率。一般而言，维持在 5% ~ 6% 的自然失业率，就可以认为是达到了充分就业。

三、经济增长

1. 经济增长决定着我们生活水平的长期走势，因而成为货币政策的重要目标之一。

2. 第二次世界大战之后，各国政府纷纷开始关注经济增长问题，并将经济增长确定为货币政策的最终目标。

3. 所谓经济增长，是指一国在一定时期内所生产的商品和劳务总量的增长，也可以用人均国民生产总值的增加来衡量。理解经济增长必须区分短期的经济增长与长期的经济增长，并分析其关系；不仅要考察经济增长的数量指标，还要考察经济增长的质量。

4. 经济增长通常用国民生产总值、国民收入的增长率或其人均值来衡量。无论使用哪一种指标，都必须是指它的实际变量，而不能使用名义增长率。

四、国际收支平衡

1. 国际收支状况对国内经济有强烈的影响，因而成为货币政策的重要目标。

2. 国际收支平衡是指一个国家在一定时期内对其他国家全部货币收入和全部货币支出相抵后基本平衡，即略有顺差或略有逆差。

3. 衡量国际收支平衡与否，一般是根据国际经济交易的性质——自主性交易的结果——来判断。

五、其他目标

随着经济金融化的发展，金融市场对经济运行产生了很大的影响。于是，货币政策开始关注利率的稳定和金融市场的稳定。

第三节　中央银行货币政策目标的相互关系

一、物价稳定与充分就业

1. 1958年，菲利普斯得到关于就业率与工资增长率之间存在正相关关系的研究结论，后人的进一步研究也证明了失业率与物价变化率之间的负相关关系，从而有了著名的菲利普斯曲线。

2. 菲利普斯曲线的存在，说明失业率与物价变动率之间存在非此即彼的关系。如果要使失业率降低，通货膨胀率就会增加，物价就会以更快的速度上涨；如果要控制通货膨胀，使物价上涨率下降，必须承受较高的失业率。

二、物价稳定与经济增长

1. 从长期来看，物价稳定与经济增长之间具有一致性。稳定的物价可以减少市场的不确定性，充分发挥市场的功能，维持经济的长期增长，而经济的持续增长又有利于生产充足的商品，保持物价的稳定。

2. 从短期来看，对于物价稳定与经济增长的关系，理论界有不同的看法。无论理论纷争有多大，从政府行为来看，由于政府越来越关注经济的短期增长，所以不时地可以看到利用适度的通货膨胀来刺激经济增长的情况。所以，对于什么是合适的通货膨胀，如何控制通货膨胀的惯性，仍是政府利用通货膨胀刺激经济增长的难解之题。

三、物价稳定与国际收支平衡

1. 物价稳定与国际收支平衡分别属于货币政策的内部目标与外部目标。由于影响国内经济的因素与影响国际经济的因素各不相同，所以中央银行同时实现其内部目标和外部目标就较为困难。

2. 外部不均衡对内部均衡的影响。内部均衡表明物价处于稳定状态。此时，如果存在国际收支的顺差，为了解决顺差，会造成经济的紧缩和物价的下跌；如果此时存在国际收支的逆差，平衡国际收支的政策会造成外汇储备的增加，起到扩张基础货币和货币供应量的作用，从而影响物价的稳定。

3. 物价对国际收支状况的影响。当本国出现通货膨胀时，本币对内贬值与国外未出现通货膨胀的货币相比，外国的商品价格显得更为低廉，出现汇率高估现象，有利于外国商品的进口而不利于本国商品的出口，结果是出现逆差，导致国际收支失衡。

四、经济增长与国际收支平衡

1. 在正常情况下，一国经济增长将有利于提高本国商品在世界市场上的竞争力，有利于提高自己的出口能力。

2. 促进经济发展，往往会提高国民收入和人们对商品的需求及购买能力。由于进口一般是国内国民收入的递增函数，这样就会导致进口的增加。

3. 为了促进经济增长，必须增加投资，不仅要动员国内的储蓄，而且要利用一切手段吸引外资，加强对外资的利用。其结果可能带来资本项目的逆差。

五、经济增长与充分就业

根据奥肯法则，在失业率与自然失业率之差和实际国民收入与潜在国民收入之差之间存在一种负相关关系。这说明，实际经济增长越接近潜在的国民收入增长率，失业率便越接近自然失业率。

六、各国货币政策目标的选择

货币政策目标之间存在着不一致性和冲突性，各个国家所选择的货币政策目标是不一样的。即使在同一国家，在不同的社会经济发展阶段，货币政策目标的侧重点也有所不同。

七、中国货币政策目标

1. 中国人民银行专门行使中央银行职能后，明确确定了中央银行货币政策目标为"发展经济，稳定货币"。这一货币政策目标被理论界称为"双重目标"。

2. 1995 年颁布的《中国人民银行法》明确指出，我国的货币政策的目标是："保持货币币值的稳定，并以此促进经济增长。"这一表述一方面强调了货币政策的单一目标是稳定币值、稳定物价，另一方面也没有将这一目标绝对化，体现了货币政策依靠稳定物价，为长期经济增长提供良好环境，并促进长期经济增长的宗旨。

3. 1997 年以来中国经济的运行又提出了新的挑战，挑战之一是如何应对金融市场特别是金融资产价格对物价稳定目标的影响。挑战之二是如何利用货币政策防止通货紧缩。

综合练习

一、名词解释

货币政策　物价稳定　充分就业　非自愿失业　摩擦性失业　失业率　自然失业率　经济增长　国际收支平衡　自主性交易　调节性交易　菲利普斯曲线　奥肯法则

二、填空题

1. 货币政策目标包括两个层次，即＿＿＿＿＿＿＿＿和中间性目标。中间性目标又包括＿＿＿＿＿＿＿和＿＿＿＿＿＿＿两个层次。

2. 衡量物价水平高低的指标是＿＿＿＿＿＿＿＿，衡量充分就业的指标是＿＿＿＿＿＿＿＿，而经济增长通常用＿＿＿＿＿＿＿或＿＿＿＿＿＿＿的增长率来衡量。

3. 在各类物价指数中，＿＿＿＿＿＿＿＿＿能够反映整体物价变化情况；＿＿＿＿＿＿＿＿＿＿可以反映消费者对物价上涨的承受能力；＿＿＿＿＿＿＿＿＿＿更多地反映厂商的生产成本变动情况。

4. 社会充分就业与否是针对＿＿＿＿＿＿＿而言的，并不排除＿＿＿＿＿＿＿和自愿失业。这种失业主要是由于＿＿＿＿＿＿＿不足造成的。

5. ＿＿＿＿＿＿＿和＿＿＿＿＿＿＿的存在，使得充分就业不可能是社会劳动力 100% 的就业。

6. ＿＿＿＿＿＿学派认为，在非充分就业条件下可以通过增发货币刺激经济增长；＿＿＿＿＿＿学派认为，为刺激经济增长而增加货币供应会马上表现为物价上涨，形成通货膨胀；＿＿＿＿＿＿学派认为，政府对经济的刺激短期内可能促进生产和收入的增长，长期看会全部转化为通货膨胀。

7. 假定其他条件不变，外汇储备增加会导致基础货币＿＿＿＿＿＿，货币供应量＿＿＿＿＿＿。

8. 根据奥肯法则，实际经济增长越接近潜在国民收入增长率，失业率便越接近＿＿＿＿＿＿。

9. 根据《中国人民银行法》，我国的货币政策目标是"＿＿＿＿＿＿＿＿＿＿＿，并＿＿＿＿＿＿＿＿＿"。

三、单项选择题

1. 货币政策的实施首先会影响到货币政策的（　　）。
   A. 操作目标　　B. 中介目标　　C. 中间目标　　D. 最终目标

2. 作为货币政策目标的物价稳定是指（　　）。
   A. 个别商品价格固定不变　　　B. 商品相对价格稳定
   C. 一般物价水平固定不变　　　D. 一般物价水平相对稳定

3. 被作为经济形势变化先行指标的物价指数是（　　）。

A. 国民生产总值平减指数　　　B. 批发物价指数

C. 消费物价指数　　　　　　　D. 零售物价指数

4. 作为货币政策目标的充分就业是针对（　　）而言的。

A. 自愿失业　　B. 非自愿失业　　C. 摩擦性失业　　D. 季节性失业

5. （　　）认为，在临界充分就业点，政府增加货币数量以刺激经济的政策具有"半通货膨胀"效应。

A. 剑桥学派　　B. 凯恩斯主义　　C. 货币主义　　D. 理性预期学派

6. 在不刺激物价的条件下可以维持的最低失业率被称为（　　）。

A. 自愿失业率　　B. 非自愿失业率　C. 自然失业率　　D. 摩擦性失业率

7. 我国法定的货币政策目标是（　　）。

A. 经济增长

B. 稳定物价

C. 发展经济，稳定货币

D. 保持货币币值的稳定，并以此促进经济增长

四、多项选择题

1. 下列关于货币政策的命题正确的有（　　）。

A. 它是以总量调节为主的政策　　B. 它是以结构调节为主的政策

C. 它是调节总需求的政策　　　　D. 它是调节总供给的政策

E. 它通过调节总供给而间接影响总需求

2. 下列关于货币政策的命题正确的有（　　）。

A. 它直接作用于最终目标　　　　B. 它间接作用于最终目标

C. 政策目标应具有长期性　　　　D. 政策目标始终应该是短期的

E. 它应通过动态的短期调节追求长期的目的

3. 各国选择的货币政策目标不外乎是（　　）中的一个或几个。

A. 稳定币值　　　　B. 充分就业　　　C. 经济增长

D. 国际收支平衡　　E. 金融稳定

4. 作为货币政策目标的物价稳定（　　）。

A. 不是指商品相对价格的稳定　　B. 是指一般物价水平不变

C. 是指商品相对价格稳定　　　　D. 不等于个别商品价格不变

E. 不排斥政府对扭曲价格的调整

5. 衡量社会就业充分与否不考虑（　　）。

A. 非自愿失业　　　　　　　　　B. 自愿失业

C. 摩擦性失业　　　　　　　　　D. 季节性原因导致的临时失业

E. 岗位转换导致的临时失业

6. 如果以经济增长作为政策目标,则货币政策（　　）。

A. 应主要着眼于长期增长　　　　B. 只需不断地关注短期增长

C. 只需考虑经济增长的数量指标　D. 必须兼顾经济增长的质量

E. 必须关注经济的可持续发展能力

7. 国际收支是否平衡是根据（　　）的结果来判定的。

A. 调节性交易　　　B. 自主性交易　　C. 事前交易

D. 事后交易　　　　E. 经常项目收支

8. 货币政策要兼顾（　　）两个目标存在困难。

A. 物价稳定与充分就业　　　　B. 物价稳定与经济增长

C. 物价稳定与国际收支平衡　　D. 经济增长与国际收支平衡

E. 经济增长与充分就业

9. 假定一国经济外部均衡而且其他条件不变,如果本国出现通货膨胀,国外未出现通货膨胀,则（　　）。

A. 本币汇价高估　　　　　　B. 本币汇价低估

C. 有利于进口而不利于出口　D. 有利于出口而不利于进口

E. 会导致国际收支逆差

五、判断题

1. 货币政策的主要功能是调整经济结构。（　　）

2. 货币政策主要调节的是总需求,而非总供给。（　　）

3. 货币政策应该不断调整最终目标和灵活选择政策工具。（　　）

4. 影响经济增长的主要因素在短期内是比较稳定的。（　　）

5. 货币政策追求物价稳定,并不排斥政府对扭曲的商品相对价格水平的调整。（　　）

6. 在各类物价指数中,国民生产总值平减指数范围最广,因而成为经济形势变化的先行指标。（　　）

7. 摩擦性失业主要是由有效需求不足造成的。（　　）

8. 由劳动力供给与需求的季节性失衡导致的失业属于非自愿失业。（　　）

9. 经济增长速度可以用人均国民收入增长率来衡量。（　　）

10. 国际收支自主性交易出现顺差或逆差,必须用调节性交易来弥补。（　　）

11. 菲利普斯曲线的斜率为负。（　　）

12. 外汇储备增加会形成通货膨胀压力,影响物价稳定。（　　）

六、简答题

1. 简述货币政策的主要特征。

2. 为什么说货币政策是调节社会总需求的政策?

3. 简述货币政策的功能。

4. 简述理论界关于物价稳定与经济增长关系的不同观点。

5. 为什么说一国要同时实现物价稳定和国际收支平衡两项目标是困难的？

6. 我国法定的货币政策目标是什么？你如何评价这一表述？

七、论述题

1. 分别说明物价稳定、充分就业、经济增长、国际收支平衡等货币政策目标的含义。

2. 试分析物价稳定、充分就业、经济增长、国际收支平衡等货币政策目标之间的关系。

参考答案

一、名词解释

1. 货币政策：是中央银行通过控制货币和信贷总量，调节利率水平和汇率水平，以期影响社会总需求和总供给，从而实现宏观经济目标的方针和措施的总称。

2. 物价稳定：指一般物价水平在短期内没有显著的或急剧的波动，保持在一定的限度内。

3. 充分就业：指凡有劳动能力并且愿意参加工作者，都可以在较合理的条件下，随时找到适当的工作。

4. 非自愿失业：指劳动者愿意接受当前的工资水平和现行的就业条件，但仍难以找到工作。

5. 摩擦性失业：指由于劳动力市场上的供求结构矛盾而造成的失业。它包括劳动力需求与供给的种类失衡、地区失衡、季节失衡等，也包括劳动力转换和流动过程中出现的失业状态。

6. 失业率：指一个社会中处于失业状态的人数与全社会可就业人数的比率。

7. 自然失业率：指在不刺激物价水平的前提下可以维持的最低失业率。

8. 经济增长：指一国在一定时期内所生产的商品和劳务总量的增长，也可以用人均国民生产总值的增加来衡量。

9. 国际收支平衡：指一个国家或地区在一定时期内对其他国家或地区全部货币收入和全部货币支出相抵后基本平衡，即略有顺差或略有逆差。

10. 自主性交易：也称事前交易，是指经济主体或行为主体出于自主的经济动机或其他动机而进行的交易，比如商品和劳务的输出和输入。

11. 调节性交易：也称事后交易，是指为调节自主性交易所造成的差额而进行的交易，比如官方储备的变动净额、长期资本流动等。

12. 菲利普斯曲线：表示失业率与通货膨胀率之间负相关关系的曲线。

13. 奥肯法则：由奥肯发现的失业率与自然失业率之差和实际国民收入与潜在国民收入之差之间存在的负相关的经验关系。

二、填空题

1. 最终目标、操作目标、中介目标
2. 物价指数、失业率、国民生产总值、国民收入
3. 国民生产总值平减指数、消费物价指数、批发物价指数
4. 非自愿失业、摩擦性失业、有效需求
5. 摩擦性失业、自愿失业
6. 凯恩斯、理性预期、货币
7. 增加、增加
8. 自然失业率
9. 保持货币币值的稳定、以此促进经济增长

三、单项选择题

1. A　　2. D　　3. B　　4. B　　5. B　　6. C　　7. D

四、多项选择题

1. AC　　2. BCE　　3. ABCDE　　4. ADE　　5. BCDE　　6. ADE
7. BC　　8. ABCD　　9. ACE

五、判断题

1. ×　　2. √　　3. ×　　4. √　　5. √　　6. ×　　7. ×　　8. ×
9. √　　10. √　　11. √　　12. √

六、简答题

1. （1）货币政策是一项总量经济政策和宏观经济政策。结构调整主要是由产业政策来完成的。

（2）货币政策是调节社会总需求的政策。它通过调节总需求间接影响总供给，实现总供求平衡。

（3）货币政策调节机制具有间接性。它主要利用经济手段而非行政手段，间接影响经济行为主体的利益和决策。

（4）货币政策目标具有长期性。其短期操作必须服务于长期目标。

2. （1）货币政策是通过调节货币供应量、利率、汇率等指标来影响经济的。

（2）货币的供给形成对商品和劳务的购买能力，货币对商品和劳务的追逐形成社会总需求。

（3）利率水平的变化通过对投资需求、消费需求的调节而影响社会总需求。

（4）汇率的变化将通过对进出口贸易、国际资本流动的影响，形成对社会总需求的调节。

3.（1）促进社会总需求与总供给的均衡。影响总供给的因素在短期内是比较稳定的，实现社会总供给与总需求的均衡主要通过对社会总需求的调控来完成。社会总需求的最终表现形式是以货币形式支付的购买能力，货币供应量同社会总需求发生关联，并成为决定社会总需求的一个主要因素。因此，利用货币政策工具调控货币供应量成为货币政策调节宏观经济的着力点。

（2）确保经济的稳定。中央银行利用货币政策稳定经济，一方面要防止货币供给成为经济波动的根源，另一方面也要利用货币政策抵消其他经济因素对经济稳定的冲击。只有这样，才能为经济社会的运行提供一个良好的货币金融环境。

4.（1）凯恩斯主义者认为，工资调整的滞后和相对价格变动的不一致性，使得政府可以通过增加货币供应量刺激总需求，促进经济增长。即使在临界充分就业点，也具有"半通货膨胀"效应，即通货膨胀缓慢上升之时，收入仍然维持增长。

（2）理性预期学派认为，拥有理性预期的经济主体会在政府增加货币供应量的同时调整自己的行为。这样，政府为刺激经济增加的货币供应量和需求，就会马上表现在商品价格的上涨上，形成通货膨胀。

（3）货币主义者认为，在短期内政府对经济的刺激可能促进生产和收入的增长，但长期内货币供应量的增长并不会影响生产和收入的增加，而是将全部转化为通货膨胀。

5.（1）追求国际收支平衡会影响物价稳定。在国内物价稳定条件下，如果存在国际收支的顺差，为了解决顺差，将会使外汇储备减少，从而使基础货币和货币供应量减少，这样就可能造成经济的紧缩和物价的下跌。如果此时存在国际收支的逆差，平衡国际收支的扩大出口、减少进口政策，会造成外汇储备的增加，起到扩张基础货币和货币供应量的作用，会形成通货膨胀的压力。

（2）物价也会影响国际收支状况。当本国出现通货膨胀而国外物价稳定时，外国的商品价格显得更为低廉，出现本币汇率高估现象，有利于外国商品的进口而不利于本国商品的出口，可能导致国际收支失衡。

6.（1）《中国人民银行法》规定，我国的货币政策目标是："保持货币币值的稳定，并以此促进经济增长。"

（2）这一表述一方面强调了货币政策的单一目标是稳定币值，另一方面也没有将这一目标绝对化，体现了货币政策依靠稳定物价，为长期经济增长提供良好环境，并促进长期经济增长的宗旨。

　　七、论述题（要点）

　　1. （1）物价稳定是指一般物价水平在短期内没有显著的或急剧的波动，保持在一定的限度内。物价稳定不是指商品相对价格的稳定、不等于价格固定不变、不排斥政府对扭曲价格的调节。

　　（2）充分就业是指凡有劳动能力并愿意参加工作者，都可以在较合理的条件下，随时找到适当的工作。充分就业是针对非自愿失业而言的，并不意味着人人都有工作，而是指将失业率维持在一个较低的合理的限度之内。

　　（3）经济增长是指一国在一定时期内所生产的商品和劳务总量的增长，也可以用人均国民生产总值的增加来衡量。理解经济增长必须区分短期的经济增长与长期的经济增长，并分析其关系；不仅要考察经济增长的数量指标，还要考察经济增长的质量。

　　（4）国际收支平衡是指一个国家在一定时期内对其他国家全部货币收入和全部货币支出相抵后基本平衡。略有顺差或略有逆差都应视为平衡。

　　2. （1）物价稳定与充分就业的关系。菲利普斯曲线的存在，说明失业率与物价变动率之间存在非此即彼的关系。

　　（2）物价稳定与经济增长的关系。从长期来看，物价稳定与经济增长之间具有一致性。从短期来看，对物价稳定与经济增长的关系，理论界有不同的看法。

　　（3）物价稳定与国际收支平衡的关系。由于影响国内经济的因素与影响国际经济的因素各不相同，所以中央银行同时实现这两个目标较为困难。

　　（4）经济增长与国际收支平衡的关系。促进经济增长的政策举措会对国际收支带来方向不同的多重影响；解决国际收支逆差，往往需要压缩国内总需求，减少对进口的依赖，会影响国内经济增长。

　　（5）经济增长与充分就业的关系。根据奥肯法则，在失业率与自然失业率之差和实际国民收入与潜在国民收入之差之间存在一种负相关关系。这说明，经济增长与充分就业是正相关的。

参考资料

I　全面把握宏观经济调控的四个主要目标（节选）[①]

　　中国人民银行副行长，国家外汇管理局局长郭树清在人民银行总行机关学习

[①]　节选自中国人民银行网站，2003－07－31。

贯彻"三个代表"重要思想学习班上指出，党的十六大提出的促进经济增长、增加就业、稳定物价、保持国际收支平衡等宏观调控的四个主要目标在本质上是一致的，都存在着适度性和可持续性的问题，而且四个目标内在地相互依赖、相互制约、相互影响和相互决定。要通过四个目标的协调，实现对社会有限资源的充分利用和社会福利的最大化。宏观调控在不同时期会面临不同的突出问题，因此调控的重点应有所不同，四个目标不能平均用力，但是，任何时候都要统筹兼顾，不能顾此失彼。

郭树清强调指出，实现宏观调控的四个主要目标的统一和协调符合"三个代表"重要思想的要求。第一，只有四者统一，才能使经济运行的质量和效益最好。十六大明确提出必须把可持续发展放在十分突出的位置，宏观调控四个目标内在统一，本身就是经济可持续增长的重要体现。只有实现四者统一，找到恰当的均衡点，才能实现资源的合理配置。第二，只有四者统一，才能促进生产力的持久高速发展。实施宏观调控的目的就是克服市场自发的盲目性，同时又最大限度地发挥市场在资源配置中的基础性作用。四者统一，意味着动态平衡，在发展中解决宏观问题，生产力水平可以不断跃上新的台阶。第三，只有四者统一，才能加快文化的发展。建设健康向上的、丰富多彩的有中国特色的文化，就是贯彻落实"三个代表"重要思想的具体体现。现阶段，内需不足，主要原因是供给结构不合理，突出表现为物质性产品的供应相对已经饱和，但适应市场需求的精神性产品的供应却相对滞后，与文化相关的产业不够发达。如果不根据人民群众更高层次的消费需要调整产业和产品结构，扩大内需的政策就难以落到实处。第四，只有四者统一，才能为人民群众谋取最大利益。宏观调控诸方面的协调，为经济社会发展创造了最优良的环境，这意味着可以最大限度地动员一切可以动员的要素，最大限度地利用一切可以利用的资源，最大限度地创造社会财富，满足人民群众的物质和文化需求。

II　货币政策应关注和影响金融资产价格[①]

随着中国股票市场的迅猛发展，货币政策与股票市场之间的相互关系引起了学者和政策制定者的广泛关注。确实，股票市场规模的逐步扩大，已经引致中国金融发生了重要的结构性变化。相应地，货币政策实施的金融环境也有了很大改变。由于股票市场的交易活动现实地影响各类经济主体的金融行为进而影响某些重要的金融变量指标和宏观经济指标，因而其已成为中央银行在制定和执行政策时必须加以考虑的一个重要因素。

---

① 苑德军、陈铁军：《货币政策应关注和影响金融资产价格》，载《金融时报》，2002 - 08 - 05。

　　本文主要分析货币政策与股票市场之间的关联，探讨股票市场在货币政策传导机制中的作用，在此基础上谈谈我国中央银行在货币政策操作上应当采取的一些改革措施。

货币政策与股票市场之间关系的理论和实证分析

　　已有的理论表明，货币政策的股市传导机制主要借助于以下四条渠道实现：

　　一是投资渠道。托宾的 q 理论认为，当中央银行实行宽松的货币政策时，股价会因降息的刺激而升高，股价上涨使公司市值相对于其资本存量的重置成本（即托宾所说的 q 比率）随之提高，这意味着当 q 值很高（大于 1）时，股票市值大于重置成本，此时，公司很容易以相对较高的价格来发行较少的股票，并买到较多的新投资品，由此促进了公司投资支出的增加，进而拉动了总需求与产出的扩大。反之，亦然。这一传导机制可表示为：

$$Ms\uparrow\rightarrow Ps\uparrow\rightarrow q\uparrow\rightarrow I\uparrow\rightarrow Y\uparrow$$

　　二是财富效应渠道。莫迪利安尼认为，当中央银行降低利率时，股价上升使得居民部门的财富增加，进而促使居民当期和未来的消费增加，并相应刺激总需求和产出的增长。反之，亦然。这一传导机制可表示为：

$$Ms\uparrow\rightarrow Ps\uparrow\rightarrow W\uparrow\rightarrow C\uparrow\rightarrow Y\uparrow$$

　　三是资产负债表渠道。主张这一渠道影响股市的理论认为，信贷市场上普遍存在的信息不对称问题，为货币政策操作透过股市渠道传导到实际经济活动提供了可能，而这又是通过股价对公司资产负债表的影响来实现的。当紧缩性货币政策对股市产生冲击并引起股价下跌时，公司的资产负债状况恶化，具体表现为企业财富的缩水，即公司净值的下降。此时银行会意识到，企业净值越低，银行对这些企业发放贷款所面临的逆向选择与道德风险问题将越严重，于是银行将收紧贷款，并由此影响到企业投资与总需求的变化。相反，如果宽松的货币政策刺激了股价上涨，则企业财富升值，公司净值提高，这意味着公司可用于融资的抵押品价值的升值，以及公司借款能力的增强，由此将促进银行贷款的投放，进而带动企业投资、总需求及产出的扩大。上述理论也被称做"信用观点"，其传导机制可表示为：

$$Ms\uparrow\rightarrow Ps\uparrow\rightarrow NW\uparrow\rightarrow L\uparrow\rightarrow I\uparrow\rightarrow Y\uparrow$$

　　四是流动性渠道。此观点认为，阿克洛夫的"次品理论"揭示了二手车市场上普遍存在的商品质量信息不对称的问题。将这一理论推及到消费者对耐用品和住房的消费上同样适用。因为对于消费者来说，耐用品（如汽车等）和住房是缺乏流动性的资产，当消费者出现财务收支困难时，其将耐用品和住房拿到二级市场出售，同样会由于信息不对称而面临不易变现的问题。相反，若消费者持有存款、股票、基金、债券等金融资产，则很容易变现。倘若消费者的预期收入下降，他们就会更少地持有不易变现的实物资产，并更多地持有易于变现的金融资产，当宽松的货币政策刺激了股价上升，使得消费者持有的股票等金融资产大幅升值时，消费者将感到其出现财务收支困难的概率大大减少，于是消费者将增加耐用品和住房支出，由此将拉动总需求和产出的扩大。这一传导机制可表示为：

$$Ms\uparrow \rightarrow Ps\uparrow \rightarrow FA（金融资产价值）\uparrow \rightarrow Cd\uparrow,\ H\uparrow \rightarrow Y\uparrow$$

上述货币政策股市传导机制的四条渠道都表明，货币政策与股市的联系相当密切。一方面，股价的变动在很大程度上受制于货币政策，股市的健康发展也依赖于货币政策的支持；另一方面，股市是传导货币政策信号的重要渠道，货币政策要透过股市对经济基本面产生实质影响。

那么，货币政策与股票市场的这种关系是否也经得起实证的检验呢？

西方学者为此对货币政策与股票市场的相互关系进行了大量的实证研究。美国学者 Rigobon 和 Sack（2001）衡量了美国货币政策对股市的反应，结果表明，货币政策对股市波动的反应十分强烈。随着标准普尔 500 指数出乎预料地上升 5%，联邦基金利率将在下一次联储例会上提高 14 个基本点。如将之转换为具体的政策操作，意味着标准普尔 500 指数升降 5%，可能导致利率升降 25 个基本点。换言之，如果在当前的经济形势下，紧缩政策的概率为 30%，那么，标准普尔 500 指数上升 5%，就可能使加息的概率升到 80%，相反，如果减息的概率为 10%，那么，股指上升 5% 就可能使加息的概率升至 40%。他分析了这种强相关的原因，指出美联储之所以对一定程度的股价波动作出反应，是因为股市波动对美国经济具有至深且巨大的影响。若标准普尔 500 指数上升 5%，按照 2000年底美国居民部门的持股量计算，将会使居民部门财富增加 5 780 亿美元，假设股市财富的边际消费倾向为 4%，则总消费将相应增加 230 亿美元，并带动 GDP增长 0.23 个百分点。此外，Rigobon 和 Sack（2002）还检验了美国货币政策对股指及长期利率的影响，发现股指对货币政策具有明显的负向反应，即短期利率上升 25 个基本点，将导致标准普尔 500 指数下降 1.9%。

欧洲中央银行的经济学家 Cassola 和 Morana（2002d1）使用欧元区 11 个国家（不含希腊）1980 年第一季度至 2000 年第四季度的主要经济变量数据，检验了欧元区国家股市在货币政策传导机制中实际发挥的作用。据此他们得出了四点结论：（1）股价或更广义的相对资产价格在欧元区的货币政策传导机制中发挥着重要作用。在欧元区，产出动态地取决于效益率曲线的斜率以及股价偏离均衡点的程度。（2）在欧元区，股价对通货膨胀并无显著的直接影响。（3）长期的生产率变化是推动股价波动的主要力量。除此之外，股市巨大的周期性动态波动还起因于某些短期的暂时性冲击。（4）长期的货币政策冲击对股市将产生强烈而短暂的影响，但其对通货膨胀则具有长期影响。这说明着眼于股市稳定的货币政策很可能难以与物价稳定的目标相兼容。由于股市波动还受到短期投机等其他因素的影响，因此，中央银行通过货币政策操作来控制或避免股价波动几乎不大可能。相反，着眼于长期价格稳定的货币政策则有助于股市的稳定。

关于中央银行应否盯住股市的几种理论观点

既然货币政策与股票市场有着很密切的关系，那么，中央银行是否应该盯住股市，换言之，中央银行要不要把金融资产价格作为货币政策的调控目标呢？对于这个问题，西方国家的学术界和政策制定者存在着三种不同的观点。

第一种观点认为，中央银行应该调控金融资产价格。曾经提出过著名的现金交易方程式的美国经济学家欧文·费雪，在其1911年出版的《货币的购买力》一书中就主张货币政策的制定者，应致力于稳定既包含生产、消费和服务价格，同时又包含债券、股票等金融资产价格的广义价格指数。

第二种观点认为，中央银行应将长期价格稳定作为货币政策的最终目标，而无须关注股价等资产价格的变动，其在设定与调整利率水平时，只需对预期的通货膨胀与产出变动作出反应。

第三种观点认为，中央银行虽应将长期价格稳定作为货币政策的最终目标，但当股价等资产价格异动预示着一般物价水平的稳定将面临资产价格波动的较大冲击时，中央银行理应作出政策反应。如 Bernanke 和 Gertler（2000）认为，中央银行需要把通货膨胀率控制在既不过高也不过低的水平上，以防止高通货膨胀及通货紧缩的出现。但是，这并不意味着中央银行无须对股价等金融资产价格的变化作出反应。如果当前的股价等金融资产价格变动暗示了宏观经济明显存在通货膨胀或通货紧缩的压力，进而危及长期价格稳定目标时，中央银行就应对此及时作出政策反应。因此，他们建议，在长期价格稳定的总体目标约束内，中央银行可以采取灵活盯住通货膨胀率的操作策略，尤其是在短期内，中央银行要把价格稳定与金融稳定这两个互为辅助、彼此兼容的目标有机地结合在一起。

第二种观点具有明显的缺陷，因为其忽视了股票市场在货币政策传导机制中的独到作用及其对宏观经济活动的重要影响。其一，中央银行要调控金融资产价格，一个基本的前提条件是要准确判断股价的合理水平，从而才有可能在股价实际水平与其认定的合理水平出现过度偏离，亦即股市泡沫过大或缩水严重时采取政策调控措施。其二，影响股价及其他资产价格的因素是多方面的，中央银行通常难以准确地辨别究竟是哪种力量主宰着当前的资产价格变动，这就决定了中央银行不可能阻止大多数情况下的短期股价波动，从而难以通过政策反应来稳定长期价格与产出。其三，在某些情况下，货币政策直接对股价等资产价格的异动作出反应，可能会产生有悖初衷的政策效果。

比较而言，第三种观点则具有合理性。按照这种观点，中央银行既可以通过政策变动作用于股市进而对宏观经济产生影响，发挥股市的政策传导功能，同时又可使中央银行在政策操作上避免陷入两难境地，有较大的回旋余地。从已有的研究文献看，多数学者和政策制定者也都认为中央银行应当关注股市对总需求的影响，并在必要的时候适当作出政策反应。

几点启示

1. 在股票市场发展已经使我国货币政策的作用基础发生了重大变化的新的金融环境下，股票市场已成为影响货币政策效果的一个重要变量，货币政策在相当程度上需要透过股市才能对经济基本面产生实质影响。因此，货币政策不仅要调控实体经济，也应影响虚拟经济。对于我国的中央银行来说，在推进货币政策调控机制改革的进程中，应尽快建立与股票市场发展相适应的新的货币政策框架，以提高货币政策的有效性。

2. 货币政策操作应该关注和影响金融资产价格。尽管金融资产价格还不宜作为我国货币政策的独立调控目标，但应将其作为货币调控目标的辅助监测指标，纳入中央银行货币政策的视野。中央银行应建立与金融资产价格监测相关的指标体系，并根据市场走向和金融资产价格变化对宏观经济影响程度的估计作出相应判断，进而决定货币政策的走向，实施必要的调控行动。中央银行必须搞清楚股市波动是由何种冲击造成的，否则容易造成政策调整的偏差。同时，还需建立适当的经济计量模型，力求较为准确地评估股市与利率、价格、产出、货币供应量之间的相互影响程度，否则中央银行在对股市波动作出政策反应时，只能跟着感觉走。

3. 中央银行在确定计划年度的货币供应量调控目标时，应把证券投资需求作为一个重要因素考虑在内。在我国金融生活已发生重要变化，证券投资需求已经现实地成为制约货币需求量的一个重要因素的情况下，无论如何不能对这一因素存而不论了。中央银行应通过对计划年度内股票市场走势的预测，尽可能准确地评估股票市场发展变化对货币供应量的影响，以使确定的货币供应量调控目标值贴近实际，具有充分的可行性。

第九章

中央银行货币政策工具

内容提要

　　本章介绍各种类型货币政策工具尤其是一般性货币政策工具的含义、特征、作用机制和效应。学习本章的目的是掌握选择和搭配使用货币政策工具所必需的理论和业务知识。

第一节　一般性货币政策工具

　　一般性货币政策工具也称为货币政策的总量调节工具。它通过调节货币和信贷的供给总量，对经济活动的各个方面都产生影响，而不仅仅作用于某些方面和部门。它主要包括存款准备金制度、再贴现政策和公开市场业务。

一、存款准备金制度

　　1. 存款准备金制度起源于美国的苏弗克制度。早期存款准备金制度的主要目的是维持银行体系的流动性和清偿能力，20世纪30年代经济大危机后，存款准备金制度的目的转为控制信贷和货币供应量，至此才成为货币政策的一个主要工具。

　　2. 存款准备金制度包括下列基本内容：

　　（1）确定存款准备金制度的适用对象；

　　（2）规定存款准备金率，即法定存款准备金率；

　　（3）规定存款准备金的构成；

　　（4）规定存款准备金的计提基础，即规定哪些存款应该缴存存款准备金以及计提的基数；

　　（5）规定存款准备金的付息标准；

　　（6）规定存款准备金持有期的考核办法。

　　3. 存款准备金制度对信贷和货币供应量的控制是通过调整法定存款准备金

率来实现的：

（1）调整法定存款准备金率会改变货币乘数，在基础货币不变的情况下会引起货币供应量的改变；

（2）在基础货币不变的情况下，改变法定存款准备金率会影响利率，从而影响支出；

（3）法定存款准备金率的变化具有直接的宣示效果。

4. 存款准备金制度作为一项货币政策工具，具有明显的优点：

（1）作用速度快而有力；

（2）作用呈中性，即改变法定存款准备金率对所有的银行和金融机构都产生相同的影响；

（3）在特定条件下可以起到其他货币政策工具无法替代的作用；

（4）存款准备金制度强化了中央银行的资金实力和监管金融机构的能力，可以为其他货币政策工具的顺利运行创造有利条件。

5. 存款准备金制度也有一些不足之处：

（1）作用效果过于猛烈。法定存款准备金率的微小变动，就会造成法定准备金的较大波动，对经济造成强烈影响。

（2）存款准备金率的频繁变动会给银行带来许多的不确定性，增加了银行资金流动性管理的难度，因而易于受到商业银行和金融机构的反对。

（3）受到中央银行维持银行体系目的的制约——降低法定存款准备金率容易，提高法定存款准备金率难。

6. 多数人认为，中央银行应放弃将存款准备金制度作为一项常规的货币政策工具来使用。从具体的实际操作来看，多数国家的法定存款准备金率显示出固定化和逐渐调低的趋势。

二、再贴现政策

1. 再贴现是随着中央银行的产生而发展起来的。中央银行通过再贴现业务发挥其最后贷款人功能并维持银行体系储备供给的弹性制度。

2. 再贴现政策是指中央银行通过制定、调整再贴现率和再贴现业务来干预、影响市场利率和货币供应量的政策措施。它的主要内容包括以下几点：

（1）规定再贴现的对象；

（2）规定再贴现票据的条件；

（3）制定再贴现率。

3. 再贴现政策发挥作用的途径有三条：

（1）再贴现业务是中央银行投放基础货币的一个渠道；

（2）再贴现率的变动对利率和各种资产收益率产生影响；

（3）再贴现政策具有宣示作用。

4. 再贴现政策作为货币政策工具，其优势在于：

（1）有利于中央银行发挥最后贷款人作用；

（2）再贴现政策通过对贴现对象的选择、对贴现票据的规定，可以起到一定的结构调整作用；

（3）作用效果缓和，可以配合其他政策工具，避免引起经济的巨大波动。

5. 再贴现政策也存在着一些不足：

（1）再贴现政策具有顺周期特征。当经济处于扩张阶段，如果中央银行无法迅速调整再贴现率，再贴现业务会进一步刺激经济的扩张。相反，在经济萧条时期，再贴现数量也呈下降趋势，这将进一步加大萧条的影响。

（2）再贴现政策的主动权在商业银行，而不在中央银行。

（3）再贴现政策的宣示作用模糊。

三、公开市场业务

1. 20 世纪 20 年代，美国联邦储备体系首先选用公开市场业务工具。此后，公开市场业务逐渐成为各国中央银行最重要的货币政策工具。

2. 公开市场业务是指中央银行通过在金融市场上公开买卖有价证券来影响货币供应量和市场利率的行为。其作用途径主要有：

（1）通过影响基础货币进而影响货币供应量；

（2）通过影响利率水平和利率结构来达到调控经济的目的。

3. 多数国家都将公开市场业务操作对象限制在政府债券，特别是政府的短期债券上。

4. 公开市场业务分为两类：防御性操作和自主性操作。防御性操作是指中央银行利用公开市场操作抵消中央银行无法控制的因素对银行体系准备金和基础货币所产生的影响。自主性操作是指中央银行根据经济发展情况，积极采取公开市场操作影响银行体系的准备金，以使其符合中央银行货币政策的目标。

5. 公开市场业务作为最重要的货币政策工具的主要优点在于：

（1）利用公开市场业务可以进行货币政策的微调。

（2）公开市场业务具有灵活性。中央银行可以用它进行经常的、连续的、日常的货币政策操作，迅速调转方向的操作都是完全可行的。

（3）利用公开市场业务，中央银行具有主动性。

6. 公开市场业务也不可避免地存在一些局限性：

（1）公开市场业务的开展需要有一个发达的金融市场，特别是发达的国债市场。

（2）公开市场业务需要通过政府债券市场的作用，将政策效力传递到全国的商业银行。如果没有形成一个同政府债券市场相连的、全国统一的同业拆借市场，公开市场业务的政策效力就会受到影响。

第二节 选择性货币政策工具和其他货币政策工具

选择性货币政策工具也被称为货币政策的结构性调节工具，是针对金融机构特殊的资金运用而采用的工具，主要包括证券市场信用控制、消费者信用控制、不动产信用控制。

一、选择性货币政策工具

1. 证券市场信用控制是指中央银行为了活跃证券市场的交易活动，通过规定信用交易、期货交易、期权交易等交易方式的保证金，控制信贷资金流入证券市场的规模，进而平抑证券市场的供求，实现对证券市场进行调控。

2. 消费者信用控制是指中央银行通过对各种耐用消费品规定分期付款的最低付现额和分期付款的最长偿还期限，对消费者购买耐用消费品的能力施加影响的管理措施。

3. 不动产信用控制是指中央银行对金融机构办理不动产抵押贷款的管理措施。中央银行通过规定贷款的最高限额、贷款的最长期限以及第一次付现时的最低金额等对不动产信用施加控制，从而对房地产市场和民用建筑市场进行调控。

二、其他货币政策工具

1. 在特定的情况下，中央银行会采取直接信用控制手段。直接信用控制是指中央银行以行政命令或其他方式直接对商业银行及其他金融机构的信用活动进行控制。它的特点是依靠行政干预，而不是借助于市场机制。其形式有信用分配、直接干预、流动性比率、利率最高限额和特种存款等。

2. 道义劝说是指中央银行利用其在金融体系中特殊的地位和影响，通过向商业银行和金融机构说明自己的政策意图，希望利用道义上的劝说力量影响商业银行的贷款数量和贷款方向，从而达到货币政策的目标。道义劝说的特点是不具有强制性的约束力，商业银行和金融机构在法律上并不承担按货币当局所发出的政策意图行事的责任。

第三节 中国货币政策工具

一、信贷计划和限额管理

与计划经济相适应，信贷计划在很长一段时间内是中国真正起作用的有效的货币政策工具。随着市场机制的完善，信贷计划和限额管理手段的缺陷也越来越明显。在这种情况下，我国于 1998 年取消了指令性的信贷计划和限额管理。

二、存款准备金制度

1984 年，我国确立了中央银行体制，并同时实行了存款准备金制度。中国的存款准备金制度包括以下主要内容：

（1）缴存范围。凡是吸收存款的金融机构都要缴存法定存款准备金和满足备付金要求。只有非存款金融机构不必缴存法定存款准备金。

（2）准备金构成。只有在中国人民银行的一般性存款才能充当法定存款准备金。

（3）法定存款准备金率。

（4）缴存规定。在确定计提法定存款准备金的基数时，所依据的是期末存款余额，而不是日平均余额，计算基期为每旬或每月。

（5）存款准备金按中国人民银行的有关规定支付利息。

三、再贴现和中央银行贷款

1. 由于商业信用不发达，商业票据流通较少，再贴现规模十分小，影响了再贴现政策作为货币政策工具的作用。在短期内，再贴现政策不会成为中央银行货币政策的主要工具。

2. 由于缺乏再贴现政策正常发挥作用的条件，中央银行调控银行体系流动性的主要渠道便是中央银行贷款。但是，中央银行贷款更多地残留着计划经济的痕迹，不是市场经济体制改革的方向。

四、公开市场业务探索

1. 1994 年的外汇管理体制改革，成为中国人民银行利用公开市场业务进行外汇操作的起点。

2. 1996 年 4 月，中国人民银行又开办了买卖国债的公开市场业务。但由于国债规模有限，品种比较单一，特别是国债基本上没有风险，而利率却比同期银行存款利率高，中国人民银行在其中的交易量较小，难以起到大量吞吐基础货币的作用，无法发挥其宏观调控的作用。

3. 近年来我国国际收支持续"双顺差"，公开市场本币操作的长期任务就是回笼基础货币，以中和外汇储备增加对基础货币的影响。在现券不足的情况下，发行中央银行票据就成为近年来公开市场本币操作的主要方式。

综合练习

一、名词解释

货币政策工具　一般性货币政策工具　准备金政策　再贴现政策　公开市场业务　防御性公开市场操作　自主性公开市场操作　选择性货币政策工具证券市场信用控制　证券信用交易　消费者信用控制　不动产信用控制直接信用控制　道义劝说　窗口指导

二、填空题

1. 一般性货币政策工具是包括存款准备金制度、_____ 和 _____ 三种。

2. 存款准备金制度起源于美国的 _____ 制度。

3. 存款准备金制度对信贷和货币供应量的控制是通过调整 _____ 来实现的。

4. 提高法定存款准备金率会导致货币乘数 _____ ，在基础货币不变的条件下，货币供应量会 _____ 。

5. 再贴现政策主要是通过调整 _____ 来发挥调节作用的。

6. 公开市场操作的主要对象是 _____ ，尤其是其中的 _____ 。

7. 根据政策操作的目的不同，可以将公开市场操作分为 _____ 和 _____ 两类。

8. 影响公开市场业务效果的重要因素之一是，是否存在一个同 _____ 市场相联的、全国统一的 _____ 市场。

9. 货币政策的结构调节工具主要包括 _____ 、 _____ 、 _____ 。

10. 证券市场信用控制是中央银行通过调整 _____ 交易、 _____ 交易和 _____ 交易等交易方式的最低保证金来调节证券交易活动的货币政策手段。

11. 在近几年我国外汇储备持续增高、国债操作现券不足的形势下，中央银行回笼基础货币的主要方式是 _____ 。

三、单项选择题

1. 早期建立存款准备金制度的主要目的是（　　）。
A. 调节银行信贷规模　　　　　B. 维持银行体系的流动性
C. 控制货币供应量　　　　　　D. 促进银行间公平竞争

2. 存款准备金制度的调节作用主要是通过（　　）实现的。
A. 规定准备金制度的适用对象　B. 规定准备金的构成项目
C. 规定法定存款准备金率　　　D. 规定考核办法

3. 下列货币政策工具作用中，（　　）的作用最猛烈。

A. 存款准备金制度　　　　　　　B. 再贴现政策

C. 公开市场业务　　　　　　　　D. 证券市场信用控制

4. 下列货币政策工具中，（　　）的宣示效应最不明显。

A. 存款准备金制度　　　　　　　B. 再贴现政策

C. 公开市场业务　　　　　　　　D. 道义劝说

5. 下列货币政策工具中，（　　）对货币乘数的调节作用最明显。

A. 存款准备金制度　　　　　　　B. 再贴现政策

C. 公开市场业务　　　　　　　　D. 消费者信用控制

6. 下列货币政策工具中，（　　）对基础货币的调节作用最大。

A. 存款准备金制度　　　　　　　B. 再贴现政策

C. 公开市场业务　　　　　　　　D. 信用分配

7. 在利用（　　）进行调节时，中央银行的主动性最差。

A. 存款准备金制度　　　　　　　B. 再贴现政策

C. 公开市场业务　　　　　　　　D. 信用分配

8. 下列货币政策工具中，具有顺周期特征的是（　　）。

A. 存款准备金制度　　　　　　　B. 再贴现政策

C. 公开市场业务　　　　　　　　D. 信用分配

9. 下列货币政策工具中，（　　）对货币市场利率的影响最直接。

A. 存款准备金制度　　　　　　　B. 再贴现政策

C. 公开市场业务　　　　　　　　D. 证券市场信用控制

10. 公开市场业务操作的对象主要是（　　）。

A. 短期政府债券　　　　　　　　B. 短期公司债券

C. 政策性金融债券　　　　　　　D. 中央银行票据

11. 在近年国际收支持续"双顺差"的形势下，我国基础货币投放的主要渠道是（　　）。

A. 国债现券买断交易　　　　　　B. 国债逆回购

C. 中央银行贷款　　　　　　　　D. 外汇占款

四、多项选择题

1. 一般性货币政策工具包括（　　）。

A. 存款准备金制度　　　　　　　B. 再贴现政策

C. 信贷计划　　　　　　　　　　D. 公开市场业务

E. 利率限制

2. 存款准备金制度的内容有（　　）。

A. 确定制度的适用对象　　　　　B. 规定法定存款准备金率

C. 规定准备金的构成　　　　　　　D. 规定计提基础

E. 规定持有期的考核办法

3. 假定基础货币不多，降低法定存款准备金率会导致（　　）。

A. 法定存款准备金增加　　　　　　B. 法定存款准备金减少

C. 超额准备金增加　　　　　　　　D. 超额准备金减少

E. 货币市场利率降低

4. 假定基础货币不变，降低法定存款准备金率会导致（　　）。

A. 超额准备金率提高　　　　　　　B. 超额准备金率降低

C. 货币乘数增大　　　　　　　　　D. 货币乘数减少

E. 货币供应量增加

5. 法定存款准备金的变化会通过影响（　　）来发挥调节作用。

A. 基础货币总量　　　　　　　　　B. 货币乘数

C. 超额准备金率　　　　　　　　　D. 同业拆借利率

E. 公众预期

6. 存款准备金制度的作用途径有（　　）。

A. 影响基础货币结构　　　　　　　B. 改变货币乘数

C. 调节货币市场利率　　　　　　　D. 宣示效果

E. 影响再贴现率

7. 再贴现政策的作用途径有（　　）。

A. 影响基础货币　　　　　　　　　B. 影响准备金

C. 影响市场利率　　　　　　　　　D. 影响借款成本

E. 影响公众预期

8. 作为货币政策工具，再贴现政策的优势在于（　　）。

A. 有利于维护银行体系的稳定　　　B. 作用较温和

C. 有一定的结构调节作用力　　　　D. 具有顺周期特征

E. 有明确的宣示作用

9. 公开市场业务的作用机制有（　　）。

A. 影响流通中现金　　　　　　　　B. 影响准备金

C. 影响基础货币　　　　　　　　　D. 有一定的宣示效果

E. 影响市场利率

10. 与其他货币政策工具相比，公开市场业务的优点有（　　）。

A. 可以进行微调　　　　　　　　　B. 对准备金和基础货币影响精确

C. 政策操作具有灵活性　　　　　　D. 中央银行具有主动性

E. 对市场利率的影响精确

11. 选择性货币政策工具有（　　）。

A. 道义劝说　　　　　　　　　B. 利率限制

C. 证券市场信用控制　　　　　D. 不动产信用控制

E. 消费者信用控制

12. 属于直接信用控制的货币政策手段有（　　　）。

A. 信用分配　　　　　　　　　B. 流动性比率

C. 利率最高限额　　　　　　　D. 特种存款

E. 直接干预

13. 我国的金融机构中，不需要保留法定存款准备金的有（　　　）。

A. 城乡信用社　　　　　　　　B. 政策性银行

C. 财务公司　　　　　　　　　D. 证券公司

E. 保险公司

14. 目前，中国人民银行拥有的货币政策手段有（　　　）。

A. 信用分配　　　　　　　　　B. 利率最高限额

C. 道义劝说　　　　　　　　　D. 公开市场业务

E. 再贴现政策

五、判断题

1. 在特定条件下，存款准备金制度可以起到其他货币政策工具无法替代的作用。　　　　　　　　　　　　　　　　　　　　　　　　（　　　）

2. 与其他一般性货币政策手段相比，变动法定存款准备金率更容易受到商业银行的反对。　　　　　　　　　　　　　　　　　　　　　　（　　　）

3. 从实践来看，各国法定存款准备金率有相对固定化和逐渐调低的趋势。
　　　　　　　　　　　　　　　　　　　　　　　　　　　　　（　　　）

4. 公众有时很难对再贴现率的调整形成正确预期。　　　　　（　　　）

5. 中国人民银行在春节前后进行的公开市场操作多属于自主性操作。
　　　　　　　　　　　　　　　　　　　　　　　　　　　　　（　　　）

6. 利用公开市场业务实施货币政策，中央银行具有完全的主动权。（　　　）

7. 在多类货币政策工具中，公开市场业务操作最频繁。　　　（　　　）

8. 利用证券市场信用控制手段，可以抑制证券投机行为。　　（　　　）

9. 利用不动产信用控制，可以控制房地产泡沫。　　　　　　（　　　）

10. 窗口指导属于选择性货币政策手段。　　　　　　　　　（　　　）

11. 在过去很长时间内，信用分配是我国最重要的货币政策工具。（　　　）

12. 目前我国仍然对国有商业银行实行最低备付金比率控制。（　　　）

六、简答题

1. 简述存款准备金制度的基本内容。

2. 简述再贴现政策的内容。

3. 选择性货币政策工具主要有哪些？

4. 直接信用控制的主要手段有哪些？

七、论述题

1. 试述存款准备金制度的作用机制和政策效果。

2. 试述再贴现政策的作用机制和政策效果。

3. 试述公开市场业务的作用机制和政策效果。

4. 试述目前我国存款准备金制度的主要内容。

参考答案

一、名词解释

1. 货币政策工具：是中央银行为了实现货币政策目标而采取的一系列旨在调解货币和信用的政策手段或措施的总称。

2. 一般性货币政策工具：也称货币政策的总量调节工具，是指那些作用于货币和信用总量的货币政策工具。它主要包括存款准备金制度、再贴现政策和公开市场业务。

3. 准备金政策：是指中央银行通过调节法定存款准备金率来影响银行信贷和货币供应量的货币政策手段。

4. 再贴现政策：是指中央银行通过变动再贴现率和再贴现业务其他条件来调节市场利率和货币供应量的货币政策手段。

5. 公开市场业务：是指中央银行通过在公开市场上买卖有价证券来调节货币供应量和市场利率的货币政策手段。

6. 防御性公开市场操作：是指中央银行为了抵消货币政策意图以外的因素对存款准备金和基础货币的影响而被迫进行的公开市场业务操作。

7. 自主性公开市场操作：是指在没有外来因素影响的条件下，中央银行为了使存款准备金和基础货币达到政策要求的目标值而主动进行的公开市场业务操作。

8. 选择性货币政策工具：也称货币政策的结构性调节工具，是指那些仅仅作用于金融活动的某些方面，因而只影响金融和经济结构的货币政策手段。它主要包括证券市场信用控制、消费者信用控制、不动产信用控制。

9. 证券市场信用控制：是指中央银行通过规定和调节信用交易、期货交易和期权交易等交易方式的最低保证金，以刺激或抑制证券交易活动的货币政策手段。

10. 证券信用交易：是指投资者只需支付一部分价款，其余部分由经纪人垫付的证券交易方式。由于这种交易方式利用了经纪人提供的信用，故称信用交易。投资者支付的那一部分价款叫保证金，所以这种交易方式也叫保证金交易。经纪人为客户垫付的那一部分价款俗称垫头，故而这种交易方式又被称为垫头交易。

11. 消费者信用控制：是指中央银行通过规定和变动各类耐用消费品分期付款购买时的最低付现额和最长付款期限，以鼓励或抑制信用消费的货币政策手段。

12. 不动产信用控制：是指中央银行通过规定和变动不动产信用的最高贷款限额、最长贷款期限及首付率等，以鼓励或抑制不动产信用消费的货币政策手段。

13. 直接信用控制：是指中央银行以行政命令或其他方式强制干预金融机构业务活动，以实现政策目标的货币政策手段。

14. 道义劝说：是指中央银行利用其在金融体系中的地位和影响，通过各种非强制性的方式，诱导或劝说金融机构顺从其政策意图调整业务决策的货币政策手段。

15. 窗口指导：日本银行经常采用的通过指导性计划贯彻政策意图的辅助性货币政策工具。它类同于一般所谓的道义劝说。

二、填空题

1. 再贴现政策、公开市场业务
2. 苏弗克
3. 法定存款准备金（率）
4. 降低、减少
5. 再贴现率
6. 政府债券、短期政府债券
7. 防御性操作、自主性操作
8. 政府债券、同业拆借
9. 证券市场信用控制、消费者信用控制、不动产信用控制
10. 信用、期货、期权
11. 发行中央银行票据

三、单项选择题

1. B　　2. C　　3. A　　4. C　　5. A　　6. C　　7. B　　8. B
9. C　　10. A　　11. D

四、多项选择题

1. ABD　　2. ABCDE　　3. BCE　　4. ACE　　5. BCDE
6. ABCD　　7. ABCDE　　8. ABC　　9. BCDE　　10. ABCD

11. CDE　　12. ABCDE　　13. DE　　14. BCDE

五、判断题

1. √　　2. √　　3. √　　4. √　　5. ×　　6. √　　7. √

8. √　　9. √　　10. ×　　11. √　　12. ×

六、简答题

1. （1）确定存款准备金制度的适用对象，即确定哪些金融机构受到存款准备金制度的约束。

（2）规定存款准备金率，即法定存款准备金率。

（3）规定存款准备金的构成。多数国家规定法定存款准备金只能是金融机构在中央银行的存款，而不包括其库存现金。

（4）规定存款准备金的计提基础，即规定哪些存款应该保留法定存款准备金以及计提的基数。

（5）规定存款准备金的付息标准，即规定中央银行是否为其支付利息以及利率水平。

（6）规定存款准备金持有期的考核办法，即要确定在一个考核期内，是考核全部时点，还是考核平均余额或者只考核期末余额。

2. （1）规定再贴现的对象，即要确定中央银行贴现窗口接受哪些类型的票据。

（2）规定再贴现票据的条件，即要确定金融机构在什么情况下可以获得贴现贷款，特定条件下可以获得哪种类型的贴现贷款。

（3）制定再贴现率。首先要确定是实行统一再贴现率，还是实行差别再贴现率。其次是要适时调整再贴现率。

3. （1）证券市场信用控制，是指中央银行通过规定和调节信用交易、期货交易和期权交易等交易方式的最低保证金，以刺激或抑制证券交易活动的货币政策手段。

（2）消费者信用控制，是指中央银行通过规定和变动耐用消费品分期付款购买时的最低付现额和最长付款期限，以鼓励或抑制信用消费的货币政策手段。

（3）不动产信用控制，是指中央银行通过规定和变动不动产信用的最高贷款限额、最长贷款期限及首付率等，以鼓励或抑制不动产信用消费的货币政策手段。

4. （1）信用分配，是指中央银行根据金融市场状况和客观经济需要，对金融机构的贷款进行分配和限制的指令性措施。

（2）直接干预，是指中央银行直接对商业银行和金融机构的业务范围、信贷政策、信贷规模等信贷业务进行干预。

（3）流动性比率。为了限制商业银行和金融机构的信用扩张，中央银行规定金融机构的流动资产对全部负债或流动性负债的比率。

（4）利率最高限额。利率最高限额主要是为了限制金融机构之间为争夺存款而进行恶性的利率竞争，保证金融机构的稳健经营。

（5）特种存款，是指中央银行为了控制银行体系利用过剩的超额准备金扩张信用，利用行政手段要求商业银行将超额准备金缴存中央银行的措施。

七、论述题（要点）

1. （1）存款准备金制度对信贷和货币供应量的控制是通过调整法定存款准备金率来实现的：①调整法定存款准备金率会改变货币乘数，进而改变货币供应量；②改变法定存款准备金率会影响利率，从而影响支出；③具有直接的宣示效果。

（2）优点：①作用速度快而有力；②作用呈中性；③特定条件下可以起到其他货币政策工具无法替代的作用；④可以为其他货币政策工具的顺利运行创造有利条件。

（3）不足之处：①作用效果过于猛烈；②易于受到商业银行和金融机构的反对；③受到中央银行维持银行体系目的的制约——降低法定存款准备金率容易，提高法定存款准备金率难。

2. （1）作用的途径有三条：①它是中央银行投放基础货币的一个渠道；②再贴现率的变动对利率和各种资产收益率产生影响；③具有宣示作用。

（2）优势在于：①有利于中央银行发挥最后贷款人作用；②可以起到一定的结构调整作用；③作用效果缓和，可以配合其他政策工具，避免引起经济的巨大波动。

（3）不足：①具有顺周期特征；②主动权在商业银行，而不在中央银行；③宣示作用模糊。

3. （1）作用途径：①通过影响基础货币进而影响货币供应量；②通过影响利率水平和利率结构来达到调控经济的目的。

（2）主要优点：①利用公开市场业务可以进行货币政策的微调；②具有灵活性，中央银行可以用它进行经常的、连续的、日常的货币政策操作，迅速调转方向的操作都是完全可行的；③中央银行具有主动性。

（3）局限性：①公开市场业务的开展需要有一个发达的金融市场，特别是发达的国债市场；②如果没有形成一个同政府债券市场相连的、全国统一的同业拆借市场，公开市场业务的政策效力就会受到影响。

4. （1）缴存范围。凡是吸收存款的金融机构都要缴存法定存款准备金。

（2）准备金构成。只有在中国人民银行的存款才能充当法定存款准备金。

（3）法定存款准备金率。

（4）缴存规定。在确定计提法定存款准备金的基数时，所依据的是期末存款余额，而不是日平均余额，计算基期为每月或每旬。

（5）存款准备金按中国人民银行的有关规定支付利息。

参考资料

I　我国货币政策工具改革和公开市场业务操作实践①

一、我国货币政策工具改革

1998 年以来，我们对货币政策工具进行了一系列改革。1998 年 1 月 1 日取消贷款规模管理是一项标志性改革，它意味着我们把实行了将近半个世纪的最主要的货币政策工具放弃了；同年 3 月改革存款准备金制度，将法定存款准备金账户和备付金账户合二为一，还准备金账户应有的支付清算功能；稳步推进利率市场化改革，同业拆借利率、债券发行利率、债券回购利率、票据贴现和转贴现利率等已经完全放开，金融机构存、贷款利率改革也取得了很大进步，放开了境内大额外币存款和全部外币贷款利率，人民币大额存款利率市场化程度明显提升，贷款利率浮动幅度明显扩大；完善了再贷款和再贴现管理制度，使它更加贴近市场经济发展的要求；1998 年第一季度，建立了中央银行货币政策部门与国民经济有关综合部门和商业银行的月度经济金融形势分析会制度，形成了中央银行与商业银行以及有关经济综合部门之间良好的信息沟通机制，有效提高了货币政策操作的有效性；中央银行从 2001 年第一季度按季向社会公布我国货币政策执行报告，有效提高了货币政策透明度，发挥了很好的引导市场预期的作用。

近几年，中央银行在货币政策工具改革方面所取得的进步中，尤为突出的是公开市场业务操作工具的发展。近几年，中央银行在银行间债券市场持续大规模开展公开市场业务操作，大规模吞吐基础货币，调节货币供应量和商业银行信用规模，公开市场业务已成为中央银行日常货币政策操作的主要政策工具。在取消贷款规模控制以后，公开市场业务操作作为主要间接货币政策工具在金融宏观调控中的成功应用，标志着我国货币政策调控成功实现了由直接调控向间接调控的基本转变。

二、中央银行公开市场业务操作制度框架及实践

（一）中央银行公开市场业务操作目标和方式

中央银行公开市场业务操作的制度框架是从我国实际出发逐渐建立的。我国经济体制目前仍然处于向市场经济转轨的过程中，金融市场的发育程度还不高。

---

① 节选自戴根有：《央行公开市场业务操作实践和经验》，载《金融时报》，2002 - 02 - 21。

尽管整个货币市场的利率已经全部放开，但由于我国金融机构的存、贷款利率并没有实现市场化，因此货币政策传导的利率渠道并不畅通。中央银行目前可以通过公开市场业务操作有效调控货币市场利率，但货币市场利率的变动对金融机构存、贷款利率并不能形成实质影响，利率传导货币政策操作的功能遭遇中间梗阻。基于这一基本国情，目前中央银行的公开市场业务操作，还只能主要是调控金融机构的流动性水平。

当然，由于最近几年我国商业银行的改革已经有了一些进步，利润在商业银行经营目标中的地位有了很大提高，因此，货币市场利率的变动对于商业银行超额储备的变动能发挥一定的影响。中央银行的公开市场业务操作可以有效控制金融机构超额准备金的水平，准备金水平会影响货币市场利率水平，结果商业银行流动性水平与货币市场利率客观上存在着一定的互动效应，货币市场利率水平的变化实际上影响着公开市场业务操作调控金融机构流动性水平目标的实现。因此，中央银行的公开市场业务操作虽然主要目标是调控金融机构流动性水平，但对货币市场利率水平也密切关注。

为了实现货币政策目标和保持金融体系稳定运行，中央银行公开市场业务操作是根据经济金融运行态势和银行体系流动性情况，灵活地选择主动性操作（也称自主性操作）和防御性操作（也称御防性操作）。

（二）中央银行公开市场业务操作制度框架

最近几年，我们一直致力于公开市场业务操作制度体系的建设，先后发布了《公开市场业务暨一级交易商管理暂行规定》、《全国银行间债券市场债券交易管理办法》、《政策性银行金融债券市场发行管理暂行规定》、《银行间债券市场债券发行现场管理规则》等一系列规章。经过4年多的探索和实践，初步形成了适合我国国情的公开市场业务操作制度。其内容包括：公开市场业务一级交易商制度，公开市场业务监测制度，公开市场业务决策和操作程序，公开市场业务结算体系和公开市场业务公告制度等。

中央银行公开市场业务操作实行一级交易商制度。目前选择40家信誉好、有实力的商业银行作为公开市场业务一级交易商。这些机构通过与其他金融机构在货币市场和债券市场的交易，使中央银行的货币政策操作扩散到整个金融体系。

中央银行公开市场业务操作建立了对商业银行流动性的监测制度。中央银行密切关注商业银行的流动性变化，为公开市场操作提供依据。与中央银行目前公开市场业务操作频率为每周1次相适应，目前中央银行对商业银行的流动性监测也是按周进行的。

中央银行公开市场业务操作建立了适合现阶段实际情况的、规范的公开市场业务决策程序和操作程序。基本做法是，中央银行货币政策操作部门根据金融宏观调控需要，分阶段提出公开市场操作的方向、交易方式及目标值的意见，报行领导批准后，具体负责日常操作的实施。非常时期的每次交易均报行领导批准。每周二公开市场业务操作结束后，以《债券交易周报》的形式向行领导报告操作情况。债券交易的招标、中标、信息反馈完全通过远程电子交易系统进行。公开市场业务操作工具包括国债、政策性金融债以及少量的中央银行票据等；交易品种包括回购交易、现券交易、发行中央银行票据等；公开市场业务操作的交易方式包括数量招标和利率招标。

中央银行公开市场业务操作建立了相互制约的交易和结算系统。这个系统未来将与中央银行支付系统相联结，实现债券交易的钱券兑付即 DVP 结算。

中央银行公开市场业务操作建立了透明度很高的公告制度。为了增加公开市场业务操作的透明度和影响力，每周二公开市场业务操作的中标结果产生后，中央银行通过中央国债登记结算有限责任公司的"中国债券信息网"和全国银行间同业拆借中心的"中国货币网"同时向社会公开发布。

（三）近几年中央银行公开市场业务操作基本情况

中央银行公开市场业务操作始于 1996 年，但是当年仅做了几笔交易，交易量仅 20 多亿元，1997 年实际停止了公开市场业务操作。亚洲金融危机以后，中央银行先后 4 次降息、2 次下调存款准备金率、充分发挥再贷款作用、积极调整信贷政策等，并于 1998 年 5 月 26 日正式恢复公开市场操作。1998 年、1999 年两年公开市场业务操作以增加基础货币为目标，基本操作方式是逆回购，两年合计增加基础货币 2 600 多亿元，占两年基础货币增加总额的 85%。

2000 年，我国金融市场发生了一些变化。主要是新成立的 4 家金融资产管理公司从国有商业银行剥离 14 000 亿元不良贷款，除了划转中央银行对这些商业银行原有的再贷款以外，中央银行还直接对它们发放了相当数量的再贷款；与此同时，由于要关闭一部分严重资不抵债的中小金融机构，中央银行给予了再贷款支持；这一年外汇占款增加也较快。为了对冲由于上述三个方面原因而导致的基础货币过快增长和货币市场利率持续下降的局面，中央银行灵活改变公开市场业务操作方向，及时进行防御性操作，开展公开市场业务正回购交易。这一年公开市场业务操作从年中到 12 月上旬主要以回笼基础货币为目标，当年通过公开市场业务操作回笼基础货币最多时接近 3 300 亿元。

2001 年，货币政策操作又面临了新的情况。一方面，外汇储备增加，大量增加了基础货币投放；另一方面，7—10 月份商业银行的贷款增加少，货币供应量和贷款总规模明显偏离了中央银行货币政策中间目标值。为此，中央银行公开市场业务操作及时调整了操作方向。全年操作过程为，上半年适时对冲由于外汇占款的过快增加而导致的基础货币的过快增长；下半年及时给予商业银行合理的流动性支持，主动投放基础货币，支持商业银行适度增加贷款。

2002 年，我国外贸出口和外商直接投资持续增长，国际收支出现持续顺差。

外汇储备上升导致投放基础货币速度加快,商业银行超额储备率上半年持续超过7%。经济运行方面,上半年消费物价持续负增长。在这种情况下,中央银行的公开市场业务操作面临十分困难的选择。一方面,在物价持续负增长的情况下,商业银行7月份以前贷款增加不多,货币政策操作客观上要求商业银行保留相对高一些的流动性水平;另一方面,持续保持较高的超额储备水平,又十分不利于货币市场利率特别是长期债券市场利率水平的稳定。过多的流动性促使商业银行在债券一级市场压低利率,抢购债券。为适度收回银行体系部分流动性,对冲由外汇占款过多而带来的基础货币过快增长,控制债券市场系统性风险,下半年在货币供应量和贷款形势已经比较明朗的情况下,适当增加了正回购操作,以稳定商业银行超额储备和基础货币增长率。到9月份,基础货币增长基本回复到适度水平。

总之,1998年以来,中央银行执行稳健货币政策方针,公开市场业务操作发挥了重要作用。但是,中央银行的公开市场业务操作毕竟时间还很短,特别是公开市场业务操作作为整个货币政策框架的一部分,其基本制度和操作技巧的完善,客观上受到整体货币政策框架的制约,它与货币政策框架本身的完善是紧密联系在一起的,因此,公开市场业务操作框架及制度体系还有待进一步完善。

Ⅱ 中央银行票据:提高政策倾向有效性①

什么是中央银行票据

中央银行票据是中央银行为调节商业银行超额准备金而向商业银行发行的短期债务凭证。它由中央银行发行,商业银行持有,其直接作用是吸收商业银行部分流动性。商业银行流动性包括法定准备金存款和超额准备金存款。法定准备金存款未经特别批准不得动用。商业银行的超额准备金存款是商业银行可贷资金,是商业银行借以扩张信用的基础,它是具有乘数效应的基础货币。在中国利率尚未完全市场化的条件下,基础货币首先是商业银行的超额准备金存款,是中央银行货币政策的操作目标。中央银行向商业银行发行中央银行票据,目的是调节商业银行超额准备金水平,它是中央银行调节基础货币的一种新形式。中央银行向商业银行发行票据的直接结果,是将商业银行原存在中央银行的超额准备金存款,转换为存在中央银行的中央银行票据。这一过程对于商业银行,其资产和负债总量不变,但资产结构发生了变化;对于中央银行,其资产和负债总量也不变,但负债结构发生了变化。这一过程的政策效应,从商业银行来讲,是将原本由商业银行持有、可以直接用于支付的超额准备金存款,转变为仍由商业银行持有但却不能直接用于支付的中央银行票据,减少了可贷资金量;从中央银行来

---

① 戴根有:《中央银行票据:提高政策倾向有效性》,载《金融时报》,2003 − 05 − 14。

讲，这种负债结构的变化，总体上减少了基础货币总量，它与提高法定存款准备金率以吸收超额存款准备金的效果是相同的。但与提高法定存款准备金相比，不同之处在于，当提高法定存款准备金率使超额存款准备金转变为法定存款准备金后，商业银行这部分资金既不能用于现金支付，也不能流通，而中央银行票据虽不能用于现金支付，但可以流通交易，起到了既在总体上吸收商业银行部分流动性，又在个体上给予商业银行流动性的作用。因此发行中央银行票据相对于提高法定存款准备金率来说，既实现了宏观调控目标，又具有市场化、灵活性的优势。

　　由上可见，中央银行票据是中央银行为调节商业银行流动性而出台的一项货币政策工具。它是中央银行在自身的资产负债表内管理和调节商业银行超额储备的一种形式，是在中央银行资产和负债总量都不变的情况下，通过负债结构的变化实现货币政策目标的一种手段。有人误解中央银行发行票据是中央银行筹集资金的手段，因此与财政部发债相冲突。事实上，中央银行具有无限扩张信用的能力，对于中央银行来说，并不存在通过发债筹集资金的概念。中央银行票据与金融市场各发债主体发行债券具有根本不同的性质。各发债主体发行债券，同时增加自身的资产和负债，发行债券的目的是筹集资金，即增加可用资金。例如，财政部发行国债，目的是增加可用资金，进而使财政支出的规模得以扩大。中央银行发行中央银行票据，目的不是为了扩大其资产运用规模，而是在于吸收商业银行部分流动性，减少商业银行可贷资金，中央银行在资产和负债总量上都是不变的，它们在性质上完全不同。中央银行票据是货币政策管理手段，国债是政府筹资的工具，两者不是一回事。

继续实行稳健的货币政策，需要创新公开市场业务操作工具

　　自1998年以来，公开市场业务已经逐渐成为中国人民银行日常货币政策操作的主要工具。根据惯例，中央银行公开市场业务操作主要以国债等信用级别高的债券为操作对象，即通过吞吐债券（具体形式或为现券买卖，或为正、逆回购等），实现对基础货币、货币供应量及货币市场利率水平的调节。

　　人民银行自1998年5月恢复公开市场业务操作以来，就一直将债券资产的管理作为公开市场业务操作的一项重要基础性工作。1998年、1999年两年，公开市场业务的操作方向是投放基础货币，中央银行通过公开市场业务现券交易，在银行间债券市场大量买入现券，因此在增加基础货币投放、实现货币供应量增长的同时，也大量增加了人民银行持有的债券数量，中央银行债券资产的大部分都是这两年里买入的。2000年，为保持基础货币稳定增长，8月份以后我们通过公开市场业务正回购操作大量回笼基础货币，最高时达3 300亿元。正回购需要中央银行将持有的债券向交易对手作质押，因此1998年、1999年两年中央银行增加持有的债券资产在这时发挥了重要作用。2001年、2002年，公开市场业务操作的灵活性大大提高，中央银行的现券交易由原来的单一买入转变为买入和卖出两个方向的操作，在完成中央银行债券资产管理目标的同时，也发挥调控基础货币、引导市场利率水平的作用。这个阶段中央银行净买入债券的数量并不多，中央银行持有债券存量除债券到期自行减少以外，其余基本保持稳定，2002年底中央银行债券持有量在3 000多亿元的水平。但是由于当年国家外汇储备增加较多，为对冲由于收购外汇而多投放的基础货币，相当一部分债券用于正回购质押，中央银行自由可用的债券大幅度减少。

今年以来，外汇市场持续供大于求，国家外汇储备持续增加，中央银行为支持收购外汇而投放的基础货币也持续增加。加上去年8月以来商业银行贷款迅速多增，基础货币和货币供应量大幅增长。年初以来，为了对冲外汇占款和贷款多增的影响，中央银行继续以正回购方式保持基础货币稳定。但是由于中央银行持有可用债券数量的持续减少和面临相当一部分债券将陆续到期，这一操作方式愈来愈难以为继，公开市场业务操作面临无券可用的局面。进一步从未来一段时期发展趋势看，随着我国加入世贸组织后全面融入世界经济以及经济总规模的不断提升，国际政治经济的不确定性、国际收支的大规模变化、金融风险的化解等各种因素的影响，提高货币政策工具的有效性问题愈来愈显得迫切。中央银行不但要有用于扩大基础货币投放的工具，同时又要有有效对冲基础货币过快增长的政策工具。只有这样，才能使中央银行货币政策操作应付自如。针对中央银行持有的债券存量不足以应对大规模内外部冲击的困难，发行中央银行票据以发挥其对冲基础货币投放、保持基础货币适度增长的作用，就显得十分必要。继续实行稳健的货币政策，其前提是保持货币供应量和贷款总规模平稳增长，是保证货币政策操作的有效性。从这个意义上讲，发行中央银行票据对能否继续坚持稳健货币政策，具有关键意义。

出台中央银行票据是当前货币政策操作的现实选择

中央银行货币政策操作的实质，是通过调节自身资产负债表进而影响商业银行的信用规模。货币政策操作的有效性，以具有操作弹性的中央银行资产负债表为前提。下面是我国中央银行资产负债表简表。

资产	负债
净国外资产	存款准备金
——外汇储备	——法定存款准备金
	——超额存款准备金
对商业银行债权	流通中现金
——再贷款	
——再贴现	
对政府债权	对政府负债
——国债	——财政存款

在目前我国间接货币政策操作框架下，中央银行货币政策的传导机制是通过调整自身资产负债表的结构来改变超额存款准备金，因此操作目标是超额存款准备金。从上表可见，中央银行改变超额存款准备金的手段不外乎是改变资产规模或改变负债结构，也就是改变外汇储备、再贷款、再贴现以改变资产总量，从而影响负债总量，或在资产负债总量不变的情况下，改变法定存款准备金以改变负债结构，以影响超额存款准备金。如果中央银行的行为超出中央银行资产负债表而直接影响商业银行资产负债表，其手段或者是信贷政策，或者是对商业银行的信贷规模直接进行窗口指导，这大体属于直接调控的范畴，应另当别论。

具体分析，从目前中央银行的资产方看，在现行外汇管理体制下，中央银行外汇资产的变化具有相当的被动性，外汇储备的增减不是中央银行主动改变基础货币的手段；再贴现的规模难以扩张，而且现在余额较小，收回的余地也不大；再贷款目前财政性特征比较明显，难以作为货币政策工具来使用；债券的扩张受到市场发展不均衡的制约。因此，总的看来，中央银行主动大规模调整资产总量以改变超额准备金的余地不大，只能通过负债方的结构变动来实现目标。

中央银行调节负债结构的传统工具是法定存款准备金率。但调整法定存款准备金率的缺点，一是会对金融体系造成猛烈冲击，同时产生了过于强烈的紧缩信号；二是各类吸收存款的金融机构都要适用一个普遍的存款准备金率，而不能搞差别准备金率，因此会对农村信用社等资金并不富裕的中小金融机构不利；三是存款准备金率不能经常调整，因此没有灵活性。

在传统的货币政策工具不能满足操作需要的情况下，我们有必要总结我国的实践经验，借鉴发达国家经验，通过发行中央银行票据作为货币政策操作工具，以便继续发挥公开市场业务的作用，坚持间接货币政策调控的方向。

发达国家公开市场业务实践表明，中央银行在投放基础货币时采用回购方式比较有效，在回笼基础货币时发行债券比较有效。因此，在发达国家和新兴市场化国家，中央银行债券都是中央银行货币政策操作的重要工具。韩国在20世纪80年代就曾大量发行中央银行债券对冲外汇流入而导致的货币供应量过快增长，日本大量发行中央银行债券作为收回商业银行流动性的手段，德国中央银行有根据货币政策需要大量发行流动性证券的权力，印度尼西亚中央银行发行短期债券凭证和货币市场票据以用于货币政策需要。

国际上中央银行发行债券有两种方式，一是信用发行，大多数国家中央银行都采取这种方式发行；二是外汇质押，实际是外汇掉期。后者主要是一些小规模的开放经济体的货币当局所采用。例如香港金管局发行的外汇基金票据就是以其持有的外汇资产作为质押的，这是因为中国香港采取了货币局制度，金管局并非真正意义上的中央银行，金管局创造的负债必须全额与其外汇资产对应。按照国际惯例，中央银行债券是零风险，通常意义上的中央银行发债不需担保和质押，可以信用发行，因此中国人民银行发行中央银行票据应当是信用发行。虽然从对冲外汇的角度看，中央银行直接进行外汇掉期操作可以使回收的本币直接与相应的外汇挂钩，比较直观，但这样做，一来中央银行并无必要用外汇质押，二来外汇掉期需要中央银行将外汇转让给交易对手，因而中央银行需要保持大量的外汇现金，难以进行外汇储的管理。从一般经验看，外汇掉期只适合小规模操作，这也是发达国家很少采用外汇掉期作为主要的货币政策操作手段的原因。

在我国，中央银行票据也不完全是新东西。从 1995 年开始试办债券公开市场业务起，发行中央银行融资券就是人民银行公开市场业务操作的重要手段。1993 年人民银行就发布了《中国人民银行融资券管理暂行办法》和《中国人民银行融资券管理暂行办法实施细则》，并开始发行中央银行融资券。1993 年共发行了两期融资券，总金额为 200 亿元。1995 年，人民银行开始试办债券公开市场业务操作时，就发布了《关于办理 200 亿中国人民银行融资券的具体操作、资金清算和债券托管等问题的通知》，与公开市场业务一级交易商签署了《中央银行融资券回购主协议》，并向公开市场业务一级交易商发行了 118.9 亿元记账式的中央银行融资券，期限为 3 年，年利率为 9.9%。因此，发行中央银行融资券一直是人民银行公开市场业务操作的一种重要交易方式。2002 年 9 月 24 日，为增加公开市场业务操作工具，人民银行将公开市场业务未到期的正回购转换为中央银行票据，发行总量为 1 937.5 亿元，包括 3 个月、6 个月和 1 年期三个品种。我们之所以将转换的中央银行债券命名为"中央银行票据"，是突出中央银行票据短期性的特点。

还有一种顾虑，是担心发行中央银行票据后提高中央银行公开市场业务操作的成本。其实，中央银行运用正回购吸收商业银行流动性，中央银行也是要付出利息的。与正回购相比，由于中央银行票据具有流动性，更受市场成员的欢迎，因而其成本更低。这已经由最近的市场实践所证明。

发行中央银行票据的重要意义

发行中央银行票据使中央银行进一步具备了灵活、准确控制超额准备金的能力，大大提高了货币政策间接调控的有效性。中央银行票据出台，使中央银行具备了有效对冲内外部冲击的能力，它对于实现货币政策目标，保持经济和金融体系的平稳运行具有重要意义。除此之外，发行中央银行票据对货币市场发展、利率市场化以及形成债券市场合理的收益率曲线，都有着十分重要的作用。

（一）推动我国货币市场的发展

一个发达的货币市场需要有大量的短期工具，而目前我国货币市场的工具很少，短期国债还是空白，短期的金融债品种也很少，而广大的社会投资者对货币市场短期工具的需求十分巨大。由于缺少短期的货币市场工具，众多机构投资者的富余资金只能去追逐长期债券，带来了债券市场的长期利率风险。中央银行发行一定数量的票据，将改变货币市场基本没有短期工具的现状，对商业银行的流动性管理将是有力的促进，有利于社会各类机构的资产配置，也有利于形成合理的债券市场和货币市场利率期限结构。

（二）中央银行票据的发行利率将为整个市场利率体系提供利率基准

货币市场、债券市场的利率体系需要有稳定的短期利率作为整个市场的基准利率，既为各类债券的发行和交易提供利率标尺，也为中央银行货币政策实施提供有效的操作目标。目前在我国 7 天回购利率的交易比较活跃，有一定的代表性，但 7 天回购的期限较短，作为市场基准利率有其局限性，这就要求滚动发行 1 年以内的短期无信用风险债券形成基准利率。中央银行票据是零信用风险，其利率水平只反映了资金的供求，而且采取定期滚动拍卖方式发行，有利于形成均衡的利率水平，因此中央银行票据利率将为整个市场体系提供基准。比如目前浮动利率债券只能以人民银行 1 年期存款利率为基准，将来存款利率市场化以后，再以 1 年期存款利率作为基准利率就比较困难，有了滚动发行的短期中央银行票据利率，就相应增加了一项基准利率。

（三）发行中央银行票据将加快利率市场化进程

我国利率改革的最终目标是实现存贷款利率的市场化，由商业银行自主决定存贷款利率水平。但从金融市场发展一般规律看，商业银行对存贷款的定价，通常是以货币市场利率作为基准，在此基础上上浮或下浮点数确定的，中央银行对存贷款利率的调控方式由直接控制转为通过调节货币市场利率来间接影响存贷款利率。在美国，美联储代理财政部每周、每月、每季定期拍卖 3 个月、6 个月和 1 年期的国债，由此产生的短期利率水平是市场的基准利率。我国的货币市场发展很快，但交易主要集中在 1 个月以内的品种，人民银行定期滚动招标发行中央银行票据将形成稳定的短期市场利率水平，商业银行制定存贷款利率可以此作为基准，存贷款利率市场化就更加有了基础。

Ⅲ　存款准备金率灾后再度上调传达出的信息①

新华网北京 6 月 7 日电

中国人民银行于 7 日晚间宣布再度上调存款准备金率，从而继续保持了去年以来准备金率调整的固有节奏。不过与以往不同的是，调整幅度、调整范围和缴款时限都发生了一定变化。

公告指出，中国人民银行决定上调存款类金融机构人民币存款准备金率 1 个百分点，于 2008 年 6 月 15 日和 25 日分别按 0.5 个百分点缴款。中央银行同时

---

① 资料来源：新华网，2008 - 06 - 07。作者：王宁、姚均芳。

规定，地震重灾区法人金融机构暂不上调。

"中央银行规定对灾区金融机构暂不上调存款准备金率，意在支持灾后重建，体现出目前我国货币政策的灵活性特点。"中国社科院金融所专家彭兴韵接受新华社记者采访时说。

据介绍，对部分地区金融机构暂不上调存款准备金率，这在近年来中央银行存款准备金率调整历史上所罕有。5 月 12 日汶川大地震发生以来，经中央银行同意，受灾严重的成都、绵阳等 6 市州地方法人金融机构存款准备金率暂不上调。而在地震发生之前中央银行曾作出了年内第四次上调存款准备金率的决定：从 5 月 20 日起，全国存款类金融机构存款准备金率将上调 0.5 个百分点。

中国人民银行行长周小川日前在都江堰考察时也曾表示，中央银行将灵活运用多种货币政策工具支持灾后重建。

对于其他地区，上调后存款类金融机构人民币存款准备金率将达到 17.5% 的历史高位。中央银行表示，此次上调存款准备金率，意在加强银行体系流动性管理。

"此次上调幅度达到 1%，是以往的两倍。这说明目前我国因外汇储备增长过快带来的流动性压力依然不减。此外，也说明在宏观面上我国经济依然面临可能过热的压力，地震灾害并不会改变货币政策从紧的趋势。"中国社科院金融所专家彭兴韵接受新华社记者采访时说。

中国人民银行金融研究所宏观经济分析小组此前也指出，地震对我国整体工业生产影响较小，对农产品供应的冲击相对有限，预计不会改变宏观经济运行的基本态势。

分析人士指出，此次震灾带来的灾后重建，将会推高固定资产投资增速，并增加短期通货膨胀压力。而灾后大量基础设施重建，必然会增加未来一段时期内对水泥、钢铁以及铜、铝、锌等基本金属和建材的需求，对上游生产价格的冲击不容忽视。

"货币信贷反弹压力仍不容忽视。"彭兴韵指出，今年前 4 个月尽管贸易顺差减少，但外汇储备及相应的人民币占款同比仍然多增，境外流动性输入对基础货币扩张的压力仍然较大。国内信贷需求仍然旺盛。灾后重建也会进一步增大信贷资金的需求。

"从投资来看，投资需求近期虽有回落，但后期反弹压力较大。对投资仍应坚持总量控制，有保有压。"中国人民银行金融研究所宏观经济分析小组专家指出，作为总量调控工具的货币政策，当前仍要立足于防止货币信贷过快增长，从而为防止全面通货膨胀提供一个偏紧的总需求约束环境，促进物价稳定。

对于中国人民银行要求金融机构分别在 6 月 15 日和 25 日按 0.5 个百分点两次缴款，彭兴韵认为，一次上调 1%，无疑会给金融机构带来一定压力，分两次缴款将使金融机构获得一个缓冲期。

第十章

中央银行货币政策的作用过程

本章在介绍货币供应、基础货币、货币乘数等基本概念及其决定因素的基础上，探讨货币政策传导过程中的中介目标、传导机制和政策效应问题。学习本章的目的是要理解货币政策作用于经济的调节机理，掌握分析货币政策作用及其效应的基本方法。

第一节 货币供应、基础货币和货币乘数

货币政策本质上就是通过调整货币供应量影响实际经济，从而实现预期的宏观经济调控目标。货币供应量及其增减变动主要取决于两个因素：一是基础货币量及其增减变动；二是货币乘数的大小及其变化。

一、货币供应

1. 根据传统的货币定义，货币供应量包括现金和商业银行活期存款。从现代的意义上讲，货币供应量就是一个国家在某一时点上中央银行和金融机构所持有的货币和执行货币职能的金融资产的总和。货币外延的拓宽必然导致作为货币存量统计的货币供应量的外延扩大。目前，世界各国在统计货币供应量的口径上并不完全相同，但一般都有狭义和广义的层次之分，具体包括若干个层次。

2. 我国现阶段将货币供应量划分为三个层次：

（1）流通中的现金 M_0，即在银行体系以外流通的现金；

（2）狭义货币供应量 M_1，即 M_0 + 企事业单位活期存款；

（3）广义货币供应量 M_2，即 M_1 + 企事业单位定期存款 + 居民储蓄存款 + 其他存款（含证券公司客户保证金）。

3. 传统的和现代的货币理论在有关货币供应量的决定问题上存在长期的争

论。有的理论认为，货币供应量是由经济过程、商品流通过程以外的其他因素决定的，是经济的外生变量。有的则认为，货币供应量是由商品流通和经济活动内在地决定的，是内生变量。

4. 无论如何，大多数经济学家已经承认，货币供应量并不完全取决于中央银行的意愿和决策，也取决于金融机构和公众的行为决策，而且两者相互影响。

5. 在经济周期的不同阶段，货币内生性、外生性的程度有所不同，导致货币政策的效果也不一样。一般来说，在通货膨胀时期，货币的外生性较强；在通货紧缩时期，货币显现出较强的内生性。

6. 货币供应量主要是由中央银行和商业银行共同创造出来的。因此，对货币供应量的分析可以集中到对中央银行和商业银行的货币创造上来。

二、基础货币

1. 基础货币，又称高能货币，是指流通中的现金与商业银行的存款准备金之和。在中央银行的资产负债表上，基础货币等于中央银行的货币性负债总额。基础货币是社会各金融机构创造信用的基础，是现代货币理论分析中央银行各项政策措施与最终经济目标之间关系的重要媒介因素。

2. 观察和分析中央银行资产负债表的变动情况，可以看出影响基础货币量变动的主要因素：

（1）中央银行对国外的资产和负债。当中央银行对国外的资产增加时，基础货币量增加；相反，基础货币量减少。

（2）中央银行对政府的资产和负债。一般来说，中央银行对财政的资产增加，而负债减少，意味着基础货币量增加；相反，中央银行对财政的资产减少，而负债增加，基础货币量减少。

（3）中央银行对商业银行和其他金融机构的资产和负债。中央银行对金融部门的债权债务变动，是影响基础货币量变动的主要因素。中央银行对金融部门的债权增加，基础货币量增加；相反，基础货币量减少。

（4）其他因素——中央银行资产负债表上的其他各资产负债科目。其他资产增加，负债减少，基础货币量增加；其他资产减少，负债增加，基础货币量减少。

3. 中央银行对上述各类因素的控制能力是不同的：

（1）在中央银行对国外的资产负债方面，基础货币量是被动变化的，中央银行很难直接加以控制。

（2）中央银行对财政的资产和负债的变动也没有完全的支配能力。因此，对这部分基础货币量的增减变化，中央银行只能借助其他的政策措施间接控制。

（3）中央银行对商业银行的资产和负债及由此决定的基础货币量具有较强、

较直接的控制力。

三、货币乘数

1. 货币乘数也称为货币扩张倍数或货币扩张系数，是指中央银行投放或收回一单位基础货币，通过商业银行的存款创造机制，使货币供应量增加或减少的倍数。

2. 从货币乘数的推导过程可以看出，决定货币乘数的因素包括：

（1）现金比率 c。现金本身的货币乘数为 1，而银行存款准备金对存款有多倍支持作用，所以 c 的提高会使货币乘数下降。

（2）定期存款与活期存款的比率 t、活期存款的法定存款准备金率 r_d 和定期存款的法定存款准备金率 r_t 以及超额准备金率 r_e 上升，货币乘数变小；反之，货币乘数则变大。

3. c、t、r_d、r_t 及 r_e 本身也受各种因素的制约和影响而发生变化。因此，要分析货币乘数的变化，还必须进一步探讨影响 c、t、r_d、r_t 及 r_e 的各种因素。

4. 一般来说，影响 c 值的因素有：

（1）社会大众可支配的收入水平的高低。可支配的收入越高，需要持有的现金越多，但是 c 值趋于下降。

（2）用现金购买或用支票购买的商品和劳务的相对价格的变化。比如，食品的价格相对于耐用消费品价格上升，会增加现金需求，c 值提高。

（3）大众对通货膨胀的预期。预期的通货膨胀率高，c 值则高。相反，c 值就低。

（4）地下经济规模的大小。地下经济多以现金交易为主，其规模越大，现金比率 c 也越大。

（5）社会的支付习惯。信用工具的发达程度、社会及政治的稳定性、利率水平等都影响 c 值的变化。

5. t 值的影响因素：

（1）银行的存款利率。一般来说，如果定期存款的利率上升，则会导致活期存款向定期存款转化，从而使 t 值增大。反之，t 值减小。

（2）t 值的大小同人们的通货膨胀预期有较密切的关系。预期通货膨胀率高时，t 值降低。

6. r_e 值的大小取决于商业银行自身的经营决策。一般来说，商业银行愿意持有多少超额准备金，主要取决于以下因素：

（1）持有超额准备金的机会成本的高低，即生息资产收益率的高低。如果利率低，r_e 值就高。反之，r_e 值就低。

（2）借入准备金的成本高低，主要是中央银行再贴现率的高低。再贴现率高，意味着借入准备金的成本高，商业银行就会保留较多的超额准备金，以备不测之需，r_e 值就高；反之，如果借入准备金的成本较低，就没有必要保留较多的超额准备金，r_e 值就低。

（3）银行拆入资金的能力。银行获取短期负债的能力越强，r_e 值就越低。反之，r_e 值越高。

7. 法定存款准备金率 r_d 和 r_t 的大小是由中央银行决定的。

8. 当基础货币不变时，货币乘数与货币供应量呈同方向正比例变化的关系。只有中央银行、商业银行和其他金融机构、财政、企业、家庭、个人等各自经济行为维持较为稳定的趋势，货币乘数值的变动幅度和变动方向才能保持相对稳定的趋势，中央银行才能通过对基础货币的控制，有效地调控货币供应量。

第二节　货币政策标的

一、货币政策标的的含义与作用

1. 所谓货币政策的标的，又称为货币政策的中介目标，是指中央银行在货币政策实施中为考察货币政策的作用，在货币政策操作目标和最终目标之间设立的一些过渡性指标。

2. 设立货币政策标的主要是由于以下三个方面的原因：

（1）货币当局在短时间内不可能详尽地掌握有关最终目标的信息资料，必须在较短时间内利用一些能够反映经济形势的发展变化的金融变量，作为考察货币政策实施过程和效果的信号。

（2）为了考察和比较各种货币政策工具对实现最终目标的作用和效果，必须首先确定用于检测和比较的标准。

（3）货币政策工具最终目标的实现，除了受货币政策工具的影响之外，也要受其他因素的影响。在这种情况下，必须利用货币政策指标，以显示政策工具因素和政策工具以外的因素究竟对中介目标发生了何种程度的影响，从而把政策工具因素变动效果与政策工具以外的因素变动效果区分开来。

二、货币政策标的的选择及其原则

1. 适宜的货币政策标的，一般要符合可控性、可测性、相关性、抗干扰性和适应性五个原则。

2. 可控性就是指中央银行通过运用货币政策工具，可以直接和间接地控制和影响其目标变动状况和趋势。

3. 可测性就是指货币政策标的有明确而合理的内涵和外延，中央银行能迅速收集有关数据进行定量分析。

4. 相关性就是指选定的货币政策标的的预期值——货币政策的中介目标与最终目标之间有稳定、较高的统计相关度。

5. 抗干扰性就是指选定的货币政策标的在中央银行运用货币政策调节过程中，受其他非货币政策因素的干扰度较低。

6. 适应性就是指选定的货币政策标的要适应本国的社会经济金融体制和当时的金融市场、金融产品等实际情况。

三、可选择的货币政策标的

1. 就基础货币作为货币政策标的的条件来说，基础货币与稳定币值的货币政策目标之间具有较高的相关性，而且基础货币具有较良好的可测性和可控性。因此，人们一般认为，基础货币是一个较好的货币政策标的。

2. 利率作为货币政策标的，具有极好的可测性、较强的可控性和较好的相关性。

3. 利率作为货币政策标的也有不足之处：

(1) 利率会受到货币政策调节之外诸多因素的影响，所以，往往使人们在宏观金融政策调节方向和调节力度变动时难以准确地区分宏观金融政策的实际效果和偶然性的外生效果。

(2) 在存在通货膨胀的条件下，决定借款主体行为的根本因素是实际资本损益，而不是名义利率变动带给他们的那些表面上的影响。但是，中央银行能够观察和控制的是名义利率，而不是实际利率。

4. 从货币供应量的相关性、可测性和可控性等方面来看，把货币供应量作为货币政策标的是可行的。这是因为：

(1) 货币供应量与物价、经济增长具有较好的相关性；

(2) 货币供应量有明确的含义和层次划分，各层次货币供应量统计资料都可以及时获得，随时可以进行测算和分析；

(3) 中央银行可以通过各种政策工具对货币供应量进行调控。

5. 作为货币政策标的，货币供应量也存在一些问题：

(1) 货币供应量与物价水平之间的对应关系是非线性的，其变动方向和数量关系在大多数情况下是不稳定、不一致的；

(2) 不同层次货币的流动性、功能强弱存在很大差异，货币供应结构的变动客观上对经济活动的总量和结构产生不同的影响；

(3) 中央银行在短期内控制货币供应量比在长期内控制其更加困难。

6. 小国开放型经济的货币当局通常把本国货币与某一强国（一般选择最主要的贸易伙伴）货币挂钩，并以维持汇率稳定为基本目标。以汇率作为政策标的具有很强的可测性和一定的相关性，但可控性很弱。而且，容易使本国丧失货币政策的独立性，往往难以避免输入型的通货膨胀和经济震荡。

7. J. 托宾等主张以股权收益率作为货币政策中介目标。但是，股权收益率作为政策标的存在许多未澄清的问题，而且也只适用于以直接融资为主且资本市场高度发达的国家。因此，该主张并没有得到人们的广泛接受。

四、西方国家货币政策中介目标的演变

1. 西方国家在货币政策中介目标的选择上，有两方面的特征：一是中介目标的变化与经济发展的主要矛盾密切相关，从而呈现出明显的阶段性特征；二是在大致相同的历史阶段，不同国家在中介目标的设置上不拘一格，从而呈现出多样化的特征。

2. 20 世纪 30 年代以来，西方国家货币政策中介目标的曲折演变过程有许多经验教训和启发性：

（1）在经济周期的不同阶段，社会经济主要矛盾不同，货币政策最终目标侧重点有所不同，中介目标也必须与货币政策最需要解决的社会经济矛盾紧密联系。有关的经验是，衰退时期的中介目标以利率和信贷为主较好，膨胀时期的中介目标以货币供应量为佳。

（2）中介目标表现形式多样，选择时要适应不同国家的不同情况。

（3）任何货币政策中介目标甚至货币政策本身都不是万能的。

五、中国货币政策标的的选择与运用

1. 改革开放后的 20 多年里，我国大部分时间里把现金发行和贷款限额作为货币政策标的。从 1994 年起，我国逐步将货币供应量作为货币政策的标的。

2. 贷款限额在可测性、可控性和相关性方面都较好，一直到改革开放以后的多次宏观调控中都还发挥了重要作用。

3. 随着我国改革开放的深入和间接调控的扩大，贷款限额作为货币政策中介目标，逐渐呈现出其局限性。1998 年 1 月，我国取消了对国有商业银行的贷款规模控制。它为我国货币政策中介目标真正转向货币供应量以及实施间接调控奠定了基础。

4. 我国现阶段以货币供应量作为货币政策标的，具有以下几方面的优势：

（1）能够满足可测性要求。

（2）具有较强的可控性。随着间接调控工具的广泛运用和不断完善，中央银行有能力通过各种间接调控工具对货币供应量进行控制并影响其变动趋势。

（3）选择货币供应量作为货币政策标的，能够有效地抵抗非货币政策因素的干扰，避免政策效果与非政策效果相互混淆。

（4）符合我国现阶段经济金融的要求。

5. 同时有人反对以货币供应量作为我国的货币政策标的，主要理由是：

（1）就可测性而言，我国目前的货币供应量统计存在结构上的问题，即按照负债主体进行分组而不是按照流动性分组，这种分组方式很难完全准确地计算出实际的货币供应量。

（2）就相关性而言，我国货币供应量增长率的变化受行政干预的成分较重，行政干预难免会扭曲货币供应量与经济变量之间的稳定联系。

6. 从实践上来看，信用总量不适合作为货币政策标的；以同业拆借利率作为货币政策标的也存在一些问题。

第三节　货币政策的传导机制

一、货币政策传导机制的基本问题

1. 货币政策传导机制，是指从运用货币政策工具到实现货币政策目标的作用过程。

2. 货币政策传导机制包括涉及的要素、传导过程、传导的内容和传导的形式等内容。

3. 货币政策传导机制的规范性，是指在市场经济比较发达的国家，为实现既定的货币政策目标而建立的一系列调控机制。其采取的货币政策工具主要是法定存款准备金率、再贴现率和公开市场业务，要达到的目标是币值稳定、经济增长、充分就业和国际收支平衡。

4. 规范化的货币政策传导机制，体现出以下几个特点：

（1）间接调控性。在市场经济条件下，调控机制的设置以间接调控为主，实现目标的各种政策措施应具有较大的弹性。

（2）目标与工具变量之间传导迅速、准确。

（3）法制健全，调控主客体的法律意识和经营行为都很规范。

5. 高效的货币政策传导机制，还必须有一个健全的经济环境，即必须具有以下三个主要条件：

（1）中央银行的相对独立性。中央银行只有对整个经济发展状况负责而不是受各种政府行为的行政干预，才能保证货币政策的超前性、长远性和正确性，才能使货币政策传导机制从调控主体开始就较为准确、有效。

（2）完备的金融市场。在市场经济条件下，从货币政策工具的启动到最终对企业和居民行为的影响都是借助于形形色色的金融市场来完成的，一个完善的金融市场是建立有效货币政策传导机制的重要条件。

（3）企业与银行行为市场化。只有企业与商业银行真正走向市场，以市场作为资源配置的有效手段，才能对中央银行的货币政策调控反应灵敏、准确，使调控成效显著。

二、西方主要货币政策传导机制理论

1. 关于货币政策传导机制的理论，主要有三种类型：资产组合调整效应的传导机制理论、财富变动效应的传导机制理论和信用可得性效应的传导机制理论。

2. 资产组合调整效应的传导机制理论：中央银行货币政策实施之后，必然改变货币供应量。货币供应量的改变往往引起货币需求和货币供给的变化。货币需求和货币供给变化之后，往往改变了经济主体的资产组合中不同资产的收益、风险和流动性，因而破坏了原有的资产组合均衡。在这种情况下，经济主体就会重新调整资产组合，直到重新恢复均衡为止。经济主体调整资产组合的行为，通过改变对不同资产的供给和需求，会在不同程度上影响金融资产的价格和收益，进而影响投资和消费，最终影响实际经济活动。

3. 凯恩斯、弗里德曼和托宾是资产组合调整效应理论的代表人物。在具体的传导过程上，他们的理论又有所不同：

（1）凯恩斯的资产组合调整效应理论强调利率的重要作用；

（2）弗里德曼的资产组合调整效应理论强调相对价格的作用；

（3）托宾的资产组合调整效应理论则具有折中的性质。

4. 财富变动效应的传导机制理论：在货币供应量、财富和国民收入之间存在着一条因果链，货币政策可以通过改变货币供应量影响实际财富存量，进而影响实际经济。途径包括：

（1）商品市场。货币供应量增加，经济主体财富相应增加，往往相应增加消费支出，从而引起消费需求增加，国民收入也随之增加。

（2）资产市场。货币供应量的变动一方面对资产的需求产生影响，人们会调整用于购买生息资产的支出。另一方面，货币供应量增加，企业和金融机构的财富拥有量也会相应增加，企业可能决定利用新增加的货币扩大投资，而金融机构也能够扩大放款规模。在供给和需求两方面合力的作用下，资本市场失衡，资本存量受到影响，进而影响资本的价格（收益率）以及市场利率。资本价格和市场利率的变化，又必然影响投资需求，从而影响国民收入。

5. 信用可得性效应的传导机制理论：一般说来，货币供应量增加，银行信用可供量也随之增加；相反，货币供应量减少，银行信用可供量也随之减少。信用可得性的变动必然引起经济主体最终支出的变动，从而影响国民收入的变动。

三、中国的货币政策传导机制

1. 我国的货币政策传导机制还存在不少问题，包括：

（1）中央银行作为货币政策的调控主体，根据实际需要，独立自主地制定货币政策的职能仍有待进一步完善；

（2）转轨时期各商业银行仍与市场经济的要求相距甚远；

（3）现代企业制度尚未建立，对货币政策的调控意向反应差；

（4）传导机制的运行载体（主要是指金融市场）发展不完善。

2. 要在我国完善货币政策传导机制，不但必须完善货币政策传导机制本身涉及的各相关要素，协调各相关关系，而且必须培育规范的市场经济微观主体，建立健全与市场经济相适应的宏观调控制度。

第四节　货币政策的调控效应

一、货币政策的有效性

1. 货币政策有效性的高低归结为两个方面：其一，货币供应总量和结构及其变动与宏观经济总量调控和结构优化之间的相关程度；其二，中央银行能在多大程度上控制住货币供应量，即政策工具的选用及货币政策传导的有效性如何。

2. 现在几乎所有国家的中央银行都相信：货币政策对实际经济是有影响的。不过，现有已知的货币供应量与各种实际经济变量之间的相关关系，仅仅是经验观察的结果，而且这些关系很不稳定。在这种情况下，货币政策的有效性就取决于对这些相关关系的认识和把握。

3. 在承认货币供应量与实际经济变量紧密相关的基础上，对货币政策调控效应的评价，就转移到对货币政策传导机制的评价上来。判断货币政策传导机制是否有效，主要看中央银行基础货币的创造及其结构是否合理，货币政策工具和货币政策标的的选择是否恰当，货币政策工具作用于货币政策标的进而作用于实际经济变量的过程是否顺畅，当然也包括货币政策传导机制是否规范，与外部经济环境是否适应，等等。

二、货币政策时滞和货币流通速度对货币政策效应的影响

1. 货币政策时滞是指货币政策从研究、制定到实施后发挥实际效果全过程所经历的时间。货币政策时滞包括认识时滞、决策时滞和效应时滞。

2. 认识时滞是指中央银行或其他政策制定当局通过分析物价、利率、投资等实际经济变量的变动，认识到是否应采取行动所花费的时间；决策时滞是指中

央银行或其他政策制定当局从认清形势到政策实际实施所需的时间。认识时滞和决策时滞是决策机构花费的时间，因此称为内部时滞。

3. 效应时滞是一种由非决策机构引起的时滞，即外部时滞。它是指从货币政策措施开始实施到主要经济指标发生变化所经历的时间，是货币政策从宏观传导到微观再反映到宏观的时间。

4. 时滞客观存在，其中认识时滞和决策时滞可以通过各种措施缩短，但不可能完全消失；效应时滞则涉及更复杂的因素，一般说来也是难以控制的。时滞的存在可能使政策决策时的意图与实际效果脱节，从而不可避免地导致货币政策的局限性。

5. 货币主义以外的经济学家认为，货币流通速度变动是货币政策有效性的一种主要限制因素。他们认为，货币流通速度对于货币政策效应的重要性表现在，货币流通速度中的一个相当小的变动，有可能使货币政策效果受到严重影响，甚至有可能使本来正确的政策走向反面。

综合练习

一、名词解释

基础货币　货币扩张系数　货币政策中介目标　货币政策传导机制　货币政策时滞　认识时滞　决策时滞　效应时滞　内部时滞

二、填空题

1. 货币供应量等于＿＿＿＿＿＿＿＿＿＿＿＿与＿＿＿＿＿＿＿＿＿＿＿＿＿的乘积。

2. $M_1 =$ ＿＿＿＿＿＿＿＿＿＿＿＿＿ ＋ ＿＿＿＿＿＿＿＿＿＿＿。

3. 在经济周期的不同阶段，货币内生性、外生性的程度有所不同，一般而言，在通货膨胀时，货币的＿＿＿＿＿＿＿＿较强；在通货紧缩时期，货币的＿＿＿＿＿＿＿＿＿＿＿较强。

4. 高能货币是＿＿＿＿＿＿＿＿＿＿＿＿与＿＿＿＿＿＿＿＿＿＿之和。

5. 中央银行货币性资产总额增加，基础货币必然＿＿＿＿＿＿＿＿＿＿＿＿。

6. 假定其他条件不变，中央银行持有的国外资产增加，基础货币必然＿＿＿＿＿＿＿＿＿＿＿。

7. 假定其他条件不变，中央银行对财政的资产减少，负债增加，基础货币必然＿＿＿＿＿＿＿＿＿＿＿。

8. 假定其他条件不变，中央银行对银行部门的债权减少，基础货币会等额＿＿＿＿＿＿＿＿＿＿＿。

9. 假定其他条件不变，现金比例提高，货币乘数必然＿＿＿＿＿＿＿＿＿；

超额准备金率提高，货币乘数会_____。

10. 假定其他条件不变，预期通货膨胀率提高，现金比率会_____，货币乘数会_____。

11. 假定其他条件不变，再贴现率降低，则基础货币会_____，超额准备金率_____，货币乘数会_____，货币供应量会_____。

12. 适宜的货币政策标的要符合_____、_____、抗干扰性和适应性五个原则。

13. 对借贷主体决策起作用的利率是_____利率，而中央银行能够观察和控制的利率是_____利率，这是利率作为中介目标的重要缺陷之一。

14. J. 托宾主张以_____作为货币政策中介目标，但是，以此作为中介目标只适用于以_____为主且资本市场高度发达的国家。

15. 尽管都是资产组合调整效应理论的代表人物，但凯恩斯强调_____的重要作用，而弗里德曼强调_____的作用。

16. 根据财富变动效应的货币政策传导理论，随着货币供应量的增加，经济主体的财富_____，消费支出相应_____。

17. 根据信用可得性效应的货币政策传导理论，如果中央银行购进政府债券，商业银行的超额准备金会_____，信用可得性_____，投资支出和消费支出进而_____。

18. 货币政策的外部时滞即_____。

三、单项选择题

1. 中央银行对（　　）部门的债权债务变动是影响基础货币量变动的主要因素。

A. 国外　　　　B. 政府　　　　C. 银行　　　　D. 企业

2. 中央银行对（　　）部门的资产负债变动的控制力最强。

A. 国外　　　　B. 政府　　　　C. 银行　　　　D. 企业

3. 公众可支配收入提高对现金比率的影响是（　　）。

A. 现金比率提高　　　　　　　　B. 现金比率降低

C. 现金比率不变　　　　　　　　D. 现金比率的变化不确定

4. 如果对活期存款和定期存款规定了不同的法定准备金率，假定其他条件不变，定期存款利率上升，则货币乘数（　　）。

A. 增大　　　　B. 减小　　　　C. 不变　　　　D. 不确定

5. （　　）的货币当局通常选择汇率作为货币政策中介目标。

A. 市场经济国家　　　　　　　　B. 发展中国家

C. 大国开放型经济　　　　　　　D. 小国开放型经济

6. J. 托宾主张以（　　）作为货币政策中介目标。

A. 利率　　　　B. 汇率　　　　C. 国债收益率　　D. 股权收益率

7. 目前我国货币政策的中介目标是（　　）。

A. 货币供应量　　B. 社会信用总量　C. 利率　　　　D. 汇率

8. 中央银行对货币供应量的短期控制比长期控制（　　）。

A. 更容易　　　　B. 更困难　　　C. 同样容易　　　D. 同样困难

9. （　　）的资产组合调整效应理论强调利率的重要作用。

A. 凯恩斯　　　　B. 弗里德曼　　C. 托宾　　　　D. 费雪

10. 弗里德曼的资产组合调整效应理论更强调（　　）的作用。

A. 利率　　　　B. 汇率　　　　C. 资产相对价格　D. 股权收益率

四、多项选择题

1. 目前我国 M_2 统计指标的构成项目有（　　）。

A. 流通中的现金　　B. 活期存款　　C. 定期存款

D. 储蓄存款　　　　E. 证券公司客户保证金

2. 假定其他条件不变，公众可支配收入水平提高会导致（　　）。

A. 流通中的现金增加　　　　　　B. 流通中的现金减少

C. 现金比率提高　　　　　　　　D. 现金比率降低

E. 货币乘数增大

3. 影响定期存款与活期存款比率的因素有（　　）。

A. 活期存款利率　　　　　　　　B. 定期存款利率

C. 法定存款准备金率　　　　　　D. 再贴现率

E. 通货膨胀预期

4. 影响超额准备金率变动的因素有（　　）。

A. 持有超额准备金的机会成本　　B. 生息资产收益率

C. 再贴现率　　　　　　　　　　D. 法定存款准备金率

E. 银行拆入资金的能力

5. 影响现金比率变动的因素有（　　）。

A. 社会的支付习惯　　　　　　　B. 公众的通货膨胀预期

C. 可支配收入水平　　　　　　　D. 地下经济的规模

E. 不同结算方式下的商品相对价格

6. 适宜的货币政策中介指标应该符合（　　）等原则。

A. 相关性　　　　　B. 可控性　　　　C. 可测性

D. 抗干扰性　　　　E. 与经济金融体制的适应性

7. 规范化的货币政策传导机制应具有（　　）等特点。

A. 法制健全　　　　B. 间接调控　　　C. 传导迅速

D. 无决策时滞　　　E. 传导准确

8. 货币政策的高效传导必须有一个健全的外部环境，即（　　）。

A. 中央银行有一定独立性　　　B. 企业行为市场化

C. 银行行为市场化　　　　　　D. 完善的货币市场

E. 完善的资本市场

9. 关于货币政策传导机制的主要理论有（　　）。

A. 产业组合调整效应理论　　　B. 资产组合调整效应理论

C. 收入变动效应理论　　　　　D. 财富变动效应理论

E. 信用可得性效应理论

10. 资产组合调整效应理论的基本假设有（　　）。

A. 强调货币是一种资产　　　　B. 强调货币是流通手段

C. 经济主体有合意的资产组合　D. 各种资产之间有替代性

E. 公众追求资产组合的收益最大化

11. 目前我国货币政策传导机制存在的问题有（　　）。

A. 中央银行制度有待完善　　　B. 商业银行存在制度缺陷

C. 企业对货币政策不敏感　　　D. 金融市场不完善

E. 货币市场与资本市场连通不畅

12. 货币政策的内部时滞包括（　　）。

A. 认识时滞　　　　B. 决策时滞　　　C. 影响时滞

D. 效应时滞　　　　E. 执行时滞

五、判断题

1. 目前我国已将股民保证金纳入 M_2 统计范围。（　　）

2. 在通货紧缩时期，货币供应量有较强的内生性。（　　）

3. 假定其他条件不变，地下经济规模越大，现金比率就越高，货币乘数就越小。（　　）

4. 银行拆入资金能力越差，越需要较低的超额准备金率。（　　）

5. 货币供应量与物价水平之间的对应关系是线性的。（　　）

6. 中央银行在短期内控制货币供应量比在长期内更容易。（　　）

7. 对小国开放型经济而言，汇率作为货币政策标的的可控性很弱。（　　）

8. 托宾主张以利率作为货币政策标的。（　　）

9. 目前我国尚不适合以信用总量作为货币政策标的。（　　）

10. 实现货币市场与资本市场的有效连通是提高货币政策传导效应的重要途径。（　　）

11. 时滞的存在可能使货币政策效果偏离政策目标。　　　　　（　　）
12. 货币流通速度是影响货币政策有效性的重要指标。　　　　（　　）
13. 货币学派更强调货币政策时滞而不是货币流通速度对政策效应的制约。

（　　）

六、简答题

1. 简述货币供应量的内生性与外生性特征。
2. 简述影响基础货币变动的主要因素。
3. 简述中央银行设立货币政策中介目标的重要性。
4. 简述选择货币政策中介目标应坚持的原则。
5. 西方国家选择货币政策标的的历程对我们有哪些启发或经验教训？
6. 简述我国以货币供应量作为货币政策中介目标的主要理由。
7. 高效的货币政策传导机制需要哪些外部环境？
8. 简述货币政策时滞和货币流通速度对货币政策效应的影响。

七、论述题

1. 试分析影响货币乘数变动的主要因素。
2. 试论利率、货币供应量作为货币政策中介目标的优点和不足。
3. 试论关于货币政策传导机制的主要理论。
4. 试论目前我国货币政策传导机制存在的主要问题。

参考答案

一、名词解释

1. 基础货币：又称高能货币，是银行体系创造货币的基础，包括流通中的现金和商业银行的存款准备金两部分。

2. 货币扩张系数：即货币乘数，也称货币扩张倍数，是货币供应量与基础货币的比值，反映每一单位基础货币可以创造的货币数量的多少。

3. 货币政策中介目标：也称货币政策标的，指中央银行在货币政策实施中为考察货币政策的作用，在货币政策操作目标和最终目标之间设立的一些过渡性指标。

4. 货币政策传导机制：也称货币政策的作用过程，是指中央银行运用货币政策工具改变货币供应量和市场利率，进而影响货币政策最终目标的过程或机制。

5. 货币政策时滞：货币政策从研究、制定到实施后发挥作用所经历的全过程。

6. 认识时滞：从经济运行发生变化到中央银行通过分析认识到是否应采取货币政策举措所花费的时间。

7. 决策时滞：从货币当局（中央银行）认识到需要采取货币政策到作出决策所经历的时间。

8. 效应时滞：即外部时滞，从货币政策开始实施到调节目标发生变化所经历的时间。

9. 内部时滞：从经济运行发生变化到中央银行认识到应采取货币政策举措，再到作出决策所经历的时间，包括认识时滞和决策时滞两部分。

二、填空题

1. 基础货币、货币乘数

2. 流通中的现金（M_0）、企事业单位活期存款

3. 外生性、内生性

4. 流通中的现金、商业银行存款准备金

5. 增加

6. 增加

7. 减少

8. 减少

9. 减小、减小

10. 提高、减小

11. 增加、提高、减小、增加

12. 可控性、可测性、相关性

13. 实际、名义

14. 股权收益率、直接融资

15. 利率、资产相对价格

16. 增加、增加

17. 增加、增加、增加

18. 效应时滞

三、单项选择题

1. C　　2. C　　3. B　　4. B　　5. D　　6. D　　7. A　　8. B

9. A　　10. C

四、多项选择题

1. ABCDE　　2. ADE　　3. ABE　　4. ABCDE　　5. ABCDE

6. ABCDE　　7. ABCE　　8. ABCDE　　9. BDE　　10. ACDE

11. ABCDE　　12. AB

五、判断题

1. √　　2. √　　3. √　　4. ×　　5. ×　　6. ×　　7. ×　　8. ×
9. √　　10. √　　11. √　　12. √　　13. √

六、简答题

1.（1）理论界在有关货币供应量的决定问题上存在长期的争论。有的理论认为，货币供应量是由经济过程、商品流通过程以外的其他因素决定的，是经济的外生变量。有的理论则认为，货币供应量是内生变量。

（2）大多数经济学家已经承认，货币供应量既取决于中央银行的意愿和决策，也取决于作为金融机构和社会公众的行为决策，而且两者相互影响。

（3）在经济周期的不同阶段，货币内生性、外生性的程度不同。一般来说，在通货膨胀时期，货币的外生性较强；在通货紧缩时期，货币显现出较强的内生性。

2.（1）由于基础货币是中央银行资产负债表中的货币性负债，并对应中央银行的货币性资产，所以观察和分析中央银行资产负债表的变动情况，可以看出影响基础货币量变动的主要因素。

（2）中央银行对国外的资产和负债。当中央银行对国外的资产增加时，基础货币量增加；相反，当中央银行对国外的资产减少时，基础货币量减少。

（3）中央银行对政府的资产和负债。中央银行对财政的资产增加，而负债减少，基础货币量增加；相反，中央银行对财政的资产减少，而负债增加，基础货币量减少。

（4）中央银行对金融机构的资产和负债。中央银行对金融机构的债权增加，基础货币量增加；相反，中央银行对金融机构的债权减少，基础货币量等额减少。

（5）其他因素。其他资产增加，负债减少，基础货币量增加；其他资产减少，负债增加，基础货币量减少。

3.（1）货币当局在短时间内不可能详尽地掌握有关货币政策最终目标的信息资料，所以必须在较短时间内利用一些能够反映经济形势的发展变化的金融变量，作为考察货币政策工具最终目标的实施过程和效果的信号。

（2）为了考察和比较各种货币政策工具对实现最终目标的作用和效果，必须首先确定用于检测和比较的标准。

（3）货币政策最终目标的实现，除了受货币政策工具的影响之外，也要受货币政策工具以外的因素影响。在这种情况下，必须利用货币政策指标，以显示政策工具因素和政策工具以外的因素究竟对中介目标发生了何种程度的影响，从而把政策工具因素变动效果与政策工具以外的因素变动效果区分开来。

4.（1）可控性，就是指中央银行通过运用货币政策工具，可以直接和间接地控制和影响其目标变动状况和趋势。

（2）可测性，就是指货币政策标的有明确而合理的内涵和外延，能迅速收集有关数据进行定量分析。

（3）相关性，就是指选定的货币政策标的与最终目标之间有稳定、较高的统计相关度。

（4）抗干扰性，就是指选定的货币政策标的在中央银行运用货币政策调节过程中，受其他非货币政策因素的干扰度较低。

（5）适应性，就是指选定的货币政策标的要适应本国的社会经济金融体制和当时的金融市场、金融产品等实际情况。

5.（1）货币政策中介目标是为最终目标服务的，在经济周期的不同阶段，货币政策最终目标在总体原则不变的前提下侧重点应有所不同。

（2）货币政策的中介目标表现形式多样，选择时要适应不同国家的不同情况。

（3）经济增长和充分就业不仅仅取决于利率或信贷，物价稳定也并不仅仅取决于货币供给。因此，任何货币政策中介目标甚至货币政策本身都不是万能的。

6.（1）能够满足可测性要求。有关货币统计报表准确、全面地反映了一定时期的货币供应量，数据资料容易获取并可迅速进行定量分析。

（2）具有较强的可控性。随着间接调控工具的广泛运用和不断完善，中央银行有能力通过法定存款准备金率、中央银行再贷款、再贴现率、公开市场业务等各种间接调控工具对货币供应量进行控制并影响其变动趋势。

（3）具有一定的抗干扰性。选择货币供应量作为货币政策标的，能够有效地抵抗非货币政策因素的干扰，避免政策效果与非政策效果相互混淆。

（4）符合我国现阶段经济金融的要求。

7.（1）中央银行的相对独立性。只有中央银行超然于政府，即对整个经济发展状况负责而不是受各种政府行为的行政干预，才能保证货币政策的超前性、长远性和正确性，才能使货币政策传导机制从调控主体开始就较为准确、有效。

（2）完备的金融市场。正是金融市场通过价格（利率、汇率）信号和供求关系把中央银行行为、商业银行行为、企业和居民行为组成一个有机统一体。中央银行货币政策一旦实施，就能通过这个统一体把货币政策调控意图逐级由金融体系传递和扩散到实际经济体系，从而影响整个经济的发展。

（3）企业与银行行为市场化。只有企业与商业银行真正走向市场，以市场作为资源配置的有效手段，才能对中央银行的货币政策调控反应灵敏、准确，使调控成效显著。

8.（1）货币政策时滞。货币政策时滞就是指货币政策从研究、制定到实施后发挥实际效果全过程所经历的时间。货币政策的时滞主要包括三种：认识时滞、决策时滞和效应时滞。货币主义者认为，时滞的存在可能使政策决策时的意图与实际效果脱节。

（2）货币流通速度的变动。一般认为，货币流通速度对于货币政策效应的重要性表现在，货币流通速度中的一个相当小的变动，如果未曾被政策制定者所预料并加以考虑，或估算这个变动的幅度时出现小的差错，就有可能使货币政策效果受到严重影响，甚至有可能使本来正确的政策走向反面。

七、论述题（要点）

1.（1）现金比率 c。影响 c 值的因素有社会大众可支配的收入水平的高低、用现金购买或用支票购买的商品和劳务的相对价格的变化、大众对通货膨胀的预期、地下经济规模的大小、社会的支付习惯等。在其他条件不变的情况下，c 值越大，货币乘数越小；相反，c 值越小，货币乘数越大。

（2）定期存款与活期存款的比率 t。t 值的大小同银行的存款利率高低、人们的通货膨胀预期有较密切的关系。

（3）超额准备金率 r_e。r_e 值的大小取决于商业银行自身的经营决策。一般来说，商业银行愿意持有多少超额准备金主要取决于以下因素：一是持有超额准备金的机会成本的高低，即生息资产收益率的高低；二是借入准备金的成本高低，主要是中央银行再贴现率的高低；三是商业银行的流动性状况；四是银行拆借资金的能力。

（4）活期存款法定准备金率 r_d 和定期存款法定准备金率 r_t。其数值大小是由中央银行决定的。r_d 和 r_t 值越大，货币乘数就越小；r_d 和 r_t 值越小，货币乘数就越大。

（5）以上分析说明，货币乘数的大小是由 c、t、r_e、r_d、r_t 等因素决定的，而这些因素则是中央银行、金融机构、财政、企业以及个人各自行为决策的结果。因此，制定和实施货币政策必须考虑除中央银行以外的经济主体行为决策变化的影响。

2.（1）利率指标的优点：①中央银行在任何时候都可以观察到货币市场上的利率水平及其结构，因此，利率的可测性极好。②就可控性而言，中央银行对市场利率也有相当大的控制力。③一方面，利率水平变动能够反映经济运行的基本态势，另一方面，利率反过来也深刻影响着社会经济的发展变化。因此，利率的相关性也较好。

（2）利率指标的不足：①难以准确地区分宏观金融政策的实际效果和偶然性的外生效果。②其决定借款主体行为的根本因素是实际资本损益，而不是名义利率变动。但是，中央银行能够观察和控制的是名义利率，而不是实际利率。

（3）货币供应量指标的优点：①货币供应多少与社会经济运行关系密切。

②货币供应量有明确的含义和层次划分，构成货币供应量各层次的金融变量随时可以进行测算和分析。③货币供应量作为货币政策标的较易控制，中央银行可以通过各种政策工具对货币供应量进行调控。货币供应量具有一定的可控性。

（4）货币供应量指标的缺陷：①货币供应量与物价水平之间的对应关系是非线性的，其变动方向和数量关系在大多数情况下是不稳定、不一致的。②如何准确地把握货币供应结构变动对经济总量及结构的影响，是到目前为止各国中央银行所面临的最大难题。③总的说来，中央银行在短期内控制货币供应量比在长期内控制其更加困难。

3.（1）资产组合调整效应理论。该理论认为，货币供应量的变化改变了经济主体的资产组合中不同资产的收益、风险和流动性，因而破坏了原有的资产组合均衡。在这种情况下，经济主体就会重新调整资产组合，直到重新恢复均衡为止。经济主体调整资产组合的行为，通过改变对不同资产的供给和需求，会在不同程度上影响金融资产的价格和收益，进而影响投资和消费，最终影响实际经济活动。

（2）财富变动效应理论。该理论认为，在货币供应量、财富和国民收入之间存在着一条因果链，货币政策可以通过改变货币供应量影响实际财富存量，进而影响实际经济。但是，货币供应量的增减变化并不能直接改变实际财富存量，而需要通过一定的途径。这些途径包括：①商品市场。随着货币供应量的增加，各经济主体的财富相应增加，从而改变了经济主体的支出意愿，扩大对商品和劳务的购买，从而引起消费需求增加，国民收入也随之增加。②资产市场。货币供应量的变动一方面对资产的需求产生影响，另一方面对资产的供给也有影响。在供给和需求两方面合力的作用下，资本市场失衡，资本的价格（收益率）以及市场利率受到影响。资本价格和市场利率的变化，又必然影响投资需求，从而影响国民收入。

（3）信用可得性效应理论。货币供应量与信用可得性之间有密切的关系。一般说来，货币供应量增加，银行信用可供量也随之增加；相反，货币供应量减少，银行信用可供量也随之减少。信用可得性的变动，必然引起经济主体最终支出的变动，从而影响国民收入的变动。

4.（1）中央银行作为货币政策的调控主体，根据实际需要，独立自主地制定货币政策的职能仍有待进一步完善。

（2）转轨时期各商业银行仍与市场经济的要求相距甚远。

（3）现代企业制度尚未建立，对货币政策的调控意向反应差。

（4）传导机制的运行载体（主要是指金融市场）发展不完善。

参考资料

I　中国货币政策传导机制①

一、中国货币政策传导机制现状

改革开放前，我国货币政策传导从人民银行到人民银行分支机构，再到企业，基本没有商业银行和金融市场，传导过程简单直接，从政策手段直接到最终目标；改革开放后的 20 世纪 80 年代，随着中央银行制度的建立和金融机构的发展，货币政策形成从中央银行到金融机构，再到企业的传导体系，货币市场尚未完全进入传导过程。

90 年代以后，金融宏观调控方式逐步转化，货币市场进一步发展，初步形成从中央银行到货币市场，到金融机构，再到企业的传导体系；初步建立从政策工具到操作目标，到中介目标，再到最终目标的间接传导机制。

90 年代中期以来，直接调控逐步缩小，间接调控不断扩大。货币政策最终目标确定为"保持货币币值的稳定，并以此促进经济增长"；货币政策中介目标和操作目标从贷款规模转向了货币供应量和基础货币；法定存款准备金率、利率、中央银行贷款、再贴现、公开市场操作等间接调控手段逐步扩大。目前已基本建立了以稳定货币为最终目标，以货币供应量为中介目标，运用多种货币政策工具调控基础货币（操作目标）的间接调控体系。

二、目前货币政策传导机制存在的主要问题

（一）中央银行宏观调控的灵活性面临挑战，利率市场化程度不高，利率尚未进入货币政策目标系统

首先，利率尚未进入我国货币政策中介目标和操作目标系统。由于我国仍然是一个以管制利率为主的国家，包括存贷款利率在内的绝大多数利率由中央银行决定。中央银行在制定利率政策时，除考虑总体经济金融形势和物价水平外，考虑得较多的是如何通过利率改变存款人、借款人和金融机构的收入分配格局，尤其是在国有企业改革和脱困过程中，对其进行政策倾斜和扶持。利率下调的结果往往是企业财务负担减轻，而银行利差缩小，存款人收入减少。

其次，作为数量调节的基础货币调整的主动性和灵活性受到很大的限制。近年来，外汇占款和对政策性银行贷款大量少增加，作为基础货币主要支持对象的商业银行近年也不需要资金。中央银行主动拓宽基础货币供应渠道，增加了对股份制商业银行、城市商业银行和城市信用社等中小金融机构的再贷款。对中小金

---
① 节选自易纲：《中国货币政策框架》第二部分，2001，中国金融学会网站。

融机构大量增加再贷款既暂时化解了部分金融风险，也潜伏着新的金融风险。为此，中央银行对这些中小金融机构的再贷款已经从严掌握。基础货币需求与供应的矛盾，削弱了中央银行基础货币调控的主动性和灵活性，使货币政策的作用受到一定限制，各数量型货币政策工具的有效性也有所减弱。

最后，作为结构调节的信贷政策是近年来使用较多的货币政策工具。为了扩大内需，中央银行连续发布了支持中小企业信贷、消费信贷、农业信贷、外贸信贷的指导意见，对引导商业银行贷款投向和业务创新起到一定的作用。但指导意见是一种道义劝说，对商业银行约束和激励作用较弱。

（二）货币市场基础建设有待加强，市场分割问题尚未得到解决，票据市场发展相对滞后

货币市场发展的突出问题是，市场建设存在许多困难，市场参与主体尚不够——主要是国有和其他商业银行，部分中小金融机构和众多的企业、个人尚未参与进来，交易偏淡。同时，批发市场与零售市场、农村市场（农村信用社）和城市市场、货币市场和资本市场都存在不同程度的分割现象。由于资金的趋同性强，银行的存贷款利率受到管制，货币市场的基准利率还难以发挥作用，同业拆借利率水平变动引导整个利率体系水平变动的作用还未发挥出来，货币市场尚不能满足中央银行以公开市场操作为主要手段实行间接调控的需要。

（三）商业银行利益机制和发展动力问题尚未解决

国有商业银行的"大锅饭"机制没有真正打破，责权利仍然不明，还没有建立真正的商业银行运行机制。股份制商业银行贷款余额较小，由于市场风险的加大，贷款行为也较为谨慎。

（四）国有企业机制没有根本改变，资产负债率偏高，居民消费行为有待进一步成熟

根据调查，作为货币政策传导微观基础的企业、居民，主要存在以下问题：

一是国有企业机制没有根本转变，整体资产负债率偏高。

二是企业资金总体相对宽松，但企业间、地区间结构失衡。

三是企业逃废银行债务严重，社会信用观念淡薄。

四是中小企业贷款担保难。

（五）财政部国债发行的品种数量尚不能适应公开市场操作的需要

国债的品种和期限结构尚不合理，短期国债偏少，不适应中央银行公开市场操作调节短期资金的需要。另外，在国债发行计划、日期、利率、期限等方面，财政与银行沟通不够。

综上所述，目前我国货币政策传导机制存在的问题是一个复杂的、综合性的问题，涉及企业、居民、商业银行、中央银行、政府等诸多方面的体制和行为。其中，企业和居民的行为是货币政策传导的经济基础，是决定性因素；商业银行

行为是影响货币政策传导的中间环节，也是关键环节；货币市场建设和中央银行是影响货币政策传导的市场基础和政策因素。从实际情况看，都不同程度地存在问题，需要进一步改进。

三、完善货币政策传导机制的建议

考虑目前的实际情况，在最终目标确定的前提下，未来一定时期内，我国货币政策的中介目标和操作目标仍将是货币供应量和基础货币，即实行以数量型为主的间接调控。但根据市场经济发展的趋势，要重视引入资金的价格（利率）调控机制，即中央银行的利率调控，引导货币市场的利率，从而影响商业银行的成本利润约束，以及企业和居民的利润利益动力。

完善中国货币政策传导机制的目标是：实现从中央银行到货币市场，到金融机构，再到企业的灵敏有效的货币政策传导机制，即建立以稳定货币为最终目标，以货币供应量到短期利率为中介目标，运用多种货币政策工具调控基础货币到中长期利率、传导通畅的间接调控体系。

1. 积极稳妥地推进利率市场化改革，完善中央银行间接调控机制。利率市场化改革的目标是，建立以中央银行利率为基础、货币市场利率为中介，由市场供求决定金融机构存贷款利率水平的市场利率体系。

2. 加快货币市场的基础性建设，解决市场分割问题，使货币市场利率真正发挥引导利率总水平的作用。

3. 强化成本约束和利润考核，积极推进国有商业银行改革，建立现代金融企业制度。

4. 改变国有企业资产负债率过高的问题，建立中小企业信用担保体系，努力发展消费信贷。

5. 进一步加强货币政策与宏观经济政策的协调。

Ⅱ　流动性过剩：几点认识和一些国家的应对措施[①]

流动性过剩是近年来全球经济面临的一个重要问题，在很大程度上也困扰着我国经济的健康发展。把握流动性的内涵、了解世界各国在应对流动性过剩方面的做法，对于缓解我国的流动性过剩局面，具有一定借鉴意义。

一、流动性的内涵

随着经济金融的发展，流动性的内涵也在不断发生深刻变化。从传统理论上看，流动性是指某种资产转化为货币如现金、支票等支付手段的难易程度。随着

---

① 节选自沈晓晖、邵质斌：《流动性过剩：几点认识和一些国家的应对措施》，载《中国金融》，2007（14）。

金融市场的发展，金融产品创新加快，股票、债券、期权、期指及其他金融衍生产品和原油、有色金属、房地产、艺术品等准金融资产可以很快变现为购买力，充当部分货币职能，因此流动性突破了传统的现金与支票的概念范畴，逐渐涵盖了各类可变现资产。

流动性内涵的转变和外延的不断扩大，造成国际上对流动性的认识并不一致。《帕尔格雷夫经济学大辞典》归纳总结了各种代表性观点，指出流动性是一种非常复杂的现象，其具体表现形式深受金融制度和实践的影响。当前，对流动性主要有三种定义。一是从资产交割期的角度进行定义。这种方法假设债券、股票、期货乃至货币都是具有一定交割期的资产，并将货币看成是交割期为零的资产。这样，在一个给定的时刻，越多的资产接近交割期，转化为货币的可能性就越高，那么经济中的流动性就越多。例如，美国将 6 个月以下的国债和公司债划为货币范畴。二是从中介支付难易程度的角度进行定义。这种方法将现实经济生活中的资产分为货币资产和非货币资产两类。货币资产通常包括货币、有价证券等；非货币资产则包括贵重金属、房屋、土地、各类资源等，非货币资产只有通过变现才能履行支付功能。这种方法用货币资产与实际产出的比例来表示流动性状况，这个比例越高，各种非货币资产越容易变现，经济中的流动性也越多。三是从流动性创造能力的角度进行定义。这种方法认为，企业通过金融市场改变其自身的资产组合，就能够保持需要的流动性，如将持有的债券、期权、土地、专利等资产变现。因此，金融市场越发达，企业在经济中所占比重越大，持有的各类资产就越多，经济中的流动性也越多。

值得重视的是，随着经济的发展和对外开放的扩大，金融市场创造流动性的能力越来越强，其所创造的流动性比重越来越高，流动性在国际间的转移不断增多加快。

二、流动性的度量

准确测定经济中的流动性状况，是制定科学货币政策的前提。世界各国始终在探索符合本国特点的度量方法。总的看，目前发达国家使用的方法大致分为两类：一类是价格差异法，另一类是货币供应量差异法。

1. 价格差异法。这种方法将短期消费价格总水平高于长期均衡消费价格总水平的状况界定为流动性过剩，反之则流动性不足。其理论基础是货币数量公式，即货币供应量和货币流通速度的乘积等于总产出和物价水平的乘积。这种方法假定总产出和利率水平的变动对消费价格总水平没有影响，这样就建立起价格水平波动与流动性变化之间稳定而直接的关系，即物价水平的变动只与货币供应量的增减有关：货币供应量过多，则物价总水平上升；货币供应量不足，则物价总水平下降。

2. 货币供应量差异法。这种方法的理论基础也是货币数量公式，将实际货币供应量多于均衡货币供应量的状态界定为流动性过剩，反之则流动性不足。其中，所谓均衡货币供应量是指根据长期消费价格趋势和潜在产出水平推测出来的货币供应量。尽管这种方法被很多发达国家使用，但是各国货币供应量的内涵有所区别。例如，日本的货币供应量是 M_2+CDs，而美国的货币供应量内涵更加宽泛，这是因为两国的总产出和消费价格水平所对应的稳定货币供应量范围不同。实践表明，金融市场特别是衍生产品市场越发达，货币供应量涵盖的范围越大。

对于发展中国家，由于经济市场化水平不高，经济金融发展快，难以准确确定与总产出和价格总水平相对应的稳定货币供应量范围，因此，在度量流动性状况时，通常运用市场利率水平、货币供应量增长速度、资产价格水平等多种指标进行综合分析。这是因为，在发展中国家，货币与最终消费品价格之间的传导机制不健全、传导速度慢，流动性状况的变化不仅反映在消费物价变化上，还反映在股票、债券、房地产等资产价格的变化上。

三、流动性过剩的来源

国际货币基金组织、世界银行、欧洲中央银行以及一些重要国际学术机构的研究普遍认为，一个国家和地区的流动性过剩通常有四个来源：一是外汇储备的积累。这种情况几乎都发生在发展中国家和新兴市场经济体。这是因为，保持汇率稳定对于这些经济体防止资本大量流入而带来的不确定性、维持一个较低的通货膨胀预期和维护出口产品的竞争力至关重要，客观上要求对外汇市场进行必要的干预。因此，这些经济体的中央银行追求固定或有管理的汇率制度。随着外汇通过商品出口、政府和私人部门对外举债、外商直接投资、国际捐助以及国外收益汇回等渠道大量流入，外汇储备大量增加。特别是在升值预期较强时，由于大量投机资金的流入，外汇储备的增加更多、更快。二是商业银行和金融市场创新。近些年来，商业银行业务创新快速发展，信用卡、私人银行、汽车金融、房地产金融等层出不穷，使得银行的资产结构更加优化，也创造了更多的流动性。同时，股票、债券、期权、期指及其他金融衍生产品不断丰富，资产流动性增强。据国际货币基金组织统计，目前仅金融衍生产品创造的流动性就占全球流动性的80%以上。三是政府财政赤字的货币融资。历史上，很多国家的政府都曾经向中央银行借款，以弥补财政赤字。从20世纪90年代早期开始，随着各国中央银行独立性的提高，中央银行对政府财政赤字的融资额已经明显减少，政府转而采用向市场发行债券的方式弥补财政赤字。但是，很多国家的中央银行资产负债表仍然反映着过去对财政赤字的融资。四是拯救银行危机。在很多发展中国家和经济转轨国家都曾发生过银行危机或金融危机，商业银行支付困难，面临倒闭，需要资金的支持。中央银行作为最后贷款人，出资拯救面临危机的商业银行，从而增加了货币供应量。在有些国家，由于危机深重，国家财政不得不出资拯救身陷囹圄的中央银行，扩大国债规模。这些都会造成流动性过剩。

总的看，造成一个经济体流动性过剩，既有内部因素的作用，也有外部因素的影响；既有政策调整的影响，也有金融危机的冲击。对于发展中国家，由于经济对外依赖性强，金融体系比较脆弱，需要保持必要的外汇储备，因此外部因素对其流动性的影响越来越大；对于发达国家，由于在国际货币体系中居于有利地位，货币可完全自由兑换，不需要保持较多的外汇储备，通常对外部经济产生较强影响，因此流动性过剩不会对其经济金融产生重大影响。这里需要特别指出的是，发展中国家的流动性过剩与发达国家的流动性过剩有着本质区别：发展中国家面临的不是全面的流动性过剩，往往是部分领域资金过剩与部分领域资金不足并存。

四、国际上应对流动性过剩的一些做法

面临流动性过剩，各国都从本国实际出发，采取多种措施积极加以应对。

1. 设立石油稳定基金。随着石油价格的快速上涨，石油出口国的外汇收入大量增加，国内流动性过剩，为了促进国际收支平衡，很多国家开始设立石油稳定基金。以俄罗斯为例，2004年2月设立石油稳定基金，基金有两个来源：一是国际石油价格超过法定基准价格时征收的石油出口关税和石油开采税；二是新财年开始时的联邦财政盈余。石油稳定基金用于弥补石油价格下跌时的财政赤字，或是当基金总额超过180亿美元时用于偿还外债，并严格禁止用于国内消费。目前，俄罗斯的石油稳定基金总额为GDP的5.7%，科威特为80%，挪威为70%，阿塞拜疆为20%。石油稳定基金在促进这些国家国际收支平衡、对冲流动性方面发挥了重要作用。

2. 加强预测和调控。很多国家都高度重视对流动性状况的监测和调控。发达国家通过监测物价、利率等价格水平的变化，判断流动性状况；发展中国家市场发育水平低，往往通过确定预测目标的方法进行判断。例如，埃及中央银行从研究本国经济发展的历史数据出发，考虑国际经济发展对本国经济的影响，确定一个合理的长期发展目标，在此基础上，预测流动性需求，确定流动性调控目标，根据经济运行情况，运用公开市场操作等货币政策工具适量吞吐流动性，确保短期货币市场利率接近中央银行的公布利率。实践表明，这种管理方法使埃及的流动性始终处于合理的范围内。

3. 发行中央银行票据对冲过剩流动性。中央银行可以发行短期和长期两种中央银行票据。波兰、智利和墨西哥等国中央银行都曾经发行长期中央银行票据对冲流动性，取得了较好效果。但是，一方面由于中央银行希望多发行短期票据以体现货币政策的价格导向，另一方面通常发行长期票据的成本比较高，所以很多国家较少使用长期票据。

4. 加强财政债券和中央银行票据联合干预。财政债券和中央银行票据一样，也是对冲流动性的一个重要手段，除发行主体不同外，两者在功能上没有差别。

印度、韩国、墨西哥等国财政部门通过与本国中央银行协商，发行数量匹配、收益相同、期限互补的长期和短期债券，对冲过剩流动性，增强了这些国家对冲流动性的能力。增强财政部门在对冲流动性方面的作用，有效降低了中央银行的压力，为货币政策创造了更大的灵活空间。

5. 改革外汇管理体制。这是发展中国家和经济转轨国家提高外汇使用效率、缓解流动性过剩的一个重要途径。印度、土耳其、俄罗斯等国发现，其外汇收入通过多种渠道大量流入本国的企业，本国的外汇管理政策限制了企业通过市场顺利取得需要的外汇资金。因此这些国家积极调整外汇政策，放松外汇管制，加强金融基础设施建设，帮助企业进口和进行海外投资，极大地缓解了本国流动性过剩局面。

6. 加强对短期资本的管制。短期资本大量流入已经成为一些国家流动性过剩的主要原因。为此，很多国家采取了无偿准备金这种较为严格的管制措施。例如，1991 年 6 月，智利规定，除了出口信贷以外，所有新借入的外债都要将数量为总金额 20% 的无偿准备金存放在智利中央银行，存放期从 90 天到 1 年不等，视借款期限而定。1992 年 5 月，无偿准备金的要求进一步扩展到外币存款，准备金比例提高到 30%，并且不管期限长短，准备金都必须存放 1 年。无偿准备金制度对长期资本流入不造成重大影响，而对短期资本流入形成了制度性排斥，从而有效防止了短期资本的过度流入，缓解了国内的流动性过剩。

7. 建立外汇投资公司。政府直接运用外汇资源扩大对外投资，能够有效缓解国内的流动性过剩。近些年，随着外汇储备的大量增加，已经有 20 多个国家建立了不同形式的国家外汇投资公司。其中，比较有代表性的是新加坡、韩国建立的外汇海外投资公司，新加坡的 GIC 和韩国的 KIC 负责将本国的部分外汇储备用于海外投资，保证获得持续的长远回报，保障资产的实际价值。新加坡的 GIC 广泛投资于海外的金融、资源、基础设施等类型资产，而韩国的 KIC 则不允许投资房地产、股票等。总的看，这些投资不仅有效缓解了本国国内的流动性过剩，而且获得了较好收益，确保了国家外汇储备安全。

8. 拍卖中央银行资产和债务。调整中央银行资产负债结构是紧缩流动性的重要手段之一。例如，塞浦路斯、匈牙利、墨西哥和乌干达等国中央银行，将其持有的资产（如国债）或负债（如中央银行票据）向商业银行进行公开拍卖。商业银行买入标的资产，其流动性转入中央银行账户。例如，塞浦路斯中央银行公布持有利率标的和数量标的，前者是指中央银行公布能够接受的最高利率和标的总量，后者是指中央银行在拍卖前只公布标的的固定利率而不公布标的数量。通过这种竞争性拍卖，既有效提高了中央银行回收流动性的能力，也激发了商业银行主动收缩流动性的动力。

Ⅲ　流动性过剩的特征、成因及调控[①]

一、流动性过剩的特征

"流动性"既是一个经济学概念，也是一个投资学概念，但定义基本相同，即金融资产转变为即期支付能力（主要是现金支付能力），有的干脆把"流动性"定义为资产中现金或现金等价物的比例。本文所讨论的"流动性"是指由具有即期支付能力的现金和活期存款构成的狭义货币。2006 年以来，流动性过剩逐渐引起学术界的关注。这种流动性过剩，突出表现在五个方面：一是以狭义货币占广义货币份额计算的货币流动性比例攀升，流动性更加活跃；二是非金融企业资金很宽松；三是贷款投放过多的势头较为明显，工商银行、农业银行、中国银行、建设银行四大银行市场份额显著提高；四是金融机构特别是商业银行流动性充足；五是市场利率水平总体较低。

（一）货币流动性更加活跃

从货币供应量增长率来看，广义货币供应量 M_2 在 2006 年前 8 个月过快增长，虽然 9 月以来增幅趋缓，但年末余额仍达到 34.56 万亿元，增长 16.9%。2006 年以来，狭义货币供应量 M_1 增速持续加快，年末达到 12.6 万亿元，增长 17.5%，12 月份 M_1 增长速度超过了 M_2，是 2005 年 1 月以来的第一次。回顾 2002 年下半年以来货币供应量的变化趋势，可以看出，这期间 M_2 增速经历了上升、下降的两个周期。第一个周期从 2002 年 6 月（增长 14.68%）上升，2003 年 8 月达到波峰（增长 21.55%），之后开始下降，2004 年 10 月达到谷底（增长 12.57%）。在第一个周期中，M_1 与 M_2 增长率大致相当，走势也基本相同。M_2 增长的第二个周期从 2004 年 10 月开始，2006 年 1 月达到峰值（增长 19.2%），之后逐步下降，2006 年 12 月降低到 16.9%。在 M_2 增长的第二个周期，M_1 增长的突出特征是从 2006 年 1 月开始，出现了与 M_2 增长趋势的背离，M_2 增幅逐步下降，但 M_1 保持了较为强势的增长。

从流动性比例（M_1/M_2）看，2005 年以来，货币流动性比例显著下降，从 2005 年 1 月的 38.12% 下降到 2006 年 4 月的 33.91%。但从 2006 年 4 月份以来，流动性比例又开始显著提高，2006 年 12 月达到 36.46%。

货币流动性与经济周期有较好的对应关系，在经济高涨阶段，名义收入增加，通货膨胀预期升高，消费和投资支出相对比较旺盛，公众对交易媒介或支付手段的需求也比较大，倾向于较多地持有流动性强的货币；在经济低谷阶段，名义收入增幅减缓，通货膨胀预期较低，公众对支付手段的需求也较弱，倾向于较

---

①　卜永祥：《流动性过剩的特征、成因及调控》，载《市长参考》，2007 年 6 月总第 414 期。

多地持有收益较高、流动性较低的储蓄存款。

M_2 的变动由货币供应因素决定，即由整个银行系统的国内信贷、国外净资产（外汇储备等）、其他项目净额的变动等因素决定。M_1 的变动除了受货币供应因素的影响外，还受公众流动性偏好的影响：第一，实际利率。公众在选择自己的资产时，是选择 M_1 还是准货币，实际利率有重要影响。当实际利率为正值且偏高时，持有 M_1 的机会成本较高，则 M_2 的增长率将高于 M_1；当实际利率偏低甚至为负值时，持有准货币将有资产贬值的风险，公众更偏好流动性高的资产，以便于将货币转化为实物，或用于即期消费，则 M_1 的增长率将回升，甚至高于 M_2 的增长率。第二，商品市场和资本市场的冲击。居民在高通货膨胀预期下提取储蓄存款抢购货物或资产，或持币待购，提高了流动性。来自商品市场和资本市场的剧烈变动通过影响居民的储蓄行为，改变了货币流动性。第三，社会有效需求的变动。社会投资需求和消费需求的回升增加对流动性的需求，提升了流动性比率。首先，企业投资意愿提升，表现为企业活期存款增加、定期存款减少。经济高涨时期，市场热销，企业效益改善，纷纷扩大生产规模。在实际利率较低的情况下，企业定期存款转向了购料款和可用于周转的生产资金。其次，居民消费增幅提高，消费品市场旺销，反映在居民储蓄存款增幅下降上。储蓄存款占 M_2 的比例开始下降，这种储蓄少增的情况缘于经济高涨时期居民即期消费的增加，缘于高涨时期一部分储蓄存款向生产经营性资金的转化，缘于高涨时期储蓄存款向股市等其他投资资金的转移。所有这一切都使 M_1 增幅上升，货币流动性提高。第四，居民资产形式的多样化和企业直接融资的比重。当 M_2 增长较快而 M_1 增长不足时，通过发行企业股票和国债，可以将居民储蓄存款转化为企业和政府的债务收入并用于建设支出，这样可以提高货币的流动性。

剔除市场冲击（商品市场和证券市场的热销提升货币流动性）、实际利率、居民投资渠道等因素对货币流动性变动产生的影响，实物经济总需求的扩张和收缩是影响货币流动性变动的主要原因。

活期存款的增加和个人定期储蓄存款增长率的下降是造成 M_1 增幅提高、M_2 增幅下降的主要原因。从 2006 年末货币供应量的结构看，与 2005 年末相比，活期存款的份额从 27.86% 提高到 28.63%，而居民储蓄存款的份额则从 47.21% 下降到 46.76%。出现 M_1 与 M_2 增长趋势背离和流动性提升的主要原因包括：一是经济活跃度的提高。经济高位运行、企业效益大幅度提高，刺激生产和经营，使得即期货币需求增大，企业活期存款大量增加，M_1 的增长加快。二是居民收入提高，消费增长加快，也使得即期货币需求加大、M_1 增长加快。三是资本市场活跃。房价的上涨、股市的火暴，使得居民在房市、股市的投资增加，分流储蓄存款，导致活期存款快速增长。

（二）非金融企业资金总体宽松

非金融企业的资金十分宽裕。2006年底，企业人民币存款余额11.32万亿元，新增1.74万亿元，多增6 076亿元，其中新增活期和定期存款1.13万亿元和6 150亿元，分别多增7 632亿元和少增1 556亿元。从融资渠道看，首先，对非金融企业的银行贷款增加较多；其次，非金融企业在中央银行大量结汇，获得了资金，全年新增外汇占款2.22万亿元，比2005年多增4 780亿元；最后，2006年下半年，非金融企业直接融资比例大幅提高，达到19.6%。

（三）贷款投放过多的势头较为明显，四大银行市场份额显著提高

2006年全部金融机构人民币贷款增加3.18万亿元，增长15.1%，比2005年多增8 265亿元，是历史上新增贷款最多的一年。其中，前8个月累计新增9 246亿元，9—11月同比少增，12月又同比多增688亿元，贷款增幅出现回升。

在2006年底人民币贷款余额22.5万亿元中，中长期贷款余额10.6万亿元，同比增长21.4%；短期贷款9.9万亿元，同比增长13%；票据融资（主要是票据贴现）1.66万亿元，同比增长2.45%。从贷款构成看，短期贷款的比重从2001年1月的接近70%逐步平稳下降到2006年底的40%左右，中长期贷款的比重从2001年1月的30%左右上升到2006年底的40%以上，票据融资则从2%提高到将近8%。从贷款投向看，中长期贷款主要投向房地产业、交通运输、电力、制造业等。其中房地产业2006年前11个月贷款增长42.6%，制造业贷款增长28.6%，贷款向房地产业的过度集中值得关注。

不同类型金融机构在新增贷款中的份额发生了变化。工商银行、农业银行、中国银行、建设银行四大商业银行以及股份制商业银行、农村金融机构、政策性银行、城市商业银行、其他金融机构、外资金融机构2006年的市场份额分别为38.35%、22.04%、13.45%、10.75%、8.72%、3.85%和2.85%，而2005年的市场份额分别为32.37%、25.33%、14.66%、14.35%、7.78%、3.72%和1.79%。四大商业银行新增贷款的市场份额提高近6个百分点，市场份额扩大。

（四）市场利率水平总体较低

从短期利率水平看，2006年底银行间同业拆借和债券回购利率分别为2.25%和2.01%，虽然较年初的水平有所提高，但维持在2.5%以下，这是对2005年期间1%到1.5%的货币市场利率的恢复性增长，从2002年到2006年的5年时间来看，2%～2.5%的利率水平是货币市场价格的常态水平。2006年底由于在中央银行财政存款大幅减少5 453亿元，外汇占款增加很多（增加了3 931亿元），12月26日中国人寿A股申购冻结资金（共8 325亿元）回流到货币市场等原因的影响，市场利率回落较快。

从中长期利率水平和市场的预期看，中国国债收益率曲线反映了不同期限国债市场收益率的变化。2006年以来，国债收益率先升后降，其中3月到6月，

国债收益率曲线上升幅度较大，2 年期国债的收益率从 1.858% 提高到 2.230%，提高近 0.5 个百分点，金融机构当时对货币政策紧缩的预期很强。但从 6 月开始到 9 月，上升幅度减小，市场对人民币利率提高的预期减弱。9 到 12 月，出现了 1 年期以下国债的利率上升，2 到 3 年期国债利率相对固定，3 年期以上国债的利率下降的走势，市场长期利率上升的预期扭转为长期利率将下降，30 年期国债的收益率也只有 3.60%。

（五）金融机构特别是商业银行流动性充足

首先，从商业银行的存贷比（贷款/存款）看，从 1998 年以来，商业银行的存贷比一直呈下降走势，2000 年下半年剧烈下降，之后下降幅度较为平稳，2005 年 5 月份以来存贷比再次剧烈下降，到 2006 年 12 月存贷比只有 67.17%，商业银行资金运用的压力大大增加。商业银行的存差从 2005 年下半年开始继续攀升，2006 年 12 月达到历史新高 11.01 万亿元。

其次，从商业银行的超额准备金率看，2006 年底，虽然工商银行、农业银行、中国银行、建设银行四大银行的超额准备金率只有 3%，但股份制商业银行、城市商业银行、城市信用社、农村信用社、外资金融机构 2006 年底的超额准备金率分别达到了 7.21%、6.35%、11.54%、10.84% 和 12.50% 的较高水平。

最后，从商业银行的资金运用看，商业银行 2006 年底的全部资金运用为 29.99 万亿元。其中，各项贷款 16.72 万亿元，占 55.75%；有价证券及投资 7.87 万亿元，占 26.24%；准备金存款 3.34 万亿元，占 11.14%；外汇占款 0.74 万亿元，占 2.47%。商业银行资金运用主要特征是：短期贷款和中长期贷款大幅增加，年度增加额分别比 2005 年增长了 155.7% 和 67.9%；存放中央银行的准备金存款大幅增加，当年增加 9 912.77 亿元，比 2005 年多增加 8 439.98 亿元；商业银行的外汇占款 2006 年增加 3 890.2 亿元，比 2005 年多增加 3 017.97 亿元。

二、流动性过剩的成因

（一）外汇占款增加导致基础货币快速投放是造成流动性过剩的主要原因

2002 年以来，我国国际收支持续"双顺差"，在结售汇制度下，中央银行在外汇市场上被动购买外汇，外汇储备和外汇占款迅速增加。外汇占款余额 2000 年 1 月底只有 14 176.3 亿元，2002 年 9 月超过 2 万亿元，之后快速增长，2005 年 4 月突破 5 万亿元，2006 年 12 月末超过 8.4 万亿元。在公开市场操作工具缺乏的情况下，中央银行发行票据，收回因购买外汇而多投放的基础货币。

从实际执行情况看，中央银行对冲操作的效果并不理想。从存量看，到 2006 年底，中央银行票据的余额为 31 958.81 亿元，比外汇占款余额少 52 402.15 亿元，这差额就是中央银行购买外汇被动投放的基础货币。尽管随着我国经济的发展，基础货币每年应保持一定的增长，通过购汇投放的基础货币有一大部分（如每年 7 000 亿元到 8 000 亿元）是经济发展需要的，但从 2002 年底到 2006 年底，平均每年因购汇净投放基础货币 13 000 亿元，每年多投放的基础货币达到 5 000 亿元到 6 000 亿元，按 M_1 乘数为 1.8 计算，每年多增加流动性 9 000 亿元到 1.08 万亿元，四年累计增加流动性 4 万亿元左右。从流量看，2004 年第二季度以前，各季度的外汇占款增加额大致与中央银行票据的增加额相当，中央银行票据对冲操作可以基本解决外汇占款增加带来的流动性过剩问题。但 2004 年第二季度以后，虽然在 2005 年底和 2006 年初中央银行加大了票据的发行力度，但总体上，外汇占款增加额大于中央银行票据余额增加额的压力越来越大，2006 年第四季度尤其明显，当季外汇占款增加了 7 385.91 亿元，但中央银行票据余额只增加了 1 178.81 亿元，中央银行票据对冲操作越来越力不从心。

（二）银行贷款利差大、银行筹资成本低刺激金融机构的货币信贷扩张意愿

2005 年以来金融机构贷存款基准利率的利差进一步扩大，2006 年 4 月 28 日，中央银行上调了金融机构贷款基准利率，其中 1 年期贷款基准利率上调 0.27 个百分点，由 5.58% 提高到 5.85%，而存款利率水平维持不变，扩大了商业银行贷款与居民储蓄存款的利差。银行 1 年期储蓄存款利率和银行间货币市场利率只有 2.25% 左右，商业银行贷存款基准利率的利差达到 3.6 个百分点，是 1978 年以来最高的。尽管我国商业银行贷存款的利差低于成熟市场经济体（如美国、中国香港等）的银行利差水平，低于拉丁美洲新兴市场经济国家如巴西等的水平，也低于东欧转轨经济体如俄罗斯、捷克的水平，但高于英国、日本、德国等成熟市场经济国家，而且目前也是我国历史上利差水平最高的时期。最根本的是，与绝大多数经济体不同，我国商业银行存贷款利率是管制利率，不是市场决定的利率，利差水平是管制利率下形成的，不是市场决定的合理价格差距。过高的贷存款利差有以下弊端：第一，贷款的盈利风险降低，商业银行缺乏定价主动性、激励制度和专业能力，不能及时判断经济中可能出现的波动，并将波动导致的风险反映在定价之中。第二，金融机构往往只满足于传统的存、贷、汇业务，缺乏根据市场需求的变化，从事金融创新的动力。第三，鼓励商业银行多放贷款，贷款增长成为商业银行利润的主要来源，2006 年商业银行收益大幅增长，国有商业银行、股份制商业银行、城市商业银行、农村信用社、外资金融机构分别实现收益 1 284 亿元、537 亿元、173 亿元、186 亿元、16 亿元，比 2005 年分别增长了 42.4%、24.6%、53.1%、55.0%、60.0%，宽松的利差是带来这些收益的主要原因。

（三）资本市场活跃与流动性过剩相互促进

2006 年，股权分置改革基本完成，新股恢复发行，股票市场信心逐步增强，股票市场呈持续上扬走势，股票指数创历史新高。年初，上证指数震荡上行，3

月份最高升至 1 313 点，是 2005 年 4 月份股权分置改革以来的最高水平。伴随新股持续发行，特别是中国银行、工商银行等大盘银行股在国内 A 股市场上市，股票市场信心逐步增强，交易日趋活跃，股指不断走高，年末上证指数收于 2 675.47点，全年涨幅为 126.55%，市场流动性过剩是推动股价上涨的直接动因。另外，资本市场的活跃，刺激货币流动性的提升。一是增加新的流动性，居民储蓄存款等资金转变为企业发行新股募集的资金，最终还会回到银行体系中，增加活期存款的数量，提升货币流动性；二是股市繁荣带来的财富效应将影响微观主体的投资和消费行为，增加对流动性的需求。

三、对流动性过剩的调控建议

2006 年以来，为调控过多的流动性，中央银行已出台了不少措施。

第一，通过公开市场操作，严格控制基础货币的投放。2006 年前 10 个月基础货币的增幅严格控制在 10% 以下，总体上中央银行对基础货币的控制较紧，2006 年净投放 13 415 亿元，比 2005 年多投放 7 936 亿元。在投放的基础货币 24 791 亿元中，外汇占款 22 221 亿元，占 90%。虽然 11 月和 12 月投放基础货币分别增长 16.42% 和 20.85%，尤其是 12 月份基础货币投放过多，全年新增基础货币中 66.4% 是 12 月投放的，但有特殊原因：一是 12 月当月外汇占款增加 3 961亿元；二是财政在中央银行的存款减少了 5 453 亿元，尽管当月通过公开市场操作收回了 1 097 亿元，当月基础货币仍净增加 8 908 亿元，在财政存款减少等季节因素消除以后，基础货币会出现大幅回笼。

第二，提高法定存款准备金率。2006 年以前，虽然中央银行也曾在 2003 年下半年和 2004 年上半年分别把法定存款准备金率提高了 1 个和 0.5 个百分点，但存款准备金率并没有被中央银行作为金融宏观调控的主要工具之一。2006 年 5 月以来，中央银行连续 4 次各调高了 0.5 个百分点的存款准备金率，存款准备金率从 7.5% 提高到 9.5%。从调控效果看，在中央银行的金融机构缴存准备金存款 2006 年增加了 11 263.28 亿元，比 2005 年多增加了 8 545.63 亿元，扣除金融机构多增存款应上缴的准备金，实际回笼流动性 8 200 亿元左右，调高 0.5 个百分点存款准备金率的效应大致为收回 2 000 亿元左右的流动性，对收回流动性的效果不显著。

第三，增大人民币汇率政策的灵活性。一方面，允许人民币汇率在更大的区间内波动。从 2006 年 1 月 2 日至 12 月 29 日的 243 个交易日中，人民币对美元汇率有 135 个交易日升值，108 个交易日贬值，全年累计对美元升值 3.36%，比汇改当日升值 5.99%。全年日均波幅为 39 个基点，比 2005 年汇改日至 2005 年底日均波幅 17 个基点扩大了 22 个基点。尤其是 2006 年 9 月份以后，人民币汇率升值速度加快，9—12 月人民币对美元累计升值 1.92%，占全年升值幅度的 57.1%。从人民币对欧元和日元的汇率看，全年人民币对欧元贬值 5.43%，对日元贬值 5.61%，因而按贸易额加权计算的中国名义有效汇率是贬值的。

　　另一方面，调整外汇管理政策。调整经常项目外汇账户、服务贸易售付汇、境内居民个人购汇以及银行代客外汇境外理财、保险机构和证券经营机构对外金融投资等外汇管理政策，鼓励更多的资本流出。允许境内机构和居民个人委托境内商业银行在境外进行金融产品投资，并调整个人外汇管理办法。

　　上述政策措施，取得了较好的成效。为继续调控较多的银行流动性，笔者对货币政策的建议是：

　　——货币政策的基本取向是在缓解通货膨胀压力的同时，高度关注资产价格的走势。2007 年，通货膨胀压力加大。首先，成本推动可能带来通货膨胀。2006 年，工资水平有不同程度的上调，居民支出能力较强；生产资料价格依然在高位运行，从企业商品价格指数看，消费品和投资品价格上扬，农产品、矿产品价格上升明显；土地和劳动力等要素的价格均面临上涨压力；促进经济可持续发展和环境保护的成本也在不断增加。其次，存在货币推动的通货膨胀压力。对1999 年以来消费物价指数走势的分析发现，消费物价指数的变动与一年前同期 M_1 增长率的变动趋势基本一致。因此，2006 年 M_2 的快速增长必然会提升 2007 年消费物价水平。另外，我国居民的消费已逐步实现从生活必需品向住房、教育等方面的转移，从温饱型转向积累资产。中央银行货币政策的目标，应从关注柴米油盐等基本生活必需品价格的变化，转移到更关注占居民消费和投资大头的住房、医疗、教育等方面和劳务价格的变化，更关注房产、股票、债券等资产价格的变化。仅仅盯住消费物价水平的变动而对资产价格变动漠不关心，不是负责任的货币政策应该有的态度。

　　——主要货币政策目标应适度从紧掌握。我国货币政策执行的是相机抉择的规则，虽然年初都制定货币供应量和人民币信贷的目标值，但这种约束是软约束，最终执行下来的结果常常是偏离目标值，上一年实际执行的结果以及实际值与目标值偏离的方向和幅度将成为下一年制定目标值的参考。这是一种误差校正机制，上一年目标值定低了，本年的目标值就在上年目标值的基础上再调高一点。另外，从 2001 年以来实际执行情况看，货币供应量的实际值多数年份高于目标值，只在 2004 年低于目标值；人民币贷款 2002 年、2003 年、2006 年的实际增量大大高于目标值，2004 年和 2005 年则低于目标值。根据 2006 年货币信贷的目标值以及实际值与目标值的偏离情况，2007 年预计人民币贷款增加 3 万亿元，增长 13% 左右，M_2 增长 16% ~ 17%，M_1 增长 14% ~ 15%。

　　——利率政策调整应适时出台。利率政策的调整，一要看宏观经济的走势，尤其是投资和物价水平的变化趋势；二要看中国资本市场价格的波动情况，如果房地产价格和股票价格继续攀升，则人民币利率调高就成为必然。还要关注中外利差水平的变化。截至 2006 年 12 月末，美国联邦基金利率为 5.25%，而中国同业拆借隔夜利率为 1.9%，美国利率水平高出中国利率 3.35 个百分点，在这种利差水平下，人民币调高利率不会增加国际套利资本的跨境流动。事实上，国际短期资本的跨境流动，看重的是中国资产价格水平短期内的急剧攀升和人民币汇率的大幅升值，与人民币名义利率水平的相关关系并不显著。

——进一步实施有利于改善国际收支不平衡状况的政策措施。首先，坚持主动性、渐进性和可控性原则，综合考虑我国宏观经济状况、经济社会承受能力和企业适应能力，进一步完善人民币汇率形成机制，逐步增强汇率弹性。尽管人民币汇率升值不是解决中国国际收支不平衡的唯一途径，但也是一条重要途径。要在保证经济不出现大的波动的情况下完善汇率形成机制，在 2007 年，人民币汇率升值幅度应继续扩大。其次，进一步采取鼓励资本流出的政策，大力培育外汇市场，进一步放宽境内企业、个人使用和持有外汇的限制，加大对企业"走出去"的金融支持力度。最后，采取综合性措施，扩大国内需求，特别是扩大消费需求，降低储蓄率，加快经济结构调整，努力促进国际收支基本平衡。

21世纪高等学校金融学系列教材

第 四 编
中央银行的金融监管

第十一章

金融监管概述

内容提要

本章讨论金融监管的基本理论问题，并在此基础上介绍金融监管的体制类型及目前我国的金融监管体制。

第一节　金融监管及其理由

一、何谓金融监管

1. 在狭义上，金融监管是指政府或其代理机构对市场主体参与金融活动的限制和规范。广义的金融监管包括参与金融活动的市场主体的内部控制、金融行业组织对行会成员的共同约束、政府对金融活动参与者的外部管制三个层次。有时，市场约束也被纳入到广义金融监管的体系中来讨论。

2. 金融监管活动涉及监管主体和客体双方当事人。金融监管主体是监管责任的承担者和监管权力的行使者，在外部监管中，监管主体就是政府的职能部门或受政府委托代行公共监管权力的私人机构。金融监管的客体是金融监管的接受者，是所有参与金融活动的组织和个人。

二、政府管制金融的一般理由

1. 一切政府管制存在的合理性都出于市场失灵，金融监管也不例外。

2. 不完全竞争。金融市场不可避免地存在种种不完全竞争的因素，金融监管的目的之一是反对垄断，促进竞争。

3. 不完全信息。在金融市场中，信息成本减少了金融交易量、导致了不完全竞争，信息不对称是造成信用危机或泡沫经济的基本原因。金融监管的目的之一是政府要促进信息披露，缓解信息不对称问题。

4. 外部效应。负外部效应在金融活动中广泛存在。国内、国外经济金融联系日益紧密，外部效应也要成倍放大。缓解负外部性也是政府管制金融的理由之一。

5. 公共产品。在金融市场上，金融信息和金融机构的安全具有公共产品的特征。提供或促进金融公共产品是金融监管的又一个理由。

三、金融监管的特殊重要性

1. 现代金融的重要性。金融是现代经济的神经中枢，各类金融机构的金融服务构成现代经济顺利运转的基础。因此，适度的金融监管不仅能维护金融体系的效率与稳定，更能维护整个经济发展的可持续性。

2. 信用货币制度的特殊性。货币本位的信用货币化在提高交易效率的同时，也使商品价格对货币数量的约束力消失，这使得一个不受控制的银行体系可能超过实际需要供给货币而引发通货膨胀。因此，必须实施金融监管，以为货币政策的实施提供基础。

3. 金融机构经营的高风险性。高负债经营使金融机构面临更大的破产危险，部分准备金制度与银行信用创造机制又使整个金融机构体系面临支付危机的可能性大大增加。为了保证金融机构经营的安全和稳健，必须实施金融监管。

4. 金融市场的不稳定性。现代经济的证券化趋势增加了金融市场的不稳定性。为了维护金融市场稳定，必须实施金融监管。

四、金融监管有可能损害金融效率

1. 道德风险。许多监管措施的直接效果都是促进了金融机构的安全。这常常为金融机构的冒险经营提供了隐性担保，从而助长了道德风险，损害了金融效率。

2. 压制竞争。对金融机构与金融业务的人为分隔和限制也限制了竞争，从而损失了效率。

3. 限制了市场主体的主动性与创造性。金融监管常常压抑了市场主体的主动性与创造性，使市场主体的个别理性不能得以最充分地发挥，这无疑是对市场效率的一种损伤。

第二节　金融监管的内容

一、市场准入监管

1. 市场准入监管是指政府监管部门对组织或个人进入市场，从事金融活动的一种管制行为，包括机构准入监管、业务准入监管、人员准入监管和对非金融组织与个人从事金融活动的监管等方面。

2. 机构准入监管。机构准入监管包括对新设法人机构的监管和已有法人机构增设分支机构、营业网点的监管两方面。一般而言，设立金融机构、从事金融业务必须有符合法律规定的章程，有符合规定的注册资本最低限额，有具备任职专业知识和业务工作经验的高级管理人员，有健全的组织机构和管理制度，有符合要求的营业场所、安全防范措施、与业务有关的其他设施。

3. 业务准入监管。为了维护市场秩序，监管部门要对不同类型金融机构的业务范围进行限制性规定，对新设金融机构的业务范围进行审批。此外，金融机构开办新业务也往往要经监管部门批准或认可。

4. 人员准入监管。现代各国的法律对金融机构高级管理人员的任职资格都有规定，监管部门要对拟任金融机构高级管理人员的资格进行审查和确认。

5. 对非金融组织与个人从事金融活动的监管。对非金融性公司、其他组织和个人从事各类金融活动，各国也都规定有一定的条件。

二、业务运营监管

1. 业务运营监管是监管部门对金融机构的各项经营行为的监管。一般而言，对金融机构业务运营环节的监管主要包括资本充足性监管、流动性监管、业务范围监管、贷款风险监管、外汇风险管理、准备金监管、国家风险监管和管理评价等内容。

2. 资本充足性监管。监管者一般还要求金融机构的资本充足率不能低于一定水平。《巴塞尔协议》关于核心资本充足率不能低于4%、总资本充足率不能低于8%的规定已经被世界各国监管当局普遍接受。

3. 流动性监管。各国金融监管当局监管流动性的方法有所不同。流动性监管的对象既包括本币流动性，也包括外币流动性。

4. 业务范围监管。金融机构可以经营哪些业务，不可以经营哪些业务一般是有规范的。

5. 贷款风险控制。大多数国家的监管当局都尽可能限制贷款投向的过度集中——通常限制一家银行对单个借款者或少数几家最大的借款者提供过多的贷款，以分散风险。

6. 外汇风险管理。大多数国家对银行的国际收支的趋向很重视，并制定适当的国内管理制度，但各自的管理制度有着显著的差别。

7. 准备金管理。对银行的准备金管理既属于流动性监管的内容，也属于货币政策工具的一种，因而具有独特性。

8. 贷款的国家风险限制。贷款的国家风险是指与外国政府直接关联的国际贷款风险。它反映一国对外负债的程度和偿债能力的潜在风险。

9. 管理评价。各国都要求银行监督人员把对金融机构管理水平的深入分析视为正常监督程序的一部分。

三、市场退出监管

1. 市场退出监管是指监管当局对金融机构退出金融业、破产倒闭或合（兼）并、变更等活动的管理。

2. 优胜劣汰是市场经济的基本规律，合理地安排陷入困境中的金融机构退出市场是十分必要的：

（1）是维护金融业稳健运行的需要；

（2）是维护金融有序竞争的需要；

（3）是提高金融市场配置效率的需要；

（4）是增强风险意识，维护市场纪律的需要。

3. 金融机构市场退出可以分为主动退出与被动退出两类。主动退出是指金融机构因为分立、合并或者出现公司章程规定的事由需要解散，因而退出市场的行为。被动退出则是指由于法定的理由，监管机构将金融机构依法关闭，取消其经营金融业务资格的行为。

4. 金融机构市场退出监管的主要方式包括：

（1）接管。接管是指当金融机构已经或者可能发生信用危机，严重影响存款人利益时，监管部门对该金融机构采取的整顿和改组等措施。

（2）解散。解散是指金融机构由于出现了法定事由或者公司章程规定的情形，而停止对外经营活动，清算未了结的债权债务，使其法人资格消灭的法律行为。

（3）并购。并购是合并与收购的统称。合并是指两个或者两个以上的企业依照法律的规定和协议约定而组成一个企业的法律行为。收购是一家企业取得了另一家或多家企业的全部或部分控制权或经营权，同时承担相应的责任和风险的行为。

（4）撤销或行政关闭。撤销或行政关闭是指金融机构在经营活动中违反有关法律法规的规定，监管部门下令撤销其经营许可证，从而使其经营金融业务的特殊权利能力归于消灭的行为。

（5）破产。在法律上，破产是指在债务人无力偿债的情况下以其财产对债权人进行公平清偿的法律程序。

第三节　金融监管的原则与方法

一、金融监管的原则

1. 依法监管。金融监管既要有法可依，也要有法必依、违法必究、执法必严。

2. 监管主体的独立性。立法机关或政府行政机关必须赋予监管机构相当程度的独立性，使其享有操作上的自主权和充分的资源，避免受到政治层面和被监管机构的影响。

3. 内控和外控相结合。该原则要求：

（1）外控必须建立在内控制上，即被监管者必须建立尽可能完善的内控制度；

（2）内控不能取代外控；

（3）外部监管者在制定监管规章时应该充分调动被监管者的积极性，让被监管者参与进来。

4. 监管适度与合理竞争。监管过度会削弱金融业的市场竞争力，金融监管不到位会导致金融秩序混乱，所以监管必须适度，以维护合理竞争。

5. 稳健运行与风险预防。监管活动中的组织体系、工作程序、技术手段、指标体系设计和控制能力等都要从保证金融体系的稳健出发。

6. 不干涉金融机构内部管理。监管部门要按规律进行监管，不能对金融机构的内部管理以正规的或非正规的方式进行干预。

7. 监管成本与效率。以最低的监管成本获得最佳监管效果是金融监管当局的重要原则之一。

8. 母国和东道国共同监管。一些金融机构实行跨国经营，对其监管必须由母国和东道国共同努力。

二、金融监管的基本方法

1. 非现场监管。非现场监管是指监管机构通过收集金融机构的经营管理和财务数据，运用一定的技术方法，研究分析金融机构经营的总体状况、风险管理状况、合规情况等，对其经营稳健性情况进行评价。

2. 现场检查。现场检查是由金融监管当局指派监管人员进入金融机构经营场所，通过查阅各类财务报表、文件档案、原始凭证和规章制度等业务资料，核查和评价金融机构报告的真实性和准确性、总体经营状况、风险管理与内部控制的完善性和有效性、资产质量状况和损失准备的充足性、管理层的能力、非现场监管和以往现场检查发现的问题及整改情况以及金融机构的合法经营情况等。

综合练习

一、名词解释

市场准入监管　业务运营监管　市场退出监管　接管　解散　撤销

非现场监管　现场检查

二、填空题

1. 造成市场失灵的原因有：不完全竞争、_____、_____和公共产品。

2. 金融监管的根本目的是纠正_____，提高_____。

3. 金融监管包括_____、_____和_____三个环节。

4. 对金融活动的市场准入监管包括_____、_____、_____和对非金融组织与个人从事金融活动的监管等方面。

5. 对金融机构的人员准入监管是针对金融机构的_____人员的。

6. 监管者对金融机构的资本监管，除了有最低注册资本要求外，一般还要求其_____不能低于一定水平。

7. 外部监管者对金融机构贷款风险控制的方法通常是限制一家银行对单个借款者或_____提供过多的贷款，以分散风险。

8. 对银行的准备金管理既属于_____监管的内容，也属于_____的一种，因而具有独特性。

9. 金融机构市场退出的原因和方式可以分为两类：_____与_____。

10. 对金融机构市场退出监管的主要方式有_____、_____、_____和_____等。

11. 内控与外控相结合的原则要求被监管者必须建立完善的_____。

12. 对跨国经营的金融机构的监管，必须遵循_____与_____共同监管的原则。

13. 金融监管的基本类型不外乎_____和_____两大类。

三、单项选择题

1. 政府管制金融的一般目的可以概括为（　　）。

A. 纠正市场失灵　　　　　　　　B. 反垄断

C. 促进信息披露　　　　　　　　D. 解决外部性问题

2. 金融监管的首要环节是（　　）。

A. 市场准入监管　　　　　　　　B. 业务运营监管

C. 市场退出监管　　　　　　　　D. 资本充足性监管

3. 对金融机构的人员准入监管主要是针对金融机构的（　　）的。

A. 董事长和副董事长

B. 行长（总经理）和副行长（副总经理）

C. 各级经理人员

D. 高级管理人员

4. （　　）兼具有金融监管手段和货币政策工具双重属性。

A. 资本充足性监管　　　　　　　　B. 准备金管理

C. 流动性监管　　　　　　　　　　D. 贷款风险控制

5. 金融机构因为分立、合并或者出现公司章程规定的事由需要解散，因而退出市场的行为属于（　　）。

A. 主动退出　　　B. 被动退出　　　C. 破产　　　D. 并购

6. 金融机构因为法院宣布破产或因严重违规、资不抵债等原因，监管机构将其依法关闭的行为属于（　　）。

A. 主动退出　　　B. 被动退出　　　C. 解散　　　D. 撤销

四、多项选择题

1. 广义的金融监管包括（　　）。

A. 市场主体的内部控制　　　　　　B. 行业自律组织的约束

C. 政府职能部门的监管　　　　　　D. 公众交易行为约束

E. 社会舆论的约束

2. 金融监管的客体包括（　　）。

A. 存款机构　　　　　　　　　　　B. 非存款金融性公司

C. 参与金融活动的非金融性公司　　D. 参与金融活动的社会组织

E. 参与金融活动的个人

3. 政府实施金融监管的一般理由有（　　）。

A. 纠正不完全竞争　　　　　　　　B. 纠正不完全信息

C. 解决负外部性问题　　　　　　　D. 提供公共产品

E. 提高金融机构盈利水平

4. 政府实施金融监管有可能（　　）。

A. 导致恶性竞争　　　　　　　　　B. 压制合理竞争

C. 压制金融创新　　　　　　　　　D. 压制市场主体的主动性

E. 助长道德风险

5. 对金融活动的市场准入监管包括（　　）。

A. 机构准入监管　　　　　　　　　B. 业务准入监管

C. 高级管理人员任职资格监管　　　D. 对非金融组织从事金融活动的监管

E. 对个人从事金融活动的监管

6. 对金融机构业务运营环节的监管包括（　　）。

A. 流动性监管　　　　　　　　　　B. 准备金管理

C. 资本充足性监管　　　　　　　　D. 业务范围监管

E. 贷款风险控制

7. 对金融机构市场退出监管的方式有（　　）。

A. 解散　　　　　B. 接管　　　　　C. 并购　　　　　D. 破产

E. 行政关闭

8. 政府实施金融监管的原因是（　　　）。

A. 存在市场失灵现象　　　　　　B. 金融市场存在信息不对称

C. 金融自由竞争存在效应矛盾　　D. 市场机制难以确保信息真实

E. 金融活动存在负外部性问题

9. 金融监管应该遵循（　　　）等原则。

A. 不干涉金融机构内部管理　　　B. 自律与他律相结合

C. 维护金融业适度竞争　　　　　D. 必须考虑金融机构的经营效益

E. 不能有监管例外

五、判断题

1. 一切政府管制的本质是公共权力对私人权力的限制。　　　　　（　　　）

2. 金融监管的根本目的是纠正市场失灵，提高金融效率。　　　　（　　　）

3. 金融监管有可能损害效率。　　　　　　　　　　　　　　　　（　　　）

4. 金融监管的对象仅限于各类金融机构。　　　　　　　　　　　（　　　）

5. 对金融性公司的资本监管包括最低注册资本监管和资本充足率监管两个方面。　　　　　　　　　　　　　　　　　　　　　　　　　　　　　（　　　）

6. 准备金政策是货币政策工具，而不是金融监管手段。　　　　　（　　　）

7. 接管是任何金融机构市场退出都必须经过的程序。　　　　　　（　　　）

六、简答题

1. 如何理解金融监管有可能损害金融效率？

2. 简述金融活动市场准入监管的主要内容。

3. 简述对金融机构业务运营环节监管的主要内容。

4. 对金融机构市场退出监管的必要性何在？

5. 金融机构市场退出监管的主要方式有哪些？

6. 何谓非现场监管？何谓现场检查？各有何特殊作用？

七、论述题

1. 试论政府实施金融监管的理论依据。

2. 试论政府实施金融监管的应遵循的主要原则。

参考答案

一、名词解释

1. 市场准入监管：是指政府监管部门对组织或个人进入市场，从事金融活动的一种管制行为，包括机构准入监管、业务准入监管、人员准入监管和对非金融组织与个人从事金融活动的监管等方面。

2. 业务运营监管：是指监管部门对金融机构的各项经营行为的监管。一般而言，对金融机构业务运营环节的监管主要包括资本充足性监管、流动性监管、业务范围监管、贷款风险监管、外汇风险管理、准备金监管、国家风险监管和管理评价等内容。

3. 市场退出监管：是指监管当局对金融机构退出金融业、破产倒闭或合（兼）并、变更等活动的管理。

4. 接管：是指当金融机构已经或者可能发生信用危机，严重影响存款人利益时，监管部门对该金融机构采取的整顿和改组等措施。

5. 解散：是指金融机构由于出现了法定事由或者公司章程规定的情形，而停止对外经营活动，清算未了结的债权债务，使其法人资格消灭的法律行为。

6. 撤销：也叫行政关闭，是指金融机构在经营活动中违反有关法律法规的规定，监管部门下令撤销其经营许可证，从而使其经营金融业务的特殊权利能力归于消灭的行为。

7. 非现场监管：是指监管机构通过收集金融机构的经营管理和财务数据，运用一定的技术方法，研究分析金融机构经营的总体状况、风险管理状况、合规情况等，对其经营稳健性情况进行评价。

8. 现场检查：是由金融监管当局指派监管人员进入金融机构经营场所，通过查阅各类财务报表、文件档案、原始凭证和规章制度等业务资料，核查和评价金融机构报告的真实性和准确性、总体经营状况、风险管理与内部控制的完善性和有效性、资产质量状况和损失准备的充足性、管理层的能力、非现场监管和以往现场检查发现的问题及整改情况以及金融机构的合法经营情况等。

二、填空题

1. 不完全信息、外部效应
2. 市场失灵、金融效率
3. 市场准入监管、业务运营监管、市场退出监管
4. 机构准入监管、业务准入监管、人员准入监管
5. 高级管理
6. 资本充足率
7. 少数几家最大的借款者
8. 流动性、货币政策工具
9. 主动退出、被动退出
10. 接管、并购、撤销（或行政关闭）、破产
11. 内控制度

12. 母国、东道国

13. 非现场监管、现场检查

三、单项选择题

1. A　　　2. A　　　3. D　　　4. B　　　5. A　　　6. B

四、多项选择题

1. ABCDE　　2. ABCDE　　3. ABCD　　4. BCDE　　5. ABCDE

6. ABCDE　　7. ABCDE　　8. ABCDE　　9. ABCDE

五、判断题

1. √　　2. √　　3. √　　4. ×　　5. √　　6. ×　　7. ×

六、简答题

1.（1）金融监管有可能助长道德风险。存款保险等监管措施有助于维护金融机构的安全，但同时也为冒险经营提供了隐性担保，从而有可能助长道德风险。

（2）金融监管压制了竞争。对金融机构市场准入和业务范围的限制，固然缩小了市场失灵的作用范围，降低了其破坏程度，但同时也限制了竞争。

（3）金融监管限制了市场主体的主动性与创造性。各类监管措施的实施都对金融市场主体的趋利动机形成了一定程度的限制，压抑了市场主体的主动性与创造性，使市场主体的个别理性不能得以最充分地发挥。

2. 对金融活动的市场准入监管包括机构准入监管、业务准入监管、人员准入监管和对非金融组织与个人从事金融活动的监管等方面。

（1）机构准入监管。机构准入监管包括对新设法人机构的监管和已有法人机构增设分支机构、营业网点的监管两方面。

（2）业务准入监管。为了维护市场秩序，监管部门要对不同类型金融机构的业务范围进行限制性规定，对新设金融机构的业务范围进行审批。此外，金融机构开办新业务也往往要经监管部门批准或认可。

（3）人员准入监管。现代各国的法律对金融机构高级管理人员的任职资格都有规定，监管部门要对拟任金融机构高级管理人员的资格进行审查和确认。

（4）对非金融组织与个人从事金融活动的监管。对非金融性公司、其他组织和个人从事各类金融活动，各国也都规定有一定的条件。

3.（1）资本充足性监管。在这方面，《巴塞尔协议》关于核心资本充足率不能低于4%、总资本充足率不能低于8%的规定已经被世界各国监管当局普遍接受。

（2）流动性监管。在实践中要恰当地评价、准确地测量金融机构的流动性是很复杂的。趋势是以考核金融机构资产负债期限和利率结构搭配是否合理为基础对流动性进行系统的评价。

（3）业务范围监管。金融机构可经营哪些业务，不可以经营哪些业务一般是有限制的。

（4）贷款风险控制。监管当局通常要限制金融机构贷款投向的过度集中，以分散风险。

（5）外汇风险管理。大多数国家对银行的国际收支的趋向很重视，并制定适当的管理制度。

（6）准备金管理。如果准备金率低于法定准备金率，监管当局将采取措施，监督有关银行补充准备金。

（7）贷款的国家风险限制。贷款的国家风险是指与外国政府直接关联的国际贷款风险。

（8）管理评价。对金融机构管理水平的评价越来越受到各国监管当局的重视。

4. 优胜劣汰是市场经济的基本规律，合理地安排陷入困境中的金融机构退出市场是十分必要的。

（1）维护金融业稳健运行的需要。金融危机具有很大的传染性和加速扩散性。果断地让某些陷入危机、不可救药的金融机构退出市场，可以斩断金融危机的传导链条，遏制危机的扩散，锁定危机带来的损失，从而维护金融业的稳定。

（2）维护金融有序竞争的需要。公平合理的竞争是金融业发展的内在要求。如果缺乏效率的金融机构无法退出市场，甚至还得到多方救助的情况下与健全的金融机构展开竞争，这必然会影响到金融竞争的公平性和合理性。

（3）提高金融市场配置效率的需要。市场失败是市场经济中的正常现象，某些金融机构市场失败，说明其运行机制已不能适应市场经济的要求，让其退出市场，可以更好地配置有限的金融资源。

（4）增强风险意识，维护市场纪律的需要。市场纪律是市场经济中市场法则的具体体现。市场纪律发挥作用的重要前提之一是投资者必须具有较强的金融风险意识，而这就必须坚持让经营失败的金融机构退出市场的原则。

5. （1）接管。接管是指当金融机构已经或者可能发生信用危机，严重影响存款人利益时，对该金融机构采取的整顿和改组等措施。

（2）解散。解散是指金融机构由于出现了法定事由或者公司章程规定的情形，而停止对外经营活动，清算未了结的债权债务，使其法人资格消灭的法律行为。

（3）并购。并购是合并与收购的统称。合并是指两个或者两个以上的企业依照法律的规定和协议约定而组成一个企业的法律行为。收购是一家企业取得了另一家或多家企业的全部或部分控制权或经营权，同时承担相应的责任和风险的行为。

（4）撤销。撤销也即行政关闭，是指金融机构在经营活动中违反有关法律法规的规定，监管部门下令撤销其经营许可证，从而使其经营金融业务的特殊权利能力归于消灭的行为。

（5）破产。在法律上，破产是指在债务人无力偿债的情况下以其财产对债权人进行公平清偿的法律程序。

6.（1）非现场监管是指监管机构通过收集金融机构的经营管理和财务数据，运用一定的技术方法，如各种模型与比例分析等，研究分析金融机构经营的总体状况、风险管理状况、合规情况等，发现其风险管理中存在的问题，对其经营稳健性情况进行评价。

（2）通过非现场监管，能够及时和连续监测金融机构的经营风险状况，为现场检查提供依据和指导，使现场检查更有针对性，有利于合理分配监管资源。

（3）现场检查是由金融监管当局指派监管人员进入金融机构经营场所，通过查阅各类财务报表、文件档案、原始凭证和规章制度等业务资料，核实、检查和评价金融机构报告的真实性和准确性、总体经营状况、风险管理与内部控制的完善性和有效性、资产质量状况和损失准备的充足性、管理层的能力、非现场监管和以往现场检查发现的问题及整改情况以及金融机构的合法经营情况等。

（4）现场检查有助于全面、深入了解金融机构的经营和风险状况，对金融机构的合法经营和风险状况作出客观、全面的判断和评价。

七、论述题（要点）

1. 政府对金融活动的管制，既有与其他任何政府管制相同的一般理由，也有行业特殊性。

首先，一切政府管制存在的合理性都出于市场失灵，金融监管也不例外。

（1）不完全竞争。

（2）不完全信息。

（3）外部效应。

（4）公共产品。

其次，金融是现代经济的神经中枢，各类金融机构的金融服务构成现代经济顺利运转的基础，金融监管具有特殊重要性。

（1）信用货币制度的特殊性。

（2）金融机构经营的高风险性。

（3）金融市场的不稳定性。

2. 经过长期的实践探索和理论研究，国际社会就监管当局如何实施金融监管逐步取得了一些共识，形成了一些贯穿监管全过程的监管原则。

（1）依法监管。

（2）监管主体的独立性。

（3）内控和外控相结合。

（4）监管适度与合理竞争。

（5）稳健运行与风险预防。

（6）不干涉金融机构内部管理。

（7）监管成本与效率。

（8）母国和东道国共同监管。

参考资料

I　金融监管理论的演变[①]

一、金融监管的理论基础

金融监管的理论基础是金融市场的不完全性，金融市场的失灵导致政府有必要对金融机构和市场体系进行外部监管。现代经济学的发展，尤其是市场失灵理论和信息经济学的发展为金融监管奠定了理论基础。其主要内容为：

第一，金融体系的负外部性效应。金融体系的负外部性效应是指金融机构的破产倒闭及其连锁反应将通过货币信用紧缩破坏经济增长的基础。按照福利经济学的观点，外部性可以通过征收"庇古税"来进行补偿，但是金融活动巨大的杠杆效应——个别金融机构的利益与整个社会的利益之间严重的不对称性显然使这种办法显得苍白无力。另外，科斯定理从交易成本的角度说明，外部性也无法通过市场机制的自由交换得以消除。因此，需要一种市场以外的力量介入来限制金融体系的负外部性影响。

第二，金融体系的公共产品特性。一个稳定、公平和有效的金融体系带来的利益为社会公众所共同享受，无法排斥某一部分人享受此利益，而且增加一个人享用这种利益也并不影响生产成本。因此，金融体系对整个社会经济具有明显的公共产品特性。在西方市场经济条件下，私人部门构成金融体系的主体，政府主要通过外部监管来保持金融体系的健康稳定。

第三，金融机构自由竞争的悖论。金融机构是经营货币的特殊企业，它所提供的产品和服务的特性，决定其不完全适用于一般工商业的自由竞争原则。一方面，金融机构规模经济的特点使金融机构的自由竞争很容易发展成为高度的集中垄断，而金融业的高度集中垄断不仅在效率和消费者福利方面会带来损

[①]　陈全伟、王彤：《金融监管理论的演变》，载《金融信息参考》，2002（3）。

失，而且也将产生其他经济和政治上的不利影响；另一方面，自由竞争的结果是优胜劣汰，而金融机构激烈的同业竞争将导致整个金融体系的不稳定，进而危及整个经济体系的稳定。因此，自从自由银行制度崩溃之后，金融监管的一个主要使命就是如何在维持金融体系的效率的同时，保证整个体系的相对稳定和安全。

第四，不确定性、信息不完备和信息不对称。在不确定性研究基础上发展起来的信息经济学表明，信息的不完备和不对称是市场经济不能像古典和新古典经济学所描述的那样完美运转的重要原因之一。金融体系中更加突出的信息不完备和不对称现象，导致即使主观上愿意稳健经营的金融机构也有可能随时因信息问题而陷入困境。然而，收集和处理信息的高昂成本金融机构又往往难以承受，因此，政府及金融监管当局就有责任采取必要的措施减少金融体系中的信息不完备和信息不对称。

二、金融监管理论的演变

政府干预还是自由放任问题历来是各经济学派争论的主要焦点，尽管金融监管本身并不等同于政府干预，但是金融监管理论却受着政府干预理论的强力支持，因而也随着争论双方的此消彼长而发生变化。同时，金融监管活动又具有很强的实践性和历史性，因此，我们在对金融监管理论的发展脉络进行回顾分析的时候，既要考虑到当时主流经济学思想和理论的影响，还必须考虑到当时金融领域的实践活动和监管理念。

（一）20 世纪 30 年代以前：金融监管理论的自然发轫

早期的金融监管并没有固定的制度安排可循。政府对金融活动实施监管的法规依据最初可以追溯到 18 世纪初英国颁布的旨在防止证券过度投机的《反金融诈骗和投机法》（俗称"反泡沫法"）。但真正意义上的金融监管，是与中央银行制度的产生和发展直接相联系的。中央银行制度的普遍确立是现代金融监管的起点，有关的金融监管理论也由此初步形成。众所周知，古典经济学和新古典经济学历来是反对政府干预的，"看不见的手"的信条在理论上与中央银行的金融监管职能相悖。根据亚当·斯密的真实票据理论，只要银行主要投资于体现实际生产的短期商业票据，就不会引发通货膨胀或通货紧缩，"看不见的手"仍然能够发挥作用，并不需要中央银行专门来管理货币。对此，亨利·桑顿在 1797—1825 年的"金块论战"中指出，真实票据的不断贴现过程，将会导致信用链条的延长和信用规模的成倍扩张，故而真实票据原则并不能保证银行有足够的流动性或货币供给弹性，从而避免银行遭到挤提以及引发通货膨胀或通货紧缩。因此，以真实票据原则发行银行券存在发行过度的危险，应该受到集中的监管。在随后半个多世纪的争论中，桑顿的观点得到实践的支持，统一货币发行的中央银行纷纷建立。因此，中央银行制度最初建立的目的在于统一管理发行货币，而不是监管整个金融体系，更不涉及金融机构的微观行为。

另外，在古典和新古典经济学里，货币是中性的，对经济没有实质性的影响，因此中央银行统一货币发行与统一度量衡一样，只是便利于经济活动，其行为仍然是"守夜人"意义上的，而不是政府干预。中央银行的另一项职能——建立全国统一的票据清算系统、协调票据清算在性质上也是如此。

统一货币发行和统一票据清算之后，货币信用的不稳定问题仍然没有消失，许多金融机构常常由于不谨慎的信用扩张而引发金融体系连锁反应式的波动，进而引起货币紧缩并制约经济发展。这就与古典经济学和新古典经济学的"货币中性"主张明显相悖。因此，作为货币管理者，中央银行逐渐开始承担起信用"保险"的责任，作为众多金融机构的最后贷款人为其提供必要的资金支持和信用保证，其目的是防止因公众挤提而造成银行连锁倒闭和整个经济活动的剧烈波动。这样，中央银行就从以统一货币发行和提供弹性货币供给为特征的货币管理职能，又逐渐衍生出最后贷款人的职能，承担稳定整个金融和经济体系的责任。

最后贷款人（LLD）制度仍然算不上金融监管，但是它却为中央银行后来进一步自然演变为更加广泛的金融活动的监管者奠定了基础。因为中央银行的最后贷款可以成为迫使金融机构遵从其指示的一个重要砝码，由此，中央银行就有可能而且也有必要进一步对金融机构的经营行为进行检查。这种对经营行为的检查活动一直发展到现代中央银行对所有金融机构，主要是商业银行进行的各种现场检查和非现场检查。但这种检查主要是基于贷款协议的安排，类似于商业银行对借贷企业所进行的财务及信用检查，而不是行政上或法律上的行为。所以，真正现代意义上的金融监管是在 20 世纪 30 年代大危机后。

美国在 20 世纪 30 年代大危机爆发以后不久，便通过国会立法赋予中央银行（以及后来设立的证券监管机构）以真正的监管职能，并由此开始了对金融体系进行行政监管和法律监督。

总而言之，20 世纪 30 年代以前的金融监管理论主要集中在实施货币管理和防止银行挤提政策层面，对于金融机构经营行为的规制、监管和干预都很少论及。这种状况与当时自由市场经济正处于鼎盛时期有关。然而，30 年代的大危机最终扭转了金融监管理论关注的方向和重点。

（二）20 世纪 30 年代至 70 年代：严格监管，安全优先

30 年代的大危机表明金融市场具有很强的不完全性，"看不见的手"无所不至的能力只是一种神话。在金融市场上，由于市场信息的不完全和金融体系的本身特点，市场的运作有时也会失灵，在 30 年代大危机中，大批银行及其他金融机构的倒闭，给西方市场经济国家的金融和经济体系带来了极大的冲击，甚至影响到了资本主义的基础。

大危机后，立足于市场不完全、主张国家干预政策和重视财政政策的凯恩斯主义取得了经济学的主流地位，这也是当时金融监管理论快速发展的大的历史背景。在这一时期，金融监管理论主要以维护金融体系安全，弥补金融市场的不完全为研究的出发点和主要内容。主张政府干预，弥补市场缺陷的宏观政策理论，以及市场失灵理论和信息经济学的发展进一步推动了强化金融监管的理论主张。这段时期的金融监管论研究成果认为，自由的银行制度和全能的金融机构具有较强的脆弱性和不稳定性，认为银行过度参与投资银行业务，并最终引发连锁倒闭是经济危机的导火索。

这一时期金融监管理论主要是顺应了凯恩斯主义经济学对"看不见的手"的自动调节机制的怀疑，为20世纪30年代开始的严格而广泛的政府金融监管提供了有力的注解，并成为第二次世界大战后西方主要发达国家对金融领域进一步加强管制的主要论据。在凯恩斯主义宏观经济理论的影响下，传统上中央银行的货币管理职能已经转化为制定和执行货币政策并服务于宏观经济政策目标，金融监管更加倾向于政府的直接管制，并放弃自由银行制度，从法律法规和监管重点上，对金融机构的具体经营范围和方式进行规制和干预逐渐成为这一时期金融监管的主要内容。

（三）20世纪70年代至80年代末：金融自由化，效率优先

20世纪70年代，困扰发达国家长达十年之久的"滞胀"宣告了凯恩斯主义宏观经济政策的破产，以新古典宏观经济学和货币主义、供给学派为代表的自由主义理论和思想开始复兴。在金融监管理论方面，金融自由化理论逐渐发展起来并在学术理论界和实际金融部门不断扩大其影响。

金融自由化理论主要从两个方面对20世纪30年代以后的金融监管理论提出了挑战。一方面，金融自由化理论认为政府实施的严格而广泛的金融监管，使得金融机构和金融体系的效率下降，压制了金融业的发展，从而最终导致了金融监管的效果与促进经济发展的目标不相符合；另一方面，金融监管作为一种政府行为，其实际效果也受到政府在解决金融领域市场不完全性问题上的能力限制，市场机制中存在的信息不完备和不对称现象，在政府金融监管过程中同样会遇到，而且可能更加严重，即政府也会失灵。

"金融压抑"和"金融深化"理论是金融自由化理论的主要部分，其核心主张是放松对金融机构的过度严格管制，特别是解除对金融机构在利率水平、业务范围和经营的地域选择等方面的种种限制，恢复金融业的竞争，以提高金融业的活力和效率。

如果说20世纪30年代至70年代金融监管理论的核心是金融体系的安全优先的话，那么，金融自由化理论则尊崇效率优先的原则。30年代以前基本不受管制的自由金融体系在30年代的大危机中崩溃，导致金融体系的安全性成为人

们优先考虑的目标，30 年代到 70 年代日益广泛、深入的金融监管，特别是那些直接的价格管制和对具体经营行为的行政管制，严重束缚了金融机构自主经营和自我发展的手脚，而在存款保险制度已充分发挥其稳定作用、银行挤提现象已经大为减少的情况下，金融机构的效率、效益要求就日益凸显出来，并超越了安全性目标的重要性。所以，金融自由化理论并不是对政府金融监管的全面否认和摒弃，而是要求政府金融监管作出适合于效率要求的必要调整。

（四）20 世纪 90 年代以来：安全与效率并重的金融监管理论

自由主义经济理论的"复兴"，并没有否定市场的固有缺陷，它们与"政府干预论"的差异主要体现在干预的范围、手段和方式等方面。因此，无论是在发达国家还是在发展中国家，金融自由化的步伐一直没有停止，在 20 世纪 80 年代后半期和 90 年代初，金融自由化达到了高潮，很多国家纷纷放松了对金融市场、金融商品价格等方面的管制，一个全球化、开放式的统一金融市场初现雏形。

然而从 20 世纪 90 年代初开始，一系列区域性金融危机的相继爆发，迫使人们又重新开始关注金融体系的安全性及其系统性风险，金融危机的传染与反传染一度成为金融监管理论的研究重点。在 1997 年亚洲金融危机以前，面对各国金融开放的热潮，一批有识之士，如斯蒂格利茨和日本的青木昌彦曾经提出过的金融约束论，成为金融监管理论进一步发展的标志性文献。对于金融危机爆发的原因，在理论界研究甚多。一般倾向于认为，金融自由化和金融管制的放松并不是最主要的，事实证明，很多高度开放的经济体，同时拥有较高的金融自由度和市场稳定性，并且为经济发展提供了效率保证。一些专家认为，问题的关键可能在于，那些实行金融自由化的国家，其政府管理金融活动的能力，以及经济发展和开放策略的顺序可能存在差异。

20 世纪 90 年代的金融危机浪潮推动了金融监管理论逐步转向如何协调安全稳定与效率的方面。与以往的金融监管理论有较大不同的是，现在的金融监管理论除了继续以市场的不完全性为出发点研究金融监管问题之外，也开始越来越注重金融业自身的独特性对金融监管的要求和影响。这些理论的出现和发展，不断推动金融监管理论向着管理金融活动和防范金融体系中的风险方向转变。鉴于风险和效益之间存在着替代性效应，金融监管理论这种演变的结果，既不同于效率优先的金融自由化理论，也不同于 20 世纪 30 年代到 70 年代安全稳定优先的金融监管理论，而是两者之间的新的融合与均衡。

另外，面对经济、金融全球化的发展，对跨国金融活动的风险防范和跨国协调监管也已成为当前金融监管理论的研究重点。以国际清算银行、国际货币基金组织等为代表的国际金融组织对国际金融监管理论的发展作出了新的贡献。

II　论我国金融监管机构自体问责制度的完善①

20 世纪的历次金融危机后，金融监管机构的独立性日益增强。与此同时，人们也产生了这样的担心，即游离于政治控制之外的独立的金融监管机构可能会用所获的监管权力来谋取自身利益，损害公众利益。于是，人们在赋予监管机构独立性的同时，要求对监管机构的权力加以约束，但这种约束又必须区别于政府的垂直控制，即监管机构需要一种水平的控制网络，使其处于"没有人控制，但的确在控制之中"的状态，金融监管机构的问责制由此引起了人们的关注。对于问责制制度，人们倾向于采用法律机制和政治机制以保障外部问责人对监管机构的问责，认为由道德自律机制约束的自体问责其作用十分有限，因而忽视了监管机构的自体问责制。由于自体问责的缺失，监管机构的外部问责进行至最高监管权力层时无法确定最终责任人，大大削弱了问责效果。本文探讨如何完善我国金融机构自体问责制度，使自体问责能对外部异体问责形成有效的补充，从而改善问责效果。

一、自体问责制概述

问责（accountability）一词广泛地出现于政治学、法学、哲学的文献中。《新牛津英语词典》关于"问责"定义是"在法律上或道德上有义务照看好某项事务或履行某项职责，并对损失或失败承担责任"。监管机构问责是指监管机构就其履行职责状况有义务向授予其监管职责的授权人及其他利益相关人作出解释、说明，并对监管失败承担责任。

监管机构问责从问责主体上可分为自体问责和异体问责，所谓自体问责是指监管机构在制定和推进监管政策的过程中，因为没有履行好监管职责而进行的自我批评、解释和承担相应责任；异体问责是来自于监管机构外部的一种监督和追究方式，它可以保证监管机构接受应有的问责，例如由政府、立法机构、司法机构、被监管金融机构和公众实施的问责。自体问责的"问责人和责任人为同一人"，这要求监管机构具有很高的责任心和自律意识，但在监管实践中，监管人员出于自身利益考虑，往往缺乏应有的责任心和自律意识，使得自体问责无法发挥应有的作用。这使得人们开始更多地关注于外部问责人的异体问责，而忽视了自体问责。但异体问责同样存在着缺陷，它把监管机构看成是完全被动的问责对象，没有考虑监管机构对问责效果的影响；它更适合对监管机构进行事后问责，由于信息不对称的存在，监管决策前和决策过程中的问责作用有限；由于缺乏自

① 徐慧娟、程建伟：《论我国金融监管机构自体问责制度的完善》，载《商业经济与管理》，2007 (7)。

体问责的配合，异体问责进行至最高监管权力层时可能无法确定最终责任人，从而影响问责效果。这一切正需要自体问责制度加以弥补。

二、主要西方国家金融监管机构的治理结构与自体问责

各国金融监管模式虽有所不同，法律传统也存在较大差异，但各国的金融法律对金融监管机构的治理结构都作了相应规定，并在此基础上形成了自体问责制度。以英国为例，《金融服务与市场法案》（FSMA）对金融服务署（FSA）的最高监管权力层结构作出了明确的规定。金融服务署由董事会、董事会委员会、监管决策委员会以及上市机构监管咨询委员会构成。董事会负责所有的监管事务，包括制定监管政策、监督执行管理层的日常监管、实施内部风险控制以及实施内部问责等。董事会成员分为执行董事和非执行董事，非执行董事是多方利益的代表，由财政部直接任命，在决策方面具有更大的影响力，对执行董事起制衡的作用。董事会委员会由非执行委员会、审计委员会、薪酬委员会和风险委员会组成。董事会中所有非执行董事都来自非执行委员会，非执行委员会依据《金融服务与市场法案》监督 FSA 的运行符合良好治理标准并保持经济有效。审计委员审计 FSA 的财务的合规状况，薪酬委员会制定董事会及董事会任命人员的薪酬，风险委员会对 FSA 进行全面的风险控制。监管决策委员会负责监督政策的合法性，并决定是否向被监管者提起民事或刑事诉讼。上市机构监管咨询委员会代表被监管金融机构和上市公司的利益，对董事会制定的将会较大影响证券发行者利益的政策提出不同意见。

英国 FSA 最高监管权力层的部门设置体现了权力相互制衡的立法精神，构成了多层次的交叉的自体问责机制。第一层，监管决策委员会就 FSA 监管政策的合法性对董事会负责，上市机构监管咨询委员会就证券发行事务向董事会负责，在这里董事会是问责人；第二层，在董事会中，由财政部任命的非执行董事对执行董事进行制约，非执行董事是问责人；第三层，董事会委员会中的非执行委员会几乎可就所有职能方面对董事会问责，而审计、薪酬、风险委员会就各自专业领域对董事会及执行管理层问责，并将问责结果向非执行委员会报告。非执行委员会是监管机构内部最终的自体问责人，也是连接外部问责人的关键部门。这种多层次交叉的自体问责传导了一种理念，即通过法律的强制规定在最高监管权力层中设置权力相互制衡的多个部门，促进部门间的互为问责，以克服自体问责的局限性。

在其他国家，金融法律对监管机构治理结构也作了明确的规定，要求最高监管权力层至少设置三类部门：第一类是决策部门，一般是监管机构的董事会。为提高监管决策的效率，董事会还配有咨询委员会，它在决策的事前和事中过程中提出咨询建议，对董事会负责。为了保证咨询的有效性，金融法律一般明确规定该咨询委员会可独立地作出咨询意见，不受董事会的控制。比如法国的银行业与金融委员会兼具决策和咨询职能。第二类是执行部门，直接负责管理监管机构的日常监管工作。在荷兰、匈牙利等国，该部门由总执行官（executive manager）替代。第三类是监督部门，是决策部门和执行部门的内部问责人，可要求后者分别就监管决策和执行过程作出相应的解释和说明，并负责对监管机构的治理、财务、人员薪酬、风险等方面进行全面的问责。这三类部门的设置为部门间的互为问责提供了基础。首先，决策部门和执行部门相分离，凸显了决策过程，使决策过程受到严格的程序监督，保证了决策程序和结果的合法性、合理性、可操作性和有效性。因为在决策过程中，监督部门依法会对政策的合法合理性进行监督，而富有经验的执行部门出于自身利益，会就政策的可操作性和有效性对决策部门进行问责。反过来，决策部门为保证自己制定的政策能切实地贯彻，也需要监督政策的执行状况，防止执行过程中的政策变形。同时，决策和执行部门相分离，更便于分清及认定各自的责任，提高了两部门履职状况的透明度，防止相互串谋粉饰监管业绩。其次，监督部门与决策、执行部门相脱离，它的独立性将受到法律特别的保护，在金融监管机构中处于相对超脱的地位。监督部门人员一般由政府任命，代表着多方利益，任期和薪酬都不受董事会的控制，法律对其任职条件作出明确规定，并赋予其根据监管目标独立作出决定的权力，防止政府利用其干预监管。比如，澳大利亚的风险管理与审计委员会由财政部任命，不受董事会的控制。

三、我国金融监管机构治理结构与自体问责的完善

目前，我国金融监管机构的自体问责制主要采取行政垂直问责的形式，比如，证监局的责任主要由证监会来追究，问责的形式主要是证监会对其进行通报批评。这种自体问责的方式无法克服"责任人与问责人合为一体"的缺陷。我国金融法律对监管机构的治理结构也几乎没有涉及。《中华人民共和国银行业监督管理法》（以下简称《银行业监督管理法》）第十二条仅规定了银监会应公开监督管理程序，建立监督管理责任制度和内部监督制度，但对内控制度的基础，如如何建立一个良好的治理结构却没有作出明确规定。所以，目前要完善我国金融监管机构的自体问责制度，应从金融监管机构的治理结构入手。

（一）围绕决策过程对最高监管权力层进行部门设置

目前，我国金融法律对于监管机构最高监管权力层的部门设置没有作出明确的规定，各金融监管机构一般是按业务的模块横向设立部门，这种结构方式仅适合日常的监督管理工作，对监管决策过程不能起到有效的控制作用。人们看到新的监管政策不断地被制定，但监管政策为什么要制定，由谁制定，如何制定等问题不得而知，这使得监管机构的问责制和内部控制制度无从建立和推行。因此，为推行良好的自体问责制，除了日常执行管理层可按业务模块具体设立部门外，监管机构应围绕决策过程对最高监管权力层进行部门设置。

首先，金融监管机构内部应设立最高决策中心，即董事会及其咨询委员会。董事会由执行董事和非执行董事组成，其任命程序必须是正式和公开的，非执行委员的任命应由政府从公众、被监管机构以及独立的第三方成员中加以挑选任命。为防止政府对监管的干预，非执行委员的任职资格应由法律作出明确的规定。在董事会之外，还应设立专门的咨询委员会。咨询委员会成员应能体现多方利益，并具备较好的专业背景。其次，金融监管机构应设立执行委员会。在政策执行前，执行委员会应就政策的可行性和政策预期产生的效果作出判断，并向监督委员会负责。此时的执行委员会不再是单纯的被动的决策执行者，而成为决策可行性的把关者。最后，金融监管机构应设立监督委员会、审计委员会、薪酬委员会，共同构成监督管理层。监督委员会作为多方利益的代表，对整个决策和执行过程进行问责，并同时向外部问责人负责，是连接内部自体问责与外部异体问责的关键部门。审计委员会负责监管机构资金来源和使用状况的审计，一般可聘请外部问责人认可的民间独立的审计机构对财务状况实施审计，审计结果向监督委员会和董事会报告。薪酬委员会除了制定董事会执行董事及其他董事会任命的工作人员的薪酬之外，还应对所有监管人员的收入合法性实施监督，它可以要求监管人员就收入来源作出解释，防止监管腐败。

（二）明确自体问责程序

部门间的互为问责虽然可以克服自体问责固有的缺陷，但同时也面临着问责激励不足的问题，即各部门出于共同的利益，比如追求虚假的监管业绩和监管腐败谋取私利等，而放松彼此间的问责。因此金融法律应对问责程序作出明确的规定，以保证自体问责的效果。

在监管政策制定前，咨询委员会的成员应代表各自的利益相关者充分表达利益诉求，经协商、辩论程序后形成咨询意见报告并同时提交董事会和监督委员会。监督委员会重点监督该咨询意见是否充分表达了各方的意见，若认为存在着对某一方利益的压制，可要求咨询委员会启动听证程序，监督委员会、董事会参加听证会，直接听取咨询委员会各成员的意见，以保证监管政策的制定符合利益相关者的内在需求，防止监管机构出于攫取更大的管辖权而肆意地制定监管政策。董事会在咨询委员会的咨询意见指导下，开始具体的政策制定，此间，咨询委员会还可就政策是否符合法定监管目标提出咨询意见。政策草案出台后，董事会应及时提交至监督委员会，并将副本抄送给执行委员会。执行委员会就政策的可行性和预期效果进行论证，并向监督委员会提交论证报告，当存在较大异议时，可要求监督委员会召开听证会，董事会、咨询委员会和执行委员会就政策的目标、可行性和预期效果展开辩论，监督委员会听取各方的意见后对草案提出修改意见，草案修改完成、各方达成一致后，监督委员会批准通过。此时，执行委员会应就政策的执行状况向董事会负责，定期提交执行状况报告。同时，董事会应定期向监督委员会提交履职报告，监督委员会可要求董事会就报告内容作出解释和说明。审计委员会和薪酬委员会应分别就财务审计状况、薪酬制定和监督状况向监督委员会报告，并就报告中存在的问题作出说明和解释。

（三）提高自体问责透明度

所谓透明度是指金融监管机构应向外部问责人（特别是公众和相关利益者）披露自体问责信息。首先，金融法律应明确规定监督委员会负有自体问责信息披露的义务，而不应由监管机构自由裁量。比如，监督委员会应定期向立法机构披露对董事会、咨询委员会和执行委员会的监督信息；监督委员会组织召开听证会的时间、地点、听证议题等信息事前应予以公开，并允许公众的旁听和参与；听证会上各方的证言应保存完好的记录，供外部问责人随时调阅；董事会、咨询委员会、执行委员会提交的报告以及监督委员会建议书应被完好保存，外部问责人在查阅报告后就相关的问题可要求监督委员会作出解释；当外部问责人认为监督委员会监督不当时，监督委员会应承担相应的责任。其次，审计委员会应定期向外部问责人披露监管机构的财务信息，即根据经费的来源，分别向纳税人或被监管机构披露监管资金的使用状况。多数国家的银行法明确要求监管机构的财务必须经过独立的审计，并向社会公开。《银行业监督管理法》第十四条也规定了国务院审计机关对银监会的活动进行监督，而且我国审计法律也允许审计机关可以向社会公布审计结果。这种内部审计和外部独立审计相结合的方式，将会极大地提高问责的透明度。最后，薪酬委员会对监管人员收入来源合法性的监督信息应定期向外部问责人披露，使监管人员暴露在"阳光"中，防止监管腐败。

Ⅲ　激励相容的金融监管体系的主要架构①

长期以来，包括中国在内的一些新兴国家和地区的金融监管中存在一个重大缺陷，就是缺乏正向激励、缺乏激励相容的监管理念和机制，政府在给金融机构注资、补贴、收购兼并的过程中，监管机构在进行日常业务的审批、新增机构、开辟新业务等过程中，没有为经营管理状况良好的金融机构提供较之经营状况低下的金融机构以更好的、更为宽松的发展环境，没有一个有效的机制鼓励优良金融机构更快地扩张，反而助长了不良金融机构的扩张。从这个意义上说，正向激励与激励相容。

---

① 曾宝华、吴丁杰：《激励相容的金融监管体系的主要架构》，载《广州市经济管理干部学院学报》，第 9 卷第 1 期，2007 – 03。

一、激励相容金融监管的含义及其理论基础

激励相容理论是解释如何提高激励效果的理论。根据该理论，金融监管不能仅仅从监管目标出发设置监管措施，而应当参照金融机构的经营目标，鼓励优秀金融机构的发展，抑制不良金融机构的扩张；激励相容监管应当是符合和引导，而不是违背投资者和金融机构利润最大化目标的监管。激励相容监管，一方面突出强调监管的灵活性和适应性；另一方面，强调紧紧依靠市场监督，通过权利与义务、风险与收益的合理分配来引导创新向正确的方向发展。如果监管当局仅仅根据监管目标，不考虑监管对象的利益和发展，必然迫使被监管者付出巨大的监管服从成本，丧失开拓新市场的盈利机会，而且往往产生严重道德风险。监管部门的任务主要是协调市场各方的权利与义务、风险与收益的搭配。这些因素在不同主体之间搭配好了，市场的稳定性就能提高，系统风险就能降低。监管制度是否激励相容，即这种制度所要实现的目标是否与制度内个体追求利益最大化的行为相一致是监管制度是否具有效率的决定性因素。

信息不对称按时间可分为事前非对称和事后非对称，事前的非对称可能使契约当事人一方隐瞒关于自己的私人信息，并可能提供不真实的信息来追求自己的效用最大化，从而导致逆向选择；事后的信息不对称则容易产生道德风险，即当事人双方在契约签订之前拥有的信息是对称的，但签约之后，一方因无法对另一方的行为进行监督和约束，另一方可能作出令自己利益受损的行为，从而产生道德风险。资源配置在信息不对称条件下不能达到帕累托最优状态，需要寻求一种与特定的交易信息结构兼容的契约安排，来规范当事者双方的经济行为。威廉·维克里和詹姆斯·米尔利斯在对该领域的研究过程中引入"激励相容"的概念，从而建立了委托—代理理论。委托—代理理论认为，无论是委托人还是代理人，其目的都是追求约束条件下自身效用最大化；由于代理人的目标函数与委托人的目标函数不一致，在信息不对称的条件下，代理人可能作出偏离委托人目标函数的行为，而委托人受不对称信息的制约，无法进行有效监督与约束，从而出现代理人损害委托人利益的现象。面对代理人问题，委托人需要根据能够观测到的不完全信息来奖惩代理人，以激励其选择对委托人最有利的行动。此时，委托人面临着代理人的两个约束：一是参与约束，即委托人提供给代理人的效用水平至少不能低于后者不接受合同时的水平，只有代理人"做"的期望效用要大于"不做"的期望效用，代理人才会"做"；二是激励相容约束，即给定委托人不能观测到代理人的私人信息，在任何激励合同下，代理人总是选择使自己的期望效用最大化的行动，因此，任何委托人希望代理人所采取的行动，都只能通过代理人的效用最大化行为来实现。因此，维克里和米尔利斯激励相容理论指出，在信息不对称的环境中，解决委托—代理的效率低下的关键在于设计一个合理的激励契约，以保障代理人作出的理性选择同时有利于委托人的利益，即通过委托—代理

契约的优化来达到激励相容。在金融监管过程中，监管者（监管当局）与被监管者（金融机构）之间始终存在着信息不对称，监管当局不可能及时、全面地了解金融机构的经营风险，两者之间的关系实际上是一种经济学意义上的委托—代理关系。因此，需要通过合适的制度安排来实施有效监管，将金融机构的经营管理目标融进监管目标中，在实施监管时融合金融机构的内部管理和市场约束，充分发挥这两者的作用，使监管者的目标函数与被监管者的目标函数达到最大程度的一致性，实现监管过程中各行为主体的激励相容。

二、激励不相容监管的弊端

第一，激励不相容的监管会使监管失效。自 20 世纪 80 年代以来，世界范围内放松管制的浪潮并不是监管当局主动进行的，而是由于科学技术的进步和金融理论的发展，被监管者在事实上已经突破了竞争的障碍，从而使监管当局不得不放弃已经失效的监管。

第二，激励不相容的监管给被监管者带来了巨大的监管服从成本。这种成本包括运行成本和机会成本两大类，前者是指被监管者为了满足监管当局的要求而从事某些特定行为（如提交报告、信息披露）时所发生的成本，后者则是指由于监管当局禁止被监管者从事特定盈利业务（如不得从事证券、保险业务），而使被监管者丧失获利机会而产生的成本。

第三，与这种监管相伴而生（或其组成部分之一）的安全网，产生了非常严重的道德风险问题。例如，以存款保险体系为核心的安全网，使商业银行的信誉高于其实际支付能力，隔断了银行融资成本、融资可得性与银行风险之间的联系，极大地削弱了市场约束的力量，使银行承担风险的部分成本被转嫁给了政府，并进而转嫁给了普通纳税人。其结果，一方面不仅没有实现建立安全网的初衷——降低银行风险，反而使银行实际承担的风险超过了如果没有安全网时会承担的风险；另一方面又使监管陷入了一种恶性循环：市场约束力量越弱，就越需要增加监管和保护，而监管和保护越多，市场约束力量就越弱。

第四，激励不相容的监管在很大程度上制约了金融创新，从而使社会公众未能获得本来可以获得的选择更多、质量更优、速度更快、成本更低、风险收益组合更佳的服务。激励不相容的监管之所以会制约金融创新，主要原因在于，受追求利润的内在动力驱使，加上不断加剧的竞争所形成的外在压力，被监管者会对不断变化的技术和市场环境作出及时的反应和调整，而监管当局则由于工作程序及利益结构等方面的原因，其调整总是要迟缓得多。

激励不相容的监管之所以会有上述众多弊端，主要原因在于监管当局的目标函数与监管对象的目标函数不一致，从而使得被监管者出于自身利益的考虑，采取有悖于监管当局最终目标的行动。委托—代理理论告诉我们，解决这一问题的关键在于使两者的目标尽可能保持一致，实行激励相容监管。

三、激励相容监管的核心

激励相容或正向激励的监管，实质是在金融监管中更多地引入市场化机制。在激励相容的监管理念下，金融监管是市场运行规则的维护者而不是其替代者，它引导监管对象的经营行为，使监管目标的实现转变成监管对象作为理性经济人在市场运行规则下的自觉行动，即激励相容的监管应当是符合和引导，而不是违背投资者和金融机构利润最大化目标的监管。内部管理、市场约束和有差异的监管是维护金融体系安全、稳健的第一道真实防线。有差异的监管是激励相容监管的核心。

1. 融合金融机构的内部管理。在监管中融合金融机构的内部管理，使监管当局可以针对每家金融机构的具体情况差别对待，根据不同金融机构的复杂程度、管理水平、外部环境、经营业绩等，确定不同的监管要求，真正做到"客户化监管"，从而极大地提高监管的有效性。将金融机构内部模型所计算的结果用于监管，既可以避免金融机构在管理中的重复劳动，大大降低其监管服从成本，也可以避免因监管资本与经济资本之间存在差异而产生的监管套利。

2. 融合市场约束。市场之所以是市场经济中的"最佳风险管理者"，主要在于市场力量所形成的对金融机构经营管理的市场约束，具有全面性、客观强制性、公平性和持续性等四个特点。充分有效的信息披露是市场约束发挥作用的基础。市场约束发挥作用的另一个前提条件，是金融机构的风险状况会影响市场力量的切身利益。

3. 强调对不同的监管对象实施有差异的监管。从整个金融组织体系的发展看，激励相容的监管应当是从总体上促进经营管理状况良好的金融机构的发展，抑制管理水平低下的金融机构的发展，应当是给金融机构施加一定的外部监管压力，这个监管的压力同时还应当有利于激发金融机构改善经营管理、进行风险控制和金融创新的内在动力。

四、激励相容的监管制度的设计要求

金融机构与监管当局之间的关系是一种经济学意义上的委托—代理关系。监管当局要想获取金融机构的真实信息，或者说保证金融机构作出对监管目标有利的举措，就必须设计和建立一个有效的激励机制。如果将监管制度内的监管当局和监管对象理解为委托—代理关系，则监管制度的设计必须满足一致性和公平性这两个要求。激励的一致性可理解为监管目标和监管对象经营目标的激励相容，激励的公平性可理解为监管边界和金融企业经营边界上的激励相容。

在新型市场，尤其要强调监管要实现市场主体的目标与监管目标的一致。激励主要在于明确监管的独立性，而相容则主要在于明确监管的亲和力。面对金融产品的创新，一般会有两种截然不同的态度，一种是堵塞，另一种是疏导。堵塞

的方式在不成熟的市场里比较多见，比如美国在 21 世纪初，对上市公司关联交易曾经采取过一概禁止的办法，效果很差。

五、激励相容金融监管的应用及其具体措施

激励相容金融监管理论的应用无所不在。从传统企业的员工报酬分配问题，到现代公司制度下的委托—代理问题，从社会领域选举制度效率问题到经济领域信息不对称下的逆向选择和道德风险问题，都渗透着激励相容或不相容的问题。可以说，一项制度设计是否从目标、组织和方法上保证激励相容，已成为决定制度运行效率和成本的关键。

激励相容监管的理念，在《巴塞尔新资本协议》中得到了很好的体现。例如，《巴塞尔新资本协议》提供了可供金融机构选择的、难度不同的风险管理体系，同时，那些选择难度更大的风险管理体系的金融机构，其所需要配置的资本金一般要少，从而在金融市场的竞争中更为主动，这种监管理念较之 1988 年《巴塞尔协议》所采用的单一的 8% 的资本充足率要求，显然是更好地协调了金融机构的经营目标与监管机构的监管目标。另外，《巴塞尔新资本协议》不仅强调监管机构的外部监管约束，还补充强调了金融机构的自我约束以及通过信息披露引入市场约束，三者共同形成《巴塞尔新资本协议》的"三大支柱"。在新资本协议框架下，金融机构在选择内部风险管理框架方面具有更大的自主权和灵活性，监管机构也可以根据不同金融机构的业务复杂程度、管理水平、经营业绩等来确定不同的监管要求，从而为提高监管的效率创造了条件。

激励相容监管的理念在银监会成立后得到了应有的重视和应用，主要就是在监管中强调融合银行的内部管理目标。如对银行实行分类监管，按银行的不同风险程度，实行差别监管。又如，在资本管理中，突出了激励与约束相互协调的原则。在加强对商业银行资本约束的同时，为商业银行提高资本充足率提供激励。鼓励资本充足率高的银行优先发展，扩大信贷规模。对资本不足的银行则实施纠正和制裁措施。上述措施充分激励和促进银行朝着监管者要求的目标和方向发展，有助于监管收益最大化目标的实现。

以净资本为核心的证券机构风险监管需要逐步体现激励相容监管理念。现有的中国证券行业的资本监管中，在实施以净资本为核心的监管时没有充分考虑到我国不同证券公司经营风格、业务规模等的不同，在比例设置和资本监管上缺乏一定灵活性。另外，缺乏有效的激励相容理念。从发展趋势看，需要通过对资本充足的机构减少不必要的政策限制，引导市场主体主动完善净资本管理。激励相容机制强调紧紧依靠市场监督，通过权利与义务、风险与收益的合理分配来引导创新向正确方向发展。如《巴塞尔新资本协议》提供了可供金融机构选择的、难度不同的风险管理体系，同时，那些选择难度更大的风险管理体系的金融机构，其所需要配置的资本金一般要少，从而在金融市场的竞争中更具优势。激励相容机制的结果是促进有竞争力的公司取得市场主要份额。在西方发达国家，证券行业已经逐渐被少数庞大的、有实力的投资银行所主导。在美国，前 10 大投资银行资本总额占全行业资本总额的比例和业务均由 20 世纪 70 年代初的 2/3 上升到目前的 3/4。而在我国，位于前 15 位的证券公司的资本和资产仅为整个证券业的一半。从发展趋势看，需要通过对资本充足的机构减少不必要的政策限制，引导市场主体主动完善净资本管理。

从美国的金融监管实践看，1991 年美国《联邦存款保险公司修正法案》也体现了正向激励与激励相容的特征。这个法案的一个重要特点，就是针对不同的金融机构，提出不同的监管标准，同时将商业保险的基本规则引入存款保险机制，建立按银行风险等级确定存款保险费率的制度；对于可能出现问题的银行，制定了不同水平的风险监测指标和相应处置措施，这就是灵敏地对金融机构经营偏差进行校正的"及时校正方案"和针对即将倒闭银行的最小成本清算办法。这个法案增强了监管框架的激励相容能力，被美国金融界视为自 1933 年《格拉斯—斯蒂格尔法》以来最重要的一部银行法。

从国际范围来看，在 20 世纪 80 年代以前，市场机制与政府监管之间的关系实际上被理解成一种平行替代的关系，金融监管力量的强化也就意味着市场机制力量的弱化，从而形成金融监管对金融市场的压制性特征。随着全球市场化趋势的发展，在激励相容的监管理念下，金融监管不再是替代市场，而是强化金融机构微观基础的手段，金融监管并不是要在某些范围内取代市场机制，而只是从特有的角度介入金融运行，促进金融体系运行的稳定高效。

关于激励相容的金融监管制度的具体措施安排，西方成熟市场经济国家已有若干成功经验可供我们借鉴，"及时校正方案"就是其中之一，它设计的初衷是从外部力量的角度出发，制定一些措施能够使得金融机构在风险加大或资产质量变差的情况下，有足够的压力尽快加以纠正。更具有广泛意义的是，《巴塞尔新资本协议》强调有条件的大银行建立内部风险评估体系，倡导国际活跃银行基于内部数据和管理标准，建立包括客户评级和债项评级的两维评价体系，以增强银行风险计量的精确性、敏感性和标准化。

预先承诺制也是在监管实践中得到运用的一种激励相容的金融监管措施。运用预先承诺方法对被监管者进行预防性监管，可以避免和克服以往"一刀切"式监管方法的诸多弊端，充分发挥金融控股公司自身的积极能动性，使金融机构的行为与监管机构的监管目标逐步统一，从而实现激励相容的监管效果，使监管更加透明化和公开化。监管机构只负责金融机构在没有实现预期承诺时候的惩罚和制裁，节省了金融监管机构大量的监管成本和不必要的费用开支，尤其是对由于信息不对称所造成的监管无效和失灵将起到很好的避免和预防作用，必将提高金融监管机构对金融控股公司的整体监管效率。

从今后的趋势看，在监管边界的界定上，可按照金融产品的性质和金融企业的状况分类界定。对国际上已经成熟的金融产品，特别是面向机构投资者的产品，可透过所谓"负面清单"的办法界定监管边界，即法律上没有明令禁止的都可以由金融企业自主去做。

第十二章

金融监管体制中的中央银行

内容提要

本章在阐述国内外金融监管体制模式演变的基础上，对中国人民银行继续履行监管职责的必要性、依法享有的监管权力及与其他监管主体的协调机制等问题进行讨论。

第一节 国际金融监管体制及其转变

一、金融监管体制模式的传统类型

1. 集中单一金融监管体制。集中单一金融监管体制是指由一家金融机构集中进行监管。这一机构通常是各国的中央银行。这种监管体制在发达国家和发展中国家中都很普遍。

2. 单线多头金融监管体制。单线多头金融监管体制是指全国所有金融机构的监管权集中在中央，地方没有独立的权力，在中央一级由两家或两家以上机构共同负责的监管模式。日本、德国、法国均属这种模式，反映这些国家权力集中的特性和权力制衡的需要。

3. 双线多头金融监管体制。双线多头金融监管体制是指中央和地方都对金融有监管权，同时每一级又有若干机构共同行使监管职能。联邦制国家因地方权力较大往往采用这种监管体制，如美国和加拿大。

二、各类传统金融监管体制的形成原因

1. 集中单一金融监管体制形成的原因。实行高度集中的单一金融监管体制的国家，绝大部分是发展中国家和社会主义国家。这种高度集中的体制常常是中央集权制和单一计划经济的产物，而不是金融高度发达基础上一体化集中的

结果。

2. 单线多头金融监管体制形成的原因。实行单线多头金融监管体制的国家大多是经济比较发达的资本主义国家。不同发展层次的市场经济和议会政治结构，导致了较为分散的经济政治管理体制。这种分散的经济政治管理体制反映在这些国家的金融监管体制之中，形成了单线多头金融监管体制。

3. 双线多头金融监管体制形成的原因。实行双线多头金融监管体制的国家，都是实行联邦制的发达资本主义国家。民族特点、联邦制的国家体制、联邦和各州权益严格划分的分权制，使得金融业的集中管理难以实行。

三、混业经营趋势下金融监管理念的转变

1. 从金融安全与金融效率的对立转向两者的融合。金融监管是在稳定的前提下创造有利于竞争和金融创新的外部环境，从而达到安全与效率的最佳平衡，这已成为衡量监管有效性的新标准。

2. 从传统的合规性监管向审慎性监管转变。审慎性监管关注的是银行如何度量和管理风险及其管理能力，而不是其业务和风险水平是否符合规定。

3. 从机构监管转向功能监管。功能监管是指依据金融体系基本功能而设计的监管。20 世纪 90 年代以来，越来越多的国家（地区）按照功能监管理念来设计和改进本国（地区）的金融监管体制。

四、混业经营趋势下金融监管体制的转变

1. 统一监管模式。统一监管模式是指对于不同的金融机构和金融业务，无论审慎监管还是业务监管，都由一个机构负责监管。这是一个典型的混业监管模式，其典型代表是金融监管体制改革后的英国。目前，采取统一监管模式的国家正在增加。1996 年后，日本和韩国也转向这种模式。

2. 分头监管模式。分头监管模式的基本框架是：将金融机构和金融市场按照银行、证券、保险划分为三个领域。在每个领域，分别设立一个专业的监管机构，负责全面监管（包括审慎监管和业务监管）。这种模式是典型的分业监管模式，中国是这一模式的代表。

3. 牵头监管模式。牵头监管模式是分头监管模式的改进型。在实行分业监管的同时，随着金融业综合经营的发展，可能存在监管真空或相互交叉，几个主要监管机构为建立起及时磋商协调机制，相互交换信息，以防止监管机构之间扯皮推诿，特指定一个监管机构为牵头监管机构，负责不同监管主体之间的协调工作。其典型代表是法国。

4. "双峰式"监管模式。"双峰式"监管模式一般是设置两类监管机构，一类负责对所有金融机构进行审慎监管，控制金融体系的系统性金融风险；另一类

负责对不同金融业务进行监管，从而达到双重保险作用。澳大利亚和奥地利是这种模式的代表。

5. 伞形监管＋功能监管模式。这是美国自 1999 年《金融服务现代化法》颁布后，在改进原有分业监管体制的基础上形成的监管模式。这种监管模式与"双峰式"模式的区别在于：伞形监管＋功能监管模式是由联邦储备理事会负责审慎监管（既负责货币政策又负责金融监管），而澳大利亚则单独成立了审慎监管局负责审慎监管。

五、中央银行的金融监管职责

各国中央银行在金融监管体制中的地位和职责不尽相同，大体上有三种情况：

1. 中央银行承担全部或大部分监管职责（包括银行监管职责）。一般认为，经济和金融市场化程度越低，中央银行承担的金融监管职责就越多。

2. 中央银行是一国的银行监管当局。大多数发展中国家的中央银行依然承担对银行业的监管职能。

3. 中央银行仅仅承担对于货币政策、金融稳定和金融服务等至关重要的、不适宜同中央银行分离的少部分监管职责。以英国、日本、韩国、瑞士为代表的一些发达国家属于这种模式。

第二节　中国金融监管体制的演变

一、1992 年以前的金融监管体制

1. 1984 年以前，中国人民银行一方面经营普通银行业务，另一方面全面行使金融监管职责。

2. 从 1984 年 1 月 1 日开始，中国人民银行专门行使中央银行职能，成为我国的货币当局和全面承担对金融各业监管职能的金融监管当局。一直到 1992 年底，我国的金融监管体制基本上属于集中单一型监管体制。

二、分业监管格局的逐步形成

1. 1992 年 12 月，证券委和证监会成立，与中国人民银行共同管理证券业。

2. 1993 年，我国正式将"分业经营、分业管理"作为我国金融监管改革的目标。

3. 1997 年 11 月，国务院将中国人民银行对证券经营机构的监管权划归证监会。

4. 1998 年 4 月，根据国务院机构改革方案，证券委与证监会合并组成了新

的证监会，全面负责对证券、期货市场的监管。

5. 1998 年 11 月，中国保险监督管理委员会成立，负责监管全国商业保险市场。至此，银行业、证券业、保险业分业监管的体制得以确立。

三、银行业监管与货币政策职能的分离

2003 年 4 月，中国银行业监督管理委员会成立，统一监管银行、金融资产管理公司、信托投资公司等金融机构。中国人民银行的主要职能转变为"在国务院领导下，制定和执行货币政策，防范和化解金融风险，维护金融稳定"。由此，我国建立了对金融机构的具体监管与制定和执行货币政策相分离的宏观金融管理体制。

第三节   中国人民银行的金融监管

一、中国人民银行继续履行监管职责的必要性

1. 中国人民银行为了有效履行其职责，根据功能监管理念的要求必须保留一部分监管权力。
2. 制定和执行货币政策的需要。
3. 维护金融稳定的需要。
4. 提供金融服务的需要。
5. 履行反洗钱职责的需要。

二、中国人民银行金融监管的内容

1. 监督管理银行间市场和黄金市场。
2. 监督管理作为货币政策操作基础性制度的执行情况。
3. 监督管理为履行金融服务职能而建立的相关制度的执行情况。
4. 监督管理系统性金融风险。
5. 监督管理有关外汇管理规定和黄金管理规定的执行情况。
6. 监督管理有关反洗钱规定的执行情况。
7. 对人民银行系统内部的监督管理。

三、中国人民银行实施金融监管的权力

1. 规章制度制定权。
2. 监管信息索取权。
3. 现场检查监督权。

4. 检查监督建议权。

5. 监管信息共享权。

6. 违规行为处罚权。

四、中国人民银行与其他监管主体的监管协调

1. 各监管主体在履行各自的监管职责时必然会出现对同一监管对象多头监管的现象。根据金融监管必须遵循的"不干涉金融机构正常经营活动"和"安全稳健与经济效益相结合"的原则，同时也为了避免出现重复监管和监管真空，必须建立监管主体之间有效协调的机制。

2. 金融监管协调机制的内容应包括：

（1）建立金融监管协调机制必须确定牵头协调的主体，并赋予其一定的权力。

（2）金融监管协调机制包括监管规则的协调机制。

（3）金融监管协调机制包括监管信息的共享机制。

（4）金融监管协调机制包括现场检查的行动协调机制。

综合练习

一、名词解释

集中单一金融监管体制　单线多头金融监管体制　双线多头金融监管体制
合规性金融监管　审慎性金融监管　机构性金融监管　功能性金融监管　统一监管模式　分头监管模式　牵头监管模式　"双峰式"监管模式　伞形监管＋功能监管模式　金融监管协调机制

二、填空题

1. 传统上，按照金融监管权是否集中在中央一级、是否集中在同一部门的思路，可把金融监管分为集中单一金融监管体制、_____金融监管体制和_____金融监管体制三种模式。

2. 随着金融业由分业经营走向混业经营，各国的金融监管理念和政策发生了重大调整，主要表现有：从金融安全与金融效率的对立转向_____，从传统的合规性监管向_____转变，从机构监管转向_____。

3. 针对金融机构和金融市场的特定业务活动及其所能发挥的功能而实施的监管属于_____监管，针对金融机构的名称或基本分类而分工进行的监管属于_____监管。

4. 在实行分业监管的同时，由一个监管机构牵头，负责不同监管主体之间协调工作的监管体制叫_____。

5. 美国现行金融监管体制的基本特征是，在实施分头监管的同时，由美联储而不是另外成立的专门机构负责审慎监管，被称为＿＿＿＿＿＿＿＿模式。

6. 我国的金融监管体制以 1992 年国务院证券委和中国证监会的设立为分界，以前基本上属于＿＿＿＿＿＿金融监管体制，以后完全属于＿＿＿＿＿＿金融监管体制。

7. 我国证监会成立于＿＿＿＿年，保监会成立于＿＿＿＿年，银监会成立于＿＿＿＿年。

8. 中国人民银行向银监会提出检查监督银行业金融机构的建议后，银监会应当自收到建议之日起＿＿＿＿日内予以答复。

三、单项选择题

1. 全部监管权集中在中央，由两家或两家以上机构分工负责的金融监管模式属于（　　）。

A. 双线多头金融监管体制　　　　　　B. 单线多头金融监管体制
C. 双层多头金融监管体制　　　　　　D. 集中单一金融监管体制

2. 1999 年之前，美国实行的是（　　）金融监管体制。

A. 双线多头　　　B. 单线多头　　　C. 单线单头　　　D. 集中单一

3.《金融服务现代化法》实施后，美国的金融监管体制属于（　　）。

A. 分头监管模式　　　　　　　　　　B. 牵头监管模式
C. "双峰式" 监管模式　　　　　　　D. 伞形监管 + 功能监管模式

4. 目前我国的金融监管体制属于（　　）。

A. 分头监管模式　　　　　　　　　　B. 统一监管模式
C. "双峰式" 监管模式　　　　　　　D. 伞形监管 + 功能监管模式

5. 目前世界上（　　）国家和地区的中央银行负责银行监管。

A. 绝大多数　　　B. 少数　　　C. 50% 左右　　　D. 全部

6. 目前，我国银行间债券市场的监管主体是（　　）。

A. 证监会　　　B. 保监会　　　C. 银监会　　　D. 人民银行

7. 根据《中国人民银行法》，我国由（　　）制定建立金融监管协调机制的具体办法。

A. 国务院　　　B. 人民银行　　　C. 银监会　　　D. 证监会

8. 中国人民银行对（　　）拥有在法定范围内行使监督检查的权力。

A. 金融机构　　　　　　　　　　　　B. 各类单位
C. 个人　　　　　　　　　　　　　　D. 金融机构、其他单位和个人

9. 根据《中国人民银行法》，当银行业金融机构出现支付困难，可能引发金融风险时，中国人民银行可以（　　）对其进行现场检查监督。

A. 自行决定　　　　　　　　　　　　B. 经国务院批准
C. 建议银监会　　　　　　　　　　　D. 会同银监会

10. 根据执行货币政策和维护金融稳定的需要，一般情况下中国人民银行可以（　　）对银行业金融机构进行检查监督。

A. 自行决定　　　　B. 经国务院批准　　C. 建议银监会　　D. 会同银监会

四、多项选择题

1. 目前世界各国的金融监管体制总体上有（　　）等几种类型。

A. 统一监管模式　　　　　　　B. 分头监管模式

C. 牵头监管模式　　　　　　　D. "双峰式"监管模式

E. 伞形监管+功能监管模式

2. 各国中央银行行使金融监管职能的多少有（　　）等几种类型。

A. 中央银行毫无监管权　　　　B. 中央银行拥有全部或大部分监管权

C. 中央银行主要监管证券业　　D. 中央银行主要监管银行业

E. 中央银行只承担少数必要的监管职能

3. 目前，银行业、证券业、保险业等监管职能独立于中央银行的国家有（　　）。

A. 日本　　　　B. 英国　　　　C. 韩国　　　　D. 美国

E. 中国

4. 根据《中国人民银行法》，由（　　）制定支付结算规则。

A. 银监会　　B. 证监会　　　C. 保监会　　　D. 人民银行

E. 国务院

5. 银行业监管职能分离后，中国人民银行基于（　　）的需要，依然履行部分监管职能。

A. 制定和执行货币政策　　　　B. 维护金融稳定

C. 履行反洗钱职责　　　　　　D. 管理人民币

E. 经理国库

6. 目前，中国人民银行有权（　　）。

A. 监管黄金市场　　　　　　　B. 监管清算管理规定执行情况

C. 监管准备金制度执行情况　　D. 监管利率管理规定执行情况

E. 监管银行间市场

7. 中国人民银行拥有（　　）等金融监管权力。

A. 规章制度制定权　　　　　　B. 违规行为处罚权

C. 监管信息共享权　　　　　　D. 检查监督建议权

E. 现场检查监督权

8. 金融监管协调机制应当包括（　　）。

A. 本外币政策协调机制　　　　B. 监管信息共享机制

C. 监管规则协调机制　　　　　D. 检查监督协调机制

E. 确定牵头协调主体

9. 根据《中国人民银行法》，中国人民银行应当和（　　）建立监管信息共享机制。

A. 金融机构　　　　B. 银监会　　　　C. 保监会　　　　D. 证券交易所

E. 证监会

五、判断题

1. 目前韩国实行双线多头金融监管体制。　　　　　　　　　　　　（　　）

2. 在混业经营条件下，机构监管方式比功能监管方式使监管者更易于评价金融机构的产品系列的风险。　　　　　　　　　　　　　　　　　　（　　）

3. 银行业、证券业和保险业等监管职能独立于中央银行是最好的体制模式。
　　　　　　　　　　　　　　　　　　　　　　　　　　　　　　（　　）

4. 一般而言，经济和金融市场化程度越高，货币政策职能和金融监管职能越趋于分离。　　　　　　　　　　　　　　　　　　　　　　　　　　（　　）

5. 20 世纪 90 年代以来，越来越多的国家（地区）按照功能监管理念来设计和改进本国（地区）的金融监管体制。　　　　　　　　　　　　　　（　　）

6. 牵头监管模式是分头监管模式的改进型。　　　　　　　　　　　（　　）

7. "双峰式"监管模式的优点之一是：与分业监管相比，它降低了监管机构之间相互协调的成本和难度。　　　　　　　　　　　　　　　　　　（　　）

8. 根据《金融服务现代化法》的规定，美国对于同时从事银行、证券、互助基金、保险与商人银行等业务的金融持股公司实行"双峰式"监管制度。（　　）

9. 目前，我国由公安部负责指导和部署反洗钱工作，而由中国人民银行负责对反洗钱的资金监测。　　　　　　　　　　　　　　　　　　　　（　　）

10. 目前我国黄金市场的监管主体是人民银行，而银行间同业拆借市场的监管主体是银监会。　　　　　　　　　　　　　　　　　　　　　　　（　　）

11. 我国银行业、证券业、保险业分业监管体制确立的标志是 2003 年银监会的设立。　　　　　　　　　　　　　　　　　　　　　　　　　　　（　　）

12. 人民银行的监管职责之一是监管系统性金融风险。　　　　　　　（　　）

六、简答题

1. 简述混业经营趋势下金融监管理念的转变。

2. 简述目前我国各金融监管机构间的职责分工。

3. 简述目前中国人民银行金融监管的主要内容。

4. 中国人民银行拥有哪些法定监管权力？

七、论述题

1. 试述混业经营趋势下金融监管体制的主要类型。

2. 试论银监会成立后人民银行依然承担部分监管职能的必要性。

3. 试论目前我国建立金融监管协调机制应包括的内容。

参考答案

一、名词解释

1. 集中单一金融监管体制：是指由一家金融机构集中进行监管。这一机构通常是各国的中央银行。

2. 单线多头金融监管体制：是指全国所有金融机构的监管权集中在中央，地方没有独立的权力，在中央一级由两家或两家以上机构共同负责的监管模式。

3. 双线多头金融监管体制：是指中央和地方都对金融有监管权，同时每一级又有若干机构共同行使监管职能。

4. 合规性金融监管：是指以督促市场主体执行行业或业务规范为重点的金融监管理念和模式。

5. 审慎性金融监管：是指以防范和化解金融风险、维护金融稳定为重点的金融监管理念和模式。

6. 机构性金融监管：是指在多头监管和金融机构之间业务分工明确的体制下，根据金融机构和金融市场的名称或基本类型而分工实施的监管。

7. 功能性金融监管：也叫业务性监管，是指在多头监管和金融机构之间业务界线不甚清晰或者混业经营体制下，针对特定金融机构和金融市场的特定业务及其所发挥的功能进行的监管。

8. 统一监管模式：对于不同的金融机构和金融业务，无论审慎监管还是业务监管，都由一个统一的机构负责监管的监管体制。

9. 分头监管模式：将金融机构和金融市场按照银行业、证券业、保险业划分为三个领域，在每个领域分别设立一个专业的监管机构，分别负责所分工领域的全面监管的体制。

10. 牵头监管模式：是分头监管模式的改进型，是在实行分业监管的同时，由一个监管机构牵头，负责不同监管主体之间协调工作的监管体制。

11. "双峰式"监管模式：设置两类监管机构，一类负责对所有金融机构进行审慎监管，控制金融体系的系统性金融风险，另一类负责对不同金融业务进行监管，从而达到双重保险作用的监管体制。

12. 伞形监管+功能监管模式：是美国自1999年《金融服务现代化法》颁布后，在改进原有分业监管体制的基础上形成的监管模式，其基本特征是由中央银行而不是另外成立的专门机构负责审慎监管。

13. 金融监管协调机制：是指在金融多头监管体制下，为了避免出现重复监管和监管真空，在各监管主体之间建立的旨在实现监管规则协调、检查监督行动协调和监管信息共享的机制。

二、填空题

1. 单线多头、双线多头
2. 两者的融合、审慎性监管、功能监管
3. 功能、机构
4. 牵头监管模式
5. 伞形监管＋功能监管
6. 集中单一、单线多头（分业监管）
7. 1992、1998、2003
8. 30

三、单项选择题

1. B　　2. A　　3. D　　4. A　　5. A　　6. D　　7. A　　8. D
9. B　　10. C

四、多项选择题

1. ABCDE　　2. BDE　　3. ABCE　　4. AD　　5. ABCDE　　6. ABCDE
7. ABCDE　　8. BCDE　　9. BCE

五、判断题

1. ×　　2. √　　3. ×　　4. √　　5. √　　6. √　　7. √　　8. ×
9. ×　　10. ×　　11. ×　　12. √

六、简答题

1.（1）从金融安全与金融效率的对立转向两者的融合。金融监管是在稳定的前提下创造有利于竞争和金融创新的外部环境，从而达到安全与效率的最佳平衡，这已成为衡量监管有效性的新标准。

（2）从传统的合规性监管向审慎性监管转变。审慎性监管关注的是银行如何度量和管理风险及其管理能力，而不是其业务和风险水平是否符合规定。

（3）从机构监管转向功能监管。功能监管是指依据金融体系基本功能而设计的监管。20世纪90年代以来，越来越多的国家（地区）按照功能监管理念来设计和改进本国（地区）的金融监管体制。

2.（1）证监会负责全面监管证券、期货市场。

（2）保监会负责全面监管商业保险市场。

（3）银监会负责全面监管银行业、信托投资公司和其他各类金融机构。

（4）人民银行负责监管银行间同业拆借市场、银行间债券市场、银行间外汇市场、黄金市场和其他与人民银行执行货币政策、维护金融稳定、提供金融服务、履行反洗钱职责等直接相关的行为。

3.（1）监督管理银行间同业拆借市场、银行间债券市场、银行间外汇市场和黄金市场；监测金融市场运行情况，对金融市场实施宏观调控。

（2）监督管理作为货币政策操作的基础性制度的执行情况。

（3）监督管理为履行金融服务职能而建立的相关制度的执行情况。

（4）监督管理系统性金融风险。

（5）监督管理有关外汇管理规定和黄金管理规定的执行情况。

（6）监督管理有关反洗钱规定的执行情况。

（7）对人民银行系统内部的监督管理。

4.（1）规章制度制定权。

（2）监管信息索取权。

（3）现场检查监督权。

（4）检查监督建议权。

（5）监管信息共享权。

（6）违规行为处罚权。

七、论述题（要点）

1.（1）统一监管模式。

（2）分头监管模式。

（3）牵头监管模式。

（4）"双峰式"监管模式。

（5）伞形监管＋功能监管模式。

2.（1）制定和执行货币政策的需要。

（2）维护金融稳定的需要。

（3）提供金融服务的需要。

（4）履行反洗钱职责的需要。

3.（1）必须确定牵头协调的主体，并赋予其一定的权力。

（2）必须建立监管规则的协调机制。

（3）必须建立监管信息的共享机制。

（4）必须建立现场检查的行动协调机制。

参考资料

I　国际金融监管体制比较①

本文选择了美国、日本、德国、英国、法国、印度、巴西和韩国等八个有代

---

① 节选自金中夏：《国际金融监管体制比较与启示》，载《经济社会体制比较》，2001（4）。

表性的国家，分析了金融监管体制的不同模式产生的背景和发展趋势。

一、中央银行与其他机构分工监管、以中央银行为主的模式

1. 美国对存款性金融机构（即银行、储贷机构和信用社三类）承担主要监管职责的联邦级和州级机构有6家，其中联邦级监管机构有5家。美联储主要负责监管州注册的联储会员银行，1999年11月《金融服务现代化法》经国会和总统批准后，美联储又增加了作为金融持股公司伞式监管者的职能。联邦存款保险公司负责监管所有州注册的非联储会员银行。货币监理署负责监管所有在联邦注册的国民银行和外国银行分支机构。储贷监理署负责监管所有属于储蓄机构保险基金的联邦和州注册的储贷机构。国家信用社管理局负责监管所有参加联邦保险的信用社。除货币监理署和储贷监理署在行政上隶属财政部外，其余3家则为独立的联邦政府机构。

除了联邦级的金融监管机构，由于美国实行双轨银行制，每个州又都设有自己的银行监管部门，主要负责对本州注册的银行，尤其是本州注册的非联储会员银行的监管。由于几乎所有的州注册银行都参加了联邦存款保险，因此这些银行也同时接受联邦存款保险公司的监督，即同时处于联邦和州两级金融监管机构的双重监管之下。

美国金融监管体系的形成有其特殊的历史背景。货币监理署、美联储和存款保险公司监管范围的划定就反映了这一点。在19世纪上半期以前，美国既无中央银行，也很少有在联邦注册的银行，只有在各州注册的银行，对银行的管理属于州政府的职责。1861年，美国联邦政府出于为战争筹资的需要，批准建立了一些在联邦注册的全国性银行——国民银行。同时规定，每一家国民银行可根据所持有的国债数额发行货币。财政部为此于1863年专设货币监理署，由其负责对国民银行的监管。

在国民银行体制下，货币供应依赖于国债发行数量，缺乏弹性，且整个银行体系缺少一个最后贷款人以缓解经常发生的流动性短缺问题，美国因此在19世纪下半期以后金融危机频繁发生，最终导致1913年美联储的成立。所有国民银行和多数州注册银行都成为美联储会员银行。但货币监理署继续对国民银行进行监管，美联储则对州注册的会员银行进行监管。20世纪30年代的大萧条导致了联邦存款保险公司的成立。所有国民银行和多数州注册银行都加入存款保险计划。但联邦存款保险公司只监管货币监理署和美联储不监管的部分，即加入保险计划的、州注册的非美联储会员银行。

从20世纪30年代以来，美国人就对其金融监管体系的两大特点争论不休：一是联邦监管和州监管并存。这造成联邦政府与州政府在监管方面既重叠又竞争的关系。至今各方对此褒贬不一。二是不同联邦监管机构并存。美国很多人认为应成立一个统一的联邦级金融监管机构。但对于该机构应并入美联储还是并入财政部，抑或是单独成立一个独立于前两者的联邦监管署，各方人士多年以来难以形成较为一致的意见。但有两个重要的发展。一是1978年成立的联邦金融机构检查委员会。该委员会成员由货币监理署、联邦存款保险公司、储贷监理署、国家信用社管理局的第一把手和美联储的一位理事组成。各家轮流担任主席，下设专职办公室和几个工作组，负责协调和统一联邦级监管机构的政策和活动。二是1999年美国参众两院通过的《金融服务现代化法》，该法以金融持股公司的形式确立了未来美国金融混业经营的制度框架，同时赋予美联储对金融持股公司的监管权力。这样，美联储成了能同时监管银行、证券和保险行业的唯一一家联邦机构。

2. 法国金融体系的特点是，银行同时经营保险业务。只有40%的保险业务是由单独的保险公司经营。同时，法国政府机构的一个特点是设置了一个超级部——经济财政工业部（以下简称经财工业部）。法国的金融监管体系将金融立法、市场准入和监管分离，为此分别设立金融法规委员会、金融机构认证委员会和银行委员会。经财工业部负责任命上述三个委员会的成员。经财工业部部长担任金融法规委员会主席，法兰西银行行长担任金融机构认证委员会和银行委员会主席。银行委员会负责除立法和准入以外的金融案件的裁决，相当于银行业的"法院"，主要裁定金融机构是否遵守有关金融法规。从1996年起，该委员会的管理对象不只限于银行和金融公司等信贷机构，还涵盖了从事股票、债券和期货等业务的金融机构。委员会下设总秘书处，与法兰西银行合署办公，但委员会及其秘书处与中央银行是行政上平行的两个机构。银行委员会的监管是借助于法兰西银行的机构框架实施的。法兰西银行及其分支机构负责实施对银行的日常监管。此外，法国还设立保险委员会、证券委员会和金融市场委员会，分别对保险、证券和金融市场进行监管。上述三个委员会的主席均由经财工业部任命。

目前法国也在酝酿对金融监管体系进行改革。在近期，将维持银行证券监管与保险监管分开的方法，并将目前经财工业部对保险机构的认证权移交给一个新的保险认证委员会。同时，将金融法规委员会的立法职能放回经财工业部，金融法规委员会转变为金融法规咨询委员会，并逐步将金融法规咨询委员会、金融认证委员会和银行委员会三者合并。在远期，拟将分业监管的银行委员会、证券委员会、保险委员会和金融市场委员会合并为统一的全国金融委员会。

3. 印度的金融体制介于分业和混业之间。其银行业兼营保险，证券业相对独立运作。相应地，印度储备银行（中央银行）负责对银行、非银行金融机构的监管，其中也包括对银行兼营的保险业务的监管。印度证券交易委员会负责对证券业的监管。

早在1949年，印度颁布的《银行管理法》就授权印度储备银行执行对商业银行监管的职责，印度储备银行下设的银行营运与发展局负责监管事务。1993

年，该局的监管职能被分离出来，交给新设的银行监管局。1994 年，在印度储备银行内又设立银行监管委员会，指导银行监管工作，印度储备银行行长任委员会主席。1997 年，银行监管局又进一步分为银行监管局和非银行监管局。两者同时受银行监管委员会的指导。

印度证券交易委员会直接受内阁领导。主席由总理任命，成员来自印度储备银行、财政部和司法部等。

4. 巴西现代金融体制是 20 世纪 60 年代依据当时的美国模式建立的，主要特征是分业经营，地区分割。进入 20 世纪七八十年代，金融机构的竞争导致收购和兼并的浪潮，在此基础上出现了一些大的全国性全能银行。

巴西中央银行成立于 1964 年，是一家具有独立性的联邦机构。其主要职责是制定和执行货币政策，同时负责对所有金融机构的市场准入制定监管标准和监管政策，并具体实施监管。巴西中央银行设有一位行长、七位副行长。一位副行长负责金融监管，主管违规稽核部、现场检查部和非现场检查部的工作。

巴西 1988 年颁布的新宪法正式确认了混业经营体制，投资银行、中小银行和专业化银行在巴西的金融体系中地位逐渐上升。外资银行已开始加快在巴西的兼并和收购，巴西银行业的竞争日益加剧。目前，巴西中央银行监管的金融机构共有 3 000 多家，包括综合性银行、商业银行、储蓄银行、开发和投资银行、金融公司、经纪人公司、租赁公司、房地产贷款合作社、储贷协会、投资基金、贷款信用社和农村与农业贷款机构等。

二、独立于中央银行的综合监管模式

这种模式是指设立于中央银行以外，直属内阁管辖，同时对银行业、证券业和保险业金融机构进行监管的框架体系。

1. 德国是最早建立独立的综合金融监管机构的国家。早在 1961 年，联邦德国通过了《银行法》，授权建立联邦银行监督局（以下简称银监局）。银监局直接隶属于德国财政部，被授权在银行监管中发挥中心作用，同时《银行法》要求银监局在监管中与德意志联邦银行（中央银行）和联邦证券交易监督局（证监局）合作。由于德国银行业可以同时经营证券和保险，银监局实际上就是一个综合金融监管当局。

德国上述金融管理体系在形成过程中有两个特点。首先，在 1999 年欧洲中央银行成立以前，德意志联邦银行是世界上最具独立性的中央银行之一，其货币政策的制定和实施受政府干预很少。由于德意志联邦银行拥有高度独立的货币政策决策权，很多人认为有必要将其监管职能分离出来。其次，《银行法》承认银监局的功能与德意志联邦银行的功能密不可分，而且银监局自身缺乏分支机构，必须借助于德意志联邦银行的机构和网点，因此德意志联邦银行被要求参与银行监管。银监局负责制定和颁布联邦政府有关监管的规章制度，德意志联邦银行负责对金融机构的各种报告进行分析，进行日常的监管活动。在涉及银行资本金和流动性的重大政策问题上，银监局需征得德意志联邦银行的同意。此外，银监局的主要职责是防止滥用内部信息、不定期收集监管信息以及监督重大的股权交易等。

值得注意的是，在欧洲中央银行成立以后，德意志联邦银行失去了独立制定货币政策的功能，只能对欧洲中央银行的货币政策提出分析和建议，并执行欧洲中央银行的决定。鉴于这种变化，德国政府于2000年初成立了一个专门委员会，研究调整德意志联邦银行的职能和机构。主要设想是将银监局划入德意志联邦银行，同时减少分行数量，将决策权向总行集中，以适应金融电子化的发展造成的金融机构业务中央化的趋势。委员会的有关报告将提交德国议会讨论和批准。

2. 英国在1980年以前，银行业、证券业和保险业是分业经营模式，对金融业的监管也采用分业模式，分别由英格兰银行、证券投资委员会和一些自律组织负责。20世纪80年代以后，随着混业经营的发展，分业监管已逐渐不能适应金融管理的需要。此外，长期以来，英格兰银行是发达国家的中央银行中少数不具备独立制定货币政策权力的中央银行之一。

1997年工党政府上台以后，推出了一系列金融改革措施。《1998年英格兰银行法》赋予英格兰银行独立制定货币政策的职能。1998年，英国政府将英格兰银行、证券投资委员会和其他金融自律组织合并，成立了新的全能金融监管机构——金融服务署。2000年6月，英国通过了《金融服务与市场法案》，从法律上确认了上述金融监管体制的改变。

从英国新的金融监管体制的实际运营情况看，以下问题有待进一步澄清和解决。首先，英格兰银行的监管职能虽然被转移出去，但由于其最后贷款人的角色和对金融机构统计数据的长期积累和掌握，金融监管仍然需要它的参与。根据《1998年英格兰银行法》和英格兰银行与财政部和金融服务署的备忘录，英格兰银行仍负有维护整个金融系统稳定的职责。为此，英格兰银行内部设立了由行长挂帅的金融稳定委员会和140人编制的金融市场稳定局。英格兰银行的这部分职能是否属于金融监管，没有得到澄清。其次，英格兰银行与财政部和金融服务署每月开会讨论金融稳定问题，但当三方意见不一致时，分歧如何解决，英国法律上并无明确规定。

3. 日本的金融监管体系在1998年以前是以大藏省为主角，大藏省负责金融政策、法规的制定，批准金融机构的准入并对其进行监管。日本银行（中央银行）的货币政策实际上也由大藏省掌握，同时日本银行参与对金融机构的调查。

1998年，日本对金融监管体系进行了重大改革，成立了独立的金融监管厅，统一负责对各类金融机构的监管。同年，新的《日本银行法》赋予日本银行独立制定货币政策的职能，并强调日本银行应履行金融监管的职责。为此，日本银行进行了一系列机构调整。在监管方面，新成立了检查局，负责对金融机构的监管及与此相关的金融稳定工作。

4. 韩国在 1997 年以前，对金融业的监管主要由担负韩国经济运行全部责任的财政经济部和中央银行——韩国银行负责，金融监管政策长期以来被视为应服务于产业政策。亚洲金融危机使韩国经济遭受了沉重的打击，金融业受到的冲击尤为严重。韩国为应对危机通过了一系列重大的金融改革法案，导致韩国金融监管体制产生了重大变化：（1）将金融监管职能从财经部和韩国银行分离出来，集中于新成立的、直属国务院的金融监督委员会。（2）金融监督委员会下设证券期货委员会和金融监督院，分别负责对资本市场和金融机构的监管。（3）将过去分散的存款保险业务集中起来，由一家存款保险公司统一办理。经过上述改革后，财经部有关金融监管的职权限于研究、制定金融制度和金融市场管理的基本框架，在修改金融监管法规时需要同金融监督委员会协商。根据修订的《韩国银行法》，韩国银行拥有较大的货币政策自主权，但只具有间接的、有限的银行监管职能。

目前对韩国金融监管体制的一些批评意见主要集中在以下几点：一是金融监督委员会并未独立于政府之外，金融监管因无法摆脱政治干预而难保真正的中立。二是金融监督委员会权力过于集中，可能出现过度控制的问题。三是韩国银行作为最后贷款人，必须迅速准确地掌握金融机构和金融市场的信息。但到目前为止，韩国银行与金融监督委员会分享和沟通信息的情况并不十分理想。为此，韩国政府正酝酿进一步的改进措施。

三、金融监管体制发展的趋势

1. 多数国家已经或将要选择综合监管模式。从本文选取的八个国家来看，有六个国家（美、德、英、日、韩和巴西）已经采取综合监管模式，两个国家（法国和印度）采取分业监管模式。在综合监管模式中，美国是美联储的综合监管和其他监管机构的专业监管相结合。其他五国则为独立于中央银行的综合监管机构与中央银行合作进行监管。在分业监管的两个国家中，法国正在考虑向综合监管转变。

2. 监管当局是否与中央银行分离，各国做法不尽相同。在实行综合监管体系的六个国家中，德、英、日、韩四国的监管当局独立于中央银行之外。其中德国早在 20 世纪 60 年代初期就成立了独立于中央银行之外的银监局。但 1999 年以后，由于德意志联邦银行货币政策的制定权转移到欧洲中央银行，德国正在考虑将综合监管职能放回德意志联邦银行。

英、日、韩三国是在最近两三年才陆续建立独立于中央银行或财政的综合监管当局。日本和韩国实际上是将监管分别从大藏省和财经部的控制下分离出来，日本还同时加强了中央银行的监管职能，增设了检查局。但三国的中央银行由于最后贷款人的职能或维护金融稳定的需要而普遍设立一定的机构从事对金融体系的监管职能，因此都存在着中央银行的监管部门与独立的综合监管机构的协调问题。三国如何有效地解决这一问题还需要时间的检验。

美国和巴西则将综合监管的职责放在中央银行。美国监管职能长期以来主要由财政部、美联储和州银行厅分担。从时间顺序来看，是先有州政府的监管，再有财政部的监管，然后才有美联储的成立并行使监管职能。在经过半个多世纪的争论后，综合监管的职能最近向美联储倾斜。巴西金融体制基本上是按照美国的模式建立的，但中央银行一直履行所有监管职责。

法国将对银行、证券和保险的监管分别放在不同的机构，但中央银行在监管方面的影响更大些。银行委员会作为针对所有金融机构的"金融法庭"，主席由中央银行行长担任，且银行委员会下的常设机构放在中央银行，借助于中央银行的信息和机构资源行使监管职责。

印度则由中央银行负责对银行业和保险业的监管，另设一个机构负责监管证券行业。很像中国 1998 年以前的监管体制。

II　功能性金融监管的理论与框架①

近 20 年来，全球范围的金融服务业发生了一场史无前例的大变革，其主要特征表现为创新化、自由化、全球化。伴随着三化的是发达国家金融机构的全能化、规模化，发展中国家金融机构的私有化、市场化和多元化。

人们往往把信息技术的发展、竞争的加剧视为这场变革背后的主要动力。然而，以 1997 年诺贝尔经济学奖得主罗伯特·默顿为首的哈佛商学院的有关研究人员则用一个新的概念——金融体系的功能性观点来说明这场大变革。这一概念框架对于我国金融体系的转轨来说也许有特殊的理论和现实意义。

一、功能性观点的基本内涵

功能性观点的两个基本论点是：（1）金融体系的功能相对于金融机构来说更具稳定性——也就是说金融体系的基本功能很少因国家的不同而不同，随时间的推移而变化；（2）金融体系的制度安排随功能而变化——也就是说，发现新的更有效率的功能实现方式是金融创新、金融体系制度安排发生变化的主要动力。

那么在现代经济中，金融体系的基本功能是什么呢？默顿等人认为，金融体系最基本的功能是在不确定的环境下，跨时空配置经济资源。而这一最基本的功能又可进一步细分为六大核心功能，它们分别是：

---

① 节选自吴素萍：《功能性金融监管的理论与框架》，中国国际信托投资公司网站，1999 – 05 – 26。

（1）为促进商品、劳务和资产的交换提供支付方式；

（2）为大企业筹集资金提供资源集聚机制；

（3）为经济资源的跨时空、跨行业转移提供便利；

（4）提供应付不确定性和控制风险的方法；

（5）为协调各经济部门的分散化决策提供价格信息，如利率和证券价格；

（6）为解决信息不对称和激励问题提供方法。

这些功能中的每个功能都满足一个基本需求，而且很少发生变化。但是这些功能的实现方式，即为实现基本功能所作的制度安排却因国家的不同而不同，这些不同取决于传统的经验、规章、技术水平及其他因素。

二、功能性观点下的金融创新

从功能性观点来看，金融创新首先表现为金融机构在新环境下，为实现和发挥金融体系的基本功能而不断作出调整的动态过程。回顾近 20 年来发生在国际金融领域的金融创新活动可以发现，金融体系的基本功能相当稳定，而实现这些功能的方式却发生了很大变化。

其次，金融创新是一个螺旋式发展的过程。从产品发展方向来看，这是一个从金融机构不断转向金融市场的市场化过程，它可以被简单地描述如下："客户对某一更有效的功能实现方式的需求——金融机构开发出量身定做的产品——产品的标准化及交易量的增加——产品交易市场的形成——新的需求——新的产品……"这一过程可以循环往复以至无穷。金融产品不断市场化的过程实际上也是一个功能实现方式不断地在金融机构和金融市场之间交替发展的过程。在这一过程中，金融市场和金融机构从静态的角度看，是相互竞争的；从动态的角度看，则是相互补充的，双方都使对方实现金融体系基本功能的效率得到提高和改进。

三、功能性观点下的金融机构

传统的功能实现方式总是不断地被打破，为了发现新的功能实现方式，金融机构的管理人员必须考虑各种可能，并集中在两个方面上来思考问题：一是寻找产品组合的最佳机制；一是着眼于开发新产品、创设新机构。

1. 产品组合的最佳机制。就目前来看，金融机构有三种可供选择的产品组合机制：传统形式的分支机构、人员和信息技术。

2. 着眼于开发新产品、创设新机构。金融机构应当在寻找最佳产品组合机制的基础上，不断地以新的方式对金融功能加以重新组合，创造出新产品，并把创新活动从金融产品推广到金融机构。

产品的创新推动了金融机构的创新。当传统信用卡业务逐渐向电子钱包延伸时，附属于银行零售部门的信用卡业务也逐渐从原有的零售部门和金融机构中分离出来，成为一个专门发行信用卡的独立公司。

金融机构的创新也可以利用信息技术来实现。众多的金融公司通过结合自己开发的金融软件和互联网技术提供在线服务，可以使我们对未来的金融中介机构有所了解。

四、由机构监管向功能监管的过渡

从上述分析可见，在新的环境下，为了寻找新的、更有效率的功能实现方式，金融机构总是在不断地进行金融创新，而随着技术的不断进步、金融理论的发展以及学习效应的作用，金融创新有日益强化的趋势。金融创新不仅使金融交易技术日趋复杂，而且使交易成本和金融服务业的进入壁垒不断下降，金融机构之间的业务界限越来越模糊。

在金融机构业务界限日趋模糊的情况下，按照既定金融机构的形式和类别进行监管的传统方式已经很难奏效。由传统的机构监管向功能监管过渡就成为一种可能的趋势。

所谓的功能监管就是，金融监管关注的是金融机构的业务活动及其所能发挥的基本功能，而非金融机构的名称；政府公共政策的目标是在功能给定的情况下，寻找能够最有效地实现既定功能的制度结构（主要指金融机构、金融市场的构成和形式）。与传统的机构监管相比，功能监管更具有如下优点：

（1）传统的机构监管把现有的金融机构看做是给定不变的，公共政策和监管规则的目标是如何保护现有的金融机构能够生存和发展下去；与之不同，功能监管则把注意力集中在最有效率地实现金融体系基本功能的金融制度结构上，政府监管部门制定的公共政策和监管规则是为了促进制度结构的必要变化，而不是试图保护和维持现有的制度结构。因而，功能监管具有一定的超前性和可预见性，它可以把不同名称的具有相同功能的金融机构或其他制度安排置于监管机构的监管之下，而不是像机构监管那样只能根据不同的个案作不同的处理。

（2）由于金融体系的基本功能很少发生变化，因此按照功能要求设计的公共政策和监管规则更具有连续性和一致性，无须随制度结构的变化而变化，从而能够灵活地适应不同的制度环境，这对于多国监管合作来说具有特殊的意义。

（3）功能监管的一致性和连续性，也减少了金融机构进行监管套利的机会主义行为，这种机会主义行为导致了资源的浪费，并使监管机构的监管无法充分发挥作用。

功能监管的上述优点已经引起了美国的高度重视。早在1993年，美国政府就开始讨论实施功能监管的可行性，并邀请芝加哥商品期货交易所设计了一个以联邦金融监管局为主体，同时辅之以自律监管组织的监管框架。该制度具有如下特点：（1）把功能相同的机构，不管其名称如何，尽可能地归于同一监管机构之下，并实施相同的监管规则，充分体现了功能监管的特点。（2）由于按照功能来设置监管机构，金融机构的形式变化不再对监管机构的监管规则构成威胁，监管机构也不必对金融创新活动作出不同形式的个案处理，减少了监管的复杂性。（3）由于这一基本框架容许不同形式、不同名称但功能相同的竞争者可以在相同的监管规则下进行平等的竞争，因而有利于它们在新的环境下发展自己的业务。（4）这一基本框架既考虑了产品、服务、市场、市场参与者之间的同一性，又考虑到了它们的差异性，从而既可以保持基本原则的连续性和一贯性，又可以根据监管对象的变化作出相应的调整，从而在一定程度上减少了金融市场参与者（包括机构和个人）进行监管套利的可能，提高了监管效率。

五、对我国金融监管框架设计的启示

我国传统计划体制下的金融体系除了转移经济资源的功能和支付功能外，别无其他功能。

改革开放以后，我国形成了多种金融机构并存的金融机构体系，资本市场和货币市场得到了迅速发展，新的金融工具和金融产品不断增加，金融体系的功能也逐步健全，尤其是后三项功能（应付补缺定性和控制风险、为分散化决策提供价格信息、解决信息不对称和激励问题）逐渐强化。

在金融体系及其功能健全化的过程中，我国的金融机构开始涉足多种金融业务，金融机构的业务交叉现象屡见不鲜。在各种制度尚不完善，政府监管手段和金融机构内控制度尚不健全的情况下，金融机构的交叉作业带了极大的金融风险。为此，我国确定了分业管理的金融监管框架，以确保金融体系的安全运行。

在我国分业管理监管框架中，一个显著的特点是按金融机构的类别和业务形式进行监管，例如从事信托业的金融机构在名称上必须有"信托"两字，以表明其所从事的业务范围。这种监管框架在目前的体制转轨时期，会起到相当大的作用。但是，我们同时必须看到，分业管理并不是一种一劳永逸的方式。随着经济的发展、金融业的对外开放，我国金融创新的步伐会不断加快，金融业务之间的相互交叉和渗透，金融机构的跨行业经营趋势也会日益强化，以机构监管为主要特征的分业监管框架势必难以适应金融领域的新发展。因此，及时根据新的发展情况，适时调整监管框架是必要的。在这种调整中，功能性观点无疑提供了一种很好的启示。

Ⅲ   中央银行在金融监管中的作用①

为了加强金融监管，同时也为了提高中央银行制定和实施货币政策的独立性，今年4月份，我国成立了专门行使金融监管职能的中国银行业监督管理委员会。这将对加强金融监管具有重大意义。但是，这并不表示中央银行今后不再负

---

①   节选自李若谷：《中央银行在金融监管中的作用》，中国人民银行网站，2003 – 08 – 26。

责金融监管，相反在银监会成立后，中央银行在金融监管中仍要充分发挥其他金融监管部门不具备的独特的作用。

这是因为银行监管和货币政策的目标密不可分。银行监管的主要目标是确保银行体系的安全与稳健和存款人的合法利益，而货币政策的主要目标是维持币值稳定，并以此促进经济的发展。货币政策的决策者必须关注银行系统的安全和稳定。商业银行体系的不稳定会对支付系统的安全运行构成威胁，影响货币政策的传导，影响信贷资源配置，增大货币政策的成本。

银行监管对货币政策的成效有重大影响。银行监管当局控制风险的措施会对货币政策产生影响。规定最低资本金比率会限制银行增加资产，对扩张性货币政策起抑制作用。经济不景气时，银行不良资产可能增加，这时银行监管当局要求采取增加呆账准备金、改善资产质量的措施，将导致克服经济衰退的扩张性货币政策无法实施。维持流动性的审慎性要求，可能会制约银行的放款能力。

货币政策对银行监管的成效也有重大影响。实行紧缩性货币政策，会降低银行清偿能力；实行过度扩张性货币政策，引发泡沫经济，会加大银行潜在危险。中央银行运用再贷款、再贴现、法定存款准备金率、公开市场操作等货币政策工具，调节货币供应量、有价证券的流动性和市值，对银行的流动性和盈利性都会产生直接影响。此外人民银行还承担着最后贷款人的责任，因此也要对银行的运行有所了解。

因此，人民银行不再承担对银行、资产管理公司、信托投资公司及其他存款类机构的市场准入和运行监督职能后，要大力加强货币政策、金融市场监控、金融机构运行规则制定和金融业宏观调控、防范和化解系统性风险的职责，继续履行好外汇管理、货币发行、经理国库、支付清算、法制建设、调查统计和代表政府从事国际金融交往等多项职能。

第十三章

中央银行对金融市场的监管

内容提要

　　本章在讨论金融市场监管一般理论的基础上，以目前我国的金融监管体制为前提，重点介绍中国人民银行对我国商业票据市场、银行间同业拆借市场、银行间债券市场和外汇市场的监管。

第一节　金融市场监管概述

一、金融市场监管的对象和内容

　　1. 金融市场监管的对象是金融市场的构成要素，包括金融市场主体、金融市场中介组织、金融工具三个方面。

　　2. 对金融市场主体的监管。对金融市场主体的监管贯穿于市场准入、业务运营和市场退出各环节。

　　3. 对中介组织的监管。在监管实践中，外部监管者主要采取的措施包括对中介组织设立、经营行为和从业人员等方面的监管。

　　4. 对金融工具的监管。这主要是指对各类交易工具的格式、发行与流通方式及程序、交割和清算的方式与程序等方面的监管，同时也包括对金融工具价格波动进行监测和调控。

二、金融市场监管的手段

　　1. 金融市场监管的手段不外乎法律手段、经济手段和行政手段三种。

　　2. 法律手段是指运用法律规范来约束金融市场行为。涉及金融市场监管的法律、法规大致可分为两类：一类是金融市场监管的直接法规；另一类是涉及金融市场管理，与金融市场密切相关的其他法律，如公司法、破产法、财政法、反托拉斯法等。

3. 经济手段是指政府采用金融、财政等经济手段间接调控金融市场的方式。

4. 行政手段是指政府通过行政命令方式对金融市场进行的直接干预和管理。

三、金融市场监管的一般原则

1. 全面性原则。全面性原则是指所有金融市场均须受到监管。

2. 效率性原则。效率性原则具体包含三个方面的含义：

（1）监管必须保持金融市场的竞争性，提高金融市场的效率。

（2）监管必须尽可能降低成本。

（3）监管本身必须是有效的。

3. 公开、公平、公正原则。

四、中央银行参与金融市场监管的必要性

1. 中央银行参与金融市场的监管是其实施货币政策的需要。金融市场是货币政策的重要传导渠道之一，中央银行对金融市场施以全面、动态的检测和一定的管理，是有效实施货币政策的必要保障。

2. 中央银行参与金融市场监管是维护金融稳定的需要。宏观金融风险的发生源自微观的金融活动，如果中央银行对金融市场的运行、金融机构的经营不闻不问或无权干预，维护宏观金融稳定只能是一句空话。

3. 中央银行参与金融市场监管是遵循金融市场监管原则的需要。中央银行比其他任何政府部门更有能力承担监管货币市场、外汇市场和黄金市场的职责，最符合金融市场监管的各项原则。

第二节　商业票据市场监管

一、票据

1. 票据包括汇票、本票和支票三类。票据的签发、取得和转让，应当遵循诚实信用的原则，具有真实的交易关系和债权债务关系。对汇票本身的监管涉及汇票的签发、背书、保证、付款行为和追索权的行使等方面。

2. 汇票是出票人签发的，委托付款人在见票时或者在指定日期无条件支付确定的金额给收款人或者持票人的票据。汇票分为银行汇票和商业汇票。

3. 本票是出票人签发的，承诺自己在见票时无条件支付确定的金额给收款人或者持票人的票据。我国《票据法》所称本票，仅指银行本票。

4. 支票是出票人签发的，委托办理支票存款业务的银行或者其他金融机构

在见票时无条件支付确定的金额给收款人或者持票人的票据。

二、商业汇票承兑、贴现和再贴现监管规定

1. 承兑、贴现、转贴现、再贴现的商业汇票应以真实、合法的商品交易为基础，应遵循平等、自愿、公平和诚实信用的原则。

2. 对银行承兑商业汇票的规定包括出票人应具备的条件、承兑银行必须具备的条件、业务规范和风险控制等方面。

3. 对商业汇票贴现的规定包括贴现申请人应具备的条件和须提交的材料、贴现人资格、业务规范、政策要求及风险控制等方面。

4. 对商业汇票再贴现的规定包括再贴现的对象、再贴现的操作体系、业务规范、政策要求及风险控制等方面。

三、促进商业承兑汇票业务发展的政策措施

中国人民银行于 2006 年 11 月 9 日发布了《中国人民银行关于促进商业承兑汇票业务发展的指导意见》，提出了促进商业承兑汇票发展的五项政策措施：

一是调动各方积极性，建立有效推广商业承兑汇票的良性机制。

二是充分发挥企业信用信息基础数据库的作用，增强企业受理商业承兑汇票的信心。

三是建立有效的违约支付惩戒机制，促使商业承兑汇票承兑人履约付款。

四是做好商业承兑汇票业务风险防控工作，保障商业承兑汇票业务健康发展。

五是加强商业承兑汇票业务宣传和培训，普及商业承兑汇票业务知识。

第三节　同业拆借市场监管

一、同业拆借及其网络

1. 同业拆借是指经人民银行批准进入同业拆借市场的金融机构之间，通过全国统一的同业拆借网络进行的无担保资金融通行为。

2. 全国统一的同业拆借网络包括：（1）全国银行间同业拆借中心的电子交易系统；（2）中国人民银行分支机构的拆借备案系统；（3）中国人民银行认可的其他交易系统。

二、市场准入管理

1. 金融机构进入同业拆借市场必须经中国人民银行批准，从事同业拆借交

易接受中国人民银行的监督和检查。

2. 各类金融机构的总部、中资商业银行（不包括城市商业银行、农村商业银行和农村合作银行）授权的一级分支机构、外国银行分行以及人民银行确定的其他机构均可申请进入同业拆借市场。

3. 申请进入同业拆借市场的金融机构应当具备《同业拆借管理办法》和《银行业金融机构进入全国银行间同业拆借市场审核规则》等规定的条件。

4. 金融机构可自愿向中国人民银行申请退出同业拆借市场。

三、交易和清算

1. 同业拆借交易必须在全国统一的同业拆借网络中进行。

2. 同业拆借交易以询价方式进行，自主谈判、逐笔成交。同业拆借利率由交易双方自行商定。

3. 金融机构进行同业拆借交易，应逐笔订立交易合同。交易合同的内容应当具体明确，格式应符合要求。

4. 同业拆借的资金清算涉及不同银行的，应直接或委托开户银行通过中国人民银行大额支付系统办理。同业拆借的资金清算可以在同一银行完成的，应以转账方式进行。任何同业拆借清算均不得使用现金支付。

四、风险控制

1. 金融机构应当将同业拆借风险管理纳入本机构风险管理的总体框架之中，并建立健全同业拆借风险管理制度。

2. 商业银行同业拆借的拆入资金用途应符合《中华人民共和国商业银行法》的规定，即禁止利用拆入资金发放固定资产贷款或者用于投资。

3. 同业拆借的期限由交易双方自行商定，但不能超过中国人民银行规定的最长期限。同业拆借到期后不得展期。

4. 对金融机构同业拆借实行限额管理，拆借限额由中国人民银行及其分支机构按规定比例核定。

五、信息披露管理

1. 进入同业拆借市场的金融机构承担向同业拆借市场披露信息的义务。金融机构的董事或法定代表人应当保证所披露的信息真实、准确、完整、及时。

2. 全国银行间同业拆借中心负责同业拆借市场日常监测和市场统计。

六、监督管理

人民银行依法对同业拆借交易实施非现场监管和现场检查，并对同业拆借市场的行业自律组织进行指导和监督。

第四节　银行间债券市场监管

一、参与者与中介服务机构

1. 在境内具有法人资格的商业银行及其授权分支机构、在中国境内具有法人资格的非银行金融机构和非金融机构、获准经营人民币业务的外国银行分行可成为全国银行间债券市场参与者，从事债券交易业务。

2. 金融机构可直接进行债券交易和结算，也可委托结算代理人进行债券交易和结算；非金融机构应委托结算代理人进行债券交易和结算。

3. 全国银行间同业拆借中心为参与者的报价、交易提供中介及信息服务，中央结算公司为参与者提供托管、结算和信息服务，债券交易的资金清算银行为参与者提供资金清算服务。

二、债券类型

1. 可在全国银行间债券市场交易的债券包括中央政府债券、中央银行票据、金融债券和非金融企业债务融资工具等记账式债券。

2. 金融债券是政策性银行、商业银行、企业集团财务公司、证券公司及其他金融机构法人在全国银行间债券市场发行的、按约定还本付息的有价证券，其中包括商业银行次级债券和混合资本债券。

三、债券发行监管

1. 中国人民银行依法对金融债券的发行进行监督管理。未经中国人民银行核准，任何金融机构不得擅自发行金融债券。

2. 金融债券可在全国银行间债券市场公开发行或定向发行。金融债券的发行可以采取一次足额发行或限额内分期发行的方式。

3. 金融债券的发行应由具有债券评级能力的信用评级机构进行信用评级。金融债券定向发行的，经认购人同意，可免予信用评级。定向发行的金融债券只能在认购人之间进行转让。

4. 发行金融债券时，发行人应组建承销团，承销人可在发行期内向其他投资者分销其所承销的金融债券。发行金融债券的承销可采用协议承销、招标承销等方式。承销人应为金融机构，并须具备人民银行要求的条件。

5. 金融债券的招投标发行通过中国人民银行债券发行系统进行。

6. 非金融企业发行债务融资工具应遵循诚信、自律原则，应在中国银行间市场交易商协会注册。

7. 在企业发行债务融资工具应由金融机构承销。企业可自主选择主承销商。需要组织承销团的，由主承销商组织承销团。

8. 企业发行债务融资工具应由在中国境内注册且具备债券评级资质的评级机构进行信用评级。

9. 公司债券发行人可以利用银行间债券市场债券发行系统等现有基础设施发行公司债券。经其他管理部门核准的公司债券，在办理相应手续后即可在银行间债券市场发行、交易流通和登记托管。

四、债券交易监管

1. 银行间债券市场除可进行现券交易、质押式回购、买断式回购交易以外，还可以进行债券借贷、债券远期交易、远期利率协议交易、人民币利率互换交易等衍生产品交易。

2. 在全国银行间债券市场发行的债券，发行后可上市交易，不需要另行批准。但中国人民银行决定不在银行间债券市场上市交易的债券除外。中国人民银行授权中央国债登记结算有限责任公司和全国银行间同业拆借中心公布每期债券的上市日期。符合条件的公司债券可在银行间债券市场交易流通。

3. 债券交易的现券买卖价格或回购利率由交易双方自行确定。回购的期限由交易双方确定，但质押式回购期限最长不得超过365天，买断式回购期限最长不得超过91天。市场参与者进行买断式回购，待返售债券余额应符合规定比例要求。

4. 金融机构申请成为做市商，应当具备规定的条件。做市商享有规定权利，应当履行规定义务。做市商要采取措施提高公司债券流动性，至少对1只公司债券进行双边报价。做市商不得操纵市场。

5. 债券远期交易从成交日至结算日的期限（含成交日，不含结算日）由交易双方确定，但最长不得超过365天。债券远期交易实行净价交易，全价结算。债券远期交易到期应实际交割资金和债券。市场参与者进行债券远期交易时的卖出与买入总余额均不得超过规定比例要求。

6. 具有做市商或结算代理业务资格的金融机构可与其他所有市场参与者进行远期利率协议交易，其他金融机构可以与所有金融机构进行远期利率协议交易，非金融机构只能与具有做市商或结算代理业务资格的金融机构进行以套期保值为目的的远期利率协议交易。

7. 在市场投资者中，经相关监督管理机构批准开办衍生产品交易业务的商业银行，可根据监督管理机构授予的权限与其存贷款客户及其他获准开办衍生产品交易业务的商业银行进行人民币利率互换交易或为其存贷款客户提供人民币利率互换交易服务；其他市场投资者只能与与其具有存贷款业务关系且获准开办衍生产品交易业务的商业银行进行以套期保值为目的的人民币利率互换交易。人民币利率互换交易可以通过同业拆借中心的交易系统进行，也可以由交易双方通过电话、传真等其他方式进行。市场投资者进行人民币利率互换交易时，可按对手的信用状况协商设立保证金或保证券。

第五节　外汇市场监管

一、银行结售汇市场监管

1. 中国人民银行授权国家外汇管理局对外汇业务和外汇市场实行监管。

2. 目前我国对银行结售汇监管的内容主要包括以下几个方面：

（1）对外汇账户（境内）的监管；

（2）对收汇和结汇的监管；

（3）对购汇和付汇的监管；

（4）对外汇买卖价格的监管；

（5）对外汇指定银行的业务监管。

二、银行间外汇市场监管

1. 我国的银行间外汇市场是指经国家外汇管理局批准可以经营外汇业务的境内金融机构（包括银行、非银行金融机构和外资金融机构）之间通过中国外汇交易中心进行的人民币与外币、外币与外币之间的交易市场。

2. 中国外汇交易中心是在中国人民银行领导下的独立核算、非营利性的事业法人，它在国家外汇管理局的监管下，负责外汇市场的组织和日常业务管理。

3. 中国外汇交易中心为外汇市场上的外汇交易提供交易系统、清算系统以及外汇市场信息服务。中国外汇交易中心实行会员制。会员大会是中国外汇交易中心的最高权力机构。中国外汇交易中心设立理事会，为会员大会闭会期间的常设机构。

4. 获准经营外汇业务的金融机构及其分支机构，均可经批准成为中国外汇交易中心会员。中国人民银行也作为中国外汇交易中心会员参与市场交易。2005年8月以来，非银行金融机构和非金融企业符合条件的，也可以向中国外汇交易中心申请加入银行间外汇市场，从事即期外汇市场交易。

5. 会员分为自营会员和代理会员两类。自营会员均可兼营代理业务，代理会员只能从事代理业务，不得从事自营业务。

6. 只有具备外汇交易员资格的人员方可进行外汇交易。会员应对其交易员的交易行为负责。交易员分为首席交易员和普通交易员。首席交易员拥有增加、删除及变更下属交易员交易权限的权力。会员应指定专人担任首席交易员。

7. 会员之间的外汇交易必须通过中国外汇交易中心进行，非会员的外汇交易必须通过有代理资格的会员进行。

8. 市场交易的交易方式、交易时间、交易币种及品种和清算方式等事项须报经国家外汇管理局批准。会员可自主决定采取询价交易或竞价交易方式。银行间外汇市场实行本外币集中清算的办法。

9. 外币买卖业务是指在银行间外汇市场，通过电子交易与清算平台，为境内金融机构进行外币与外币之间的交易与清算提供便利的安排。目前的外币买卖系统是为外币对外币的即期交易提供交易、清算系统，不涉及人民币对外币的交易。

10. 银行间远期外汇交易是指交易双方以约定的外汇币种、金额、汇率，在约定的未来某一日期交割的人民币对外汇的交易。政策性银行、商业银行、信托投资公司、金融租赁公司、财务公司和汽车金融公司会员参与银行间远期外汇交易，须获得银监会颁发的金融衍生产品交易业务资格，其他非银行金融机构会员须获得其监管部门的批准，非金融企业会员须经国家外汇管理局批准。

11. 人民币外汇货币掉期是指在约定期限内交换约定数量人民币与外币本金，同时定期交换两种货币利息的交易协议。远期外汇市场会员自获得远期交易备案资格起6个月后，可按即期交易与远期交易相关管理规定，在银行间市场开展即期与远期、远期与远期相结合的人民币对外币掉期交易。现阶段在银行间外汇市场开办人民币对美元、人民币对欧元、人民币对日元、人民币对港元、人民币对英镑五个货币对的货币掉期交易。开展人民币外汇货币掉期业务应遵循相关规定。

综合练习

一、名词解释

汇票　本票　支票　背书　承兑　同业拆借　银行间债券市场　中央政府债券　中央银行票据　金融债券　商业银行次级债券　债券现券交易　质押式回购　买断式回购　债券借贷　债券远期交易　远期利率协议　人民币利率互换交易　做市商　银行间外汇市场　外币买卖业务　银行间远期外汇交易　人民币外汇货币掉期

二、填空题

1. 金融市场监管的对象包括_____、_____、_____等三个方面。

2. 金融市场的监管手段不外乎_____手段、_____手段和行政手段三种。

3. 监管部门在对金融市场进行监管时，一般都遵循_____原则、_____原则和公开、公平、公正原则。

4. 票据包括_____、_____和支票三类。

5. 票据的签发、取得和转让，应当遵循_____的原则，具有真实的交易关系和债权债务关系。

6. 汇票付款人承诺在汇票到期日支付汇票金额的票据行为叫_____。

7. 根据我国相关规定，承兑、贴现、转贴现、再贴现的商业汇票应以_____为基础。

8. 金融机构进入同业拆借市场必须经_____批准，从事同业拆借交易接受_____的监督和检查。

9. 同业拆借交易必须在_____中进行。

10. 同业拆借交易以_____方式进行，自主谈判、逐笔成交。同业拆借利率由_____确定。

11. 经中国人民银行批准可在全国银行间债券市场交易的债券包括中央政府债券、_____、_____和_____等记账式债券。

12. 金融债券可在全国银行间债券市场公开发行或_____发行。

13. 发行金融债券的承销可采用协议承销、_____承销等方式。承销人应为_____。

14. 非金融企业发行债务融资工具应遵循_____、_____原则，应在_____注册。

15. 银行间债券市场回购交易方式包括_____式回购交易和_____式回购交易两类。

16. 在银行间债券市场上，_____要采取措施提高公司债券流动性，至少对_____只公司债券进行双边报价。

17. 在银行间债券市场上，债券远期交易从成交日至结算日的期限最长不得超过_____天。

18. 远期利率协议交易和人民币利率互换交易既可以通过交易中心的交易系统达成，也可以通过_____、_____等其他方式达成。

19. 中国人民银行授权_____对外汇业务和外汇市场实行监管。

20. 中国外汇交易中心的最高权力机构是_____，该权力机构的常设机构是_____。

21. 中国外汇交易中心的会员分为_____和_____两类。

22. 会员派入中国外汇中心的交易员分为_____和_____两类，前者对后者的交易权限负责。

23. 中国外汇交易中心的会员可自主决定采取_____交易或_____交易方式。

24. 非金融机构只能与具有_____或_____业务资格的金融机构进行以_____为目的的远期利率协议交易。

25. 非银行金融机构和非金融机构只能与与其具有_____关系且获准开办衍生产品交易业务的_____进行以_____为目的的人民币利率互换交易。

三、单项选择题

1. 承兑、贴现、转贴现、再贴现的商业汇票应以（　　）为基础。

A. 商品交易　　　　　　　　　　B. 真实的商品交易

C. 经过公证的商品交易　　　　　D. 真实、合法的商品交易

2. 承兑、贴现、转贴现商业汇票的期限不得超过（　　）。

A. 3 个月　　　　B. 6 个月　　　　C. 9 个月　　　　D. 12 个月

3. 再贴现商业汇票的期限不得超过（　　）。

A. 3 个月　　　　B. 4 个月　　　　C. 5 个月　　　　D. 6 个月

4. 金融机构进入同业拆借市场必须经（　　）批准。

A. 中国人民银行　　B. 证监会　　　C. 银监会　　　D. 各自监管部门

5. 政策性银行、商业银行、城市信用社和农村信用社县级联合社拆入资金的最长期限为（　　）。

A. 7 天　　　　　B. 3 个月　　　　C. 6 个月　　　　D. 1 年

6. 企业集团财务公司、信托公司、证券公司、保险资产管理公司拆入资金的最长期限为（　　）。

A. 7 天　　　　　B. 3 个月　　　　C. 6 个月　　　　D. 1 年

7. 金融资产管理公司、金融租赁公司、汽车金融公司、保险公司拆入资金的最长期限为（　　）。

A. 7 天　　　　　B. 1 个月　　　　C. 3 个月　　　　D. 4 个月

8. 政策性银行的最高拆入限额和最高拆出限额均不超过该机构上年末待偿还金融债券余额的（　　）。

A. 8%　　　　　　B. 20%　　　　　C. 80%　　　　　D. 2 倍

9. 中资商业银行、城市信用合作社、农村信用合作社县级联合社的最高拆入限额和最高拆出限额均不超过该机构各项存款余额的（　　）。

A. 8%　　　　　　B. 20%　　　　　C. 80%　　　　　D. 2 倍

10. 外商独资银行、中外合资银行的最高拆入限额和最高拆出限额均不超过该机构实收资本的（　　）。

A. 8%　　　　　　B. 20%　　　　　C. 80%　　　　　D. 2 倍

11. 外国银行分行的最高拆入限额和最高拆出限额均不超过该机构人民币营运资金的（　　）。

A. 8%　　　　　　B. 20%　　　　　C. 80%　　　　　D. 2 倍

12. 企业集团财务公司、金融资产管理公司、金融租赁公司、汽车金融公司、保险公司的最高拆入限额和最高拆出限额均不超过该机构实收资本的（　　）。

A. 8%　　　　　　B. 20%　　　　　C. 80%　　　　　D. 100%

13. 信托公司、保险资产管理公司的最高拆入限额和最高拆出限额均不超过该机构净资产的（　　）。

A. 8%　　　　　　B. 20%　　　　　C. 80%　　　　　D. 100%

14. 证券公司的最高拆入限额和最高拆出限额均不超过该机构净资本的（　　）。

A. 8%　　　　　　B. 20%　　　　　C. 80%　　　　　D. 100%

15. 在银行间债券市场上，非金融机构可以（　　）进行债券交易和结算。

A. 直接　　　　　　　　　　　　B. 委托结算代理人
C. 直接或委托结算代理人　　　　D. 以上均错

16. 在银行间债券市场上，债券承销人应为（　　）。

A. 银行　　　　　　　　　　　　B. 证券公司
C. 信托投资公司　　　　　　　　D. 金融机构

17. 在全国银行间债券市场发行的（　　），发行后可上市交易，不需要另行批准。

A. 金融债券　　　　　　　　　　B. 政策性金融债券
C. 债券　　　　　　　　　　　　D. 公司债券

18. 质押式回购期限最长不得超过（　　）。

A. 90 天　　　　　B. 180 天　　　　C. 360 天　　　　D. 365 天

19. 买断式回购期限最长不得超过（　　）。

A. 90 天　　　　　B. 91 天　　　　C. 180 天　　　　D. 181 天

20. 金融机构申请成为银行间债券市场做市商，注册资本或净资本不得少于（　　）亿元人民币。

A. 10　　　　　　B. 12　　　　　C. 18　　　　　D. 20

21. 金融机构申请成为银行间债券市场做市商的条件之一是：市场表现活跃，提交申请时上一年度的现券交易量排名前（　　）位。

A. 10　　　　　　B. 60　　　　　C. 80　　　　　D. 100

22. 银行间债券市场做市商至少要对（　　）只公司债券进行双边报价。

A. 1　　　　　　　B. 2　　　　　　　C. 5　　　　　　　D. 10

23. 银行间债券市场做市商确定的做市券种总数应当不少于（　　）种。

A. 3　　　　　　　B. 6　　　　　　　C. 9　　　　　　　D. 10

24. 债券远期交易从成交日至结算日的期限（含成交日，不含结算日）由交易双方确定，但最长不得超过（　　）。

A. 90 天　　　　　B. 180 天　　　　　C. 360 天　　　　　D. 365 天

25. 具有做市商或结算代理业务资格的金融机构（　　）进行远期利率协议交易。

A. 可与其他所有市场参与者

B. 可以与所有金融机构

C. 只能与具有做市商资格的金融机构

D. 只能与具有结算代理业务资格的金融机构

26. 不具有做市商或结算代理业务资格的金融机构（　　）进行远期利率协议交易。

A. 可与其他所有市场参与者

B. 可以与所有金融机构

C. 只能与具有做市商资格的金融机构

D. 只能与具有结算代理业务资格的金融机构

27. 非金融机构（　　）进行以套期保值为目的的远期利率协议交易。

A. 可与其他所有市场参与者

B. 可以与所有金融机构

C. 只能与具有做市商或结算代理业务资格的金融机构

D. 只能与具有做市商业务资格的金融机构

28. 非银行金融机构和非金融机构可以与获准开办衍生产品交易业务的（　　）进行以套期保值为目的的人民币利率互换交易。

A. 其他所有市场参与者

B. 所有金融机构

C. 所有商业银行

D. 与其具有存贷款业务关系的商业银行

四、多项选择题

1. 金融市场监管的对象是金融市场的构成要素，包括（　　）等方面。

A. 金融市场主体　　　　　　　　B. 金融市场中介组织

C. 金融工具　　　　　　　　　　D. 金融工具价格

E. 金融交易的方式

2. 金融市场的监管手段不外乎（　　）等几种。

A. 法律手段　　　　　　　　　　B. 政治手段

C. 道德手段　　　　　　　　　　D. 经济手段

E. 行政手段

3. 金融监管的一般原则有（　　）。

A. 全面性　　　　B. 效率性　　　　C. 公开　　　　D. 公平

E. 公正

4.《中华人民共和国票据法》所谓的票据包括（　　）。

A. 本票　　　　B. 汇票　　　　C. 支票　　　　D. 股票

E. 中央银行票据

5. 对汇票本身的监管涉及汇票的（　　）等方面。

A. 签发　　　　B. 背书　　　　C. 保证　　　　D. 偿付

E. 追索权的行使

6.（　　）可申请进入同业拆借市场。

A. 各类本国金融机构的总部　　　　B. 股份制银行授权的一级分行

C. 外国银行总行　　　　　　　　　D. 外国银行分行

E. 人民银行确定的其他机构

7.（　　）授权的一级分支机构可申请进入同业拆借市场。

A. 国有银行　　　　　　　　　　B. 股份制银行

C. 城市商业银行　　　　　　　　D. 农村商业银行

E. 农村合作银行

8. 根据《中华人民共和国商业银行法》的规定，商业银行不得利用拆入资金（　　）。

A. 发放贷款　　　　　　　　　　B. 发放固定资产贷款

C. 购买债券　　　　　　　　　　D. 购买外汇

E. 进行投资

9.（　　）拆入资金的最长期限为1年。

A. 政策性银行　　　　　　　　　B. 中资商业银行

C. 外商独资银行　　　　　　　　D. 中外合资银行

E. 外国银行分行

10.（　　）的最高拆入限额和最高拆出限额均不超过该机构各项存款余额的8%。

A. 政策性银行　　　　　　　　　B. 中资商业银行

C. 外商独资银行　　　　　　　　D. 城市信用合作社

E. 农村信用合作社县级联合社

11.（　　）的最高拆入限额和最高拆出限额均不超过该机构实收资本的

2 倍。

  A. 政策性银行   B. 中资商业银行

  C. 外商独资银行   D. 中外合资银行

  E. 外国银行分行

  12. （ ）的最高拆入限额和最高拆出限额均不超过该机构实收资本的100%。

  A. 企业集团财务公司   B. 金融资产管理公司

  C. 金融租赁公司   D. 汽车金融公司

  E. 保险公司

  13. （ ）的最高拆入限额和最高拆出限额均不超过该机构净资产的20%。

  A. 信托公司   B. 金融资产管理公司

  C. 金融租赁公司   D. 保险公司

  E. 保险资产管理公司

  14. 中国人民银行或者其省一级分支机构根据履行同业拆借市场监管职责的需要，可以采取下列措施进行同业拆借现场检查：（ ）。

  A. 进入金融机构进行检查

  B. 询问金融机构的工作人员，要求其对有关检查事项作出说明

  C. 查阅、复制金融机构与检查事项有关的文件、资料，并对可能被转移、销毁、隐匿或者篡改的文件资料予以封存

  D. 检查金融机构运用电子计算机管理业务数据的系统

  E. 接管金融机构

  15. 可在银行间债券市场交易的债券包括（ ）等记账式债券。

  A. 中央政府债券   B. 中央银行票据

  C. 地方政府债券   D. 金融债券

  E. 非金融企业债务融资工具

  16. 金融债券包括（ ）。

  A. 政策性银行债券   B. 证券公司短期融资券

  C. 商业银行普通债券   D. 商业银行次级债券

  E. 商业银行混合资本债券

  17. 商业银行发行金融债券应具备以下条件：（ ）。

  A. 贷款损失准备计提充足   B. 资本充足率不低于8%

  C. 核心资本充足率不低于4%   D. 最近三年连续盈利

  E. 最近三年没有重大违法、违规行为

  18. 企业集团财务公司发行金融债券应具备以下条件：（ ）。

A. 具有良好的公司治理机制　　　　B. 资本充足率不低于 10%

C. 风险监管指标符合有关规定　　　D. 最近三年连续盈利

E. 最近三年没有重大违法、违规行为

19. 金融债券的承销人须具备下列条件:(　　　)。

A. 注册资本不低于 2 亿元人民币

B. 具有较强的债券分销能力

C. 具有合格的从事债券市场业务的专业人员

D. 具有合格的债券分销渠道

E. 最近两年内没有重大违法、违规行为

20. 除现券交易和回购交易外,银行间债券市场还可进行(　　　)等衍生产品交易。

A. 债券借贷　　　　　　　　　　　B. 债券远期交易

C. 期货交易　　　　　　　　　　　D. 远期利率协议交易

E. 人民币利率互换交易

21. 申请成为银行间市场做市商,应当具备的条件有(　　　)。

A. 注册资本或净资本不少于 12 亿元人民币

B. 市场表现活跃,提交申请时上一年度的现券交易量排名前 80 位

C. 提交申请前,已在银行间市场尝试做市业务,具备必要的经验和能力

D. 具有完善的内部管理制度、操作规程和健全的内部风险控制机制、激励考核机制

E. 提交申请前 2 年没有违法和重大违规行为

22. 非金融机构只能与(　　　)进行以套期保值为目的的远期利率协议交易。

A. 政策性银行　　　　　　　　　　B. 商业银行

C. 证券公司　　　　　　　　　　　D. 具有做市商资格的金融机构

E. 具有结算代理业务资格的金融机构

23. 获准开办衍生产品交易业务的商业银行,可根据监管机构授予的权限(　　　)等。

A. 与非金融企业进行利率互换交易

B. 与其存贷款客户进行人民币利率互换交易

C. 与其他获准开办衍生产品交易业务的商业银行进行人民币利率互换交易

D. 与非银行金融机构进行人民币利率互换交易

E. 为其存贷款客户提供人民币利率互换交易服务

24. 目前我国对外汇账户监管的主要内容有(　　　)。

A. 经常项目与资本项目账户分开使用,不能串户

B. 境内机构只有符合特定的要求，才可开立经常项目下的外汇账户

C. 开立经常项目的外汇账户，必须向外汇管理局申请

D. 境内机构、驻华机构一般不允许开立外币现钞账户

E. 个人及来华人员一般不允许开立用于结算的外汇账户

25. 目前我国对收汇和结汇的监管内容有（　　）。

A. 所有机构和个人只能到外汇指定银行办理结汇

B. 境内机构的经常项目外汇收入必须调回境内，不得擅自存放境外

C. 境内机构除符合特殊条件，并经外汇管理局同意外，其经常项目下的外汇收入必须办理结汇

D. 除出口押汇外的国内外汇贷款和中资企业借入的国际商业贷款不得结汇

E. 境内机构向境外出售房地产及其他资产收入的外汇应当结汇，其他资本项目下的外汇未经外汇管理局批准不得结汇

26. 目前，（　　）经批准均可以进入银行间外汇市场参与交易。

A. 政策性银行　　　　　　　　B. 商业银行

C. 中国人民银行　　　　　　　D. 非银行金融机构

E. 非金融企业

27. 非银行金融机构申请进入银行间即期外汇市场交易的条件包括（　　）。

A. 具有主管部门批准的外汇业务经营资格

B. 具有经国家外汇管理局批准的结售汇业务经营资格

C. 注册资本金不低于人民银行规定的标准

D. 具有 2 名以上从事外汇交易的专业人员

E. 自申请日起前两年内没有重大违反外汇管理法规行为

28. 非金融企业申请进入银行间即期外汇市场进行自营性交易的条件包括（　　）。

A. 上年度经常项目跨境外汇收支 25 亿美元或者货物贸易进出口总额 20 亿美元以上

B. 具有 2 名以上从事外汇交易的专业人员

C. 具备与银行间外汇市场联网的电子交易系统

D. 自申请日起前两年内没有重大违反外汇管理法规行为

E. 国家外汇管理局规定的其他条件

五、判断题

1. 我国《票据法》所称本票，仅指银行本票。　　　　　　　　　　（　　）

2. 承兑、贴现、转贴现、再贴现的商业汇票应以真实、合法的商品交易为基础。　　　　　　　　　　　　　　　　　　　　　　　　　　　（　　）

3. 我国的同业拆借均为信用拆借。　　　　　　　　　　　　　　（　　）

4. 外国银行及其分行也可申请进入我国同业拆借市场。（　　）

5. 同业拆借交易必须在全国统一的同业拆借网络中进行。（　　）

6. 同业拆借交易以竞价方式进行。（　　）

7. 同业拆借利率由交易双方自行商定。（　　）

8. 同业拆借的资金清算涉及不同银行的，应直接或委托开户银行通过中国人民银行大额支付系统办理。（　　）

9. 同业拆借的资金清算可以在同一银行完成的，应以转账方式进行。任何同业拆借清算均不得使用现金支付。（　　）

10. 金融机构拆出资金的最长期限不得超过对手方由中国人民银行规定的拆入资金最长期限。（　　）

11. 同业拆借到期后可以展期，但新增期限不得超过原定期限。（　　）

12. 商业银行不得利用拆入资金发放固定资产贷款或者用于投资。（　　）

13. 全国银行间同业拆借中心负责同业拆借市场日常监测和市场统计。（　　）

14. 所有外国银行在中国的分行，均可参与全国银行间债券市场交易。（　　）

15. 非金融机构在银行间债券市场可直接进行债券交易和结算，也可委托结算代理人进行债券交易和结算。（　　）

16. 非金融企业债务融资工具也可以在全国银行间债券市场交易。（　　）

17. 在银行间债券市场定向发行的金融债券只能在认购人之间进行转让。（　　）

18. 债券交易现券买卖价格或回购利率由交易双方自行确定。（　　）

19. 银行间债券市场做市商至少对3只公司债券进行双边报价。（　　）

20. 具有做市商或结算代理业务资格的金融机构可与其他所有市场参与者进行远期利率协议交易。（　　）

21. 非金融机构只能与具有做市商或结算代理业务资格的金融机构进行以套期保值为目的的远期利率协议交易。（　　）

22. 中国外汇交易中心实行公司制，股东大会是其最高权力机构。（　　）

23. 中国人民银行是以中国外汇交易中心会员身份参与银行间外汇市场交易的。（　　）

24. 银行间外汇市场的市场交易主体包括做市商和会员银行两类。（　　）

25. 目前，我国银行间外汇市场的外币买卖业务既包括外币对外币的交易，也包括人民币对外币的交易，但均为即期交易。（　　）

26. 各类金融机构和非金融企业均可申请进入银行间外汇市场，进行远期外汇交易。（　　）

27. 目前我国银行间外汇市场仅开办有人民币对美元、人民币对欧元、人民币对日元、人民币对港元、人民币对英镑五个货币对的货币掉期交易业务。

（　　）

六、简答题

1. 简述中央银行参与金融市场监管的必要性。
2. 简述我国再贴现的操作体系。
3. 简述我国商业银行混合资本债券的基本特征。
4. 简述我国商业银行发行金融债券应具备的条件。
5. 简述金融机构申请成为银行间债券市场做市商应当具备的条件。

参考答案

一、名词解释

1. 汇票：是出票人签发的，委托付款人在见票时或者在指定日期无条件支付确定的金额给收款人或者持票人的票据。汇票分为银行汇票和商业汇票。

2. 本票：是出票人签发的，承诺自己在见票时无条件支付确定的金额给收款人或者持票人的票据。我国《票据法》所称本票，仅指银行本票。

3. 支票：是出票人签发的，委托办理支票存款业务的银行或者其他金融机构在见票时无条件支付确定的金额给收款人或者持票人的票据。

4. 背书：是指在票据背面或者粘单上记载有关事项并签章的票据行为。

5. 承兑：是指汇票付款人承诺在汇票到期日支付汇票金额的票据行为。

6. 同业拆借：是指中国人民银行批准进入全国银行间同业拆借市场的金融机构之间，通过全国统一的同业拆借网络进行的无担保资金融通行为。

7. 银行间债券市场：是以金融机构为主的机构投资者之间，依托全国银行间同业拆借中心和中央国债登记结算有限责任公司提供的服务，以询价方式进行各类债券交易的市场。

8. 中央政府债券：是中央政府为弥补财政赤字、筹集投资性资金或者出于特殊目的而发行的债务凭证。

9. 中央银行票据：是中央银行在公开市场操作面临现券不足的情况下，为了回笼基础货币而发行的债务凭证。

10. 金融债券：是政策性银行、商业银行、企业集团财务公司、证券公司及其他金融机构法人在全国银行间债券市场发行的、按约定还本付息的有价证券。

11. 商业银行次级债券：是指商业银行发行的、本金和利息的清偿顺序列于商业银行其他负债之后、先于商业银行股权资本的债券。

12. 债券现券交易：是指交易双方以约定的价格转让债券所有权的交易行为。

13. 质押式回购：是交易双方进行的以债券为权利质押的一种短期资金融通业务，指资金融入方（正回购方）在将债券出质给资金融出方（逆回购方）融入资金的同时，双方约定在将来某一日期由正回购方按约定回购利率计算的资金额向逆回购方返还资金，逆回购方向正回购方返还原出质债券的融资行为。

14. 买断式回购：是指债券持有人（正回购方）将债券卖给债券购买方（逆回购方）的同时，交易双方约定在未来某一日期，正回购方再以约定价格从逆回购方买回相等数量同种债券的交易行为。

15. 债券借贷：是指债券融入方以一定数量的债券为质物，从债券融出方借入标的债券，同时约定在未来某一日期归还所借入标的债券，并由债券融出方返还相应质物的债券融通行为。

16. 债券远期交易：是指交易双方约定在未来某一日期，以约定价格和数量买卖标的债券的行为。

17. 远期利率协议：是指交易双方约定在未来某一日，交换协议期间内在一定名义本金基础上分别以合同利率和参考利率计算的利息的金融合约。其中，远期利率协议的买方支付以合同利率计算的利息，卖方支付以参考利率计算的利息。

18. 人民币利率互换交易：是指交易双方约定在未来的一定期限内，根据约定数量的人民币本金交换现金流的行为，其中一方的现金流根据浮动利率计算，另一方的现金流根据固定利率计算。

19. 做市商：是指经中国人民银行批准在银行间市场开展做市业务，享有规定权利并承担相应义务的金融机构。做市业务是指做市商在银行间市场按照有关要求连续报出做市券种的现券买、卖双边价格，并按其报价与其他市场参与者达成交易的行为。

20. 银行间外汇市场：是指经国家外汇管理局批准可以经营外汇业务的境内金融机构（包括银行、非银行金融机构和外资金融机构）之间通过中国外汇交易中心进行的人民币与外币、外币与外币之间的交易市场。

21. 外币买卖业务：是指在银行间外汇市场，通过电子交易与清算平台，为境内金融机构进行外币与外币之间的交易与清算提供便利的安排。

22. 银行间远期外汇交易：是指在银行间外汇市场上，交易双方以约定的外汇币种、金额、汇率，在约定的未来某一日期交割的人民币对外汇的交易。

23. 人民币外汇货币掉期：是指在约定期限内交换约定数量人民币与外币本金，同时定期交换两种货币利息的交易协议。

二、填空题

1. 金融市场主体、金融市场中介组织、金融工具

2. 法律、经济

3. 全面性、效率性

4. 汇票、本票

5. 诚实信用

6. 承兑

7. 真实、合法的商品交易

8. 中国人民银行、中国人民银行

9. 全国统一的同业拆借网络

10. 询价、交易双方

11. 中央银行票据、金融债券、非金融企业债务融资工具

12. 定向

13. 招标、金融机构

14. 诚信、自律、中国银行间市场交易商协会

15. 质押、买断

16. 做市商、1

17. 365

18. 电话、传真

19. 国家外汇管理局

20. 会员大会、理事会

21. 自营会员、代理会员

22. 首席交易员、普通交易员

23. 询价、竞价

24. 做市商、结算代理、套期保值

25. 存贷款业务、商业银行、套期保值

三、单项选择题

1. D	2. B	3. B	4. A	5. D	6. A	7. C	8. A
9. A	10. D	11. D	12. D	13. B	14. C	15. B	16. D
17. C	18. D	19. B	20. B	21. C	22. A	23. B	24. D
25. A	26. B	27. C	28. D				

四、多项选择题

1. ABC	2. ADE	3. ABCDE	4. ABC	5. ABCDE
6. ABDE	7. AB	8. BCDE	9. ABCDE	10. BDE
11. CD	12. ABCDE	13. AE	14. ABCD	15. ABDE

16. ABCDE　　　17. ACDE　　　18. ABCE　　　19. ABCDE　　　20. ABDE
21. ABCDE　　　22. DE　　　23. BCE　　　24. ABCDE　　　25. ABCDE
26. ABCDE　　　27. ABCDE　　　28. ABCDE

五、判断题

1. √　　2. √　　3. √　　4. ×　　5. √　　6. ×　　7. √　　8. √
9. √　　10. √　　11. ×　　12. √　　13. √　　14. √　　15. ×　　16. √
17. √　　18. √　　19. ×　　20. √　　21. √　　22. ×　　23. √　　24. √
25. ×　　26. √　　27. √

六、简答题

1.（1）中央银行参与金融市场的监管是其实施货币政策的需要。金融市场是货币政策的重要传导渠道之一，中央银行对金融市场施以全面、动态的检测和一定的管理，是有效实施货币政策的必要保障。

（2）中央银行参与金融市场监管是维护金融稳定的需要。宏观金融风险的发生源自微观的金融活动，如果中央银行对金融市场的运行、金融机构的经营不闻不问或无权干预，维护宏观金融稳定只能是一句空话。

（3）中央银行参与金融市场监管是遵循金融市场监管原则的需要。中央银行比其他任何政府部门更有能力承担监管货币市场、外汇市场和黄金市场的职责，最符合金融市场监管的各项原则。

2.（1）中国人民银行总行设立再贴现窗口，受理、审查、审批各银行总行的再贴现申请，并经办有关的再贴现业务。

（2）中国人民银行各分行营业部和中心支行设立授权再贴现窗口，受理、审查并在总行下达的再贴现限额之内审批辖内银行及其分支机构的再贴现申请，经办有关的再贴现业务（简称授权窗口）。

（3）授权窗口认为必要时可对辖内一部分分支机构实行再贴现转授权（简称转授权窗口），转授权窗口的权限由授权窗口规定。

（4）中国人民银行县级支行和未获转授权的中心支行，对辖内银行及其分支机构的再贴现申请仍可受理，但须报经授权窗口审批，然后才能经办有关的再贴现业务。

3.（1）期限在15年以上，发行之日起10年内不得赎回。期满后发行人具有一次赎回权，若发行人未行使赎回权可以适当提高债券利率。

（2）债券到期前，如果发行人核心资本充足率低于4%，发行人可以延期支付利息；如果同时出现以下情况：最近一期资产负债表中盈余公积与未分配利润之和为负，且最近12个月内未向普通股股东支付现金红利，则发行人必须延期支付利息。在不满足延期付息条件时，发行人应立即支付欠息及欠息产生的复利。

（3）当发行人清算时，混合资本债券本金和利息的清偿顺序列于一般债务和次级债务之后、先于股权资本。

（4）债券到期时，如果发行人无力支付清偿顺序在该债券之前的债务或支付该债券将导致无力支付清偿顺序在该债券之前的债务，发行人可以延期支付该债券的本金和利息。待上述情况好转后，发行人应继续履行其还本付息义务，延期支付的本金和利息将根据票面利率计算利息。

4.（1）具有良好的公司治理机制。

（2）核心资本充足率不低于4%。

（3）最近三年连续盈利。

（4）贷款损失准备计提充足。

（5）风险监管指标符合监管机构的有关规定。

（6）最近三年没有重大违法、违规行为。

（7）中国人民银行要求的其他条件。

根据商业银行的申请，中国人民银行可以豁免前款所规定的个别条件。

5.（1）注册资本或净资本不少于12亿元人民币。

（2）市场表现活跃，提交申请时上一年度的现券交易量排名前80位。

（3）提交申请前，已在银行间市场尝试做市业务，具备必要的经验和能力。

（4）具有完善的内部管理制度、操作规程和健全的内部风险控制机制、激励考核机制。

（5）有较强的债券市场研究和分析能力。

（6）相关业务部门有5人以上的合格债券从业人员，岗位设置合理、职责明确。

（7）提交申请前2年没有违法和重大违规行为。

（8）中国人民银行规定的其他条件。

参考资料

买断式回购与质押式回购的比较研究[1]

自2004年5月19日国债市场推出买断式回购以来，其交易活跃程度始终不尽如人意。以2005年全年的回购交易数据为例，2005年债券买断式回购达成交

---

[1]　杨丽彬、陈晓萍：《买断式回购与质押式回购的比较研究》，载《华中电业财会》，2006（4）。

易 1 562 笔，累计成交金额 2 222.83 亿元，日均成交 8.86 亿元，而与之形成鲜明对比的是 2005 年质押式回购共达成交易 47 217 笔，累计成交金额为 156 784.32亿元，日均成交 624.64 亿元。可见买断式回购的交易量与交易活跃程度远远低于质押式回购。这似乎与管理层的最初设想不一致。本文希望通过对这两种交易方式的各个层面进行比较，对这一现象作出相应的解释。

一、买断式回购与质押式回购的差异分析

债券买断式回购是指债券持有人（正回购方）将债券卖给债券购买方（逆回购方）的同时，与买方约定在未来某一日期，由卖方再以约定价格从买方买回相等数量同种债券的交易行为。债券质押式回购是指债券持有人（正回购方）将债券质押给资金融出方的同时，与买方约定在未来某一日期，以约定的价格从资金融出方买回该债券。二者的差异主要体现在以下几个方面：

（一）交易的目的和债券所有权归属不同

质押式回购卖方的债券在交易过程中被中国证券登记结算公司冻结，在质押期内，债券所有权并不发生变化，买方不能动用，逆回购方只获得拆出资金的利息收入，并没得到债券的所有权，同时正回购方用债券作质押，拆入一笔资金并付出相应利息，在得到资金使用权的同时还拥有出质债券的所有权及利息收入，所以质押式回购是以短期融资为主要目的。买断式回购的逆回购方在期初买入债券后享有再行回购或另行卖出债券的完整权利，所以在此还有融券的目的。

（二）资金清算价格不同

质押式回购首期资金清算金额＝首期交易全价×回购债券数量/100，质押式回购到期资金清算金额＝首期资金清算金额×（1＋回购利率×回购天数/365），主要计算的是回购期间的回购利率。买断式回购首期资金清算金额＝（首期交易净价＋首期结算日应计利息）×回购债券数量/100，买断式回购到期资金清算金额＝（到期交易净价＋到期结算日应计利息）×回购债券数量/100，主要计算的是价格，可见买断式回购计价方式与现券交易计价方法一致，买断式回购与现行质押式回购交易最重要的差别就在于债券的所有权在交易过程中发生了一定期限的转移，即伴随着一次现券的卖出和一次现券的赎回，实际是两次现券交易的组合。一般认为买断式回购不仅同时具有融资、融券及远期价格发现的功能，而且为债券市场提供了利用做空和做多交易组合获得盈利的机会。

（三）法律关系的差异

从现有的定义和规定看，质押式回购实际是质押贷款；买断式回购是包含两次结算的一次交易行为，由一个买断式回购合同约束。与质押式回购不同的是，在买断式回购中，债权所有权发生两次转移，不体现为质押形式，逆回购方取得的不是债券的质押权，而是债券的所有权，在回购期间可对回购债券进行处置，只不过回购到期时必须将这种权利交还给正回购方并相应收回融出的资金。

（四）会计政策的差异

由于质押式回购实际是一笔质押贷款，所以其会计处理相对简单。从债券买断式回购的定义可以看出，与目前国内债市通行的封闭式回购（又称质押式回购）相比，买断式回购（又称开放式回购）的最大特点是，在买断式回购中，债券所有权发生两次转移，而不体现为质押形式，逆回购方在回购期间拥有债券的所有权，可对持有债券进行处理。从形式上看，债券买断式回购中包含了回购和债券所有权转移两个基本事项。对于回购事项的处理，买断式回购与基金现行的封闭式回购相比并无特殊之处，争论的焦点及主要的风险点集中在债券所有权的转移上，即回购首期和到期两次债券所有权的转移应该怎样处理。为此我国的买断式回购在会计处理上可有以下两种选择：一是按准现货交易方式处理；一是按融资方式处理。

1. 按准现货交易方式处理。在会计处理上将买断式回购作为两次现货交易，回购首期和到期均按现货交易的处理在交易双方的资产负债表内反映回购相应资金和债券的变动情况，但在报表附注中对回购相应的资金或债券给予注释。这样处理的结果是，买断式回购交易双方的首期和到期的资产负债表内会计处理基本与现货交易相同，只是需要在报表说明内容中注释买断式回购情况。这样处理的好处是：（1）资产负债表如实反映债券所有权的转移情况，会计处理简单明了；（2）回购期间回购债券发生的利息支付便于处理。不足之处在于：（1）以现货交易形式表现买断式回购，其融通的经济现实体现不明显；（2）资金和债券在回购期内都是可以流动的，表内难以直接体现回购规模，会计注释随意性较大。

2. 按融资方式处理。将买断式回购在会计处理上视为一次融资交易，而不是两次现货交易。进行买断式回购时，交易双方的资产负债表内只反映回购相应的资金运动，不反映债券运动，回购债券留在正回购方资产负债表，但要在报表说明内容中给予注释。这样处理的结果是，买断式回购参与者的首期和到期的资产负债表内会计处理基本与质押式回购相同，只是在具体的报表说明内容和要求上有所不同；其间如发生回购债券利息支付，视同为正回购方先部分偿还回购融入资金。这样处理的优点是：（1）体现买断式回购的融通形式，由于逆回购方买入债券必须要返售，买断是形式，融通是实质，尽管法律所有权发生转移，但经济所有权实质上并未转移，正回购方仍然承担债券的价格波动风险，因此从反映经济意义出发，对于回购参与者而言，买断式回购的会计处理应视为融资方式；（2）有利于税务部门理解，避免对买断式回购按现货交易进行会计处理而导致不合理征税。不合理之处在于：会计处理较繁乱。

（五）税收政策

买断式回购的税收政策实际上是与会计处理紧密相关的，只要会计处理方法确定，税收政策基本也就确定。如采用现货交易方式进行会计处理，则可能会将回购收益视为两次交易的买卖差价征税；如采用融资方式进行会计处理，则往往会将回购收益视为融资利息征税。买断式回购的本质是包含两次结算的一次融通交易，而不是两次现货交易，因此不宜按现货交易征收买卖价差税（营业税），而应按融资交易对融资利息征收营业税。质押式回购由于实质是质押贷款因此不牵扯直接的征税问题。

（六）风险问题

质押式回购的主要风险是：正回购方破产或陷入经济纠纷案中时，逆回购方面临的本金流动性风险或质押权可能无法行使；正回购方到期不履行债券购回义务时，逆回购方行使质押权追偿资金存在时间上的不确定性。买断式回购面临以下风险：

1. 市场风险。通过新交易模式获得更大的收益都是建立在市场预期充分正确的基础上，一旦预期错误，新交易模式的风险放大也是很明显的，比如预计利率上升，债券价格将下降，想通过卖空在低位时再融入债券，以获得差价收入。若实际情况恰恰相反，市场利率下降了，债券价格不降反升，就会迫使回购方在高价位买回债券用于返售到期回购质押券，从而造成低卖高买的价差损失，特别是在循环卖空交易中，如果债市整体下滑，交易链中的每一笔回购交易都面临着债券贬值、保证金不足的风险，这将迫使投资者卖出债券以补充保证金的不足，大量的抛售债券又会进一步引发债券贬值，加剧保证金不足的压力。如果交易链中最终偿付资金不足，就会引发资金断裂，导致整条交易链的崩溃，最终引发杠杆做空交易的风险。

2. 信用风险。当债券市场价格剧烈波动时，回购交易的正逆交易双方可能因不履行回购协议而获利。这时正逆回购双方就可能出现拒绝回购协议的行为：对逆回购方而言，如果回购到期时，相应债券出现预期大幅上涨，且价格远远高于事先约定的返售价格，按低于市场的价格将债券返售给正回购方就会失去价差交易的机会，从而逆回购方就可能选择不按初始回购价格履行返售质押券的义务；反之，对正回购方而言，如果回购到期时相应债券的价格大幅下跌，并且价格远远低于事先约定的回购价格，按高于市场的价格回购质押券就会多支付购券成本，正回购方就可能选择不按初始回购价格履行购回义务，从而减少融资成本获利。

3. 清算风险。当市场债券价格趋于下跌，投资者就会选择买断式回购交易中的卖空抛补套利交易模式获利，但若回购到期时市场回购债券短缺，投资者无法在市场上融回卖空的债券拥有返售清偿，就会构成清算违约风险。

二、结论

通过上面的对比我们看出，买断式回购虽然相对质押式回购来说，既有融资功能，又有融券功能，但它仍然存在下列问题使其的交易量和交易活跃程度远远低于人们最初的预期。主要表现在：

首先，会计处理不明确影响市场参与者参与的积极性。买断式回购的会计处理和税收问题是市场参与者都关心的问题，也是影响买断式回购业务发展的关键因素之一。在会计处理上是按现券买卖处理还是按资金融通处理，现在并没有明确的规定，这在很大程度上影响了参与者的积极性。

其次，买断式回购本身具有许多风险，这意味着会加大市场风险。买断式回购为资金融出方引入了一种卖空机制，一旦市场价格出现了与预期相反的变动，就会给已出售了质押债券的逆回购方带来相应的损失。

再次，在债券回购现行的财务制度安排下，利率和市场价格波动较大时，市场成员做空的动力不足。在市场价格不断下跌中，债券持有者并不愿意出售持有的债券，这是因为一旦出售债券就会转化为现实的损失，如果将债券持有到期，至少并不会形成账面上的亏损。这就是近几年回购交易量萎缩的原因。

最后，由于买断式回购的最长期限只能达到 91 天，这样，在买断式回购中，逆回购方要在回购期卖出债券，然后再买回相应债券保证返售阶段的履约，就面临着非常大的市场风险。

21世纪高等学校金融学系列教材

第五编

中央银行与反洗钱、征信管理及金融稳定

第十四章

中央银行与反洗钱

内容提要

洗钱已经成为危害全球金融稳定的一个重要因素，各国政府都已经高度重视反洗钱。中央银行作为金融体系的中心，是金融稳定的主要维护者，在反洗钱方面具有不可替代的重要作用。本章首先简单介绍洗钱的概念，洗钱的方式与过程，洗钱的社会危害；其次简要分析反洗钱立法；最后介绍反洗钱的国际合作概况。

第一节 洗钱犯罪及其危害

一、洗钱

1. 洗钱（money laundering）是一种严重的犯罪行为，是指犯罪者把违法获取的资金通过各种渠道转变为貌似合法资金或者资产从而逃避法律侦查与制裁的一种违法过程或者行为。

2. 洗钱包含三个要素：洗钱主体、洗钱客体以及洗钱过程。洗钱后犯罪者把资金运用于毒品犯罪、武器走私、恐怖活动以及其他有组织犯罪活动，这些活动严重危害社会与经济发展。

二、洗钱的方式和过程

1. 洗钱的方式不计其数，但是主要的洗钱活动不外乎下面六种：

第一，利用合法的金融体系洗钱。

第二，利用地下钱庄进行洗钱，不法分子通过地下钱庄将赃款转移出境。

第三，利用因特网进行洗钱。

第四，通过现金的走私进行洗钱。

第五，通过投资进行洗钱。

第六，利用进出口贸易进行洗钱，通过虚报进出口价格或伪造有关的贸易单据等方式跨境转移赃款。

2. 洗钱过程（process of money laundering）主要包括下面三个阶段：开始阶段（placement stage）、逐步转移阶段（layering stage）、合法使用阶段（integration stage）。

三、洗钱犯罪的社会危害

1. 扰乱金融秩序，危害金融稳定。
2. 助长地下经济以及其他非健康经济。
3. 加剧严重的有组织犯罪活动，危害社会稳定。

第二节　反洗钱立法与体制

一、国外反洗钱立法

1. 反洗钱的一个重要步骤就是加强反洗钱立法，为反洗钱部门提供强有力的法律基础。1988 年的《联合国禁止非法贩运麻醉药品和精神药物公约》是国际社会第一个规定洗钱为犯罪的国际公约，为各国反洗钱活动提供了第一个行动指南。此外，联合国还制定了《联合国制止向恐怖主义提供资助的国际公约》等 6 个国际公约，从不同方面为反洗钱或反恐怖融资提供了国际法律依据。

2. 美国在反洗钱立法方面走在世界各国的前列。美国第一部以反洗钱为题的立法是《1986 年洗钱控制法》（the Money Laundering Control Act of 1986），但是最早有关反洗钱方面的法律则可追溯到 1970 年的《银行秘密法》（the Bank Secrecy Act，即 Currency and Foreign Transactions Reporting Act of 1970）。

二、国外反洗钱体制

大部分国家都以一个国家机构，主要是中央银行或者其他金融监管当局为主，然后联合其他部门，如司法等部门，共同负责反洗钱工作。

第一，建立一部门主导、其他政府部门协同参与的反洗钱组织体系。

第二，完善的反洗钱法律体系。

第三，完善的反洗钱信息共享体系。

各国中央银行在反洗钱中的地位举足轻重。

第三节　反洗钱的国际合作

一、国际合作的产生

1. 1989 年七国集团巴黎峰会（G – 7 Summit）上，七国集团政府首脑、欧洲委员会主席联合倡议成立了国际反洗钱金融工作组（Financial Action Task Force on Money Laundering，FATF）。这是国际反洗钱合作的里程碑，标志着反洗钱进入了一个新的历史阶段。

2. FATF 的宗旨是：识别洗钱手段、方式与发展动态，评估现有国别、国际反洗钱立法与司法现状，制定反洗钱的技术。

3. 1990 年，FATF 制定了其成立以来的第一个极为重要的标准，即《40 条建议》（the Forty Recommendations）。这个标准现在已经为全球 170 多个国家、国际货币基金组织、世界银行、联合国安理会等认可。

4. FATF 是世界上领导性的反洗钱国际合作中心，除了该组织之外，还有一些类似的地区性反洗钱组织，如亚太反洗钱组织（Asia/Pacific Group on Money Laundering，APG）等。

二、国际合作的新进展

1. FATF 成立后，尤其是其制定的反洗钱国际基本标准为各国反洗钱实践提供了行动指南。然而，随着国际洗钱犯罪的新发展，FATF 原有技术与方法不足以指导各国反洗钱的实践。于是该组织在 1996 年、2003 年对《40 条建议》进行了全面的评估与修订，以反映国际社会最近反洗钱实践的做法与挑战。2001年，FATF 根据国际形势的需要，扩展了其宗旨，把反恐怖融资加入其日常活动之中。同年 10 月，FATF 制定了国际上第一份反恐怖融资指南，即《反恐怖融资特别建议》（the Nine Special Recommendations on Terrorist Financing）。2004 年，FATF 进一步扩展该特别建议。至此，FATF 的标准已全面覆盖洗钱与恐怖融资。其标准，即《40 +9 条建议》，已经成为国际反洗钱的标准指南。

2. 2006 年 6 月 23 日，FATF 公布了《贸易为基础的洗钱》报告，这是第一份以研究国际贸易体系中洗钱活动的专题报告。

三、国际合作的成果

反洗钱国际合作的成果主要体现在 FATF 的《40 +9 条建议》中，具体表现为下列几条原则性规定：

1. 客户身份识别（customer identification）。

2. 持续对账户与交易进行监督（ongoing monitoring of accounts and transactions）。

3. 建立可疑交易记录保持与报告制度（record – keeping and reporting of suspicious transactions）。

4. 实行内控与审计制度（internal controls and audit）。

5. 诚信守则（integrity standards）。

6. 国内金融当局与其他政府职能部门以及国内外的合作（cooperation between supervisors and other competent authorities）。

第四节　我国的反洗钱工作

一、我国反洗钱工作的产生及发展

1. 我国反洗钱工作起步较晚，原因有如下三个：（1）我国曾经实行高度集中的计划经济，与国外的经贸联系也较少；（2）改革开放之初，我国对洗钱活动认识不到位；（3）缺乏完善科学的反洗钱法律体系。

2. 1997 年 3 月 14 日，《中华人民共和国刑法》修订时首次将洗钱犯罪列入，其上游犯罪包括毒品犯罪、走私犯罪、具有黑社会性质的有组织犯罪。

3. 2003 年是我国反洗钱体制建设的最重要的一年。根据新修订的《中国人民银行法》第四条的规定，中国人民银行"指导、部署金融业反洗钱工作，负责反洗钱的资金监测"；同时根据国务院的决定，中国人民银行负责协调全国反洗钱工作。

4. 2006 年是我国反洗钱立法建设的里程碑。新中国第一部反洗钱专门法律——《中华人民共和国反洗钱法》（以下简称《反洗钱法》）在第十届全国人民代表大会常务委员会第二十四次会议上获得通过。

二、我国反洗钱立法历程

我国反洗钱立法工作起步较晚，而且立法层次偏低。这个状况制约了我国反洗钱工作的开展，而且不利于我国开展反洗钱国际合作，尤其是我国长期以来不是 FATF 的正式成员。

1. 2003 年 3 月 22 日，全国人大常委会预算工作委员会开始负责反洗钱法起草工作。

2. 2006 年 10 月 31 日，《反洗钱法》经第十届全国人民代表大会常务委员会第二十四次会议审议通过，自 2007 年 1 月 1 日起施行。

3. 《反洗钱法》共 7 章、31 条。该法包括总则、反洗钱监督管理、金融机构反洗钱义务、反洗钱调查、反洗钱国际合作、法律责任及附则等7章。

总体而言，我国的反洗钱法律还比较粗糙。所以，我国反洗钱主管机关——中国人民银行又制定了多项行政规章，对反洗钱工作进行规范。

三、我国反洗钱主管机关及其职责

1. 反洗钱协调主管机关的变动。正式建立我国反洗钱的政府部门协调机制是在2002年，公安部被国务院指定为总协调人。2002年5月，国务院批准成立了由公安部部长为召集人，最高人民法院、最高人民检察院等有关部委16个单位参加的反洗钱工作部际联席会议。2003年5月，国务院批准改由中国人民银行行长为反洗钱工作部际联席会议的召集人。

2. 中国反洗钱监测分析中心的成立。根据新修订的《中国人民银行法》以及《反洗钱法》，中国人民银行是我国反洗钱的总协调人及金融领域反洗钱的主管机关。2004年，经国务院批准，中国人民银行设立了中国反洗钱监测分析中心，负责接收、分析、保存、移送大额和可疑交易报告。

四、我国反洗钱实践的成绩

最近几年以来，我国反洗钱实践取得了可喜的成绩，例如，2006年，中国人民银行针对可疑交易活动实施反洗钱行政调查1 599次，向侦查机关移送涉嫌洗钱犯罪线索1 239件，同时协助侦查机关调查涉嫌洗钱案件2 750次，协助破获涉嫌洗钱案件100多起。同时，对地下钱庄的侦查与打击，有力地促进了我国反洗钱实践工作。反洗钱工作的成绩对于维护我国金融秩序与促进金融稳定，最终实现经济社会的健康和谐发展起到了重要作用。

五、我国反洗钱的国际合作

1. 中国加入FATF，成为我国反洗钱国际合作的良好开端与重要标志。FATF自1998年开始考虑吸纳中国加入，并于2005年1月接纳中国成为观察员。2006年11月，FATF对照《40+9条建议》最新标准对中国的反洗钱与反恐融资工作进行了全面的现场评估。2006年6月28日，FATF在巴黎召开的第十八届第三次全体会议对中国现场评估后形成的评估报告进行了讨论，并随即就中国转为正式成员问题作出了决定。2007年6月28日20时，在法国巴黎FATF全体会议以协商一致方式同意中国成为该组织正式成员。

2. 加入反洗钱相关国际公约成为我国开展国际反洗钱合作的切入点。我国批准了关于洗钱的各项国际公约，并在反洗钱实践中严格贯彻。中国签署、批准、执行了联合国在反洗钱与反恐怖融资领域的一系列重要国际公约。例如，1988年12月19日《联合国禁止非法贩运麻醉药品及精神药物公约》通过，我国在其通过的第二天就签署了该公约，是最早的签署国之一。

综合练习

一、名词解释

洗钱　反洗钱　可疑交易　FATF　黑钱

二、填空题

1. _____已经成为危害全球_____的一个重要因素，各国都对反洗钱高度重视。

2. 洗钱是一种_____现象，最近20年以来表现日益严重。

3. 尽管洗钱者使用的洗钱方式不断变化，但是他们的过程却依然不外乎_____阶段。

4. _____是洗钱活动的一个重要链条，洗钱对于_____的危害十分明显。

5. _____天生就与有组织犯罪具有紧密联系，尤其是进入21世纪后。

6. 反洗钱立法起步较晚，最开始是以_____的形式出现。

7. 在反洗钱立法方面，_____走在世界各国前列，制定了较为完善的反洗钱与反恐怖融资国内法。

8. _____是一项复杂的犯罪行为，因而单靠一个国家机构难以有效完成打击任务。

9. 洗钱不再是一国所面临的威胁，它是_____的敌人。所以各国政府以及国际组织必须联合起来共同打击与遏制日益严重的洗钱犯罪。

10. 加入_____成为我国参与国际反洗钱合作的重要标志。

三、单项选择题

1. 所有（　　）都要经过现代金融体系这一环节，脱离了金融体系洗钱将寸步难行。

A. 洗钱活动　　　B. 犯罪　　　　C. 洗钱者　　　　D. 黑钱

2. 不属于洗钱犯罪危害的项目是（　　）。

A. 扰乱金融秩序，危害金融稳定　　B. 加剧严重的有组织犯罪

C. 助长地下经济以及其他非健康经济　D. 不利于地下经济活动

3. 美国第一部以反洗钱为题的立法是（　　）。

A.《1970年银行秘密法》　　　　B.《1986年洗钱控制法》

C.《1988年反药品滥用法》　　　D.《2001年美国爱国法》

4. FATF成立于（　　）。

A. 1988年1月　　B. 1989年7月　　C. 2004年8月　　D. 2006年1月

5. 2001 年 12 月 29 日，《中华人民共和国刑法修正案（三）》把恐怖活动犯罪列为（   ）的上游犯罪。

A. 恐怖主义犯罪   B. 反分裂犯罪

C. 洗钱犯罪   D. 有组织犯罪

四、多项选择题

1. 洗钱犯罪包括（   ）等过程。

A. 开始阶段   B. 逐步转移阶段

C. 合法使用阶段   D. 跨国转移阶段

2. 属于反洗钱区域组织的有（   ）。

A. 亚太反洗钱组织   B. 加勒比反洗钱工作组

C. 欧洲理事会   D. 南美反洗钱工作组

3. 下列哪些国际机构认可 FATF 制定的反洗钱原则（   ）。

A. 世界银行   B. 中国人民银行

C. 联合国   D. 国际货币基金组织

4. 制定《反洗钱法》的意义主要体现在以下几方面：（   ）。

A. 有利于及时发现洗钱活动，追查并没收犯罪所得，遏制洗钱犯罪及其上游犯罪，维护经济安全和社会稳定

B. 有利于消除洗钱行为给金融机构带来的潜在金融风险和法律风险，维护金融安全

C. 有利于发现和切断资助犯罪行为的资金来源和渠道，防范新的犯罪行为

D. 有利于保护上游犯罪受害人的财产权，维护法律尊严和社会正义

E. 有利于参与反洗钱国际合作，维护我国良好的国际形象

5. 根据我国《反洗钱法》第三十条的规定，反洗钱行政主管部门和其他依法负有反洗钱监督管理职责的部门、机构从事反洗钱工作的人员有下列行为之一的，依法给予行政处分：（   ）。

A. 违反规定进行检查、调查或者采取临时冻结措施的

B. 泄露因反洗钱知悉的国家秘密、商业秘密或者个人隐私的

C. 对于金融机构违法保密规定，侵害客户利益行为，该法同样作了规定

五、判断题

1. 中央银行作为金融体系的中心，是金融稳定的主要维护者，在反洗钱方面具有不可替代的重要作用。 （   ）

2. 利用投资进行洗钱是一种极为重要的洗钱方式，其社会危害性不大。

（   ）

3. 洗钱犯罪的合法使用阶段是指通过其他两个阶段，洗钱者把分散转移的资金重新汇集起来，或者购买实物资产，如房地产、工商企业等，或者供其

消费。　　　　　　　　　　　　　　　　　　　　　　　　　　（　　）

4. 1987 年的《联合国禁止非法贩运麻醉药品和精神药物公约》是国际社会第一个规定洗钱为犯罪的国际公约，为各国反洗钱活动提供了第一个行动指南。

（　　）

5. 洗钱犯罪是一项简单的犯罪行为，因而单靠一个国家机构就能有效完成打击任务。　　　　　　　　　　　　　　　　　　　　（　　）

六、简答题

1. 简述洗钱犯罪的社会危害性。

2. 简述 FATF 国际反洗钱合作的主要成果。

七、论述题

论述洗钱犯罪与金融稳定的关系。

参考答案

一、名词解释

1. 洗钱：洗钱是一种严重的犯罪行为，是指犯罪者把违法获取的资金通过各种渠道转变为貌似合法资金或者资产从而逃避法律侦查与制裁的一种违法过程或者行为。

2. 反洗钱：按照我国反洗钱立法的规定，是指为了预防通过各种方式掩饰、隐瞒毒品犯罪、黑社会性质的组织犯罪、恐怖活动犯罪、走私犯罪、贪污贿赂犯罪、破坏金融管理秩序犯罪、金融诈骗犯罪等犯罪所得及其收益的来源和性质的洗钱活动，依照该法规定采取相关措施的行为。

3. 可疑交易：是指金融机构在实施反洗钱法律法规时，发现的可能参与洗钱活动的金融交易。

4. FATF：它是成立于 1989 年 7 月的一个国际反洗钱合作组织，在 1989 年七国集团巴黎峰会（G－7 Summit）上，七国集团政府首脑、欧洲委员会主席联合倡议成立的国际反洗钱金融工作组（Financial Action Task Force on Money Laundering，FATF）。它的成立标志着国际反洗钱合作的里程碑，其制定的《40＋9 条建议》是国际反洗钱合作的重要基础。

5. 黑钱：是指洗钱犯罪者欲通过各种方式掩盖真实来源与性质的犯罪款项，又指赃钱。

二、填空题

1. 洗钱、金融稳定

2. 现代

3. 三个

4. 金融体系、金融体系

5. 洗钱犯罪

6. 国际公约

7. 美国

8. 洗钱犯罪

9. 全球共同

10. FATF

三、单项选择题

1. A　　2. D　　3. B　　4. B　　5. C

四、多项选择题

1. ABC　　2. ABCD　　3. ACD　　4. ABCDE　　5. ABC

五、判断题

1. √　　2. ×　　3. √　　4. ×　　5. ×

六、简答题

1.（1）扰乱金融秩序，危害金融稳定。

（2）助长地下经济以及其他非健康经济。

（3）加剧严重的有组织犯罪活动，危害社会稳定。

2. 反洗钱国际合作的成果主要体现在 FATF 的《40＋9 条建议》中，具体表现为下列几条原则性规定：

（1）客户身份识别。

（2）持续对账户与交易进行监督。

（3）建立可疑交易记录保持与报告制度。

（4）实行内控与审计制度。

（5）诚信守则。

（6）国内金融当局与其他政府职能部门以及国内外的合作。

七、论述题（要点）

（1）洗钱犯罪偏好利用金融体系进行。一旦洗钱犯罪在金融体系中进行，有关金融机构就会因此而受牵连，最终会导致有关金融机构受损，严重者因此而倒闭。

（2）洗钱犯罪将会损害金融体系在公众中的信任与形象，由此可能引发金融体系信心危机，而这个危机将可能导致金融体系系统危机。

（3）洗钱犯罪还将使得一国金融体系难以开展国际合作，从而降低金融全球化所带来的好处。

所有这些都对金融稳定造成极大伤害。这是中央银行要积极参与或者主导反洗钱工作的一个基本依据。

参考资料

I 《中华人民共和国刑法修正案（六）》
关于洗钱犯罪的规定

2006 年 6 月 29 日，第十届全国人大常委会第二十二次会议审议通过了《刑法修正案（六）》，修改了《刑法》第一百九十一条"洗钱罪"和第三百一十二条"窝藏、转移、收购、销售赃物罪"，进一步完善了《刑法》关于洗钱犯罪的规定。

《刑法修正案（六）》第十六条规定，将《刑法》第一百九十一条第一款修改为："明知是毒品犯罪、黑社会性质的组织犯罪、恐怖活动犯罪、走私犯罪、贪污贿赂犯罪、破坏金融管理秩序犯罪、金融诈骗犯罪的所得及其产生的收益，为掩饰、隐瞒其来源和性质，有下列行为之一的，没收实施以上犯罪的所得及其产生的收益，处五年以下有期徒刑或者拘役，并处或者单处洗钱数额百分之五以上百分之二十以下罚金；情节严重的，处五年以上十年以下有期徒刑，并处洗钱数额百分之五以上百分之二十以下罚金：

"（一）提供资金账户的；

"（二）协助将财产转换为现金、金融票据、有价证券的；

"（三）通过转账或者其他结算方式协助资金转移的；

"（四）协助将资金汇往境外的；

"（五）以其他方法掩饰、隐瞒犯罪所得及其收益的来源和性质的。"

与《刑法》原第一百九十一条第一款相比，《刑法修正案（六）》进行了两处修改：一是增加了"贪污贿赂犯罪、破坏金融管理秩序犯罪、金融诈骗犯罪"三类上游犯罪，有限度地扩大了本条的上游犯罪范围；二是明确将"协助将财产转换为有价证券"的行为规定为洗钱方式之一，解决了司法实践中对于协助将财产转换为股票、债券等有价证券的行为是否属于洗钱行为的争议。

《刑法修正案（六）》第十九条规定，将《刑法》第三百一十二条修改为："明知是犯罪所得及其产生的收益而予以窝藏、转移、收购、代为销售或者以其他方法掩饰、隐瞒的，处三年以下有期徒刑、拘役或者管制，并处或者单处罚金；情节严重的，处三年以上七年以下有期徒刑，并处罚金。"

与《刑法》原第三百一十二条相比，进行了三处修改：一是将犯罪对象由

"犯罪所得的赃物"修改为"犯罪所得及其产生的收益",扩大了本条的适用范围;二是增加了"以其他方法掩饰、隐瞒"的行为方式的"兜底条款",通过列举加概括的方式包含所有可能的洗钱方式;三是增加了法定刑的规定,即"情节严重的,处三年以上七年以下有期徒刑,并处罚金",加大了对洗钱犯罪的打击力度。

Ⅱ　中国人民银行有关方面负责人
就《反洗钱法》有关问题答记者问①

一、问:为什么要制定《反洗钱法》?

答:制定《反洗钱法》的意义主要体现在以下几方面:一是有利于及时发现洗钱活动,追查并没收犯罪所得,遏制洗钱犯罪及其上游犯罪,维护经济安全和社会稳定;二是有利于消除洗钱行为给金融机构带来的潜在金融风险和法律风险,维护金融安全;三是有利于发现和切断资助犯罪行为的资金来源和渠道,防范新的犯罪行为;四是有利于保护上游犯罪受害人的财产权,维护法律尊严和社会正义;五是有利于参与反洗钱国际合作,维护我国良好的国际形象。

二、问:什么是洗钱和反洗钱?

答:在我国,关于犯罪的规定是由《刑法》规定的,今年6月29日十届人大常委会第二十三次会议通过的《刑法修正案(六)》将洗钱罪的上游犯罪明确规定为毒品犯罪、黑社会性质的组织犯罪、恐怖活动犯罪、走私犯罪、贪污贿赂犯罪、破坏金融管理秩序犯罪、金融诈骗犯罪等七类犯罪,同时又修改和完善了《刑法》第三百一十二条窝赃罪的规定,对明知是上述七类犯罪以外的其他犯罪所得及其收益而窝赃、转移或代为销售,或者以其他方法隐瞒、掩饰的也要追究刑事责任,最高可以判处七年有期徒刑。《反洗钱法》是预防洗钱活动的法律,不对"洗钱"进行定义,而只对"反洗钱"进行定义。《反洗钱法》第二条规定:本法所称反洗钱,是指为了预防通过各种方式掩饰、隐瞒毒品犯罪、黑社会性质的组织犯罪、恐怖活动犯罪、走私犯罪、贪污贿赂犯罪、破坏金融管理秩序犯罪、金融诈骗犯罪等犯罪所得及其收益的来源和性质的洗钱活动,依照本法规定采取相关措施的行为。

三、问:《反洗钱法》的主要内容是什么?

答:《反洗钱法》共三十七条,其主要内容包括:一是规定国务院反洗钱行政主管部门负责全国的反洗钱监督管理工作,明确国务院反洗钱行政主管部门、国务院有关部门、机构的反洗钱职责分工。二是明确应履行反洗钱义务的金融机

①　资料来源:中国人民银行网站,2006-11-01。

构的范围及其具体的反洗钱义务。三是规定反洗钱调查措施的行使条件、主体、批准程序和期限。四是规定开展反洗钱国际合作的基本原则。五是明确违反《反洗钱法》应承担的法律责任，包括反洗钱行政主管部门以及其他依法负有反洗钱监督管理职责的部门、机构从事反洗钱工作的人员的法律责任，和金融机构及其直接负责的董事、高级管理人员、直接责任人员的法律责任。

四、问：《反洗钱法》所称国务院反洗钱行政主管部门是指哪个部门？它负有哪些反洗钱职责？

答：《反洗钱法》所称国务院反洗钱行政主管部门是指中国人民银行。按照《反洗钱法》和国务院的有关规定，中国人民银行作为国务院反洗钱行政主管部门，负责全国的反洗钱监督管理工作。具体说来，中国人民银行应履行的反洗钱职责主要包括：组织协调全国的反洗钱工作，负责反洗钱资金监测，制定或者会同国务院有关金融监督管理机构制定金融机构反洗钱规章，监督、检查金融机构履行反洗钱义务的情况，在职责范围内调查可疑交易活动，接受单位和个人对洗钱活动的举报，向侦查机关报告涉嫌洗钱犯罪的交易活动，向国务院有关部门、机构定期通报反洗钱工作情况，根据国务院授权，代表中国政府与外国政府和有关国际组织开展反洗钱合作，以及法律和国务院规定的有关反洗钱的其他职责。

五、问：按照《反洗钱法》规定，国务院金融监督管理机构的反洗钱职责有哪些？

答：国务院金融监督管理机构是指中国银行业监督管理委员会、中国证券监督管理委员会和中国保险监督管理委员会。它们应履行的反洗钱监管职责主要有：参与制定所监督管理的金融机构反洗钱规章，对所监督管理的金融机构提出按照规定建立健全反洗钱内部控制制度的要求，发现涉嫌洗钱犯罪的交易活动及时向公安机关报告，审查新设金融机构或者金融机构增设分支机构的反洗钱内部控制制度方案，对于不符合《反洗钱法》规定的设立申请，不予批准，以及法律和国务院规定的有关反洗钱的其他职责。

六、问：哪些机构应该履行反洗钱义务？

答：本法规定的反洗钱义务主体包括两类：一是在中华人民共和国境内设立的金融机构，包括依法设立的从事金融业务的政策性银行、商业银行、信用合作社、邮政储汇机构、信托投资公司、证券公司、期货经纪公司、保险公司以及国务院反洗钱行政主管部门确定并公布的从事金融业务的其他机构。二是按照规定应当履行反洗钱义务的特定非金融机构。特定非金融机构的范围由国务院反洗钱行政主管部门会同国务院有关部门另行制定。

七、问：金融机构应当履行哪些反洗钱义务？

答：金融机构应当履行以下反洗钱义务：建立反洗钱内部控制制度，设立反洗钱专门机构或者指定内设机构负责反洗钱工作，建立客户身份识别制度，建立客户身份资料和交易记录保存制度，建立大额交易和可疑交易报告制度，开展反洗钱培训和宣传工作等。

八、问：金融机构履行反洗钱义务会不会影响其正常经营？

答：金融机构履行反洗钱义务不会影响其正常经营，而是有利于增强金融机构的抗风险能力，促进金融机构稳健运营。金融机构的反洗钱义务并不是新创设的，有关客户身份识别制度、大额交易和可疑交易报告制度、客户身份资料和交易记录保存制度的部分内容早就分别在《证券法》、《个人存款账户实名制规定》、《贷款通则》以及会计制度和其他业务管理规定中有所体现。这些制度已经成为金融机构开展业务的基本制度，《反洗钱法》只是从反洗钱的角度将这些制度法律化，系统规定了这三项制度的内容。同时，金融机构严格履行反洗钱义务，还有利于增强金融机构自身的抗风险能力，促进其良性发展。其一，金融机构健全内控制度，可以有效地防御操作风险、道德风险、法律风险等各类风险，提高风险控制能力；其二，国家建立完备的反洗钱法律体系，会在国际金融领域树立我国良好的国际形象，为国内金融机构提供良好的国际环境；其三，国内金融机构健全反洗钱制度，规范反洗钱操作，可以促进金融机构的合规经营。这些措施，都有利于提高我国金融机构的国际竞争力。

九、问：开展反洗钱工作会不会侵犯金融机构客户的个人隐私和商业秘密？

答：开展反洗钱工作不会侵犯到金融机构客户的个人隐私和商业秘密。为了在反洗钱工作中，合理、有效地保护金融机构客户信息，《反洗钱法》作出了以下规定：一是明确要求对依法履行反洗钱职责或者义务获得的客户身份资料和交易信息，应当予以保密；非依法律规定，不得向任何组织和个人提供。二是对反洗钱信息的用途作出了严格限制，规定反洗钱行政主管部门和其他依法负有反洗钱监督管理职责的部门、机构履行反洗钱职责获得的客户身份资料和交易信息，只能用于反洗钱行政调查，同时规定司法机关依照《反洗钱法》获得的客户身份资料和交易信息，只能用于反洗钱刑事诉讼。三是规定中国人民银行设立中国反洗钱监测分析中心，作为我国统一的大额和可疑交易报告的接收、分析、保存机构，避免因反洗钱信息分散而侵害金融机构客户的隐私权和商业秘密。

十、问：《反洗钱法》对社会公众参与反洗钱工作是如何规定的？

答：《反洗钱法》规定反洗钱措施的同时，也非常注重保护公民、法人的合法权益。对此，《反洗钱法》从以下几个方面作出了规定：一是对公民和组织的信息保密，规定有关人员的保密义务。如对履行反洗钱职责或者义务获得的客户身份资料和交易信息，应当保密，只能用于反洗钱调查，非依法律规定，不得向任何组织和个人提供。司法机关依照本规定获得的客户身份资料和交易信息，只能用于反洗钱刑事诉讼。对违反保密义务的，依法承担法律责任。中国人民银行设立中国反洗钱监测分析中心，作为我国统一的大额交易和可疑交易报告的接收、分析、保存机构，避免因反洗钱信息分散而侵害金融机构客户的隐私权和商业秘密。二是严格规定了进行行政调查的审批权限和程序，人民银行省级以上分支机构有权进行反洗钱调查，并严格规定了调查的程序。三是严格限定了临时冻结措施的条件和期限。对不能排除洗钱嫌疑，同时资金可能转往境外的，经中国人民银行负责人批准，可以采取临时冻结措施，临时冻结的时间不得超过 48 小时。在这 48 小时内未接到侦查机关继续冻结通知的，必须立即解除。这些规定既可以保证反洗钱工作的正常进行，又注意保障了公民和法人的合法权益。四是对有关机关未依法履行职责、侵犯公民、组织合法权益的行为规定了法律责任。同时，为了发挥社会公众的积极性，动员社会的力量与洗钱犯罪作斗争，保护单位和个人举报洗钱活动的合法权利，《反洗钱法》特别规定任何单位和个人都有权向中国人民银行或公安机关举报洗钱活动，同时规定接受举报的机关应当对举报人和举报内容保密。在实践中，为广泛获取洗钱行为线索，扩大可疑资金交易信息的收集范围，中国人民银行设立的中国反洗钱监测分析中心自 2005 年起开始接收社会公众的举报，并发布了《涉嫌洗钱行为举报须知》。举报人可以登录中国反洗钱监测分析中心因特网网站进行在线举报，也可以采用来电、来信、传真、电子邮件等其他形式举报。

十一、问：《反洗钱法》对反洗钱国际合作是如何规定的？

《反洗钱法》对反洗钱国际合作进行了原则性的规定：一是明确国家根据缔结或者参加的国际条约，或者按照平等互惠原则，开展反洗钱国际合作。二是明确中国人民银行根据国务院授权，代表中国政府与外国政府和有关国际组织开展反洗钱合作，依法与境外反洗钱机构交换与反洗钱有关的信息和资料。三是规定涉及追究洗钱犯罪的司法协助，由司法机关依照有关法律的规定办理。

十二、问：《反洗钱法》对打击恐怖融资活动是如何规定的？

答：《反洗钱法》规定，对涉嫌恐怖活动资金的监控适用该法；其他法律另有规定的，适用其规定。有效控制洗钱是预防和打击恐怖活动的重要手段，预防和监控洗钱活动的基本措施，如客户身份识别制度、大额和可疑交易报告制度、客户身份资料和交易记录保存制度等，对于发现和打击资助恐怖活动的行为具有积极作用。但是，资助恐怖活动的行为有其自身的特点，反洗钱措施不能完全解决资助恐怖活动问题。我国目前也在制定专门的反恐怖方面的法律，拟对涉嫌恐怖活动资金的监控作出特别规定。

III　反洗钱工作部际联席会议制度[①]

为深入贯彻落实党中央和国务院关于反腐倡廉、打击经济犯罪的一系列指示精神，有效防范和打击洗钱犯罪，维护国家政治、经济、金融安全和正常的经济秩序，根据国务院领导同志批示，建立反洗钱工作部际联席会议制度。

一、人民银行、最高人民法院、最高人民检察院、国务院办公厅、外交部、公安部、安全部、监察部、司法部、财政部、建设部、商务部、海关总署、税务总局、工商总局、广电总局、法制办、银监会、证监会、保监会、邮政局、外汇局、解放军总参谋部等 23 个部门为反洗钱工作部际联席会议成员单位。经国务院批准，人民银行为反洗钱工作部际联席会议牵头单位。

反洗钱工作部际联席会议下设办公室，组织开展反洗钱工作部际联席会议日常工作。办公室设在人民银行反洗钱局，办公室主任由反洗钱局局长兼任，各成员单位指定一名联络员为办公室成员。

二、反洗钱工作部际联席会议在党中央、国务院领导下，指导全国反洗钱工作，制定国家反洗钱的重要方针、政策，制定国家反洗钱国际合作的政策措施，协调各部门、动员全社会开展反洗钱工作。

三、反洗钱工作部际联席会议各成员单位在国务院确定的反洗钱工作机制框架内开展工作。

各成员单位的具体职责是：

人民银行：承办组织协调国家反洗钱的具体工作；承办反洗钱的国际合作与交流工作；指导、部署金融业反洗钱工作，会同有关部门研究制定金融业反洗钱政策措施和可疑资金交易监测报告制度，负责反洗钱的资金监测；汇总和跟踪分析各部门提供的人民币、外币等可疑资金交易信息，涉嫌犯罪的，移交司法部门处理；协助司法部门调查处理有关涉嫌洗钱犯罪案件；研究金融业反洗钱工作的重大和疑难问题，提出解决方案；协调和管理金融业反洗钱工作的对外合作与交流项目。会同有关部门指导、部署非金融高风险行业的反洗钱工作。

最高人民法院：督办、指导洗钱犯罪案件的审判，针对审理中遇到的有关适用法律问题，适时制定司法解释。

最高人民检察院：督办、指导洗钱犯罪案件的批捕、起诉、立案监督，注意发现和查处隐藏在洗钱犯罪背后的国家工作人员职务犯罪案件，针对检察工作中遇到适用法律问题，适时制定司法解释。

外交部：研究反洗钱国际合作有关政策，研究并协助开展我国加入国际或区

[①]　资料来源：中国人民银行网站，2005 - 01 - 08。

域反洗钱组织、各国政府间的反洗钱合作及履行有关国际公约的义务等事项。

公安部：组织、协调、指挥地方公安机关做好洗钱犯罪的防范工作，以及涉嫌犯罪的可疑资金交易信息的调查、破案工作。

安全部：参与洗钱犯罪的情报搜集与处理，研究相应的信息共享和合作调查方案；通过国际合作等渠道，对涉外可疑洗钱活动按管辖配合进行调查核实。

监察部：调查处理洗钱活动所涉及的国家行政机关、国家公务员和国家行政机关任命的其他人员违法违纪问题；加强体制、机制和制度建设，注重从源头上遏制洗钱活动；研究建立打击利用洗钱进行贪污贿赂等腐败行为的信息共享与合作调查机制。

司法部：在律师、公证法律服务领域加强反洗钱制度建设；研究反洗钱司法协助，并根据有关条约和公约，协调开展反洗钱领域的司法协助，特别是协调追讨流至境外的资金。

财政部：落实应由政府承担的反洗钱工作所需经费。进一步加强对财政资金与账户的管理。研究、强化对金融类国有资产与行政事业性国有资产的监管。研究建立洗钱所涉资金的追缴入库制度。研究建立会计师事务所、评估机构等中介机构以及注册会计师、评估师等执业人员协助开展反洗钱工作的机制。利用国际双边、多边合作以及相关的国际论坛，开展反洗钱工作。

建设部：在房地产领域开展反洗钱工作；研究在房地产领域开展反洗钱工作的政策措施。

商务部：参与加强对洗钱活动频发领域和区域的管理；研究对三资企业进行反洗钱监管问题，提出相关政策建议；参与加强对进出口贸易的监管，防止境内外不法分子勾结、利用虚假进出口贸易进行洗钱。

海关总署：研究建立在口岸现场打击跨境洗钱行为的监管和查处体系，加强对进出口贸易过程中的货币、存折、有价证券以及金银制品的进出境监管、查验，防止犯罪分子利用虚假进出口贸易进行洗钱活动；密切与相关部门的合作，制定信息共享和合作的工作方案，加强对进出口贸易的监测工作。

税务总局：参与研究打击和防范涉及洗钱的偷税、逃避追缴欠税、骗税等税收违法行为的政策措施，会同相关部门研究建立相应的信息传递和执法合作机制。

工商总局：严格市场准入，加强分类监管，建立与中国人民银行、公安、安全、税务、海关等相关部门反洗钱信息沟通、通报体系，配合有关部门对非金融行业的洗钱活动频发领域实施反洗钱监管。

广电总局：参与反洗钱工作的宣传教育工作，提高公民反洗钱意识。

法制办：参与起草反洗钱法律、法规，参与反洗钱专门法律法规立法调研。

银监会：协助人民银行研究银行业的反洗钱政策措施和可疑资金交易监测报

告制度，协助人民银行研究制定银行业反洗钱监管指引，协助人民银行对银行业执行反洗钱规定实施监管。

证监会：配合人民银行研究证券期货业反洗钱政策措施和可疑资金交易监测报告制度，研究制定证券期货业反洗钱规章制度及监管指引，负责对证券期货业执行反洗钱规定实施监管，研究国际和国内证券期货业反洗钱的重大问题并提出政策建议。

保监会：在人民银行的组织协调下，负责保险行业的反洗钱工作。参与研究制定保险业的可疑资金交易监测报告制度；研究制定保险业反洗钱监管指引；对保险机构执行反洗钱法规实施现场和非现场监管；研究国际和国内保险业反洗钱的重大问题并提出政策建议。

邮政局：协助人民银行和银监会研究邮政储蓄业务的反洗钱政策措施和可疑资金交易监测报告制度，研究对邮政汇款体系执行反洗钱规定情况实施监管。

外汇局：在人民银行的统一领导下，负责对大额、可疑外汇资金交易报告工作进行监督管理，制定和完善大额、可疑外汇资金交易报告制度；监测跨境资金异常流动情况，汇总、筛选和分析金融机构报告的大额和可疑外汇资金交易信息，对涉嫌外汇违规的行为进行查处，对涉嫌其他违法犯罪的，移交相关的执法部门和司法处理；与各行政执法部门和司法部门合作，打击地下钱庄等非法外汇资金交易活动及外汇领域的其他违法犯罪活动；管理和指导金融机构做好与外汇业务相关的反洗钱工作；参与研究本外币统一的可疑资金交易报告标准。

解放军总参谋部：搜集、提供洗钱犯罪情报信息；协助追缉外逃犯罪分子；参与反洗钱国际合作；加强打击边境地区的洗钱活动。

四、反洗钱工作部际联席会议办公室的职责是：掌握全国各地区和各部门反洗钱工作情况，加强对洗钱活动手法、规律、特点的研究，就反洗钱工作的政策、措施、计划、项目向联席会议提出建议和方案；负责筹备联席会议的召开，督促落实联席会议作出的各项决定，及时通报反洗钱工作情况；统一协调各行业、各部门开展反洗钱工作，逐步实现有关工作信息共享；具体组织协调反洗钱国际合作，负责与国际或区域反洗钱组织、各国政府间的反洗钱合作事项，以及履行有关国际公约的义务。

组织做好反洗钱工作部际联席会议的会务工作。根据各成员单位意见提出会议议题，经召集人批准或全体联络员会议研究同意后组织召开。每次全体会议后，应就会议主要内容形成文字纪要，分送会议各成员单位，并督促落实相关工作。

五、反洗钱工作部际联席会议原则上每年召开一至两次全体会议，如有需要，经成员单位提议，可随时召开全体会议或部分成员会议。

联席会议的议题包括：传达、贯彻党中央、国务院领导同志关于反洗钱工作的指示精神；研究反洗钱工作的新情况、新问题；讨论需要沟通的政策规定及有关重点工作；交流通报反洗钱工作情况；就有关工作进行协商，并提出落实意见。对反洗钱工作的重大问题，经联席会议研究后，报国务院审定。

联席会议形成的决议，按部门职能，分工负责落实。

联席会议办公室定期或不定期组织召开成员单位联络员会议。

Ⅳ　我国近年反洗钱重要案例选

《反洗钱法》通过后第一例判决案例

2007 年 10 月 22 日，经过中央银行、商业银行与公安部门、司法部门密切协作，通过转账等方式清洗金融诈骗犯罪所得资金的潘儒民等四名被告由上海市虹口区人民法院一审判决洗钱罪，刑期自一年零三个月到两年有期徒刑不等，并处相应罚金。这是《反洗钱法》实行以来国内法院宣判的第一例洗钱罪案件。目前，警方已经追回了 30 余万元赃款，其余赃款与上游罪犯正在进一步追查中。

广西北部湾数亿元走私洗钱案 16 名被告获刑

2006 年 8 月 23 日，16 名被告在北海市接受宣判，分别因犯走私普通货物罪和洗钱罪，被判处死缓、无期徒刑和 2 年到 14 年有期徒刑。法院审理查明，他们走私香烟、柴油共偷逃税 6.598 亿元，洗钱 1.128 亿元。

广西高级人民法院终审判决书称，黄锡填、郑继明、卢家斌、邹世超等 15 名被告人，从 1999 年初至 2004 年 8 月，经北部湾海上从境外偷运无合法证明手续的香烟、柴油入境，销售到广州、深圳等地，这些被告人互相纠合作案，参与了不同时间段的走私活动，其中黄锡填的行为"贯穿境外组织货源、组织运输、指挥销售、洗钱全过程"，郑继明则"共同商谋策划、组织指挥，犯罪时间长达 3 年之久"，两名被告人参与走私偷逃的税款分别为 1.27 亿元和 1.59 亿元，被确认为主犯，分别判处死刑缓期和无期徒刑，同时没收全部非法所得。

法院查明，黄锡填、郑继明等还将走私非法所得，通过不法渠道大量输往境外，另一名被告人黄广锐为其提供资金账户、接收和提取现金，犯洗钱罪被判处有期徒刑 5 年。

终审法院撤销了北海市中级人民法院对两名被告人的初审判决，主犯卢家斌因"有重大立功表现"，由 15 年有期徒刑改判 13 年，另一被告人严玉成由 7 年有期徒刑改判 5 年。

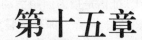

第十五章

中央银行与征信管理

内容提要

市场经济是信用经济，企事业单位与个人的信用历史与状况对于金融业的风险管理与经营至关重要。诚实守信不但具有道德含义，而且对于经济社会的健康发展具有重要的推动作用。经济与金融危机，就其本身而言，很大程度上就是一种信用危机。因而收集这些信用信息不但是发展现代金融体系的一个基础性工作，也是预防金融危机的一个重要环节。中央银行由于其自身的特殊地位，肩负着信用资料收集的重任。本章简要阐述征信管理的概念、作用以及我国征信管理的体制。

第一节　征信管理及其重要性

一、信用及其作用

1. 信用有广义与狭义的区分。狭义上讲，信用即资金盈余者以牺牲现在的使用，让渡资金使用权给资金缺乏者，以期在合约到期后收回资金使用权，并要向资金借入者收取使用资金的价格——利息的资金让渡行为。广义上讲，信用是指行为人具有良好的口碑，没有违背诺言，能够自觉履行自己与其他行为人的合约的一种良好品质。

2. 按照熊彼特的论述，信用的巨大作用是授予企业家以购买力，并创造着购买力，从而实现经济发展。可以说，没有信用的发展，也就不会有现代资本主义的诞生。对于社会主义市场经济而言，信用具有更为重要的意义。

3. 良好的信用体系是市场经济发展的基石，也是一国强大发展的根本。

4. 建立符合我国国情的整个社会信用体系具有极为重要的现实意义。

二、征信及其意义

1. 征信是指为信用活动提供的信用信息服务，实践中表现为专业化的机构依法采集、调查、保存、整理、提供企业与个人的信用信息，并对其资信状况进行评价，以此满足从事信用活动的机构在信用交易中对信用信息的需要，解决借贷市场信息不对称的问题。

2. 征信概念的三个内涵：第一，征信是一种合法的对行为人——个人与企事业单位的信用信息进行收集、整理的行为。征信不能采取非法手段，例如采取窃听或者其他不合法的手段。第二，征信的目的是为了更好地解决金融体系中信息不对称问题。信息不对称会阻碍整个信用市场的健康发展，甚至引发金融危机。征信有助于减少信息不对称问题，为行为人作出明智决策服务。第三，征信所指对象是指相对狭隘意义上的信用。但是这个信用又是整个社会信用体系的主体部分，对于这部分信用加以征集管理有助于整个社会信用体系的建设及健康发展。

3. 征信体系目前主要存在三种模式：第一种是私营征信模式，在这种模式下，政府不对征信进行直接管理，而只是制定基本的法律进行宏观指导与调控；第二种是由政府管理的公共征信模式，在这种模式下，征信体系由政府机构，主要是中央银行直接管理；第三种则结合上述两种模式，即公私征信体系并存。

4. 征信的作用主要体现在：第一，建立一个公平的信用环境；第二，为行为人提供经济等活动的市场准入"护照"；第三，征信提供的专业化信用管理有助于减少信息不对称问题，直接促进经济活动；第四，征信管理有助于未雨绸缪，防范金融风险与危机，从而为社会提供一个健康的金融大环境。

第二节　我国中央银行的征信管理

一、中国人民银行的征信机构与管理职责

1. 2003年10月，中国人民银行设立了征信管理局，专门负责企业与个人征信管理。

2. 征信管理局是我国国务院专门负责企业与个人征信管理的政府机关，负责承办信贷征信管理工作；拟订信贷征信业发展规则、管理办法和有关风险评价准则；承办有关金融知识宣传普及工作。

3. 中国人民银行征信管理局的管理职能如下：第一，利用现代化的科技手段，建设友好协调、方便接口的企业与个人信用信息基础数据。第二，连续、全面地收集企业与个人信用信息。第三，为金融业提供便利的企业与个人信用信息

咨询服务。第四，利用历史连续的企业与个人信用信息数据库，分析我国金融业面对的微观与宏观风险，并定期对外报告分析结论。第五，切实有效保护企业商业秘密与个人隐私。第六，根据我国国情，制定出我国金融征信的规章制度。第七，与国际金融组织及外国金融征信当局合作交流。

二、中国人民银行征信管理的方式和内容

1. 中国人民银行的征信管理属于公营集中方式。

2. 对于企业信用征信，其内容包括以下方面：

（1）市场准入指标。

（2）经营行为指标。

（3）市场退出指标。

（4）参照指标。

（5）金融相关指标。

（6）企业环保指标。

3. 个人信用信息征集的内容包括个人基本信息、个人信贷交易信息以及反映个人信用状况的其他信息。

三、中国人民银行征信管理的发展现状

1. 截至 2007 年底，全国个人征信系统共收录了近 6 亿名自然人的信用信息，较 2006 年底增长 10.4%。

2. 中国人民银行征信管理系统已经成为金融机构进行风险管理的基础信息来源。

3. 2007 年中国人民银行各分支机构加快了农村信用体系建设，在普及征信知识、提高信用意识等方面做了大量工作。

四、中国人民银行征信管理发展的重点

我国征信管理需要在下面几个方面予以加强，才能让征信管理体系实现最大的社会与经济金融价值。

1. 扩大征信范围。力争做到把所有企业与个人都纳入征信范围。

2. 扩充征信内容。对企业而言，其历史与现状等各项信息都需纳入；对个人而言，其接受教育尤其是高等教育情况也应纳入系统。

3. 提升征信管理依据的权威性。应该尽快制定我国的征信管理法及相关法律法规，为征信活动提供强有力的法律依据。

4. 加强征信数据分析，为防范金融风险、确保金融稳定作准备。

综合练习

一、名词解释

信用　征信　公共征信模式　私营征信模式

二、填空题

1. 市场经济是_____经济，企事业单位与个人的_____历史与状况对于金融业的风险管理与经营至关重要。

2. 建立健全社会信用体系，形成以道德为支撑、产权为基础、法律为保障的_____制度，是建设现代市场体系的必要条件，也是规范市场经济秩序的治本之策。

3. 信用的维系靠的是_____对于借信方的信心、信念。

4. 熊彼特有过精辟论述："_____在本质上乃是为了授予企业家以购买力而进行的对购买力的创造，但并不单纯是_____的转移。"

5. _____是一种合法的对行为人——个人与企事业单位的信用信息进行收集、整理的行为。

6. 信用本身是一种_____。在这个意义上而言，_____是一种生产力，这种生产力为社会提供信息产品。

7. 在一个市场经济体系中，征信是确保_____的一个基础条件与设施。

8. 中国人民银行的_____成为我国企业和个人信用信息的综合性来源。

9. 我国中央银行的征信管理属于_____方式，其好处是，充分利用中央银行在金融体系的重要地位。

10. 个人_____是指自然人身份识别信息、职业和居住地址等信息。

三、单项选择题

1. 关于信用的论述，不正确的是（　　　）。

A. 信用有两个基本维度：时间维度，信心维度

B. 信用是一个过程

C. 买卖双方立即一手交钱一手交货，就纯粹经济学意义上而言就不存在信用

D. 信用的维系不需要授信者对于借信方的信心、信念

2. 在成熟的市场经济中，大部分交易是以（　　　）为中介的交易，因此信用是现代市场交易的一个必备的要素。

A. 现金　　　　B. 信用　　　　C. 期货　　　　D. 期权

3. 征信目的是为了更好地解决金融体系中（　　　）问题。因为这个问题阻碍整个信用市场的健康发展，甚至引发金融危机。

A. 信息不对称　　B. 道德风险　　　　C. 逆向选择　　　D. 结构不合理

4. 征信机构本身由民间资本出资建立，独立于政府和各类金融机构、商业机构之外，信息来源相对广泛，并为法律允许范围内所有市场主体提供信用调查服务。这是指（　　）征信模式。

A. 公营　　　　　B. 私营　　　　　C. 美国　　　　　D. 德国

5. 有效的征信管理能够向外界透露正面信用信息，从而在（　　）上遏制住金融危机的传播。

A. 相对程度　　　B. 绝对程度　　　C. 一定程度　　　D. 难以有效

四、多项选择题

1. 信用缺失的后果是（　　）。

A. 对个人而言，不讲信用，将会寸步难行

B. 对企业而言，缺乏良好信用将会丧失发展支撑力，最终为社会所淘汰

C. 对金融体系而言，如果公众对哪一家金融机构甚至整个金融体系缺乏了信心，那么金融危机一触即发

D. 无论近代金融危机，还是现代的金融动荡，无不是以信用危机作为导火索

2. 私营征信模式以（　　）等国家为代表，私营征信机构在征信体制中发挥主导作用。

A. 美国　　　　　B. 英国　　　　　C. 加拿大　　　　D. 澳大利亚

3. 属于企业征信内容的是（　　）。

A. 企业章程　　　　　　　　　　B. 董事的生日

C. 企业年度纳税情况　　　　　　D. 信贷偿还记录

4. 个人信用信息征集的内容包括（　　）。

A. 个人基本信息　　　　　　　　B. 个人信贷交易信息

C. 反映个人信用状况的其他信息　D. 个人结婚纪念日

5. 个人征信信息在（　　）等方面发挥着重要作用。

A. 个人贷款　　　　　　　　　　B. 出国留学

C. 发放信用卡　　　　　　　　　D. 逾期账款催收

五、判断题

1. 收集企业与个人信用信息不但是发展现代金融体系的一个基础性工作，也是预防金融危机的一个重要环节。（　　）

2. 在英文中，信用用 credit 表示，它起源于阿拉伯文 credere。（　　）

3. 从社会学研究角度上看信用是指对一个人（自然人或法人）履行义务能力尤其是偿债能力的一种社会评价。（　　）

4. 个人信用是个人社会生活交往的一个必备条件。没有人愿意与不守信用

的人交往，这从而有助于形成一个良好的社会信用氛围。　　　　　（　）

六、简答题

1. 如何理解征信？

2. 征信的作用主要体现哪些方面？

3. 简述中国人民银行征信管理局的职能。

七、论述题

征信管理对于金融稳定有何重要意义？

参考答案

一、名词解释

1. 信用：信用有广义与狭义的区分。从狭义上讲，信用即资金盈余者以牺牲现在的使用，让渡资金使用权给资金缺乏者，以期在合约到期后收回资金使用权，并要向资金借入者收取使用资金的价格——利息的资金让渡行为。从广义上讲，信用是指行为人具有良好的口碑，没有违背诺言，能够自觉履行自己与其他行为人的合约的一种良好品质。

2. 征信：是指为信用活动提供的信用信息服务，实践中表现为专业化的机构依法采集、调查、保存、整理、提供企业与个人的信用信息，并对其资信状况进行评价，以此满足从事信用活动的机构在信用交易中对信用信息的需要，解决借贷市场信息不对称的问题。

3. 公共征信模式：是指征信体系由政府机构，主要是中央银行直接管理的模式。公共征信体制在欧盟等国比较流行，政府出资建立广泛的个人信用数据库系统，由中央银行作为系统的管理者，实际运作采取非营利性，同时服务对象也只限于金融机构。

4. 私营征信模式：是指政府不对征信进行直接管理，而只是制定基本的法律进行宏观指导与调控的模式。这种私营模式以美国、英国、加拿大、澳大利亚等国家为代表，私营征信机构在征信体制中发挥主导作用。

二、填空题

1. 信用、信用

2. 社会信用

3. 授信者

4. 信贷、现有购买力

5. 征信

6. 生产力、征信

7. 金融稳定

8. 征信

9. 公营集中方式

10. 基本信息

三、单项选择题

1. D　　2. B　　3. A　　4. B　　5. C

四、多项选择题

1. ABCD　　2. ABCD　　3. ACD　　4. ABC　　5. ACD

五、判断题

1. √　　2. ×　　3. √　　4. √

六、简答题

1. 征信概念的三个内涵：

第一，征信是一种合法的对行为人——个人与企事业单位的信用信息进行收集、整理的行为。征信不能采取非法手段，例如采取窃听或者其他不合法的手段。

第二，征信的目的是为了更好地解决金融体系中信息不对称问题。信息不对称会阻碍整个信用市场的健康发展，甚至引发金融危机。征信有助于减少信息不对称问题，为行为人作出明智决策服务。

第三，征信所指对象是指相对狭隘意义上的信用。但是这个信用又是整个社会信用体系的主体部分，对于这部分信用加以征集管理有助于整个社会信用体系的建设及健康发展。

2. 征信的作用主要体现在下面几个方面：

第一，建立一个公平的信用环境。

第二，为行为人提供经济等活动的市场准入"护照"。

第三，征信提供的专业化信用管理有助于减少信息不对称问题，直接促进经济活动。

第四，征信管理有助于未雨绸缪，防范金融风险与危机，从而为社会提供一个健康的金融大环境。

3. 中央银行征信管理局的管理职能如下：

第一，利用现代化的科技手段，建设友好协调、方便接口的企业与个人信用信息基础数据。

第二，连续、全面地收集企业与个人信用信息。

第三，为金融业提供便利的企业与个人信用信息咨询服务。

第四，利用历史连续的企业与个人信用信息数据库，分析我国金融业面对的微观与宏观风险，并定期对外报告分析结论。

第五，切实有效保护企业商业秘密与个人隐私。

第六，根据我国国情，制定出我国金融征信的规章制度。

第七，征信管理局需要代表我国政府，与国际金融组织及外国金融征信当局合作交流。

七、论述题（要点）

（1）征信收集的企业与个人信息是金融机构有效开展业务的良好基础。

（2）通过有效的信息处理，金融机构可以进一步降低业务的道德风险与逆向选择问题。

（3）征信进一步降低了公众对于金融机构的信息不对称问题，从而有利于维护公众对金融业的信心。正是这个信心与信任，才确保了金融业的稳健有效运行。例如，即使一家金融机构由于特殊原因而出现经营困难或者倒闭，由于征信所得信息，公众在一定程度上能够看清"好银行"与"坏银行"，从而不会加入恐慌与挤兑之列。最终，金融体系不会由于一家金融机构的问题而引发系统风险甚至金融危机。

（4）征信还有利于中央银行与其他金融监管部门时刻关注获取金融业风险状况以及企业与个人信用状况，从而制定出有效的宏观经济管理对策。这在相当程度之上为金融业的有效、健康运行提供了极大的政策与制度激励，从而更好地实现金融稳定。

参考资料

I　国务院办公厅关于社会信用体系建设的若干意见

国办发〔2007〕17号　2007年3月27日

各省、自治区、直辖市人民政府，国务院各部委、各直属机构：

为加快推进我国社会信用体系建设，进一步完善社会主义市场经济体制，构建社会主义和谐社会，经国务院同意，现提出如下意见：

一、加快推进社会信用体系建设的重要性和紧迫性

市场经济是信用经济。社会信用体系是市场经济体制中的重要制度安排。党中央、国务院高度重视社会信用体系建设工作。党的十六大、十六届三中全会明确了社会信用体系建设的方向和目标。我国"十一五"规划提出，以完善信贷、纳税、合同履约、产品质量的信用记录为重点，加快建设社会信用体系。2007年召开的全国金融工作会议进一步提出，以信贷征信体系建设为重点，全面推进社会信用体系建设，加快建立与我国经济社会发展水平相适应的社会信用体系基本框架和运行机制。

建设社会信用体系，是完善我国社会主义市场经济体制的客观需要，是整顿和规范市场经济秩序的治本之策。当前，恶意拖欠和逃废银行债务、逃骗偷税、商业欺诈、制假售假、非法集资等现象屡禁不止，加快建设社会信用体系，对于打击失信行为，防范和化解金融风险，促进金融稳定和发展，维护正常的社会经济秩序，保护群众权益，推进政府更好地履行经济调节、市场监管、社会管理和公共服务的职能，具有重要的现实意义。

近几年，一些部门和地区相继开展了多种形式的社会信用体系建设试点工作。总体看，我国社会信用体系建设取得了一定进展，但还存在许多亟待解决的问题。面对新的形势，社会信用体系建设任务艰巨，时间紧迫，必须进一步统一思想，明确任务，加强协调，确保社会信用体系建设顺利进行。

二、社会信用体系建设的指导思想、目标和基本原则

社会信用体系建设要以邓小平理论和"三个代表"重要思想为指导，牢固树立和全面落实科学发展观，以法制为基础，信用制度为核心，以健全信贷、纳税、合同履约、产品质量的信用记录为重点，坚持"统筹规划、分类指导，政府推动、培育市场，完善法规、严格监管，有序开放、维护安全"的原则，建立全国范围信贷征信机构与社会征信机构并存、服务各具特色的征信机构体系，最终形成体系完整、分工明确、运行高效、监管有力的社会信用体系基本框架和运行机制。

结合我国实际，明确长远目标、阶段性目标和工作重点，区别不同情况，采取不同政策，有计划、分步骤地推进社会信用体系建设工作。要加大组织协调力度，促进信用信息共享，整合信用服务资源，加快建设企业和个人信用服务体系。要坚持从市场需求出发，积极培育和发展信用服务市场，改善外部环境，促进竞争和创新。要抓紧健全法律法规，理顺监管体制，明确监管责任，依法规范信用服务行为和市场秩序，保护当事人的合法权益。要按照循序渐进的原则扩大对外开放，积极引进先进的管理经验和技术，促进信用服务行业发展，满足市场需要，维护国家信息安全。

三、完善行业信用记录，推进行业信用建设

社会信用体系建设涉及经济社会生活的各个方面。商品的生产、交换、分配和消费是社会信用关系发展的基础，社会信用体系的发展要与生产力发展水平和市场化程度相适应。根据我国的国情和现阶段经济社会发展的需要，针对我国市场经济秩序中存在的突出矛盾和问题，借鉴国际经验，进一步完善信贷、纳税、合同履约、产品质量的信用记录，推进行业信用建设。

行业信用建设是社会信用体系建设的重要组成部分，对于促进企业和个人自律，形成有效的市场约束，具有重要作用。要依托"金税"、"金关"等管理系统，完善纳税人信用数据库，建立健全企业、个人偷逃骗税记录。要实行合同履约备案和重大合同鉴证制度，探索建立合同履约信用记录，依法打击合同欺诈行为。要依托"金质"管理系统，推动企业产品质量记录电子化，定期发布产品质量信息，加强产品质量信用分类管理。要继续推进中小企业信用制度建设和价格信用建设。要发挥商会、协会的作用，促进行业信用建设和行业守信自律。国务院有关部门要根据职责分工和实际工作需要，抓紧研究建立市场主体信用记录，实行内部信用分类管理，健全负面信息披露制度和守信激励制度，提高公共服务和市场监管水平。各部门要积极配合，及时沟通情况，建立信用信息共享制度，逐步建设和完善以组织机构代码和身份证号码等为基础的实名制信息共享平台体系，形成失信行为联合惩戒机制，真正使失信者"一处失信，寸步难行"。

四、加快信贷征信体系建设，建立金融业统一征信平台

金融是现代经济的核心。金融业特别是银行业是社会信用信息的主要提供者和使用者。要以信贷征信体系建设为切入点，进一步健全证券业、保险业及外汇管理的信用管理系统，加强金融部门的协调和合作，逐步建立金融业统一征信平台，促进金融业信用信息整合和共享，稳步推进我国金融业信用体系建设。各地区、各部门要积极支持信贷征信体系的建设和发展，充分利用其信用信息资源，加强信用建设和管理。信贷征信机构要依法采集企业和个人信息，依法向政府部门、金融监管机构、金融机构、企业和个人提供方便、快捷、高效的征信服务。

五、培育信用服务市场，稳妥有序对外开放

要加大诚实守信的宣传教育力度，培育全社会的信用意识，树立良好的社会信用风尚。要鼓励扩大信用产品使用范围，培育信用服务市场需求，支持信用服务市场发展。要坚持以市场为导向，培育和发展种类齐全、功能互补、依法经营、有市场公信力的信用服务机构，依法自主收集、整理、加工、提供信用信息，鼓励信用产品的开发和创新，满足全社会多层次、多样化、专业化的信用服务需求。

政府信息公开是信用服务市场发展的基础。各部门、各地区在保护国家机密、商业秘密和个人隐私的前提下，要依法公开在行政管理中掌握的信用信息。地方人民政府要进一步推进本地区社会信用体系建设，充分利用信贷、纳税、合同履约、产品质量的信用记录，改善地方信用环境，减少重复建设和资源浪费。具备条件的地区，可以本着节约高效、量力而行的原则，积极探索社会信用体系建设的有效方式和途径。

在严格监管、完善制度、维护信息安全的前提下，循序渐进、稳步适度地开放信用服务市场，引进国外先进的管理经验和技术。根据世界贸易组织关于一般例外及安全例外的原则，基础信用信息数据库建设、信用服务中涉及信息保护要求高的领域不予开放。

六、完善法律法规，加强组织领导

完备的法律法规和国家标准体系，是信用行业健康发展的保障。要按照信息共享，公平竞争，有利于公共服务和监管，维护国家信息安全的要求，制定有关法律法规。要坚持规范与发展并重的原则，促进信用服务行业健康发展。要严格区分公共信息和企业、个人的信用信息，妥善处理好信息公开与依法保护个人隐私、商业秘密和国家信息安全的关系，切实保护当事人合法权益。要加快信用服务行业国家标准化建设，形成完整、科学的信用标准体系。

透明高效的监管体制是信用行业健康发展的重要保障。为加强统筹协调，由国务院办公厅牵头建立国务院社会信用体系建设部际联席会议制度，指导推进有关工作。按照统一领导、综合监管的原则，根据具体业务范围和各部门的职责分工，分别指定有关部门具体负责日常监管，落实监管责任。有关部门要依法严格市场准入，监督和管理信用服务机构，查处违法违规行为，完善市场退出机制，维护市场秩序，防止非法采集和滥用信用信息，促进社会信用体系和信用服务市场健康发展。

II　征信管理带来的作用：案例节选

1. 中国银行某分行在个人征信系统正式运行后，到某大学进行了多次大规模的个人征信知识宣传活动。通过对个人征信系统运行前后毕业学生还款情况的比较，发现2006届毕业生在离校后1个月内将联系函寄到中国银行的比例达到34%，是2005届毕业生在毕业后一年内将联系函寄到中国银行比例的2倍；2006届毕业生首次还款日按时还款的比例为68.8%，是2005届毕业生还款比例的1.6倍。另外，2006届毕业生主动打电话到银行询问贷款偿还情况的人数明显超过以前的毕业生。

2. 学生张某在交通银行申请了一笔国家助学贷款，即将毕业进入还款期。他从相关报道中得知贷款违约情况将记录在个人征信系统中，对其以后的工作和生活会产生影响。该学生意识到个人信用记录的重要性，为避免毕业后因疏忽等原因出现不良信用记录，主动打电话联系贷款行，商议还贷计划。该学生还向其他贷款学生宣传个人征信知识，提醒他们按约还贷，以免造成逾期留下不良信用记录，影响以后的工作和生活。

3. 学生贾某于2004年在中国银行某支行申请了一笔6 000元的国家助学贷款。该学生于2005年毕业。毕业前夕，中国银行到该生就读大学进行了个人征信知识的宣传，使该生了解到个人信用记录的重要性。该生毕业后工作虽不理想，但为避免出现不良信用记录，仍坚持拿出一半的工资还款。

4. 2000 年 12 月，学生梁某在工商银行某支行办理了一笔 1.17 万元的国家助学贷款，首次还款日 2003 年 12 月 20 日。该学生毕业后一直没与工商银行联系，也未偿还过贷款。截至 2004 年 12 月，累计逾期（分期还款情况下，在约定的还款日期如果借款人未能及时足额偿还当期应还款金额，商业银行一般将其视为逾期 1 期或逾期 1 次，下同）13 期。2006 年，梁某得知个人征信系统已全国联网运行后，担心其在征信系统内的助学贷款逾期记录会影响其日后的房贷等信贷活动，于是在 2006 年 1 月主动到贷款行一次性还清贷款本息 1.25 万元。

5. 工商银行某客户黄某上大学期间在该行贷了一笔金额为 8 800 元的国家助学贷款，至今未还。近日，该客户收到贷款行发出的催收函，函中明确告知其违约情况已被记录到个人征信系统，将对其今后的借贷活动和经济生活产生一定影响。得知此消息后，黄某意识到按约还款的重要性，立即联系贷款行补齐了欠款，并表示保证今后将按约还贷。

6. 2002 年，学生王某在中国银行某支行申请了一笔 1.5 万元的国家助学贷款。2004 年毕业后一直拖欠贷款，对该支行的多次催收及法律诉讼置之不理。近日，王某由于工作关系需要申办信用卡。在办卡过程中，王某了解到个人征信系统记录了自己助学贷款的违约情况，并得知自己的拖欠行为不仅会影响信用卡的审批，还可能对今后的经济生活产生影响，于是主动与贷款行联系，还清了全部的拖欠款项。

7. 工商银行客户胡某大学毕业进入国家助学贷款还款期后，不仅未履行偿还义务，而且杳无音信，致使工商银行对逾期的 3 347.95 元本息无法进行正常催收。2006 年 8 月，该客户突然主动与贷款行联系，要求归还全部贷款。经了解，该客户在另一城市办理住房按揭贷款时，因信用报告中有拖欠国家助学贷款的违约记录而遭拒。在此情况下，该客户不得不还清拖欠的国家助学贷款。

8. 学生李某在大学期间申请了国家助学贷款 1.2 万元。2005 年 5 月，该客户在另一城市向工商银行申请 12 万元的住房按揭贷款。该行通过查询个人征信系统，发现该客户在大学时申请的国家助学贷款尚有 6 000 多元未还，存在违约记录。该行向该客户告知了他的信用记录，并积极向他宣传国家助学贷款政策和个人征信系统作用，该客户得知情况后后悔不已，积极配合贷款行偿还了原积欠的国家助学贷款。

9. 客户何某向工商银行某分行申请 1 笔期限 10 年、金额 11 万元的住房贷款。该客户申请资料显示其拥有私家车 1 辆，具有一定的经济实力。该行查询个人征信系统，发现该客户在交通银行办理的 1 笔国家助学贷款尚有 3 500 元余额未还，且逾期时间较长，表现出较明显的恶意拖欠国家助学贷款的意图。该行随即拒绝了其贷款申请。何某得知情况后，后悔不已，不仅还清了欠交通银行的国家助学贷款，还保证今后不会存侥幸心理，故意拖欠贷款不还。

10. 2005 年 11 月，客户刘某向交通银行某分行申请个人住房贷款 50 万元。经审查，申请人本身无贷款且收入稳定，具备一定还款能力。但是，通过个人征信系统的查询，发现其未婚夫作为本笔贷款的参贷人（所购房产同属两人名下），在交通银行某分行的一笔国家助学贷款，截至 2005 年 11 月，已累计逾期 20 期。该行判定其未婚夫的个人信誉存在问题，提出拒贷意见。后其未婚夫多次承认自己的错误，并主动还清全部贷款。考虑到其认错态度诚恳，且夫妻二人目前工作、收入情况良好，该行后同意受理，批准放款。

11. 2004 年，客户丁某在中国银行办理了一笔 6 000 元的国家助学贷款。2005 年 7 月该客户毕业后，认为自己已远离所在学校，新的工作环境中谁也不知道其有过国家助学贷款，父母也已移居，银行联系不到他本人和家人，自己不还国家助学贷款，银行也拿他没办法，于是连续一年没还款也没和贷款行联系。2006 年 3 月，公司准备派其去外地学习培训，丁某前往银行申请办理信用卡，准备在外地学习期间用。当丁某把申请表交到银行后，被告知：因其有拖欠国家助学贷款的记录，银行拒绝为其办理信用卡。丁某大吃一惊，得知个人征信系统已全国联网运行，这才意识到按约还贷的重要性。事后丁某马上与贷款行联系，把拖欠贷款本息全额结清。

12. 2005 年 4 月，某客户到工商银行某分行申请个人综合消费贷款 7 万元，该行查询个人征信系统发现，该客户除在工商银行有个人住房按揭贷款 24.8 万元外，在另一家银行还办理了个人住房按揭贷款 31.3 万元，且已逾期 15 次、拖欠贷款本金 4.41 万元，拖欠时间超过 180 天。鉴于该客户存在严重的不良记录，该行作出了拒贷决定。

13. 建设银行某分行在审查某客户的个人住房贷款申请时，查询其内部业务系统发现，该客户及其配偶在本行已各有 1 笔贷款，余额为 114.50 万元；查询个人征信系统发现，该客户及其配偶在其他银行还有 11 笔个人住房贷款，而且都发生在近 1 年内（其中 2005 年 2—5 月就有 7 笔，金额为 237.50 万元），总贷款余额约 696 万元，月还款额共计 8.7 万元多，与其收入相比，偿还能力明显不足。该客户及其配偶的 13 笔贷款，虽然还款记录正常，但在短期内连续多笔贷款购房的行为已经不属于个人住房消费，具有明显的投机倾向，信用风险较高。该行拒绝了其申请。

14. 工商银行某分行在审查 1 笔 89 万元的住房按揭贷款时，查询个人征信系统发现，该客户已有 2 笔 5 年期住房按揭贷款 188 万元，同时还发现，作为其共同申请人的男方尚有 10 年期的住房按揭贷款 150 万元。尽管该客户身为某企业高层管理人员，其共同申请人自办一家公司，双方都有一定经济实力，但其投资性购房意图明显，如果此笔贷款申请成功，共同负债将高达 427 万元，每月需还款 7 万余元。该客户的个人信用报告还显示，该客户已出现数次逾期还款的情况，风险已经显现。该行拒绝了此笔贷款申请。

15. 2005 年 11 月，某客户向上海浦发银行某分行申请 1 笔 4 万元的车位贷款。该行通过查询个人征信系统发现，该客户 1 笔住房按揭贷款有连续 6 期的逾期记录，于是决定拒绝这笔贷款申请，并向该客户说明了具体原因。该客户当场就提出异议，并解释说：他曾担任高层管理人员的某公司为其购置了 1 套住房，该公司承诺每月负责还款，房子在其服务期满后归其所有。但该客户在服务期间离开了该公司，也退出了房子，但该公司每月仍然以他的名义还款。针对银行提出的问题，他与原公司进行了交涉，该行也做了许多配合工作，最终公司答应以后按月及时还款，并对逾期记录产生的后果承担责任。该客户表示非常感谢个人征信系统揭示了原公司以他的名义进行的贷款，使他能及时采取补救措施，并且给他上了一堂生动的信用教育课。

Ⅲ 征信体系建设名词解释

信用：以偿还为条件的价值运动的特殊形式，包括货币借贷和商品赊销等形式，如银行信用、商业信用等。

征信：为信用活动提供的信用信息服务，实践中表现为专业化的机构依法采集、调查、保存、整理、提供企业和个人的信用信息，并对其资信状况进行评价，以此满足从事信用活动的机构在信用交易中对信用信息的需要，解决借贷市场信息不对称的问题。

征信体系：指由与征信活动有关的法律规章、组织机构、市场管理、文化建设、宣传教育等共同构成的一个体系。征信体系的主要功能是为借贷市场服务，但同时具有较强的外延性，也服务于商品交易市场和劳动力市场。

征信机构：指依法设立的专门从事征信业务即信用信息服务的机构，它可以是一个独立的法人，也可以是某独立法人的专业部门，包括信用信息登记机构（有公共和私营，私营信用信息登记公司在国际上也被称为征信局）、信用调查公司、信用评分公司、信用评级公司。

征信业务：又称信用信息服务业务，包括信用记录（报告）、信用调查、信用评分和信用评级。

信用记录：又称信用查询，是指征信机构利用数据库技术采集、汇总企业和个人借、还款历史记录并提供查询服务的业务。

信用调查：又称信用咨询，指征信机构接受客户委托，依法通过信息查询、访谈和实地考察等方式，了解和评价被调查对象信用状况的活动。

信用评分：是利用数学和统计方法、根据中小企业和个人的还款记录等信息对其信用状况进行的量化评价。

信用评级：又称资信评估、信用评估，是指征信机构通过定量、定性的分析，以简单、直观的符号标示对大中型企业主体和企业债项未来偿还能力的评价。

个人信用报告：是全面记录个人信用活动、反映个人信用状况的文件，是个人信用信息基础数据库的基础产品。

信用管理：分为货币信用管理和商业信用管理，指在充分掌握企业和个人信用信息的基础上进行的关于借贷、赊销的决策及其他有关活动，包括授信、贷款管理和商账追收等。从事信用管理所需的信用信息分为内部信息和外部信息。内部信息指信贷机构自己获得的第一手信息，外部信息指从专业的信用信息服务机构获得的信息。

信用信息登记机构：指通过批量初始化和定期更新相结合的方式，集中采集借款人信用信息形成数据库的机构。核心数据是借款人借、还款的历史信息。信用信息登记机构一般只以原始数据或通过数学和统计学的方法客观反映借款人的信用记录或信用状况，不对借款人进行进一步分析判断。信用信息登记机构由政府运营的称为公共征信机构；由非政府机构运营的称为私营征信机构。公共征信机构和私营征信机构在操作上最主要的差异在于，向前者提供信息是强制性的而向后者提供信息是自愿的。

征信数据类型：凡是有助于判断借款人信用风险的信息都应当是征信机构数据采集的范围。就个人征信而言，征信机构采集的借款人信息主要包括以下四类：一是身份识别信息，主要包括姓名、身份识别号码、出生日期、地址、就业单位等。二是负债状况和信贷行为特征信息，即借款人的当前负债状况和还款的历史信息。三是判断企业和个人还贷能力的信息。四是特殊信息，例如法院民事判决信息。

征信增值服务：向客户提供信用报告是征信机构的基础业务，此外，征信机构还向客户提供增值服务，包括信用评分、信用评级、金融服务业务解决方案、市场营销服务、防欺诈服务、商账追收等。

Ⅳ　中国人民银行征信中心在上海成立①

2008 年 5 月 9 日，中国人民银行征信中心揭牌仪式在上海举行。中国人民银行党委委员、副行长兼上海总部主任苏宁，上海市委常委、副市长屠光绍出席仪式，发表讲话，并共同为征信中心揭牌。交通银行行长李军在仪式上致辞。揭牌仪式由中国人民银行办公厅主任李超主持。

---

① 资料来源：金融界网，http：//bank. jrj. com. cn/news/2008 - 05 - 09/000003627834. html。

苏宁在致辞中首先代表中国人民银行，向关心和支持中国人民银行征信中心建设工作的上海市委、市政府、各金融机构，以及社会各界朋友表示衷心的感谢！苏宁指出，中国人民银行征信中心是经中编办批准的中国人民银行直属事业单位，统一负责企业和个人征信系统的建设、运行和管理，制定征信业务技术标准和规范，采集企业和个人信用信息，开发征信增值产品，提供征信服务。征信中心落户上海，既是中国人民银行贯彻党中央、国务院的指示，推动中国特色征信体系建设的一项重大决策，也是依托"长三角"资源优势，共建"信用长三角"的一项重要举措。

苏宁强调，推进中国特色征信体系建设是党中央、国务院赋予中国人民银行的一项重要历史使命。2002 年，根据国务院指示，中国人民银行牵头成立了"建立企业和个人征信体系专题工作小组"，并从 2004 年起开始筹建全国集中统一的企业和个人征信系统。经过几年努力，两大系统已经建成并已成为我国防范信用风险、改善社会信用环境的一项重要金融基础设施，为社会提供了较好的服务。截至 2008 年 3 月底，企业和个人征信系统为全国 1 358 万户企业和近 6 亿人建立了信用档案；2008 年第一季度，累计对外提供 653 万次企业信息查询和 3 443万次个人信用报告查询，企业和个人日均查询次数分别为 10.7 万次和 52.4 万次，单日最高查询次数分别为 13.4 万次和 80.5 万次。

苏宁指出，征信中心落户上海是中国人民银行支持上海国际金融中心建设的一项重要举措。征信中心落户上海后，可以为驻沪金融机构提供更多更便利的信用信息服务，支持金融机构提高内部经营管理和对外金融服务水平，吸引更多金融机构在沪开办业务，进一步增强上海国际金融中心的凝聚力和影响力，同时也有助于营造良好的信用环境，改善金融生态，支持上海诚信体系建设继续走在全国前列，推动上海及"长三角"地区的社会信用体系建设，为实现这一地区社会经济又好又快发展奠定坚实基础。截至 2008 年 3 月底，企业和个人征信系统已经向驻沪金融机构开通 6 818 个查询用户；2008 年第一季度累计提供 80.55 万次企业信息查询和 538 万次个人信用报告查询，分别占全国同类业务量的 12.34% 和 15.6%。其中，为外资金融机构开通查询用户 667 个，2008 年第一季度累计查询次数为 11.74 万次。今后，征信中心将加快在"长三角"地区开展信贷征信新业务的先行先试，在重点服务好授信机构的同时，也依法做好对行政、执法和社会其他部门的服务。

屠光绍在致辞中代表上海市委、市政府对中国人民银行征信中心在上海揭牌表示衷心祝贺。屠光绍指出，2007 年 3 月，国务院对全国诚信体系建设进行了总体部署，发布了《国务院办公厅关于社会信用体系建设的若干意见》。其中明确"以信贷征信体系建设为重点，全面推进社会信用体系建设，加快建立与我国经济社会发展水平相适应的社会信用体系基本框架和运行机制"。中国人民银行征信中心在此背景下应运而生，承担着建设和运营全国企业和个人征信系统，推动全国征信体系建设等重任，是健全我国信用体系、优化社会信用环境、促进经济健康发展的重要举措。

屠光绍强调，建设社会信用体系，是社会主义市场经济体制的客观需要，是构建社会主义和谐社会的基本要求，是建立社会主义市场经济体制的基础工程。信用体系建设是金融发展的基础和保障。信用制度的建立和完善，有利于金融机构的改革、发展和创新，有利于经济的健康发展。上海国际金融中心建设的过程，既是市场不断开放、机构不断积聚、产品不断创新的过程，更是信用体系、生态环境不断建立和完善的过程。上海历届市委、市政府都把信用体系建设作为营造良好金融生态环境的重要工作，把金融生态环境建设作为上海国际金融中心建设的基础性工作，不遗余力，大力推进。

屠光绍表示，中国人民银行征信中心落户上海，将有利于加快上海信用体系建设，有利于促进上海经济、金融的健康发展，有利于推进上海国际金融中心建设。上海市政府将一如既往地做好配合和推动工作，加强政策支持和宣传引导，深化改革和创新，进一步推动上海的信用体系建设，营造良好的经济、金融发展环境，为上海、长三角乃至全国的信用体系建设探索新路、作出贡献，推动上海经济、金融又好又快发展，推进上海国际金融中心建设。

李军在致辞中代表交通银行对征信中心在上海揭牌表示衷心祝贺。他认为，征信系统作为我国社会信用体系建设的重要组成部分，几年来，在人民银行的组织推动下，已建立起较为完善的信用信息基础平台，推动我国社会信用体系建设向前迈出了坚实的一步。全国统一联网的企业和个人征信系统，对全面评价企业和个人的信用状况，维护金融秩序、防范金融风险和提高社会信用水平将起重要作用。交通银行通过使用征信系统，在准确把握客户还款能力、规避信贷风险、提高信贷审批效率、优化客户结构等方面收到很好成效，信贷资产质量进一步提升。

李军表示，征信中心落户上海，必将有效整合"长三角"的资源优势，能更好地对金融机构给予指导和帮助，并有利于金融机构与征信中心更好地开展合作，便于在沪金融机构较早地分享到信用产品"先行先试"的益处，更好提升内部经营管理和对外金融服务水平。

第十六章

中央银行与金融稳定

内容提要

　　维护金融稳定是中央银行除了制定和执行货币政策以外的第二个重要职责。进入 21 世纪以来，这个职责显得更为突出。尽管金融创新不断发生，金融全球化也进一步深化，但是金融体系天生的脆弱性并没有减少。中央银行以其在整个金融体系的枢纽与核心地位，提供最后贷款人作为应对金融危机的最重要手段。除此之外，金融安全网中的另外一道防线存款保险体系对于维护金融稳定也具有重要作用。本章简要介绍这些问题以及我国中央银行维护金融稳定的一些做法。

第一节　金融体系的脆弱性与金融稳定

一、金融体系的脆弱性及其原因

　　1. 金融体系相比其他行业天生就具有脆弱性，因为它本身就是从事金融风险管理的一个行业。

　　2. 金融危机具有周期性。现代金融危机依然连绵不断，并没有随着各国金融体系的成熟而有所减弱。

　　3. 金融危机的爆发具有普遍性。世界银行数据库统计资料显示，截至 2003 年 1 月，自 20 世纪 70 年代后期以来，全球 93 个国家发生过 117 次系统的金融危机，另外有 45 个国家发生了不明确与非系统的金融危机（borderline or nonsystemic banking crises）。

　　4. 金融体系的特征内生了金融体系的脆弱。金融体系的一个特征是，金融机构本身的资本都相当有限，金融体系可谓是典型的借钱生钱行业。这个特征就使得金融业容易遭受流动性危机。如果公众——无论是国内投资者与储蓄人还是国外的投资者——对金融体系丧失了信心，那么一场由于信任危机导致的金融危机将不可避免。

5. 除了这个特征导致金融体系脆弱性之外，还有如下一些外部原因。第一，金融体系是典型的顺周期行业，或者说金融体系会随着经济周期而波动。经济繁荣时候，金融体系也出现高涨态势；经济衰退时候，金融风险加大，金融危机接踵而至。第二，全球化时代，金融体系极易遭受危机的传染。在东南亚金融危机中，从泰国到马来西亚，从亚洲到美洲、欧洲，金融危机席卷全球。第三，在金融全球化进程中，不仅仅由于地理位置关系，甚至没有任何地理关联或者经贸关联，金融危机都可能从一个国家传染到另外一个国家。第四，信息不对称问题永远存在，由此为金融体系脆弱性通向金融危机打开了大门。

二、金融稳定的重要性

1. 金融体系在现代市场经济中居于核心地位，具有极为重要的作用。

2. 金融稳定就是指构成一国金融体系的所有组成元素能够发挥正常的金融中介、资本形成、风险管理以及社会支付体系的功能，在面临体系内的冲击时能够消化或者承受而不影响其正常功能的发挥，同时具备抵御外部（外国）金融风波传染的应急处理能力，最终为本国经济社会的长期发展创造一个良好、和谐的金融环境的一个动态、开放的宏观金融运行态势。

3. 金融体系功能的有效发挥，依赖于金融稳定。没有金融稳定，金融体系的任何功能都无从谈起。

4. 金融稳定的宏观性质内生地决定了中央银行在维护金融稳定中的地位与作用。

5. 金融稳定的目的是促进一国经济、社会的发展。没有金融危机只是金融稳定的一部分，但不是其全部。

三、维护金融稳定的措施

维护金融稳定的安全网包括三道防线。

1. 第一道防线是金融监管，这是金融监管部门——不一定是由中央银行负责——的公共职责，金融监管主要从合法、合规的角度对金融业进行日常的监管。

2. 第二道防线是存款保险体系。目前至少有近 80 个国家建立了显性公共存款保险体系，主要为银行业提供存款保护。

3. 第三道防线是中央银行作为最后贷款人。所谓最后贷款人，就是指在金融体系出现流动性困难将会危害到整个金融体系的稳定与安全时，由中央银行提供高能货币给金融市场或者有关金融机构，从而防止金融危机进一步扩大或者防止由个案金融事件引发为全局的金融危机。

过去，许多国家的中央银行同时肩负有上述三道防线。现在随着越来越多国家的中央银行专门行使货币政策职能以来，第一、第二两道防线已经分离出中央银行。但是需要指出的是，中央银行维护金融稳定的第三道防线对于金融体系的稳定至关重要。

第二节　中国人民银行与金融稳定

一、中国人民银行维护金融稳定的法定职责

1. 金融稳定写入《中国人民银行法》。2003 年，修订后的《中国人民银行法》把金融稳定写入立法宗旨之中。新修订的《中国人民银行法》第一条明确规定："为了确立中国人民银行的地位，明确其职责，保证国家货币政策的正确制定和执行，建立和完善中央银行宏观调控体系，维护金融稳定，制定本法。"第二条第二款则规定："中国人民银行在国务院领导下，制定和执行货币政策，防范和化解金融风险，维护金融稳定。"

2. 中国人民银行为了履行金融稳定的法定职责，需要防范和化解金融风险，同时可对金融机构进行监督检查，并在必要时候对金融机构提供紧急性流动性支持。

二、中国人民银行履行金融稳定职能的机构设置

1. 机构设置。中国人民银行总行设立了金融稳定局，分行及省会城市中心支行设立了金融稳定处。

2. 这些职能部门的单独设置足以表明中国人民银行对于金融稳定问题的关切程度以及维护金融稳定在其工作中的重要性。

第三节　存款保险制度

一、存款保险制度概述

1. 最早的存款保险制度诞生于 19 世纪的美国。

2. 第一个国家存款保险体系的出现。经过鼓吹者与反对者互相作出妥协后，美国国会参众两院正式通过了《1933 年银行法》，即为世人皆知的《格拉斯—斯蒂格尔法》。1933 年 6 月 16 日，美国总统罗斯福正式签署了这一法案，从而使其正式成为法律，并于 1934 年 1 月 1 日正式生效。该法的一个重要内容就是建立美国联邦存款保险公司，为美国国内银行提供存款保险服务。

3. 越来越多的国家把建立显性存款保险制度作为其本国金融安全网的重要组成部分。显性存款保险制度从建立到现在，已经进入了一个相对成熟期。

二、存款保险制度的目标与功能

1. 现在各国建立显性存款保险制度有两个基本目标。第一，避免银行恐慌与挤兑的发生，从而维护国内金融稳定。第二，保护存款人尤其是中小存款人的利益，从而保证国内社会稳定。

2. 如果一国的存款保险体系设计良好且能为公众很好理解的话，将有助于该国金融体系的稳定。因为存款保险制度减少了存款人由于信心问题而到他们存款的银行挤兑存款的动机。存款保险制度免除了被保险存款人监督与评估银行风险与银行资产的这项极为困难的义务，同时维持了公众对于银行体系的信心。同时，显性存款保险制度对于各国政策制定者而言优势明显：短期内由于没有直接的预算支出，因而代表着看起来没有成本的解决银行挤兑与恐慌问题的办法。除了稳定金融部门外，存款保险制度还具有政治上的好处：保护中小存款人，以及为小银行提供公平竞争的平台，使其可以与大银行展开竞争。

3. 存款保险制度的主要功能特点可以归结为 12 个字：事先提供信心，事后提供补偿。

三、实践中的存款保险制度

1. 存款保险制度并不能消除金融风险与金融危机。第二次世界大战后美国发生了数次金融危机，如 1982—1984 年的储贷危机、2007 年爆发的次贷危机。

2. 存款保险制度并不是一个完美无缺的制度。存款保险制度带来收益的同时，也隐含着巨大的成本与危害，尤其是考虑不周详的存款保险制度会对经济带来重大危害。存款保险可能引起道德风险、逆向选择、代理问题、有必要加强银行监管、引起不平等竞争、资源错误配置以及纳税人的风险过高等问题。

3. 一般的保险只涉及两个行为人——保险人与被保险人，而存款保险则涉及三个有着各自独自利益的当事方：被保险银行、被保险银行的存款人、存款保险公司。

4. 存款保险体系设计需要考虑各国国情。各个国家国情不同，银行（金融）体系各异，金融监管体制也不一样，经济发展阶段也不完全相同，这样各个国家在建立显性存款保险制度的时候，就需要加以认真对待并在制度设计中考虑到。

5. 除了道德风险与设计等问题外，存款保险制度是否事实上增强了银行稳定需要经验的检验证明。有研究表明，显性存款保险制度尤其是过于慷慨的存款保险制度，反而不利于银行稳定。

6. 显性存款保险制度增加了银行债权人的利益安全，但是降低了他们对于银行的市场纪律要求。

7. 任何存款保险制度都不能应付大型银行或者系统性的全面金融危机的发生。存款保险制度不能保证初始银行的破产倒闭，其功能主要是在银行破产后处理与此相关的问题，立即向存款人赔付，避免银行倒闭引起连锁反应而对经济造成重大负面影响。然而任何存款保险制度都有一个资金筹集问题。

8. 存款保险制度由于自身资金问题无法承受大型银行或者系统性金融危机，只能应对小型银行机构或者小范围内或者局部性金融危机的破产处置问题。

9. 存款保险制度必须要有外部资金来源作后盾，才能维护公共信心。保险基金不足而又没有足够的立即融资来源，会延误破产银行的处置，从而增加存款保险制度的处置成本并导致公众对其信心的丧失。

10. 现实中政府对于存款保险制度的资金后盾支持，或者采取中央银行临时提供再贷款支持，或者采取财政部借款。

四、我国存款保险制度的设计

1. 尽快建立符合我国国情的显性存款保险制度，是近期我国金融业改革的一件重要议题。

2. 建立存款保险制度，我国需要对下列三个问题特别关注：第一，存款保险体系归谁管理。从国际经验而言，存款保险体系管理有三种模式，即中央银行管理、政府设立专门机构管理、私人管理。第二，存款保险计划覆盖范围。存款保险一般只针对银行类金融机构，即存款保险只向银行业机构提供。第三，存款保险公司费用来源及模式。从理论上讲，存款保险公司理赔支出应该来源于银行平时缴纳的存款保险费用。这里有两种模式，一种是存款保险公司事先建立存款保护基金，一旦哪家银行倒闭，立即动用事先准备好的基金去赔付存款人。另外一种模式就是，平时存款保险公司并不积累基金，等到银行倒闭事件发生之后，再向各家银行筹集保险理赔金。

综合练习

一、名词解释
金融稳定　最后贷款人　存款保险
二、填空题
1. ＿＿＿＿相比其他行业天生就具有脆弱性，因为它本身就是从事＿＿＿＿管理的一个行业。

2. 17—19 世纪正是＿＿＿＿等国金融体系发展壮大的黄金时期，但这一时期其金融危机亦此起彼伏。

3. 金融危机的爆发具有_____。

4. 根据国际货币基金组织的一份研究表明，自1980年以来，130多个国家，几乎占国际货币基金组织成员国的3/4，经历了银行业的严重问题。这些数据表明了金融危机的_____，金融体系脆弱性的_____。

5. 有些国家中央银行往往会对银行业金融机构实行存款准备金制度。这一制度的目的是为了保证银行资产的一定_____，以应付存款人的提款需要，最终达到保障存款人资金安全以及银行系统的安全运行。

6. 金融体系是典型的_____行业，或者说金融体系会随着经济周期而波动。经济繁荣时候，金融体系也出现高涨态势；经济衰退时候，金融风险加大，金融危机接踵而至。

7. 金融稳定的宏观性质，内生地决定了_____在维护金融稳定中的地位与作用。

8.《中国人民银行法》第一条明确规定："为了确立中国人民银行的地位，明确其职责，保证国家货币政策的正确制定和执行，建立和完善中央银行宏观调控体系，维护_____，制定本法。"

9. 为了担负起维护金融稳定的职责，_____设立了金融稳定局，分行及省会城市中心支行设立了金融稳定处。

10. 第一个国家存款保险体系诞生于1934年的_____。

三、单项选择题

1. 维护（　　）是中央银行除了制定和执行货币政策以外的第二个重要职责。

A. 金融稳定　　　　　　　　B. 货币稳定

C. 低水平通货膨胀　　　　　D. 经济快速发展

2. 金融体系的一个特征是，金融机构本身的（　　）都相当有限，金融体系可谓是典型的借钱生钱行业。

A. 现金　　　　B. 资本　　　　C. 资产　　　　D. 资源

3. 对银行实行100%的现金储备后，即使一家银行出现问题，其他银行也不用害怕被客户挤兑。但如果这样，（　　）的所有功能也就消失殆尽，它对于现代经济的重要作用也就无从谈起。

A. 金融市场　　B. 市场经济　　C. 现代银行业　　D. 中央银行

4. 中国人民银行根据执行货币政策和维护金融稳定的需要，可以建议国务院银行业监督管理机构对银行业金融机构进行检查监督。国务院银行业监督管理机构应当自收到建议之日起（　　）内予以回复。

A. 20天　　　　B. 10天　　　　C. 40天　　　　D. 30天

5. 维护金融稳定的主要责任落在（   ）。

A. 中央银行   B. 中央政府   C. 金融监管局   D. 金融机构自身

四、多项选择题

1. 20 世纪末爆发的主要金融危机包括（   ）。

A. 20 世纪 90 年代初的英国金融危机、北欧各国金融危机

B. 1994—1995 年的墨西哥金融危机

C. 1997 年爆发的东南亚金融危机

D. 2000—2001 年的土耳其金融危机

E. 2008 年爆发的由美国次贷危机引发的国际金融危机

2. 下面（   ）方面会引发金融危机。

A. 利率的急剧抬升   B. 股票市场大幅度下滑

C. 银行恐慌   D. 价格总水平下降

3. 金融稳定的定义有（   ）种。

A. 直接法   B. 间接法   C. 综合法   D. 分析法

4. 现代中央银行的核心职能是（   ）。

A. 制定与执行货币政策   B. 维护金融稳定

C. 实施金融监管   D. 发行货币

5. 关于存款保险制度，论述正确的是（   ）。

A. 存款保险制度完全能够消除金融风险与金融危机

B. 存款保险制度建立以后，中央银行不再需要履行最后贷款人职能

C. 存款保险体制设计不当，金融危机不是减少反而会更多、更严重

D. 存款保险制度需要客观分析，它并不是一剂没有副作用的良药，也不是一剂包治百病的良药

五、判断题

1. 金融危机给经济社会造成了极大的损害。为解决金融危机后遗症，社会所付出的财政支出尤为严重。   （   ）

2. 银行资产负债期限匹配使得其不会出现流动性不足的情况，如果许多存款人同时要求银行兑付存款，则银行有可能面临破产的局面。   （   ）

3. 在金融全球化中，不仅仅由于地理位置关系，甚至没有任何地理关联或者经贸关联，金融危机都可能从一个国家传染到另外一个国家。   （   ）

4. 各国中央银行都对金融稳定负有全局的责任，但是那些不再兼有金融监管职责的中央银行例外。   （   ）

5. 存款保险涉及三个有着各自独自利益的当事方：被保险银行、被保险银行的存款人、存款保险公司。   （   ）

六、简答题

1. 简述现代公共金融安全的三道防线。
2. 简述存款保险制度的目标与功能。

七、论述题

论述中央银行对于金融稳定的重要作用。

参考答案

一、名词解释

1. 金融稳定：是指构成一国金融体系的所有组成元素能够发挥正常的金融中介、资本形成、风险管理以及社会支付体系的功能，在面临体系内的冲击时能够消化或者承受而不影响其正常功能的发挥，同时具备抵御外部（外国）金融风波传染的应急处理能力，最终为本国经济社会的长期发展创造一个良好、和谐的金融环境的一个动态、开放的宏观金融运行态势。

2. 最后贷款人：是指在金融体系出现流动性困难将会危害到整个金融体系的稳定与安全时，由中央银行提供高能货币给金融市场或者有关金融机构，从而防止金融危机进一步扩大或者防止由个案金融事件引发为全局的金融危机。

3. 存款保险：存款保险属于现代公共金融安全网的一道重要防线，它是由政府或者私人或者公私同时提供的主要针对存款类金融机构存款的保险业务，如果被保险存款金融机构出现倒闭，那么存款保险人将向受损存款人提供补偿，此举目的是避免金融恐慌在不同银行传染，从而引发系统性金融危机。

二、填空题

1. 金融体系、金融风险
2. 英美
3. 普遍性
4. 长期性、长期性
5. 流动性
6. 顺周期
7. 中央银行
8. 金融稳定
9. 中国人民银行总行
10. 美国

三、单项选择题

1. A   2. B   3. C   4. D   5. A

四、多项选择题

1. ABC   2. ABC   3. AB   4. AB   5. CD

五、判断题

1. √   2. ×   3. √   4. ×   5. √

六、简答题

1. （1）金融监管。这是金融监管部门的公共职责，金融监管主要从合法、合规的角度对金融业进行日常的监管。

（2）存款保险体系。目前至少有近 80 个国家建立了显性公共存款保险体系，主要为银行业提供存款保护。

（3）最后贷款人。所谓最后贷款人，就是指在金融体系出现流动性困难将会危害到整个金融体系的稳定与安全时，由中央银行提供高能货币给金融市场或者有关金融机构，从而防止金融危机进一步扩大或者防止由个案金融事件引发为全局的金融危机。

2. （1）现在各国建立显性存款保险制度有两个基本目标。第一，避免银行恐慌与挤兑的发生，从而维护国内金融稳定。第二，保护存款人尤其是中小存款人的利益，从而保证国内社会稳定。

（2）如果一国的存款保险体系设计良好且能为公众很好理解的话，将有助于该国金融体系的稳定。除了稳定金融部门外，存款保险制度还具有政治上的好处：保护中小存款人，以及为小银行提供公平竞争的平台，使其可以与大银行展形竞争。

（3）存款保险制度的主要功能特点可以归结为 12 个字：事先提供信心，事后提供补偿。

七、论述题（要点）

（1）中央银行实施货币政策，为经济金融提供一个稳定的金融宏观环境，这样金融稳定的微观基础更为可靠牢固。

（2）中央银行在危机时刻提供特别的手段：通过货币政策降低利率，避免经济因受金融危机影响而陷入衰退；利用最后贷款人功能，向市场提供高能货币，避免金融市场出现流动性恐慌与不足；开展国际合作，如货币互换，避免本国汇率出现动荡。

（3）利用中央银行特殊的地位，在私人金融机构之间斡旋，为有效的市场化金融危机解决办法提供政策性指引与顾问服务。

参考资料

I 《中国金融稳定报告（2007）》述要

中国人民银行《中国金融稳定报告（2007）》对 2006 年以来我国金融体系的稳定状况进行了全面评估。这是人民银行自 2005 年以来第三次发布这一报告。报告认为，2006 年，我国经济平稳快速增长，国民经济和社会发展取得重大成就，金融改革取得突破性进展，金融创新迈出重大步伐，金融调控和服务功能更加完善，金融监管和法制建设不断加强，金融业对外开放水平继续提高，金融体系的稳定性进一步增强。

报告指出，2006 年全球经济保持了较快增长，国际金融市场运行平稳。中国经济平稳快速增长，宏观调控进一步加强。通货膨胀率较低，人民币汇率形成机制改革稳步推进，币值总体稳定。外汇储备持续较快增长，应对外部冲击的能力不断增强。财政收入增长较快，企业总体债务水平略有下降，盈利能力进一步提高，城镇居民和农村居民可支配收入均有较大幅度提高，反映出政府、企业和居民的债务偿付能力不断增强。

报告认为，2006 年我国金融机构改革和重组取得突破性进展，竞争力和盈利能力显著增强，金融稳定的微观基础不断夯实。银行业金融机构继续推进改革和重组，总体实力明显提高。中国工商银行和中国银行实现境内外上市，中国农业银行股份制改革稳步推进，广东发展银行完成财务重组，光大银行重组改革步伐加快。商业银行资本充足率不断提高，不良贷款率持续下降。证券公司综合治理初显成效，基础性制度建设不断加强。天同证券、西南证券和新疆证券完成重组，12 家高风险证券公司平稳实现市场退出，客户交易结算资金第三方存管制度全面推行。保险公司改革稳步推进，保险业整体实力继续增强。中国再保险集团股份制改革启动，保险公司综合经营试点稳步实施。保险服务领域扩大，保险资金运用渠道进一步拓宽。

报告指出，2006 年我国金融市场和金融基础设施运行平稳。上市公司股权分置改革基本完成，资本市场基础性制度建设得到加强。金融监管在制度建设、监管方式和监管手段等方面继续改善，金融机构风险处置进展顺利，存款保险制度设计工作全面启动。支付系统运行平稳，征信系统建设取得重大进展。新会计、审计准则颁布，有利于提高财务信息质量和透明度。《企业破产法》、《反洗钱法》和《刑法修正案（六）》的颁布，以及修订后的《公司法》和《证券法》的实施，为加强金融监管、防范和化解金融风险、维护金融稳定提供了更有力的制度保障。

报告认为，当前，我国金融改革发展正面临新形势，金融稳定面临新挑战，必须全面落实科学发展观，切实做好新形势下的金融稳定工作，促进金融业持续健康安全发展。为此，报告提出了维护金融稳定需要重点关注的八个方面。一是金融稳定面临更加复杂的国际环境，需要密切关注全球金融风险的溢出效应。二是价格稳定面临潜在压力，需要妥善应对。三是融资结构仍不合理，需要大力发展多层次资本市场，扩大直接融资比例。四是现代金融企业制度尚未完全建立，需要通过深化金融机构改革，完善公司治理，提高风险防范能力。五是金融机构创新能力亟待加强，需要充分发挥金融机构在金融创新中的主体作用，增强市场竞争力。六是农村金融服务仍然薄弱，需要加快建设农村金融体系，增强金融服务"三农"的功能。七是金融业面临全面开放的竞争格局，需要在开放中维护金融稳定和金融安全。八是金融运行和金融风险日益复杂，需要加强金融监管，建立健全协调机制，同时要加快建立存款保险制度，构建完善的金融安全网。

II　我国存款保险制度呼之欲出

II-1 中国正在积极考虑筹建存款保险公司[①]

新华网北京8月2日电（安蓓、杨诗琪）中国人民银行行长周小川2日说，中国正在积极考虑筹建存款保险公司。

周小川是在会见美国联邦存款保险公司主席希拉·拜尔时作出上述表示的。

双方就加强金融服务、存款保险、促进银行业稳健经营、开展人员交流与培训以及信息经验交流等方面的合作签署了谅解备忘录，并围绕进一步增进人民银行与美国联邦存款保险公司之间的合作与交流，加深对两国金融业与金融市场的了解，加强双方在存款保险、金融服务、金融管理和金融稳定等领域的合作，共同应对金融全球化与综合化发展中面临的问题等议题进行了深入讨论。

周小川表示，建立存款保险制度是目前中国政府的迫切要求。同时，美国联邦存款保险公司在完善金融监管、促进金融服务以及维护金融稳定等方面的模式和经验也是值得中国借鉴的。

存款保险制度是指一个国家为保护存款人利益和维护金融秩序的稳定，通过法律形式建立的一种在银行因意外事故破产时进行债务清偿的制度。

周小川在接受记者采访时说，存款保险制度是金融机构退出机制中的一项重要制度。这一制度有利于活跃金融市场，并将鼓励更多的中小型金融机构为农民、农村提供金融服务。

当前，我国宏观经济运行平稳，商业银行体制改革进展顺利，金融业进一步

---

① 资料来源：新华网，2007-08-02。

对外开放，监管水平不断提高，存款保险制度的推行成本较低，建立存款保险制度的时机已经成熟。

2007 年初召开的全国金融工作会议明确要求加快建立存款保险制度。目前，由人民银行和银监会牵头、相关部委参加的存款保险制度工作小组正在进行存款保险制度实施方案的设计工作，国家有关部门也正在进行存款保险条例的立法工作。

Ⅱ－2 建设中国存款保险体系即将启动①

在金融风险处置中，人民银行依法履行最后贷款人职责，在向暂时出现流动性困难的金融机构提供基金救助的同时，经国务院批准，对实施停业整顿、关闭撤销、破产清算的高风险金融机构也提供风险处置资金，在一定意义上承担了隐性存款保险的责任，对保护存款人利益、维护社会稳定发挥了重要作用。随着社会主义市场经济的发展，人民银行承担隐性存款保险责任的弊端日趋明显，特别是容易诱发道德风险，不利于金融长久稳定，应尽快转为显性的存款保险制度。

2006 年，存款保险制度建设进入立法阶段，存款保险制度工作小组成立，制度设计工作全面启动。

存款保险立法是我国存款保险制度建设的一个重要组成部分，对于加快存款保险制度建设进程、完善金融机构市场推出机制有着重要的意义。一是通过法律规范存款保险制度各相关利益主体的行为，有利于明确各方的权利和义务。二是法律的强制性与公正性有利于更好地保护大多数存款人的利益，促进中小银行机构加强风险防范，维护金融市场的公平与稳定。三是通过立法使存款保险制度更具有权威性和透明度，增加公众对存款保险制度和银行业的信心，有助于存款保险机构有效履行职责，提高存款保险制度的运作效率。四是通过立法完善金融机构市场退出法律体系，有助于规范金融机构市场退出行为，改变以行政方式为主的风险处置模式。

我国存款保险立法在借鉴国际经验的基础上，应关注以下方面：一是最大限度地实现对中小存款人权益的保护，维护存款人对银行业的信心。二是赋予存款保险机构履行职能所必要的权力和手段，确保制度的有效实施。三是明确存款保险机构与监管部门及其他相关机构的关系，处理好与其他相关法律制度的衔接，确保存款保险制度运行顺畅。

经过多年探索，加快建立适合中国国情的存款保险制度已成共识。存款保险制度应当覆盖所有存款类金融企业，实行差别费率、有限赔付、及时处置风险，设立功能完善、权责统一、运作有效的存款保险机构，增强金融企业、存款人的风险意识，保护存款人合法权益。

---

① 摘自《中国金融稳定报告（2007）》。

Ⅲ　政府维护金融稳定的案例：1997 年香港金融保卫战[①]

香港政府维护金融稳定的背后争议

自 1997 年 7 月以来金融风暴在亚洲肆虐横行，泰国、马来西亚、印度尼西亚、韩国等国家损失惨重。1997 年 10 月 22 日国际金融炒家在香港抛售 80 亿港元，使得次日香港恒生指数下跌 10.4%，10 月 28 日再次下跌 13.4%。在这段时间内，香港股市总值下降了 21 000 亿港元。如果以 600 万人口来除的话，平均每个香港人的财产减少了 35 万港元。随后，国际炒家一再狙击港元，弄得香港金融市场上风声鹤唳，不得安生。

1998 年 8 月，香港遭遇到第四次袭击。国际金融大鳄事先借入大量港元，并且在期货市场上建立大量恒指空仓，吸进恒生指数成分股的股票，然后，突然抛出港元，佯攻联系汇率。他们认为香港政府会像以往一样用提高利率的方法来保卫汇率，如此一来，必然压低股价，他们指望通过压低股票市场和恒生指数期货从中大捞一把。面对金融袭击，香港政府突然动用 152 亿美元大举进场购买股票，迅速拉高股票指数。由于汇率没有变，炒家要还港元，只有两个办法：通过银行向金融管理局借港元或者向金融管理局出售美元换取港元。借港元要支付利息，拿美元来换回港元要承担汇率差价和利息成本。无论怎样做，炒家都要在汇市上亏损。最主要的是由于香港的恒生指数岿然不动，让他们在股市上输得很惨，栽了一个大跟斗。

这次交锋之后，世界舆论反响不一，有叫好的，有遗憾的，有责难的。有些一贯主张自由经济的学者认为，香港赢了这一局，但是背弃了自由经济的宗旨，是不会有好结果的。他们指责香港政府正在变成危险的干预主义者。

如果只考虑经济学教科书上的原则，这些指责并没有错。香港作为一个世界级的金融中心，保持高度的自由经济是吸引金融活动的必要条件。然而，问题的关键在于要弄清楚这个指责的前提假设是什么。显而易见，指责香港政府干预市场的人假定当前的国际金融市场是自由市场经济。如果国际市场是一个自由经济市场，保证今后不再重复政府干预经济的错误，似乎还有几分道理。如果国际金融市场本身就不是自由市场经济，那么，这些指责就根本不合乎逻辑。换句话说，如果天下太平，社会治安良好，修筑高墙铁门不仅浪费资源，还破坏社区环境。如果明知盗贼横行，还要建议居民夜不闭户，岂不是迂腐不堪。

---

① 徐滇庆、于宗先、王金利：《泡沫经济与金融危机》，325～329 页，北京，中国人民大学出版社，2000。

两个层次的政府干预

20 世纪 30 年代经济大萧条，凯恩斯一针见血地指出，市场已经失灵了，坐等"看不见的手"来挽救经济必将贻误大局。凯恩斯强调政府的投资推动作用，确实对克服全球性的经济危机起到了重要的作用。在 20 世纪 50 年代以后，凯恩斯主义成为主流经济学。如上所述，国际金融市场失灵是导致 90 年代金融大动荡的根本原因。基本上，凯恩斯主义是为政府出谋划策的。可是，在国际金融市场上却不存在着这样一个"政府"。虽然凯恩斯的政府干预政策很难应用于国际金融市场，但是其基本思路依然适用。鉴于国际金融市场失灵，就完全有必要在两个层次上引进政府干预。

在高层次上的政府干预指的是建立新的国际金融秩序，迫切需要为国际金融市场设定一套公平竞争规则。迄今为止，国际货币基金组织和世界银行能不能起到立法和执法的功能还是一个值得讨论的问题。当前，国际金融秩序在相当程度上有利于富国，不利于穷国。金融风暴所冲击的国家中大部分都是发展中国家，只有日本在泡沫经济迸裂之后陷足于衰退之中。从切身利益出发，美国和欧洲尚且不急于改变现存的国际金融秩序。建立世界金融市场新秩序的主要发言权掌握在欧美富国手中。中国连进入世界贸易组织都要受到阻挠，更没有能力来改变国际金融市场的竞争规则了。要建立新的、更为合理的国际金融秩序亦绝非易事。无论如何，应当让世界舆论听见发展中国家的声音。

在低层次上的政府干预就是在各自国家的能力范围内自救自保，尽量免于遭受金融风暴袭击。既然国际金融市场已经出现了严重的市场失灵，那么要求世界上任何一个国家在金融市场上继续遵循市场经济原则就完全不合逻辑了。

假若在一场足球比赛中，对方不遵守比赛规则，连手带脚一起上，怎么办？第一，抗议，要求裁判执行比赛规则；第二，假若抗议无效，则退出比赛。

在当前的金融风暴中，发展中国家所面对的情况要复杂得多了。拿香港的例子来说：

第一，国际金融市场根本就不是一个自由经济市场，市场经济规则不能适用于当前的国际金融市场。国际炒家在资源和信息上拥有相对的垄断优势，为了牟取暴利，他们不遵守自由市场竞争规则，无所不用其极。

第二，当前国际金融市场上既没有明确的竞争规则，也没有裁判。

第三，相对于世界经济来说，中国香港是一个很小的经济体。中国香港根本就没有能力来为世界金融市场制定规则。在当前国际金融市场上，炒家猖獗，弱肉强食，竞争规则极不健全。在缺乏公平竞争的国际环境之下，香港政府自然要担负起保护香港人民财产的责任。政府干预的方式完全取决于国际金融市场所提供的大环境。如果香港政府不采取自保措施，难道非要躺在砧板上任人宰割？面对强大的金融投机集团，除非是愚不可及的笨蛋，怎么可能一相情愿地继续采用市场经济的规则呢？既然香港不愿意被当做国际炒家的"超级提款机"，既然国际炒家不遵守市场竞争规则，那么香港政府也就不得不在自己力所能及的范围内改变一些竞争规则。如果香港政府一动手干预就有人说"错了"，岂不是"只许州官放火，不许百姓点灯"？马来西亚恢复外汇管制，中国台湾明令禁止国际炒家登陆，智利对外资实行新的管理办法，所有这些都说明在金融风暴的冲击之下，世界各国和地区不得不依靠自己的力量，竭力自保。

有人认为，如果香港政府动手干预，会把国际投资都吓跑。投资者都跑掉之后，金融舞台上只剩下国际金融投机大鳄和香港政府，由于国际游资数以万亿美元计，香港必输无疑。这种说法灭自家的威风，长国际投机客的志气，实在不敢苟同。这种说法错在四点：

第一，香港政府的干预是迫不得已的自卫行动。如果国际金融大鳄不来袭击，自然也就没有干预的理由了。既不是长期的政策，更没有制度化，怎么会把规规矩矩的投资者都吓跑呢？香港政府在 1998 年 10 月入市干预，至今已经好几个月了，外资并没有大量外流就是一个明证。

第二，国际金融市场和其他一切市场一样，做买卖要双方情愿。如果觉得不公平，惹不起，躲还躲不起吗？我关门不做了，看你还能怎么样。国际金融投机客可以来去自由，在没有一个合理的规则之下，为什么香港就不可以选择交易对象呢？

第三，千万不要过高地估计那些金融投机集团的能力。国际游资数量虽大，但是它们既不是一个组织严密的政党，也没有什么纲领，并不听命于任何一个司令部。最大的对冲基金代管的资产也只不过几百亿美元。它们掌握信息和分析判断的能力虽然很强，但其记忆能力也经常是极其短暂的。就像打苍蝇一样，拍掉几个，等不到一会儿又飞来一群。有人说："赌到最后，赌桌旁会不会只剩下政府与炒家两个巨人？"这种说法是没有根据的。

香港应当理直气壮地回答，除非世界各国能够为国际金融市场建立一套公平的竞争规则，否则就不可能一相情愿地希望香港遵照自由市场经济原则。只要国际金融市场的市场失灵现象一天得不到解决，香港特区政府就只好动用手中的资源和国际金融投机集团周旋下去。如果有朝一日世界各国都愿意坐下来设计一套新的国际金融市场规则，那么，香港一定会乐见其成，并且作出自己应有的贡献。香港政府干预股市，给那些到香港来"打家劫舍"的国际炒家们一点儿教训，不仅是保护香港居民利益的必需，也推动了建立国际金融新秩序。

21世纪高等学校金融学系列教材

第 六 编

中央银行的宏观经济金融调查统计与分析

第十七章

中央银行调查统计工作理论与实务

内容提要

调查统计工作是中央银行一项重要的基础性工作，它通过对各种经济金融信息的系统收集与整理，分析、判断经济金融形势，为中央银行的货币政策、宏观调控乃至金融监管的实施提供重要的信息支持系统。本章将在概述中央银行调查统计工作基本理论的基础上，重点介绍我国信贷收支统计、金融市场统计和中央银行经济调查制度的框架与方法。

第一节 中央银行调查统计工作概述

一、中央银行调查统计工作的地位与作用

1. 调查统计工作是中央银行一项重要的基础性工作，是中央银行货币政策的重要的信息支持系统。调查统计工作的重要性集中体现在三个方面：第一，调查统计部门是中央银行的基础业务部门；第二，调查统计部门是中央银行的综合业务部门；第三，调查统计体系是货币政策决策的重要信息支持系统。

2. 中央银行调查统计工作的作用主要指调查统计工作对整个宏观调控、对经济金融政策的信息支撑作用。具体体现在两个方面：（1）调查统计工作为制定正确的金融方针和货币政策提供依据。（2）调查统计工作为检查现行的金融方针和货币政策是否正确提供尺度，并为矫正偏离实际的金融方针和货币政策提供建议。

二、中央银行调查统计工作的职责与任务

1. 中央银行调查统计部门的工作职责是：收集金融、经济信息，判断经济金融形势，提出货币政策调整建议。

2. 调查统计部门的工作任务是与其职责紧密相连、密不可分的。具体地讲，就是要紧紧围绕建立社会主义市场经济体制和金融业务发展的需要，通过对经济现象和金融业务活动的调查研究，掌握其运动规律，发现存在问题，提出对策建议，为宏观经济金融决策部门服务，为企业发展生产和扩大商品流通服务，为深化经济金融改革服务，为提高金融工作水平服务。

三、中央银行调查统计部门信息收集的方法

1. 中央银行调查统计部门信息收集的方法主要有统计方法、专题调查方法和动态反映三种。在实践中，调查统计部门一般三种方法配合运用。

2. 中央银行的工作内容主要由金融统计、经济调查统计、分析预测三部分构成。

第二节　信贷收支统计

一、信贷收支统计的特点

1. 信贷收支统计采用经常性、全面统计报表的形式。

2. 信贷收支统计的指标主要是存量价值指标。

3. 信贷收支统计的结果均以平衡表的形式反映。信贷收支表的左侧即资金来源方，主要是金融机构的负债与所有者权益类项目；信贷收支表的右侧即资金运用方，是金融机构的资产类科目。

4. 信贷收支表全部为合并报表。合并报表将表内机构之间的交易剔除，仅反映表内机构与其他部门和金融机构之间的交易与债权债务情况。

二、信贷收支表的项目

1. 信贷收支统计的内容分为信贷收入（资金来源）统计和信贷支出（资金运用）统计两个方面。信贷支出分类要比信贷收入分类更细一些。

2. 信贷收入项目主要按资金来源渠道、性质、期限以及会计核算的平衡关系来分类。

3. 信贷支出主要按资金运用的渠道、期限、形式、行业、所有制等标准进行分类。

三、中国人民银行信贷收支统计

1. 中国人民银行信贷资金来源统计项目包括财政存款、机关团体部队存款、金融机构缴存准备金存款、商业银行划来财政性存款、卖出证券回购、货币流通

量、中央信贷基金、当年结益和其他项目。

2. 中国人民银行信贷资金运用统计项目包括金融机构贷款、金银占款、外汇占款、财政借款、有价证券及投资、买入返售证券、库存现金和其他资产。

3. 中国人民银行信贷收支表是在县级支行原始统计报表的基础上，逐级汇总综合而形成的一种报表制度。

四、存款性金融机构信贷收支统计

1. 存款性金融机构的信贷资金来源统计项目包括各项存款、代理财政性存款、金融债券、应付及暂收款、卖出回购证券、向中央银行借款、同业往来、委托存款及委托投资基金、代理金融机构委托贷款基金、所有者权益、各项准备和其他项目。

2. 存款性金融机构的信贷资金运用统计项目包括各项贷款、有价证券及投资、应收及预付款、买入返售证券、存放中央银行准备金存款、存放中央银行特种存款、缴存中央银行财政性存款、同业往来、系统内往来、代理金融机构贷款、库存现金和外汇占款等项目。

3. 存款性金融机构信贷收支表是全面反映存款性金融机构信贷资金来源和信贷资金运用的主要业务统计报表。为了保证统计资料的统一性，便于汇总和管理，各存款性金融机构必须按照中央银行规定的信贷统计指标体系编制信贷收支表。

五、各类和全金融机构信贷收支表

1. 各类金融机构的信贷收支表都是同类性质单个金融机构信贷收支表的合并。

2. 全金融机构信贷收支表是所有各类金融机构的信贷收支表的合并报表。

第三节　现金收支和货币流通统计

一、现金收支统计

1. 现金收入统计的主要项目有商品销售收入、服务业收入和税款收入。

2. 现金支出统计的主要项目有工资性支出、产品采购支出和行政事业费支出。

3. 现金收支共同项目有储蓄存款收入（支出）项目、其他金融机构收入（支出）项目、居民归还（提取）贷款收入（支出）项目、城乡个体经营收入（支出）项目、有价证券收入（支出）项目、汇兑收入（支出）项目和其他收入（支出）项目。

4.银行现金收支表的编制过程大致分为三步：第一步，对原始资料的收集、整理、分类、汇总；第二步，统计资料的复核、汇总、上报。基层单位在上报资料前，应进行复核；第三步，综合部门根据经过复核后的资料进行汇总上报。

二、现金收支报表中的主要统计分析指标

现金收支报表中的主要统计分析指标有现金支出总额、现金收入总额、现金净投放额和现金净回笼额、现金回笼率以及现金投放回笼系数。

三、货币发行及回笼方面的主要统计指标

货币发行及回笼方面的主要统计指标有货币发行累计额、货币回笼累计额、货币净发行（或净回笼）。

四、货币流通统计中的主要指标

1.货币流通统计中的主要指标包括期末市场货币流通量（M_0）和货币流通速度统计指标。

2.货币流通速度具体可通过单位货币在流通中转手次数、单位货币完成一次转手所需天数、单位货币在某一时期内返回银行的次数、单位货币返回银行一次所需要的天数等四种方法来考察。

五、货币购买力统计分析的主要指标

货币购买力统计分析的主要指标包括货币购买力指数、实际工资指数和城镇（农村）居民生活费实际收入指数。

第四节　金融市场统计

一、短期资金市场（货币市场）统计

1.短期资金市场统计的内容包括同业拆借市场统计、票据贴现市场统计和短期债券市场统计三部分。

2.同业拆借市场统计指标包括拆借资金额、拆借资金期限和拆借资金利率。

3.票据贴现市场统计指标包括票据贴现金额、期限和利率，票据转贴现的金额、期限和次数以及票据再贴现市场的贴现金额和资金价格变化情况等。

二、中长期资金市场（资本市场）统计

1. 证券发行市场统计指标包括：证券发行种类、发行量及其构成；报告期发行股票的企业数和股票种类；报告期发行股票股数和总面值；报告期发行债券的企业（金融机构）数；报告期债券发行额。

2. 证券流通市场统计指标主要包括：（1）证券交易量。通常计算以下三个指标：上市证券总额、上市证券成交量、上市证券成交额。（2）证券收益统计。具体包括以下指标：票面收益率、即期收益率、全期收益率、股票市盈率。

第五节　中央银行的经济调查制度

一、5 000 户工业企业调查制度

5 000 户工业企业调查制度是中国人民银行调查统计司于 20 世纪 90 年代初建立的一项制度性统计调查制度，包括企业月度调查表和企业季度调查问卷两部分。

企业月度调查表主要调查企业的一些财务指标，如利润、工业产值、费用等；企业季度调查问卷主要包括企业总体状况、生产要素供给状况、市场需求状况、资金状况、成本效益状况、投资状况等六大方面的 29 个问题，由被调查企业的厂长或副厂长填写。

5 000 户工业企业调查的所有数据均采用分级汇总方式进行。各调查行按月/季向企业收集数据、发放和回收问卷，然后按照统一编制的软件进行调查数据的录入和汇总，逐级传递给上一级人民银行，由总行调查统计司完成最终汇总。

二、银行家问卷调查制度

银行家问卷调查是于 2004 年初建立的、由中国人民银行和国家统计局共同合作完成的一项制度性季度统计调查。本调查以各类银行机构和我国境内外资商业银行行长为主要调查对象。

此项调查对我国境内设在地市级以上地区的各类银行机构采取全面调查，对农村信用联社采取分层 PPS（按规模大小、成比例的概率抽样）的方法进行抽样调查。

调查数据以百分比形式和指数形式出现，每期调查分析重点关注核心问题的变动趋势，把根据核心问题编制的景气指数列成时间序列的形式并加以分析。

三、城镇储户问卷调查制度

1. 为了及时了解居民的心理预期变动以及对储蓄存款的稳定性、阶层分布和变动趋势作出准确判断，为宏观经济决策提供有效依据，中国人民银行于1999年建立了城镇储户问卷调查制度。

2. 城镇储户问卷调查制度主要采用储蓄所临柜调查，分级汇总方式。内容主要包括储户对实际货币收入的判断及收入预期，储户对市场物价趋势的判断，储户的存取款动机，储户对物价、利率变化的心态反映，储户的持现动机等。

四、物价调查制度

中国人民银行物价调查工作的开展主要是对国家统计局编制的物价指数的补充，同时又要求与货币政策紧密相关。为此，中央银行先后建立了集市贸易价格调查制度、生产资料购进价格调查制度、批发价格调查制度。

综合练习

一、名词解释

信贷收支统计　全金融机构信贷收支表　现金投放回笼系数　货币净发行（净回笼）　货币流通速度　货币归行速度　货币购买力指数　实际工资指数　城镇（农村）居民生活费实际收入指数　股票市盈率

二、填空题

1. 中央银行调查统计部门的工作职责是：收集＿＿＿＿＿＿，判断＿＿＿＿＿＿，提出＿＿＿＿＿＿＿＿。

2. 中央银行调查统计部门信息收集的方法主要有＿＿＿＿、＿＿＿＿和＿＿＿＿＿＿。

3. 中央银行调查统计工作的内容主要由＿＿＿＿＿＿＿、＿＿＿＿＿＿＿和＿＿＿＿＿＿＿三部分构成。

4. 信贷收支统计的结果以＿＿＿＿＿＿的形式反映，左侧是＿＿＿＿＿＿方，右侧为＿＿＿＿＿＿方，是金融机构的资产类科目。

5. 各类金融机构的信贷收支表都是＿＿＿＿＿＿＿＿信贷收支表的合并。

6. 全金融机构信贷收支表是＿＿＿＿＿＿＿＿的信贷收支表的合并报表。

7. 货币流通速度具体可通过＿＿＿＿＿＿＿＿＿、＿＿＿＿＿＿＿＿＿、＿＿＿＿＿＿＿＿＿、＿＿＿＿＿＿＿＿＿四种方法来考察。

8. 实际工资指数＝货币工资指数×＿＿＿＿＿＿＿＿。

9. 平均每笔拆借金额 = 拆借总金额/_____。

10. 即期收益率是投资者每年所得收益与_____之比。

11. 股票市盈率 = _____/每股红利。

三、单项选择题

1. （   ） = 报告期内现金收入总额 ÷（上期末市场货币供应量 + 本期现金支出总额）×100%。

A. 现金回笼率　　B. 现金回笼系数　C. 现金投放率　　　D. 现金投放系数

2. 货币流通速度（天数）= 报告期日历天数 ÷（   ）。

A. 同期平均货币流通量　　　　　B. 同期平均货币流通速度（次数）

C. 同期银行现金支出总额　　　　D. 同期货币归行速度（次数）

3. 货币购买力指数是（   ）的倒数。

A. 实际工资指数　　　　　　　　B. 货币工资指数

C. 物价指数　　　　　　　　　　D. 居民生活费用收入指数

4. 拆借市场平均利率 = [$\sum$（每笔拆借资金额 × 每笔拆借利率）] ÷（   ）。

A. 拆借资金总额　　　　　　　　B. 拆借资金总笔数

C. 拆出资金总额 + 拆入资金总额　D. 拆出资金总额 − 拆入资金总额

5. 每股市价 ÷ 每股税后利润 =（   ）。

A. 票面收益率　　B. 即期收益率　　C. 全期收益率　　　D. 市盈率

四、多项选择题

1. 信贷收支统计的特点有（   ）。

A. 统计指标主要是存量指标　　　B. 统计结果均以平衡表形式反映

C. 采用经常性报表的形式　　　　D. 采用全面统计报表的形式

E. 统计表全部为合并报表

2. 现金收支表中的主要统计分析指标有（   ）。

A. 现金支出总额　　　　　　　　B. 现金收入总额

C. 现金回笼率　　　　　　　　　D. 现金投放回笼系数

E. 现金净投放额和现金净回笼额

3. 货币发行及回笼方面的主要统计指标有（   ）。

A. 货币发行累计额　　　　　　　B. 货币回笼累计额

C. 货币净发行　　　　　　　　　D. 货币净回笼

E. 货币购买力指数

4. 货币流通统计中的主要指标包括（   ）。

A. M_0　　　　　　　　　　　　B. 货币流通速度（次数）

C. 货币流通速度（天数）　　　　D. 货币归行速度（次数）

E. 货币归行速度（天数）

5. 在金融市场统计中，中长期金融市场统计包括（　　）。

A. 证券发行市场统计　　　　B. 证券交易市场统计

C. 同业拆借市场统计　　　　D. 票据贴现市场统计

E. 短期债券市场统计

6. 能够反映证券交易量的指标有（　　）。

A. 证券发行量　　　　　　　B. 上市证券总额

C. 上市证券成交量　　　　　D. 上市证券成交额

E. 市盈率

7. 证券收益统计的主要指标有（　　）。

A. 证券交易量　　　　　　　B. 票面收益率

C. 即期收益率　　　　　　　D. 全期收益率

E. 股票市盈率

五、判断题

1. 金融市场统计主要包括短期资金市场统计和中长期资金市场统计。
（　　）

2. 中长期贷款比率数值越大，表明银行资产流动性越强。（　　）

3. 货币购买力指数是物价指数的倒数。（　　）

4. 信贷收支统计的指标主要是时点指标。（　　）

5. 信贷收支统计合并报表，仅反映表内机构与其他部门和金融机构之间的交易与债权债务情况。（　　）

6. 各类金融机构的信贷收支表都是不同性质单个金融机构信贷收支表的合并。（　　）

六、简答题

1. 中央银行统计部门信息收集有哪些主要方法？

2. 请列出货币发行及回笼方面的主要统计指标。

3. 货币购买力统计分析常使用哪些指标？

七、论述题

1. 试述中央银行调查统计工作的地位与作用。

2. 试述中央银行调查统计工作的职责与任务。

参考答案

一、名词解释

1. 信贷收支统计：是反映金融机构信贷资金来源和运用的规模、结构及渠道的统计。

2. 全金融机构信贷收支表：是所有各类金融机构的信贷收支表的合并报表。

3. 现金投放回笼系数：是反映银行投放市场单位货币的回笼比值，说明现金投放与回笼的比例关系。

4. 货币净发行（净回笼）：是报告期内货币发行累计额（回笼累计额）与货币回笼累计额（或发行累计额）的差额，反映流通中货币量的净增加（或净减少）。

5. 货币流通速度：指在某时期内平均每单位货币在流通中转手的次数或平均每单位货币完成一次转手所需要的天数。

6. 货币归行速度：指平均每单位货币在某一时期内返回银行的次数或平均每单位货币返回银行一次所需要的天数。

7. 货币购买力指数：是单位货币在报告期内所买的商品和劳务的数量与基期所买的商品和劳务的数量的比值。

8. 实际工资指数：是将货币工资指数与购买力指数联系起来，用来分析物价变动和货币工资变动对职工实际生活水平的影响程度的指标。其计算公式为：实际工资指数 = 货币工资指数 × 货币购买力指数。

9. 城镇（农村）居民生活费实际收入指数：是考察城镇（农村）居民生活费用货币收入扣除生活费用价格上涨因素后净增长的统计指标。其计算公式为：城镇（农村）居民生活费实际收入指数 = 城镇（农村）居民人均生活费用收入指数 × 货币购买力指数。

10. 股票市盈率：是每股当日市价与每股年终红利（税后利润）之比，一般以倍数表示，是反映股票市场盈利状况的重要指标。

二、填空题

1. 经济金融信息、经济金融形势、货币政策调整建议

2. 统计方法、专题调查方法、动态反映方法

3. 金融统计、经济调查统计、分析预测

4. 平衡表、资金来源、资金运用

5. 同类性质单个金融机构

6. 所有各类金融机构

7. 单位货币在流通中转手次数、单位货币完成一次转手所需天数、单位货币在某一时期内返回银行的次数、单位货币返回银行一次所需要的天数

8. 货币购买力指数

9. 拆借笔数

10. 该证券当时市价

11. 每股价格

三、单项选择题

1. A　　2. B　　3. C　　4. A　　5. D

四、多项选择题

1. ABCDE　　2. ABCDE　　3. ABCD　　4. ABCDE　　5. AB　　6. BCD

7. BCDE

五、判断题

1. √　　2. ×　　3. √　　4. √　　5. √　　6. ×

六、简答题

1. （1）统计方法。统计方法是中央银行宏观经济金融信息收集的主要方法，它是通过一定的统计指标体系反映宏观经济活动的总体情况。

（2）专题调查法。相对于统计方法的定期制度性信息收集来说，专题调查方法是非定期、非制度性的信息收集方法。专题调查最大的优越性在于它可以突出调查的目的性，使所要了解的问题以更加典型的形式展现出来。

（3）动态反映。动态反映是指对经济金融运行过程中一些异常情况的反映。当宏观经济金融运行中出现某种异常现象或某种异常变化趋势时，可以以动态反映的形式提请有关决策部门注意，因为某些个别现象很可能是一种普遍现象的先兆。

2. （1）货币发行累计额。货币发行累计额是指发行基金由发行库调入业务库的累计额，该指标反映了投入流通的现金总规模。

（2）货币回笼累计额。货币回笼累计额是指货币由业务库缴回发行库的累计额，是从基期到报告期内由业务库缴回发行库的货币累加数，反映了退出流通的现金总规模。

（3）货币净发行（或净回笼）。货币净发行（或净回笼）是报告期内货币发行累计额（回笼累计额）与货币回笼累计额（或发行累计额）的差额，反映流通中货币量的净增加（或净减少）。

3. （1）货币购买力指数。货币购买力指数是单位货币在报告期内所买的商品和劳务的数量与基期所买的商品和劳务的数量的比值。

（2）实际工资指数。实际工资指数是将货币工资指数与购买力指数联系起来，用来分析物价变动和货币工资变动对职工实际生活水平的影响程度的指标。

（3）城镇（农村）居民生活费实际收入指数。城镇（农村）居民生活费实际收入指数，是考察城镇（农村）居民生活费用货币收入扣除生活费用价格上涨因素后净增长的统计指标。

七、论述题（要点）

1. （1）调查统计工作是中央银行一项重要的基础性工作。调查统计工作的重要性集中体现在三个方面：第一，调查统计部门是中央银行的基础业务部门。

第二，调查统计部门是中央银行的综合业务部门。第三，调查统计体系是货币政策决策的重要信息支持系统。

（2）科学、高效、灵敏的调查统计工作，是准确、科学实施货币政策、进行宏观调控的前提与保证。具体来说，中央银行调查统计工作的作用体现在两个方面：①调查统计工作为制定正确的金融方针和货币政策提供依据。②调查统计工作为检查现行的金融方针和货币政策是否正确提供尺度，并为矫正偏离实际的金融方针和货币政策提供建议。

2.（1）中央银行调查统计部门的工作职责是：收集经济金融信息，判断经济金融形势，提出货币政策调整建议。中央银行的调查统计部门要负责中央银行、商业银行和其他金融机构的金融统计，负责收集、整理货币政策管理过程中所需要的政府各职能部门的经济统计资料，并对这些资料进行分析。中央银行从总行到各级分支机构都具有这一同样的职责。

（2）调查统计部门的工作任务是与其职责紧密相连、密不可分的。具体地讲，就是要紧紧围绕建立社会主义市场经济体制和金融业务发展的需要，通过对经济现象和金融业务活动的调查研究，掌握其运动规律，发现存在问题，提出对策建议，为宏观经济金融决策部门服务，为企业发展生产和扩大商品流通服务，为深化经济金融改革服务，为提高金融工作水平服务。

参考资料

I 2008 年第一季度全国城镇储户问卷调查综述①

2008 年 2 月中下旬，中国人民银行在全国 50 个大、中、小城市进行了城镇储户问卷调查，回收有效问卷 20 000 份。调查结果显示：

一、城镇居民收入显著提高，未来收入预期季节性回落

问卷调查显示，第一季度认为收入增加的居民占比，一改连续三个季度的下跌趋势，比上季度大幅提升 6.7 个百分点。观察历史数据可以发现，居民对收入的判断明显呈季节性变化，一般第一季度是居民收入的黄金季节，认为收入增加的居民占比基本为年内最高水平，今年也不例外，本季度有 35.2% 的居民认为收入增加，尽管比历史最高水平（2007 年第一季度）低 2 个百分点，但仍处于次高位。主要是因为政府采取各种措施改善民生，如提高最低生活保障标准，上

① 资料来源：中国人民银行网站，2008 - 03 - 20。

调离退休人员养老金水平，等等。

城镇居民对下季度收入的预期季节性回落，未来收入信心指数为 22.6%，比上季度下降 3.2 个百分点。

二、49.2% 的被调查者认为物价过高难以接受，此比例再次刷新历史纪录，居民对下季度物价预期受季节和政策因素影响有所好转

本季度，认为"物价过高，难以接受"的居民占比达 49.2% 的历史最高水平，并且首次超过认为"物价偏高，但尚可接受"的居民占比，超出 1.7 个百分点。从最近一年的数据看，认为"物价过高，难以接受"的居民占比，从 2007 年第一季度的 25.9% 上升至本季度的 49.2%，累计提高 23.3 个百分点，而认为"物价偏高，但尚可接受"的居民占比则从 64.1% 下降到 47.5%，下降 16.6 个百分点。居民对物价的感受由尚可接受向难以接受转变的主要原因：一是近期价格上涨中，食品类价格涨幅最为明显（有春节因素），让居民切实感受到压力；二是本调查期由于部分省区受雪灾等自然灾害的影响，粮油、蔬菜、水果等因供应问题而造成波动，居民感受到较强烈的价格冲击。

另外，居民对下季度物价上升的预期由上季度的历史峰值 64.8% 回落至 48.9%，大幅下降 15.9 个百分点，也改变了预期物价上升的居民占比自 2007 年以来连续攀升的趋势。我们认为价格预期的回落，是季节性因素和政策因素共同作用的结果，也说明居民对国家防止价格总水平过快上涨的政策具有信心。

三、超过一半的居民对银行存款利率水平持认可的态度，居民的储蓄意愿连续 4 个季度攀升

问卷调查显示，在中央银行连续加息的背景下，居民对银行存款利率的认可度不断提高，认为存款利率适度的居民占比连升 4 个季度，从 2007 年第一季度的 39.6% 上升至本季度的 51.4%，累计提高 11.8 个百分点，并创下调查以来最高水平。由于一半以上的居民对存款利率认可，因此认为当前更多储蓄最合算的居民占比，在上季度回升 4.8 个百分点的基础上，再升 5.2 个百分点，达 35.4% 的水平，两个季度累计提高 10 个百分点，结束了认为储蓄存款最合算的居民占比连降 4 个季度的局面。

四、股市持续震荡，居民的风险意识显著增强，投资股票和基金的意愿延续上季度的跌势

调查显示，居民支出选择中，认为在当前物价和利率水平下，更多投资股票和基金最合算的居民占比，自 2007 年第三季度达历史峰值 44.3% 后，第四季度大幅回落 8.5 个百分点至 35.8%，本季度继续回落 8.2 个百分点至 27.6%，两个季度累计回落 16.7 个百分点。相关分析发现，居民投资股票和基金的意愿与股票市场（上证综合指数）的涨跌高度相关，其相关度为 0.9。随着股市的宽幅震荡，居民的投资热情也不断降温。反映家庭拥有最主要金融资产为股票和基金的居民占比，也分别从 2007 年第二、第三季度的历史最高 12.8%、25.4%，跌至本季度的 10.4% 和 19.1%，分别下跌 2.4 个和 6.3 个百分点。

五、房地产市场观望气氛浓厚，居民购房意愿再创新低，北京、上海等七大城市居民购房意愿全线下跌

2008 年新房贷政策正式实施，再加上从紧的货币政策和对后续政策出台的预期，居民对购房采取谨慎态度，整个房地产市场观望气氛浓厚。本季度调查显示，未来三个月打算购房的居民占比为 14.6%，分别比上季度和上年同期降低 1.3 个和 1.9 个百分点，并创调查以来最低水平。调查的七个大城市打算买房的居民占比全线下跌，其中上海跌幅最大，比上季度下跌 4.3 个百分点，广州次之，跌 3.8 个百分点。

Ⅱ　经济运行偏热趋势减缓，产品成本上升显著①

——2008 年第一季度企业家问卷调查分析

2008 年第一季度，中国人民银行进行的企业家问卷调查共回收有效问卷 5 485 份，调查结果表明：

一、宏观经济偏热趋势减弱，企业家信心有所恢复

连续 5 个季度攀升的宏观经济热度指数本季度首次下降至 14.4%，比上季度 18.4% 的历史峰值，回落 4 个百分点。企业家信心指数也在经历连续两个季度下降后，本季度回升 0.6 个百分点，至 77.4%。主要是各种调控政策综合效果开始显现，经济偏热趋势有所减弱。第一季度企业家认为宏观经济"偏热"的比例，由上季度的 21.6%，回落到本季度的 19.3%；"正常"的比例比上季度上升 0.6 个百分点，达到 77.8%。

二、企业产值速度景气指数回落，能源、原材料紧张程度预期有所放缓

调查显示，2008 年第一季度产值速度景气指数从上年同期 -9% 降至 -10%，尽管降幅仅 1 个百分点，但却是 2002 年以来首次出现同比下降变化。企业家对下季度产值速度预期仍很乐观，预期指数为 -2.7%，大幅高于上年同期 -5.6% 的水平。指数的这种变化与部分省份遭受雪灾有明显关联。受灾严重的湖南、贵州、江西、安徽、四川等 7 个省份产值速度景气指数，本季度比上年同期下降 3 个百分点，而其他省份（包括受灾较轻的省份）仅下降 0.4 个百分点。

企业反映，能源、电力、原材料供应紧张程度在连续 2 个季度上升后，2008 年第一季度出现更大幅度上升变化，三项指标供应不足的企业占比分别达到

---

① 资料来源：中国人民银行网站，2008 - 03 - 20。

10.5%、10.1%和11%，分别比上季度提高了4.8个、6.8个和2.7个百分点。不过对第二季度预期又出现较大幅度回落，分别下降4.2个、4.2个和3个百分点，大体回落到上年第四季度水平。

三、企业生产成本景气指数连续4个季度下降，生产资料和资金等要素价格影响最为显著

调查显示，第一季度企业可比产品成本指数为－28.3%，分别比上季度和上年同期下降3.9个和15.8个百分点，达到10年来的最低值。成本快速提高两大因素影响最为显著：一是生产资料价格不断上升。本季度企业家认为生产资料价格"上升"的占比为41.9%，创1997年以来最高。二是企业融资成本连续增加。调查显示，企业家判断借款利率"偏高"的比例连续4个季度攀升，本季度升至35.9%，达到近10年来的最高水平。

四、国内订单基本稳定，出口订单连续3个季度下滑，企业盈利水平高位回落

调查显示，国内订单指数第一季度为10.9%，尽管与上季度相比出现较大幅度季节性回落，下降2.1个百分点，但比上年同期提高2.4个百分点。本季度出口订单景气指数延续了前两个季度下降走势，降至2.9%，达到近两年来的最低水平。企业家对下季度国内订单和出口订单预期比较乐观。预计国内订单景气指数大幅上升，达历史最高13.5%；预计出口订单景气指数达8.4%。

企业盈利景气指数本季度为10.1%，分别比上季度和上年同期下降7.7个和2.5个百分点。受雪灾影响较严重的省份盈利指数同比下降5.6个百分点，其他省份则降1.5个百分点，反映本季度企业盈利水平的高位回落与自然灾害影响存在密切关系。

五、银行贷款掌握继续趋紧，预计下季度更加紧缩，企业支付能力高位回落

总体上看，企业支付能力保持较高水平，本季度企业支付能力景气指数从去年第三季度的历史峰值26.1%回落至23.8%，仍为同期最高水平。企业支付能力的回落与银行贷款掌握偏严有一定的关系，银行贷款掌握景气指数连续4个季度下降，本季度降至－25.8%，分别比上季度和上年同期下降2个和6.7个百分点。企业家预计下季度银行贷款掌握更加紧缩。27%的企业家预计银行贷款掌握"偏严"，比本季度实际判断高0.2个百分点。

六、企业固定资产投资高位波动，下季度投资预期比较谨慎

调查显示，第一季度企业固定资产投资景气指数比上季度大幅回落4.3个百分点，降至4.8%，尽管每年第一季度固定资产投资指数均呈季度性下降变化，但本季度为近两年来最大降幅。分行业看，调查的27个行业中，有16个行业固定资产投资景气指数比上年同期下降，比上年同期增加了9个行业。企业家预计下季度投资指数为3.8%，也明显低于本季度判断1.0个百分点，说明企业家对下季度投资预期仍保持谨慎态度。

Ⅲ　银行家信心指数小幅回升　银行业景气指数高位回落①
——2008 年第一季度全国银行家问卷调查报告

2008 年第一季度，由中国人民银行和国家统计局共同完成的全国银行家问卷调查显示：银行家信心指数小幅回升，预计未来宏观经济运行继续偏热；银行业景气指数高位回落，银行家对下季度经营状况预期不理想。

一、银行家信心指数

本季度调查显示，认为宏观经济偏热的银行家占比较上年末有所下降，但降幅较窄，仅减少6.3 个百分点至74.9% 。受其影响，本季度银行家信心指数较上年末小幅回升至28.1% ，仍属不景气区间。另外，调查中63.9% 的银行家预计下季度经济运行将延续偏热走势，其中认为下季度经济运行"过热"的银行家比例仅为4.1% ，表明银行家预计未来宏观经济运行由偏热转向过热的可能性不大。

银行家信心指数	单位:%
时间	信心指数
04.q1	53.0
q2	42.4
q3	60.5
q4	66.7
05.q1	72.0
q2	72.0
q3	78.2
q4	79.9
06.q1	82.4
q2	59.9
q3	43.8
q4	58.4
07.q1	60.6
q2	36.7
q3	21.0
q4	24.0
08.q1	28.1

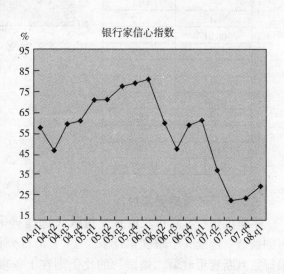

银行家信心指数

---

① 资料来源：中国人民银行网站，2008 - 03 - 20，http：//www. pbc. gov. cn/detail. asp? col = 740&ID = 146。

二、银行业景气指数

调查显示，银行业景气指数高位回落，指数较上年末的历史最高值下降了0.9个百分点至69.7%。银行业目前经营状况主要表现为：（1）财务状况良好，各景气指数达历史同期最高；（2）贷款业务需求反弹，中间业务增长放缓，资产质量景气指数有所回升；（3）储蓄存款景气反弹，银行资金来源情况好转。但银行家对下季度经营状况的预测不理想，其景气指数已连续两个季度回落，目前居于70.4%的水平，低于去年同期水平。

银行业景气指数	单位:%
时间	景气指数
04.q1	66.2
q2	65.4
q3	64.5
q4	66.9
05.q1	65.8
q2	65.5
q3	66.1
q4	67.2
06.q1	66.9
q2	66.5
q3	67.5
q4	69.0
07.q1	69.6
q2	69.3
q3	70.6
q4	70.6
08.q1	69.7

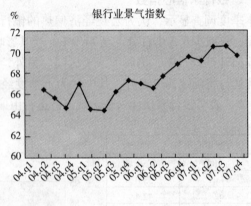

三、货币政策感受指数

本季度银行家货币政策感受指数（选择货币政策"适度"的银行家占比）再创新低，连续3个季度累计下降24.1个百分点，本季度降至31.7%。同时，银行家判断货币政策"偏紧"的比例则在上季度较大幅上升的基础上再次提高8.4个百分点，达到62.4%的历史新高。但银行家的加息预期明显弱化，半数以上判断下季度利率水平与本季度持平。

四、贷款需求景气指数

贷款需求景气度在上季度大幅回落后本季度出现强劲反弹，景气指数回升2.1个百分点至68.9%的历史第二高位，并创历年同期最高值。各行业贷款需求全面回升，农业贷款需求景气增长居各行业之首，非制造业中的电气水及水利公共业贷款需求增长亦十分强劲，房地产与建筑业贷款需求尽管也出现了一定程度

货币政策感受指数	单位:%
时间	指数
04.q1	64.7
q2	40.1
q3	48.7
q4	61.4
05.q1	71.3
q2	70.0
q3	75.6
q4	77.4
06.q1	81.0
q2	68.9
q3	57.0
q4	63.0
07.q1	68.0
q2	55.8
q3	49.7
q4	37.5
08.q1	31.7

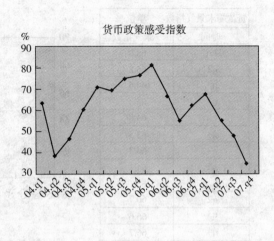

的反弹，但力度有限，受政策抑制的迹象仍比较明显。分不同贷款用途来看，企业类贷款需求（包括固定资产投资类及经营周转类）反弹力度较大，个人消费类贷款需求回升乏力，尤以个人购房贷款需求升势最弱。

编制说明

银行家问卷调查是由中国人民银行和国家统计局共同合作完成的一项制度性季度统计调查。中国人民银行调查统计司和国家统计局服务业调查中心双方共同负责调查问卷的编制、调查方案和指标体系的制定、计算方法的确定；中国人民银行调查统计司负责银行家调查的具体实施、数据分析以及调查报告的撰写等；调查结果由中国人民银行和国家统计局共同对外发布。

本项调查采用全面调查与抽样调查相结合的调查方式，对我国境内地市级以上的各类银行机构采取全面调查，对农村信用合作社采用分层 PPS（与信用社规模成比例）抽样调查，全国共调查各类银行机构 2 850 家左右。调查对象为全国各类银行机构（含外资商业银行机构）的总部负责人及其一级分支机构、二级分支机构的行长或主管信贷业务的副行长。

调查结果反映了调查当季度相对于上季度的变化情况。报告对问卷中涉及的四个指标进行了量化描述，列示了对这些指标选项回答的占比情况和景气指数。其中，银行家信心指数为判断本季度经济形势"正常"的银行家占比与预期"正常"占比的算术平均数；货币政策感受指数为判断货币政策"适度"的银行

贷款需求景气指数	单位:%
时间	景气指数
04.q1	68.8
q2	65.8
q3	64.4
q4	65.3
05.q1	64.8
q2	63.5
q3	64.2
q4	64.1
06.q1	65.1
q2	66.7
q3	66.6
q4	66.7
07.q1	68.0
q2	68.9
q3	69.4
q4	66.8
08.q1	68.9

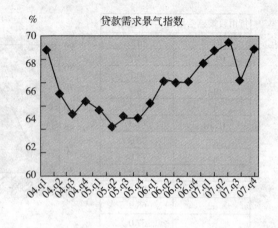

家占比数；银行业景气指数和贷款需求景气指数均采用扩散指数法计算，即首先剔除对此问题选择"不确定"的银行机构个数，然后计算各选项占比 ic，并分别赋予各选项不同的权重 iq（"很好"为 1，"较好"为 0.75，"一般"为 0.5，"较差"为 0.25，"很差"为 0），在此基础上求和计算出最终的景气指数，即所有指数取值范围在 0 ~ 100% 之间，指数在 50% 以上，反映某一方面经济活动扩张，低于 50%，通常反映其经济活动衰退。

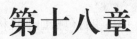

第十八章

中央银行货币统计

内容提要

货币统计是关于经济体系中的现金、存款和其他货币性资产的统计体系。它为了解和分析货币供应量的总量及构成、货币数量与宏观经济的内在联系提供了可能。学习本章的目的是在把握货币统计的机构部门分类的基础上，了解《货币与金融统计手册》关于货币统计的基本框架，掌握中国货币统计体系的主要内容。

第一节　货币统计的对象：金融性公司

货币统计是对金融性公司部门资产和负债的统计。金融性公司部门包括中央银行、其他存款性公司部门和其他金融性公司部门三个子部门。

一、机构单位与机构部门

1. 《货币与金融统计手册》根据是否能够独立自主地从事各种交易活动，将经济主体分为住户、公司、准公司、政府单位和非营利机构五种类型的机构单位。

2. 各类机构单位按其目标、功能和行为特征的不同分别被划归住户部门、金融性公司部门、非金融性公司部门、广义政府部门、为住户服务的非营利机构部门和国外部门六类机构部门。

二、金融性公司部门

1. 金融性公司部门是由所有的主要从事金融中介活动或与金融中介活动密切相关的辅助金融活动的金融性公司和准公司组成的机构部门。

2. 根据在货币供给和金融交易中的地位与作用不同，金融性公司部门被划分为三个子部门：中央银行、其他存款性公司和其他金融性公司。

三、中央银行

中央银行包括如下机构单位：（1）专门的中央银行机构；（2）货币管理委员会或独立的货币当局，它们发行由外汇储备充分支持的本国通货；（3）政府机构，该机构是独立的机构单位，主要履行中央银行职能。

四、其他存款性公司

1. 其他存款性公司子部门包括除中央银行以外的所有存款性公司和准公司，这些公司主要从事金融中介活动，其负债包括在广义货币中。

2. 最主要的其他存款性公司是商业银行。商人银行、离岸银行、专业银行、主要从事金融活动的旅行支票公司、共同基金和投资基金也属于其他存款性公司。

五、其他金融性公司

其他金融性公司子部门可进一步细分为保险公司与养老基金、保险公司与养老基金以外的其他金融中介、金融辅助机构等类别。

第二节　货币统计的国际框架

一、中央银行资产负债表及概览

1. 中央银行资产负债表的资产项目包括：货币黄金、持有特别提款权、外币、存款、非股票证券、贷款、股票和其他股权、保险技术准备金、金融衍生产品、其他应收账款和非金融资产。

2. 中央银行资产负债表的负债与资本项目包括：流通中货币、存款、非股票证券、贷款、保险技术准备金、金融衍生产品、其他应付账款和资本。

3. 中央银行概览是在中央银行部门资产负债表的基础上编制的，重点反映中央银行负债与净国外资产、对国内其他部门的债权等之间的关系。

4. 中央银行概览的资产项目包括：净国外资产、国内资产和其他资产。

5. 中央银行概览的负债项目包括：基础货币（储备货币）、其他负债和资本。

二、其他存款性公司资产负债表及概览

1. 其他存款性公司的资产负债表资产方的项目有：货币、存款、非股票证

券、贷款、股票和其他股权、保险技术准备金、金融衍生产品、其他应收账款和非金融资产。

2. 其他存款性公司资产负债表的负债和资本项目有：存款、非股票证券、贷款、保险技术准备金、金融衍生产品、其他应付账款和资本。

3. 其他存款性公司概览是根据其他存款性公司资产负债表编制的反映其货币与信贷活动的分析性报表。

4. 其他存款性公司概览的资产项目有：净国外资产、对中央银行的债权、对中央政府的净债权、对其他部门的债权和其他资产。

5. 其他存款性公司概览的负债与资本项目有：对中央银行的负债、广义货币负债、其他负债和资本。

三、存款性公司概览

1. 存款性公司概览是合并中央银行概览和其他存款性公司概览并反映存款性公司货币与信贷活动的分析性报表，重点反映广义货币。

2. 存款性公司概览资产方包括净国外资产和国内资产两个项目。

3. 存款性公司概览负债与资本方包括广义货币负债、非广义货币负债和其他项目。

第三节 中国的货币统计

一、货币供应量统计口径

1. 1994 年第三季度，中国人民银行首次制定了货币供应量统计办法，并开始定期向社会公布货币供应量统计资料。

2. 2001 年，中国人民银行修订了货币供应量统计口径。目前我国货币供应量统计表的项目和统计口径为：M_0 = 流通中现金；M_1（货币，也称狭义货币）= M_0 + 活期存款；M_2（货币和准货币，也称广义货币）= M_1 + 定期存款 + 储蓄存款 + 其他存款；M_2 +（货币供应量）= M_2 + 外汇存款。

二、货币当局资产负债表

1. 我国的货币当局即中国人民银行。

2. 货币当局资产负债表资产方的项目有：国外资产、对政府债权、对其他存款性公司债权、对其他金融性公司债权、对非金融性公司债权和其他资产。

3. 货币当局资产负债表负债方的项目有：储备货币、不计入储备货币的金融性公司存款、发行债券、国外负债、政府存款、自有资金和其他负债。

三、其他存款性公司资产负债表

1. 其他存款性公司是指人民银行以外的存款性公司，包括各类商业银行、邮政储蓄银行、政策性银行、农村合作银行、农村信用社、城市信用社、财务公司及外资银行、合资银行等。

2. 其他存款性公司资产负债表资产方的项目有：国外资产、储备资产、对政府债权、对中央银行债权、对其他存款性公司债权、对其他金融机构债权、对非金融机构债权、对其他居民部门债权和其他资产。

3. 其他存款性公司资产负债表负债方的项目有：对非金融机构及住户负债、对中央银行负债、对其他存款性公司负债、对其他金融性公司负债、国外负债、债券发行、实收资本和其他负债。

四、存款性公司概览

1. 存款性公司概览是货币当局资产负债表和其他存款性公司资产负债表的合并报表。

2. 存款性公司概览资产方有国外净资产和国内信贷两个项目。

3. 存款性公司概览负债方有货币和准货币、不纳入广义货币的存款、债券、实收资本和其他（净）共 5 个项目。

综合练习

一、名词解释

金融性公司　存款性公司　金融辅助机构　中央银行概览　货币当局资产负债表　存款性公司概览　准货币

二、填空题

1.《货币与金融统计手册》将经济主体分为_____、_____、_____、政府单位和非营利机构五种类型的机构单位。

2. 各机构单位按其目标、功能和行为特征的不同分别被划归住户部门、_____、_____、_____、为住户服务的非营利机构部门和国外部门六类机构部门。

3. 根据在货币供给和金融交易中的地位与作用不同，金融性公司部门被划分为三个子部门：_____、_____和_____。

4. 中央银行以外最主要的存款性公司是_____。

5. 中央银行概览的资产项目包括：_____、_____和其他资产。

6. 中央银行概览的负债项目包括：_____、其他负债和资本。

7. 存款性公司概览是合并＿＿＿＿＿＿＿＿和＿＿＿＿＿＿＿＿并反映存款性公司货币与信贷活动的分析性报表。

8. 存款性公司概览资产方包括＿＿＿＿＿＿＿＿和＿＿＿＿＿＿＿＿两个项目。

9. 我国的货币当局即＿＿＿＿＿＿＿＿。

三、单项选择题

1. 金融统计的基础和核心内容是（　　）。

A. 货币统计　　　　　　　　　　B. 信贷收支统计

C. 金融市场统计　　　　　　　　D. 金融稳定统计

2. 最典型的住户类型是（　　）。

A. 家庭　　　　B. 医院　　　　C. 监狱　　　　D. 修道院

3.《货币与金融统计手册》将金融性公司部门分为中央银行、（　　）和其他金融性公司三个子部门。

A. 存款性公司　　　　　　　　　B. 其他存款性公司

C. 存款货币银行　　　　　　　　D. 货币当局

4. 中央银行以外最主要的存款性公司是（　　）。

A. 专业银行　　　B. 商业银行　　　C. 离岸银行　　　D. 商人银行

5. 金融辅助机构的主要功能是（　　）。

A. 提供基础货币　　　　　　　　B. 创造货币

C. 充当金融中介　　　　　　　　D. 促进金融中介活动的顺利进行

6. 中央银行概览是在（　　）的基础上编制的。

A. 其他存款性公司概览　　　　　B. 其他金融性公司概览

C. 中央银行部门资产负债表　　　D. 存款性公司概览

7. 金融性公司概览由（　　）合并而成。

A. 中央银行部门资产负债表与其他存款性公司部门资产负债表

B. 中央银行概览与其他存款性公司概览

C. 其他存款性公司概览与其他金融性公司概览

D. 存款性公司概览与其他金融性公司概览

8. （　　）主要由流通中的货币和对其他存款性公司负债所组成。

A. 货币发行　　　B. 广义货币　　　C. 准货币　　　D. 储备货币

9. $M_2 - M_1 = $（　　）。

A. M_0　　　　　B. 狭义货币　　　C. 准货币　　　D. 基础货币

10. 我国货币当局资产负债表和其他存款性公司资产负债表合并后形成（　　）。

A. 中央银行概览　　　　　　　　B. 金融概览

C. 存款性公司概览　　　　　　　D. 金融性公司概览

四、多项选择题

1.《货币与金融统计手册》根据是否能够独立自主地从事各种交易活动，将经济主体分为（　　）等几种类型的机构单位。

A. 住户　　　　B. 公司　　　　C. 准公司　　　　D. 政府单位

E. 非营利机构

2.《货币与金融统计手册》将各类机构单位按其目标、功能和行为特征的不同分别划归（　　）和国外部门等机构部门。

A. 住户部门　　　　　　　　B. 金融性公司部门

C. 非金融性公司部门　　　　D. 广义政府部门

E. 为住户服务的非营利机构部门

3. 根据在货币供给和金融交易中的地位与作用不同，金融性公司部门被划分为（　　）等几个子部门。

A. 中央银行　　　　　　　　B. 商业银行

C. 其他存款性公司　　　　　D. 其他金融机构

E. 其他金融性公司

4. 中央银行以外的其他存款性公司包括（　　），以及共同基金和投资基金等。

A. 商业银行　　B. 商人银行　　C. 离岸银行　　D. 专业银行

E. 主要从事金融活动的旅行支票公司

5. 以下属于非存款金融性公司的机构类型有（　　）。

A. 财务公司　　B. 金融租赁公司　　C. 保险公司　　D. 养老基金

E. 政府的金融监管机构

6. 以下属于中央银行资产负债表资产项目的有（　　）。

A. 货币黄金　　　　　　　　B. 持有特别提款权

C. 存款　　　　　　　　　　D. 股票和其他股权

E. 保险技术准备金

7.（　　）等属于中央银行资产负债表的负债项目。

A. 流通中货币　　　　　　　B. 非股票证券

C. 贷款　　　　　　　　　　D. 金融衍生产品

E. 保险技术准备金

8. 在中央银行概览中，属于基础货币构成项目的有（　　）。

A. 流通中货币　　　　　　　B. 对其他存款性公司的负债

C. 可转让存款和其他存款　　D. 广义货币证券

E. 其他广义货币负债

9. 以下属于其他存款性公司资产负债表资产项目的有（　　）。

A. 货币　　　　　　　　　　B. 存款

C. 贷款　　　　　　　　　　　　D. 股票和其他股权

E. 金融衍生产品

10. 以下属于其他存款性公司资产负债表负债项目的有（　　）。

A. 存款　　　　　　　　　　　　B. 非股票证券

C. 贷款　　　　　　　　　　　　D. 保险技术准备金

E. 金融衍生产品

11. 其他存款性公司概览的资产项目有（　　）和其他资产。

A. 净国外资产　　　　　　　　　B. 对中央银行的债权

C. 对中央政府的净债权　　　　　D. 对其他部门的债权

E. 纳入广义货币的资产

12. 其他存款性公司概览的负债项目有（　　）、其他负债和资本。

A. 净国外负债　　　　　　　　　B. 对中央银行的负债

C. 对中央政府的净负债　　　　　D. 纳入广义货币的负债

E. 储备货币

13. 目前中国人民银行公布的货币供应量统计数据中的项目有（　　）。

A. M_0　　　　　B. M_1　　　　　C. M_2　　　　　D. M_2 +

E. M_3

14. 目前我国货币统计中的其他存款性公司包括（　　）。

A. 各类商业银行　　　　　　　　B. 政策性银行

C. 农村信用社和城市信用社　　　D. 财务公司及信托投资公司

E. 外资银行和合资银行

15. 目前我国其他存款性公司资产负债表资产方的一级项目有（　　）、对其他金融机构债权、对非金融机构债权、对其他居民部门债权和其他资产。

A. 国外资产　　　　　　　　　　B. 储备资产

C. 对政府债权　　　　　　　　　D. 对中央银行债权

E. 对其他存款性公司债权

16. 目前我国其他存款性公司资产负债表负债方的一级项目有（　　）、债券发行、实收资本和其他负债。

A. 国外负债　　　　　　　　　　B. 对非金融机构及住户负债

C. 对中央银行负债　　　　　　　D. 对其他存款性公司负债

E. 对其他金融性公司的负债

17. 目前我国货币当局资产负债表资产方的一级项目有（　　）和其他资产。

A. 国外资产　　　　　　　　　　B. 对政府债权

C. 对其他存款性公司债权　　　　D. 对其他金融性公司的债权

E. 对非金融性公司债权

18. 目前我国货币当局资产负债表负债方的一级项目有（　　）、自有资金和其他负债。

A. 储备货币　　　B. 发行债券　　　C. 国外负债　　　D. 政府存款

E. 不计入储备货币的金融性公司存款

19. 目前我国存款性公司概览负债方有（　　）和其他（净）等一级项目。

A. 流通中现金　　　　　　　　B. 货币和准货币

C. 不纳入广义货币的存款　　　D. 债券

E. 实收资本

五、判断题

1. 金融性公司部门包括主要从事与金融中介活动密切相关的辅助金融活动的金融性公司和准公司。　　　　　　　　　　　　　　　　　　　　（　　）

2. 中央银行与其他存款性公司统称为存款性公司。　　　　　　　（　　）

3. 其他存款性公司子部门包括除中央银行以外的所有存款性公司，但不包括准公司。　　　　　　　　　　　　　　　　　　　　　　　　　　　（　　）

4. 存款性公司主要从事金融中介活动，其负债包括在狭义货币中。（　　）

5. 货币黄金仅指中央银行持有的作为官方储备的黄金。　　　　　（　　）

6. 中央银行的国内资产等于对其他存款性公司债权和对中央政府净债权之和。　　　　　　　　　　　　　　　　　　　　　　　　　　　　　　（　　）

7. 基础货币主要由流通中的货币和对其他存款性公司负债所组成，也可能还包括可转让存款、其他存款、中央银行发行的广义货币证券等。　　（　　）

8. 中央银行概览的资产项目包括净国外资产、国内资产和其他资产。

　　　　　　　　　　　　　　　　　　　　　　　　　　　　　　（　　）

9. 存款性公司概览的负债项目均属于广义货币负债。　　　　　　（　　）

10. 我国的货币当局包括但不限于中国人民银行。　　　　　　　（　　）

六、简答题

1. 简要说明货币统计的四个层次。

2. 简述目前人民银行公布的货币供应量资料的层次和口径。

3. 列表说明目前我国货币当局资产负债表的基本框架。

4. 列表说明目前我国存款性公司概览的表式。

参考答案

一、名词解释

1. 金融性公司：是指从事金融中介或与金融中介密切相关的辅助金融活动

的公司，其主要功能是在资金需求方与供给方之间充当中介。金融性公司部门包括三个子部门：中央银行、其他存款性公司和其他金融性公司。

2. 存款性公司：是指其负债属于广义货币组成项目的金融性公司。存款性公司包括中央银行和其他存款性公司两类。中央银行通过向公众发行通货和吸收存款性公司缴存的准备金等负债行为创造基础货币，其他存款性公司通过自身的存贷活动向全社会提供货币。

3. 金融辅助机构：是指主要从事辅助金融活动的机构。辅助金融活动是指促进金融中介活动的顺利进行但其本身不是金融中介的活动，如票据贴现、担保、汇兑、证券经纪、金融咨询、买卖外汇以及围绕金融衍生产品的交易等。

4. 中央银行概览：是在中央银行部门资产负债表的基础上编制的一种分析性报表，重点反映中央银行负债与净国外资产、对国内其他部门的债权等之间的关系。

5. 货币当局资产负债表：即中央银行资产负债表，是反映一定时点中央银行的资产与负债总量及其结构的统计报表。

6. 存款性公司概览：是通过合并中央银行概览（或货币当局资产负债表）和其他存款性公司概览形成的，用以反映存款性公司货币与信贷活动——特别是广义货币总量及构成的分析性报表。

7. 准货币：是指流动性略逊于现金和活期存款，不能直接充当流通手段和支付手段，但变现能力又较强的货币。在狭义货币 M_1 之外，但属于 M_2 构成项目的那些流动性比现金和活期存款差的各类存款。

二、填空题

1. 住户、公司、准公司
2. 金融性公司部门、非金融性公司部门、广义政府部门
3. 中央银行、其他存款性公司、其他金融性公司
4. 商业银行
5. 净国外资产、国内资产
6. 基础货币（储备货币）
7. 中央银行概览、其他存款性公司概览
8. 净国外资产、国内资产（国内信贷）
9. 中国人民银行

三、单项选择题

1. A　　2. A　　3. B　　4. B　　5. D　　6. C　　7. D　　8. D
9. C　　10. C

四、多项选择题

1. ABCDE　　2. ABCDE　　3. ACE　　4. ABCDE　　5. ABCDE

6. ABCDE　　7. ABCDE　　8. ABCDE　　9. ABCDE　　10. ABCDE

11. ABCD　　12. BD　　13. ABC　　14. ABCE　　15. ABCDE

16. ABCDE　　17. ABCDE　　18. ABCDE　　19. BCDE

五、判断题

1. √　　2. √　　3. ×　　4. ×　　5. √　　6. ×　　7. √　　8. √

9. ×　　10. ×

六、简答题

1. （1）将单个金融单位的存量和流量数据汇总成为次部门资产负债表，再将次部门资产负债表汇总成为分部门资产负债表，即中央银行资产负债表、其他存款性公司资产负债表、其他金融性公司资产负债表。

（2）将分部门资产负债表的数据合并，分别编制中央银行概览、其他存款性公司概览和其他金融性公司概览。

（3）编制存款性公司概览。它由中央银行概览与其他存款性公司概览合并而成。

（4）编制金融性公司概览。它由存款性公司概览与其他金融性公司概览合并而成。

2. $M_0 =$ 流通中现金

$M_1 = M_0 +$ 活期存款

$M_2 = M_1 +$ 定期存款 + 储蓄存款 + 其他存款

3. 表式如下：

货币当局资产负债表

资　产	负　债
国外资产	储备货币
外汇	货币发行
货币黄金	金融性公司存款
其他国外资产	其他存款性公司
对政府债权	其他金融性公司
其中：中央政府债权	不计入储备货币的金融性公司存款
对其他存款性公司债权	发行债券
对其他金融性公司债权	国外负债
对非金融性公司债权	政府存款
其他资产	自有资金
	其他负债
总资产	总负债

4. 表式如下：

存款性公司概览

资　　产	负　　债
国外净资产	货币和准货币
国内信贷	货币
对政府债权（净）	流通中现金
对非金融部门债权	活期存款
对其他金融部门债权	准货币
	定期存款
	储蓄存款
	其他存款
	不纳入广义货币的存款
	债券
	实收资本
	其他（净）

参考资料

I　货币统计与金融统计的比较[①]

我国过去面向金融领域的统计一直被称为"金融统计"。2000 年，自从国际货币基金组织颁布世界上第一部《货币与金融统计手册》（以下简称 MFS）准则后，我国统计工作和统计科学开始出现一个新名词——"货币与金融统计"。

按 MFS 的解释，货币统计是关于经济体系中的现金、存款和其他货币性资产的数据，其主要统计指标是货币供应的总量和构成。一国货币供应量主要由中央银行发行的通货和其他金融机构吸收的存款等构成，前者形成中央银行的负债，后者是其他金融机构的主要资金来源，也构成其负债。可以说，货币统计就是对金融机构负债的统计。但金融机构的负债与资产是同一问题的两个方面，二者不仅具有数量上的对等关系，而且金融机构可以通过资产创造负债。货币统计不可能脱离金融机构的资产去统计金融机构的负债。所以说货币统计是对金融机构资产与负债的统计。

[①] 许涤龙：《货币统计与金融统计的比较》，载《中国统计》，2008（1）。

与此相对应，MFS 认为，金融统计是关于经济体系中所有金融机构和非金融机构的金融流量与存量的数据，可以解释为是对全社会货币资金融通活动的统计。一般认为，货币资金的融通（金融）包括融资的形式、融资的工具、融资的主体、融资的中介机构和融资的网络场所等要素，而金融统计就是对上述构成金融诸要素的统计。尽管金融的各种构成要素之间有着密切的联系，但金融统计并不是不分主次笼统地对金融的各种构成要素都进行全面的统计，它所关注的始终是货币资金流动的方向、数量、构成和头寸（余额），即金融的流量和存量。例如，企业在金融市场上融资通常可以采取三种形式，一是通过商业借贷形式向银行贷款，二是采用债权融资形式发售债券，三是采用股权融资形式发售股票，不论采用哪一种融资形式，都涉及融资的工具（信贷资金、债券或股票）、融资的主体（企业、住户、政府、金融货币统计与金融统计的比较机构等）、融资的中介机构（商业银行、投资银行或证券公司等）和融资的网络场所（银行、证券交易所等），但在本例中，金融统计所要考察的毕竟是企业融资活动所形成的金融流量与存量，而不是上述各要素本身。只是为了更清楚地描述金融流量与存量的构成和分布，金融统计必须对金融工具、机构部门尤其是金融机构单位和部门（包含了融资的主体、融资的中介机构和融资的网络场所等）进行明确的分类。因此，金融统计是对经济体系中所有机构部门金融流量与存量的统计，笼统地说金融统计是对构成金融诸要素的统计是不恰当的。

由上述定义可以看出，货币统计与金融统计存在着明显的区别。

第一，统计的范围不同。货币统计范围是货币本身，统计的主体是金融机构单位和部门，即金融性公司部门；金融统计的范围是全社会，统计的主体不仅包括金融部门，也包括非金融性公司（企业）、住户、政府等机构单位和部门。当然，两者的统计主体都是基于国民经济机构部门分类体系。

第二，统计的内容不同。货币统计的内容是中央银行和其他金融机构的资产与负债，目的在于反映全社会货币供应量；金融统计的内容是金融部门和非金融部门的金融流量与存量，目的在于反映全社会资金融通状况。作为金融活动载体的金融工具，主要表现为金融部门的金融资产与负债，如通货、存款、贷款、外汇、银行票据、金融债券、同业拆借和回购协议等，但也有部分金融工具是非金融部门发售的，如企业发售的债券、股票和商业票据，政府发售的各种债券等。金融统计既要反映金融部门的间接融资情况，也要反映非金融部门的直接融资情况，还要反映金融流量在各部门之间的流动情况，因此，它的统计内容比货币统计要广泛得多。

第三，基于以上两点差异，它们的数据表述方式也不相同。货币统计数据的基本表述方式是资产负债表，金融统计数据的基本表述方式则是资金流量表。尽管世界各国货币统计的表述方式不尽相同，如我国曾长期采用编制信贷收支表的方式，但按照 IMF 的建议，货币统计应采用编制部门资产负债表及其合并表——金融机构概览（包括中央银行概览、存款性公司概览和金融性公司概览）的方式来表述数据框架。而对金融统计来说，虽然根据统计内容的不同可以采用不同的数据表述方式，如反映金融机构的间接融资情况可以采用信贷收支表，反映机构单位的证券融资情况可以采用债券或股票统计表，但要全面反映经济体系中所有机构部门的金融流量与存量，必须编制资金流量表。

货币统计与金融统计有着十分密切的联系。从统计的范围看，金融部门只是国民经济机构部门的一个组成部分；从统计的内容看，金融部门的资产与负债只是全社会金融流量与存量的一种表现形式，而全社会金融流量与存量也是全社会金融资产与负债所形成的流量和存量；从数据表述方式看，资产负债表只是货币与金融统计数据的一种表述方式和工具，而且它能够提供比货币供应量更加广泛的金融信息，在应用领域上也不只局限于货币统计。由此可见，货币统计与金融统计虽有区别，但两者关系上更显著的特征是交叉和从属，即货币统计无论在范围、内容还是数据表述方式上都从属于金融统计。IMF 也承认，货币统计从属于金融统计。

既然如此，为什么 IMF 在金融统计之外还要来一个货币统计呢？这主要是因为，货币在现代经济体系中的作用日渐增强，因而货币统计在金融统计中的地位显著提高，所占比重不断扩大；而且，从统计工作的程序上说，货币统计是基础，金融统计一般是在货币统计的基础上进行的。

II　关于修订中国货币供应量统计方案的研究报告[①]
（征求意见稿）
中国人民银行研究局

一、修订货币供应量统计方案的基本原则

修订货币供应量统计应从我国金融市场实际出发，坚持如下六项原则：

1. 相关性增强原则。修订货币供应量统计的目的是提高货币反映经济变化的敏感性，增强与经济产出、物价等经济变量的相关程度。调整或扩大广义货币的金融资产，应当与经济变量高度相关。

2. 可测性原则和成本效益比较原则。调整和扩大广义货币的金融资产应是可以统计和计量的，并且其数量较大，构成其对经济的明显影响。数额较小，统计成本较大，即使应当纳入货币供应量，也可暂时不调整。

3. 连续性原则。调整货币供应量在增强与经济变量相关度的前提下，尽可

---

①　资料来源：中国人民银行网站，2003－12－17。

能采用变动幅度小的调整方案。或虽扩大货币供应量的范围，但监测的重点维持原来货币与经济相关度的范围。

4. 流动性原则。流动性是指金融资产在多大程度上能够在短时间内以全部或接近市场的价值出售。在进行货币供应量统计时要按照居民和机构的金融资产流动性标准确定货币、准货币及其他，并把货币供应量划分成不同的层次。

5. 价值储藏手段原则。所有的金融资产都有价值，因此都可以不同程度地作为价值储藏手段。但是，当经济运行中价格和利率发生变化时，各种金融资产的实际价值是得到保持，或随之发生波动的程度有很大的差别。金融资产发挥价值储藏功能的程度不仅取决于保留面值，还在于取得的利息、红利或其他收益。决定金融资产是否计入货币供应量时，必须充分考虑其价值储藏功能。

6. 与国际接轨原则。IMF《货币与金融统计手册》中确定的货币统计框架体系具有国际普遍性，我国在修订货币供应量时，应当遵守这个框架原则。

二、修订货币供应量统计方案的原因

我国 1994 年 10 月份正式向社会公布货币供应量统计。货币供应量分为以下三个层次：M_0 = 流通中现金；狭义货币 $M_1 = M_0$ + 单位活期存款；广义货币 $M_2 = M_1$ + 储蓄存款和企业定期存款。2001 年 6 月份第一次修订货币供应量，将证券公司客户保证金计入 M_2。2002 年初，第二次修订货币供应量，将在中国的外资、合资金融机构的人民币存款业务，分别计入不同层次的货币供应量。

尽管我国货币供应量统计已经修订了两次，但它仍未全面反映金融市场的变化。

1. 货币在境内外的流动加大。货币在境内外的流动表现为人民币的流出和外币的流入。

2. 出现一些新的金融资产且交易量增长迅速。近几年，随着我国金融改革的不断深化，金融市场出现了一些新的金融资产，与货币供应量统计相关的有短期金融债券、商业票据、债券回购等。这些金融资产的交易量增长迅速。

3. 金融机构发生变化。随着金融市场的发展，出现了证券公司、投资基金公司、住房公积金、担保公司、养老基金公司、期货公司等非银行金融机构，它们的一些资产构成了货币供应量。也有部分存款性机构进行清理整顿，它们吸收的存款不应包括在货币供应量之内。保险公司业务的发展使保险存款增长较快，对货币供应量影响较大。此外，相继出现的担保公司、养老基金公司、期货公司等金融机构，它们在存款性公司的存款也应纳入货币供应量的统计范围。

4. 部分金融资产的流动性发生变动。从 1994 年开始统计货币供应量时，未将一些金融资产纳入货币供应量统计之中。近几年随着金融的发展，这部分金融资产的流动性发生变动，主要有银行卡项下的活期储蓄存款、结算中的款项和预算外财政存款等。

三、货币供应量统计的备选方案

根据金融市场的变化情况，考虑修订的基本原则，我国货币供应量统计修订可供选择的方案主要有：

（一）对我国现有金融机构分类进行修订

按 2000 年的 IMF《货币与金融统计手册》建议，将我国的金融机构划分为中央银行、其他存款性公司和其他金融性公司三大类，具体如下。

1. 中央银行。中国人民银行是我国的中央银行，是在国务院领导下制定和实施货币政策、维护金融稳定、提供金融服务的宏观调控部门。

2. 其他存款性公司。其他存款性公司指主要从事金融中介业务和发行包含在一国广义货币概念中负债的所有金融性公司（中央银行除外）和准公司。在我国包括存款货币公司和其他存款货币公司。

（1）存款货币公司，指可以吸收活期存款、使用支票进行转账并以此实现支付功能的金融公司。在我国主要包括：

① 国有独资商业银行：中国工商银行、中国农业银行、中国银行、中国建设银行。

② 股份制商业银行：交通银行、中信实业银行、光大银行、华夏银行、广东发展银行、深圳发展银行、招商银行、上海浦东发展银行、兴业银行、民生银行、恒丰银行。

③ 城市商业银行和农村商业银行。

④ 城市信用社和农村信用社。

⑤ 外资银行。

⑥ 中国农业发展银行。

（2）其他存款货币公司，指接受有期限、金额限制和特定来源存款的金融性公司。在我国包括中资和在我国的外资企业集团财务公司以及国家开发银行、中国进出口银行。

存款性公司由中央银行和其他存款性公司构成。

3. 其他金融性公司，指除中央银行和其他存款性公司以外的其他金融公司。在我国主要包括信托投资公司、金融租赁公司、保险公司、证券公司、证券投资基金管理有限公司、养老基金公司、资产管理公司、担保公司、期货公司、证券交易所和期货交易所等。

我国金融机构的部门分类		
存款性公司	中央银行	中国人民银行
	其他存款性公司	
	存款性货币公司	1. 国有独资商业银行：中国工商银行、中国农业银行、中国银行、中国建设银行
		2. 股份制商业银行：交通银行、中信实业银行、光大银行、华夏银行、广东发展银行、深圳发展银行、招商银行、上海浦东发展银行、兴业银行、民生银行、恒丰银行
		3. 城市商业银行和农村商业银行
		4. 城市信用社和农村信用社
		5. 外资银行
		6. 中国农业发展银行
	其他存款性货币公司	中资和在我国的外资企业集团财务公司以及国家开发银行、中国进出口银行
其他金融性公司		指不包括在中央银行和其他存款性公司内的其他金融公司。在我国主要包括信托投资公司、金融租赁公司、保险公司、证券公司、证券投资基金管理有限公司、养老基金公司、资产管理公司、担保公司、期货公司、证券交易所、期货交易所等

（二）各层次货币供应量统计的备选方案

拟对各层次货币供应量的统计提出以下四种修订方案：

1. 维持原结构不变，扩大数量较大、流动性变化明显的金融资产的监测层次。

货币供应量在原 M_0、M_1、M_2 三个层次的基础上，再扩大到 M_3。

M_0 = 流通中现金

M_1 = M_0 + 企业活期存款 + 机关团体存款 + 农村存款

M_2 = M_1 + 企业定期存款 + 储蓄存款

M_3 = M_2 + 外汇存款 + 保险公司存款 + 各种基金存款

这个方案的优点是货币供应量 M_0 至 M_2 三个层次不作调整，保持了统计的连续性，增加 M_3 层次，这便于操作和对比。

这个方案在操作时也可把监测重点仍放在 M_2，M_3 只作为监测的参考指标。

2. 对原结构进行微调，同时扩大货币供应量一个监测层次。

货币供应量划分为 M_0、M_1、M_2，监测外币存款，同时将 M_2 中的部分金融资产调整到 M_1 中去。

M_0 = 流通中现金

$M_1 = M_0 +$ 企业活期存款（包括原来货币供应量统计口径中的企业活期存款，以及银行本票、应解汇款及临时存款、汇入汇款、汇出汇款）+ 机关团体存款 + 农村存款 + 银行卡项下的个人人民币活期储蓄存款

$M_2 = M_1 +$ 企业定期存款 + 居民人民币储蓄存款（扣除银行卡项下的个人人民币活期储蓄存款）+ 其他存款（信托存款、委托存款、保证金存款、财政预算外存款）

外币存款 = 按期末市场汇率折算人民币后企业和个人的外币存款

这个方案的优点是既考虑货币供应量统计的连续性，又具有可操作性，但货币供应量包括的内容不全面，如日益发展的各种基金存款、商业票据等，没有包括在货币供应量中。

3. 对原结构进行微调，同时扩大货币供应量两个监测层次。

货币供应量划分为 M_0、M_1、M_2，监测 M_3 和外币存款。

$M_0 = $ 流通中现金

$M_1 = M_0 +$ 企业活期存款（包括原来货币供应量统计口径中的企业活期存款，以及银行本票、应解汇款及临时存款、汇入汇款、汇出汇款）+ 机关团体存款 + 农村存款 + 银行卡项下的个人人民币活期储蓄存款

$M_2 = M_1 +$ 企业定期存款 + 居民人民币储蓄存款（扣除银行卡项下的个人人民币活期储蓄存款）+ 其他存款（信托存款、委托存款、保证金存款、财政预算外存款）

$M_3 = M_2 +$ 存款性公司签发的银行承兑汇票 + 其他金融性公司在存款性公司的存款（如保险公司和证券投资基金管理有限公司在存款性公司的存款）+ 住房公积金存款

外币存款 = 按期末市场汇率折算人民币后企业和个人的外币存款

这个方案比第二个方案监测范围扩大，同时也增大了操作的难度。

4. 按目前金融市场变化的实际情况，进行较全面的修订。

货币供应量分为四个层次：M_0、M_1、M_2、M_3。

$M_0 = $ 流通中现金 - 境外人民币流通量

$M_1 = M_0 +$ 企业活期存款（包括结算中的款项）+ 机关团体存款 + 农村存款 + 银行卡项下的个人人民币活期储蓄存款

$M_2 = M_1 +$ 企业定期存款 + 居民人民币储蓄存款（扣除银行卡项下的个人人民币活期储蓄存款）+ 其他存款（信托存款、委托存款、保证金存款、财政预算外存款）+ 外汇存款 + 回购协议

$M_3 = M_2 +$ 基金存款 + 保险公司存款 + 商业承兑汇票

这个方案的优点是按金融资产流动性调整货币供应量，相关度较高；缺点是调整幅度较大，连续性较弱，且收集数据成本较大。

第十九章

中央银行宏观经济分析

内容提要

对宏观经济运行状况是否有一个科学的判断，是中央银行货币政策制定和调整能否准确和适度的前提。宏观经济分析是把社会总体的经济活动作为研究对象，它所研究的是国民经济总量及其相互关系。为此，必须首先了解国民经济中某些总量指标及其计算方法，如国内生产总值、国民生产总值、国民可支配收入、投资率、消费率、经济增长率等；其次，我们应该清楚国民经济核算体系的内容，熟悉宏观经济运行基本流程、核算公式及资金流量表，从而形成一个宏观经济分析的基本框架，并在此基础上，掌握宏观经济分析的内容。

第一节 中国的国民经济核算体系

国民经济核算体系是 20 世纪 30 年代以来，随着国家对宏观经济管理的加强，在国民收入统计的基础上逐步发展起来的。由于各国经济运行机制和经济管理体制不同，形成了两种不同的国民经济核算体系，即物质产品平衡表体系（MPS）和国民账户体系（SNA）。

我国原有的国民经济核算体系属于物质产品平衡表体系，它是与高度集中的计划管理体制相适应的。随着改革开放的深入，市场化程度的提高，这种核算制度的缺陷日益突出。为了同建立我国社会主义市场经济体制相适应，国家统计局从 1984 年底开始了新国民经济核算体系的研制工作，1987 年提出初步方案，并从 1992 年开始，正式实施新的核算体系。我国新国民经济核算体系由社会再生产核算表和经济循环账户两部分组成。

一、社会再生产核算表

1. 社会再生产核算表是对国民经济总体运行情况进行全面、综合、系统核算的形式。共有 5 张基本核算表：（1）国内生产总值及其使用表；（2）投入产出表；（3）资金流量表；（4）国际收支平衡表；（5）资产负债表。

2. 国内生产总值及其使用表以社会产品为对象，对一定时期社会生产与使用的基本情况进行综合核算，反映国民经济发展规模、结构和投资、消费等重大比例关系。

3. 投入产出表是在国内生产总值及其使用表的总量核算基础上，将国民经济各产业部门在生产经营中投入的各种费用的来源和产出的各种产品的使用去向，组成纵横交错的棋盘式平衡表。

4. 资金流量表以社会资金运动为对象，核算各部门资金的来源和使用，即部门之间的资金流量和流向，是国民经济核算在分配领域的扩展。

5. 国际收支平衡表以对外经济交易为对象，对一定时期一国与其他国家和地区之间的经济贸易往来、非贸易往来和资本往来进行系统的核算，综合反映本国的国际收支平衡状况、收支结构以及储蓄资产的增减变动情况，为制定对外经济政策、分析影响国际收支平衡的因素，采取相应调控措施提供依据。

6. 资产负债表以经济存量为对象对各种资产（如流动资产、固定资产、无形资产等）和各种债务（如国内金融负债、国外金融负债）进行全面、系统的核算，反映某一时点上全社会及各部门拥有资产和承担负债的规模、结构，为了解国民财产分布状况，研究经济实力和偿债能力，调整产业政策，确定投资方向提供基础数据。

二、经济循环账户

1. 经济循环账户采用"T"形账户形式和复式记账方法，把基本核算表中各种经济流量指标和经济存量连接起来，形成账户体系，系统地描述国民经济循环过程中各环节之间、各部门之间的经济联系。经济循环账户按两个层次设置：第一层次为国民经济账户；第二层次为部门账户。

2. 国内生产总值是指一个国家或地区的所有常住单位在一定时期内所生产和提供的最终产品和劳务的价值总和，是反映常住单位生产活动成果的指标。大概了解国内生产总值的三种计算方法（生产法、收入法和支出法）、各种方法的优点及它们的一致性。

3. 国民生产总值是指一定时期内国内生产总值与来自国外的要素净收入之和。清楚其反映的是本国常住单位原始收入的总和，不是一个生产概念，而是一个收入概念。掌握国内生产总值和国民生产总值之间的区别。

4. 理解国内生产净值、国民生产净值和国民可支配收入的含义和推导公式。

5. 清楚总投资和总消费是国内生产总值最终使用的两个主要方面，是反映投资和消费规模，研究其比例关系和内部结构的两项重要指标；掌握两者的含义、构成及分析指标。

第二节　宏观经济分析的基本框架

宏观经济分析的目标，是通过对宏观经济运行过程的把握，对经济运行状况作出判断，并找出失衡的症结所在。这样就需要对宏观经济的总体运行框架有所了解。

一、国民经济运行的基本流程与核算公式

通过该部分的学习，应熟悉国民经济运行的具体流程与核算公式。

二、资金流量表

1. 资金流量表从资金的角度核算部门之间的资金联系，从收入到支出的角度对交易主体进行分类，反映各部门储蓄和投资的差额，以及如何通过金融中介机构的融资交易而取得平衡，为宏观经济分析提供了一个基本的分析框架，从而为研究分析全社会资金运动的规律，以及制定宏观经济政策提供依据。

2. 由于各国宏观经济调控对核算要求以及国民生产总值核算的详细程度不同，资金流量核算有不同的内容。明确不同核算项目的内容和范围。

3. 资金流量表的编制包括国内金融交易的编制和国外金融交易的编制。

第三节　中央银行宏观经济分析的基本内容与方法

一、宏观经济分析的基本内容

1. 概括地说，中央银行宏观经济分析的内容包括两个方面：一是金融分析，主要是对货币信贷的增减变动情况进行监测，对增减变动的原因进行解释。二是经济分析，主要对企业、居民家庭、政府部门和国外部门的经济活动和收支状况进行分析。

2. 货币分析指货币供应量分析。在我国，现金 M_0 是零售市场购买力的基本承担者，它在货币供应量分析中占有突出重要的位置。另外，实证分析表明，现金与各项宏观经济重要变量关系非常密切，所以，对它的分析应成为我们的重点。在进行现金分析时，应当明确应注意的几个问题：（1）现金投放、回笼的时间序列分析；（2）现金投放、回笼渠道的变化；（3）现金投放、回笼渠道的分类；（4）注意将现金投放、回笼数及各项目流量与相关的经济变量作时间序列对比分析。

3. 消费分析部分应清楚消费平衡分析的主要内容。

4. 投资分析包括固定资产投资分析和流动资产投资分析。应明确两项分析的主要内容及分析指标。

5. 企业收支分析部分应清楚从流量和存量两个角度展开分析时，两者所分析核心内容的差异、所采用指标的不同以及所揭示问题侧重点的区别。从存量角度分析要以货币资金的占用状况为核心，而从流量角度分析企业收支实质是进行企业投入产出或收益性分析。

6. 居民家庭收支分析分为居民家庭收入的形成和收入结构变动分析、消费结构分析、居民家庭储蓄发展水平和储蓄结构分析以及储蓄存款稳定性和变动规律分析。

7. 财政收支分析主要是就财政动用历年节余、财政发行政府债券、向中央银行透支和借款对货币供应量的影响分别进行的分析。

8. 国际收支分析包括贸易收支的变动分析、资本往来分析和国际储备变动分析。

9. 生产形势分析则分别从生产规模的变动、生产速度的变动、预期生产速度以及生产结构等角度展开分析。

10. 价格及通货膨胀分析首先要理解物价指数的含义及编制方法，其次要熟悉我国现有的价格统计资料。在此基础上就价格变动的多方面影响及通货膨胀的效应进行分析。

二、中央银行宏观经济分析的基本方法

了解中央银行宏观经济分析的基本方法是：研究现金与研究货币供应量相结合，以研究货币供应量为主；研究微观经济与研究宏观经济相结合，以研究宏观经济为主；研究金融与研究经济相结合，立足金融，研究经济；定性分析与定量分析相结合，以定量分析为主。

综合练习

一、名词解释
GDP 与 GNP　　NDP 与 NNP　　GNDI 与 NNDI　　国民账户体系（SNA）
二、填空题
1. 根据各国经济运行机制和经济管理体制不同，形成了两种不同的国民经济核算体系，即_____和_____。

2. 从 1992 年开始，我国正式实施新的核算体系。该核算体系由_____

和_____两部分组成。

3. 国内生产总值有_____、_____和_____三种计算方法。

4. 总投资是指一定时期内_____和_____的总和，而总消费是指一定时期内用于最终消费的_____及_____的价值。

5. 中央银行宏观经济分析的内容包括两个方面，即_____和_____。

三、单项选择题

1. 我国国民经济核算新体系由（   ）组成。

A. 资产负债表和资金流量表　　　　B. 国际收支平衡表和投入产出表

C. 社会再生产核算表和经济循环账户　D. 资产负债表和投入产出表

2. 国民生产总值及其使用表以（   ）为对象，对一定时期社会生产与使用的基本情况进行综合核算。

A. 生产总值　　　B. 社会财富　　　C. 社会产品　　　D. 流通商品

3. 资产负债表以（   ）为对象，对各种资产和负债进行全面、系统的核算。

A. 社会产品　　　B. 经济增量　　　C. 经济存量　　　D. 经济流量

四、多项选择题

1. 社会再生产核算表具体还包括（   ）等基本核算表。

A. 国内生产总值及其使用表　　　B. 投入产出表

C. 资金流量表　　　　　　　　　D. 国际收支平衡表

E. 资产负债表

2. 由于各国经济运行机制和经济管理体制不同，形成了不同的国民经济核算体系，具体包括（   ）。

A. 社会再生产核算表体系　　　B. 经济循环账户体系

C. 物质产品平衡表体系　　　　D. 国民账户体系

E. 国民生产总值体系

3. 经济循环账户按（   ）层次设置。

A. 国民经济账户　　　　　　　B. 部门账户

C. 国内生产总值账户　　　　　D. 投资账户

E. 资产负债表账户

4. 国民经济账户分为（   ）等账户。

A. 国内生产总值账户　　　　　B. 国民可支配收入账户

C. 投资账户　　　　　　　　　D. 对外交易账户

E. 资产负债表账户

五、判断题

1. 我国国民经济核算新体系通俗地表述，就是经济循环账户。（   ）

2. 资产负债表以经济流量为对象对各种资产和负债进行全面、系统的核算。
（　　）

3. 国民生产总值在统计范围上大于国内生产总值，因此，其在数值上也大于国内生产总值。
（　　）

六、简答题

1. 简述中央银行宏观经济分析的基本内容。

2. 简述中央银行宏观经济分析的基本方法。

3. 资金流量核算对中央银行的宏观经济分析有何意义？

七、论述题

试论中央银行宏观经济分析的必要性。

参考答案

一、名词解释

1. GDP 是国内生产总值的简称，指一个国家或地区的所有常住单位在一定时期内所生产和提供的最终产品和劳务的价值总和；GNP 是国民生产总值的简称，指一定时期内国内生产总值与来自国外的要素净收入之和。

2. NDP 是国内生产净值的简称，具体为国内生产总值减去固定资产折旧；NNP 是国民生产净值的简称，具体为国民生产总值减去固定资产折旧。

3. GNDI 是国民可支配总收入的简称，具体为国民生产总值与来自国外的转移支付净额之和；NNDI 是国民可支配净收入的简称，具体为国民生产净值与来自国外的转移支付净额之和。

4. 国民账户体系（SNA）是以全面生产的概念为基础，把国民经济各行各业都纳入核算范围，将社会产品分为货物和服务两种形态，运用复式记账法的原理，建立一系列宏观经济循环账户和核算表式，组成结构严谨、逻辑严密的体系。

二、填空题

1. 物质产品平衡表体系、国民账户体系

2. 社会再生产核算表、经济循环账户

3. 生产法、收入法、支出法

4. 固定资产投资、库存增加价值、产品、劳务

5. 金融分析、经济分析

三、单项选择题

1. C　　2. C　　3. C

四、多项选择题

1. ABCDE   2. CD   3. AB   4. ABCDE

五、判断题

1. ×   2. ×   3. ×

六、简答题

1. 中央银行宏观经济分析的内容包括两个方面：一是金融分析，主要是对货币信贷的增减变动情况进行监测，对增减变动的原因进行解释。二是经济分析，主要对企业、居民家庭、政府部门和国外部门的经济活动和收支状况进行分析。这两个方面是相互联系、不可分割的，它们构成了中央银行宏观经济分析的整体。

2. 在基本方法上，中央银行的宏观经济分析要注意：研究现金与研究货币供应量相结合，以研究货币供应量为主；研究微观经济与研究宏观经济相结合，以研究宏观经济为主；研究金融与研究经济相结合，立足金融，研究经济；定性分析与定量分析相结合，以定量分析为主。

3. 资金流量表从资金的角度核算部门之间的资金联系，从收入到支出的角度对交易主体进行分类，反映各部门储蓄和投资的差额，以及如何通过金融中介机构的融资交易而取得平衡，为宏观经济分析提供了一个基本的分析框架，从而为研究分析全社会资金运动的规律，以及制定宏观经济政策提供依据。

七、论述题（要点）

就中央银行而言，其宏观经济分析更注重对运行状况的判断。对宏观经济运行状况是否有一个科学的判断，是中央银行货币政策制定和调整能否准确和适度的前提。

（1）从中央银行所处的地位看，中央银行货币政策的松或紧，对宏观经济运行有着直接的、重要的影响，这就决定了中央银行应该而且必须超脱具体业务，从宏观上把握经济运行的趋势，及时、正确地调整货币政策，促进经济健康发展。

（2）从中央银行的职能看，中央银行作为控制货币的总闸门，就是要使货币供给的增长与经济增长相适应，保持货币币值的稳定。中央银行要有效地控制货币，就不能就金融论金融，也不能根据个别银行机构的资金状况和个别企业的财务状况去制定货币政策，要从整个宏观经济全局出发。

（3）从中央银行掌握的货币政策工具看，中央银行管理货币就必须灵活、有效地运用利率、汇率、准备金比率等货币政策工具，而及时把握宏观经济运行态势是正确运用货币政策工具的前提。

参考资料

2008 年第一季度我国宏观经济运行分析①

2008 年第一季度，国民经济在国际经济环境变化和国内发生严重低温雨雪冰冻灾害情况下保持较为稳定的增长态势，经济总体形势比预想的要好。农业生产稳定发展，工业生产较快增长，消费需求保持平稳较快增势，居民收入、企业利润与财政收入持续增长，贸易不平衡有所改善，但居民消费价格受灾害等影响上涨较快。第一季度，国内生产总值 6.1 万亿元，同比增长 10.6%，比上年同期减缓 1.1 个百分点；居民消费价格指数（CPI）上涨 8.0%，比上年提高 5.3 个百分点；贸易顺差 414 亿美元，比上年同期减少 49 亿美元。

（一）消费较快增长，投资增速仍在高位，贸易顺差同比略有减少

城乡居民收入继续稳定提高，国内消费需求较旺。第一季度，全国城镇居民人均可支配收入 4 386 元，同比增长 11.5%，扣除价格因素，实际增长 3.4%；农民人均现金收入 1 494 元，同比增长 18.5%，扣除价格因素，实际增长 9.1%。人民银行城镇储户问卷调查显示，第一季度居民当期收入感受指数显著提高，认为收入增加的居民比重比上季度提升 6.7 个百分点。城乡居民收入的稳步提高支撑了消费的持续增长。第一季度，社会消费品零售总额达到 2.6 万亿元，名义增长 20.6%，扣除价格因素实际增长 12.3%，与上年同期 12.5% 的实际增速基本持平。其中，城市消费品零售额增长 21.2%，县及县以下消费品零售额增长 19.3%，城乡消费品零售额增速相差 1.9 个百分点，比上年同期扩大 0.1 个百分点。

固定资产投资保持高位运行。第一季度，全社会固定资产投资 21 845 亿元，同比增长 24.6%，增幅比上年同期高 0.9 个百分点，但扣除价格因素后实际增长 14.8%，增幅比上年同期回落 6.2 个百分点。分城乡看，城镇固定资产投资 1.8 万亿元，增长 25.9%；农村固定资产投资 3 529 亿元，增长 18.3%，增幅比上年同期分别高 0.6 个和 1.6 个百分点。在城镇固定资产投资中，分地区看，中、西部地区投资增长较快，中、西部投资占全国投资的比重分别比上年同期提高 1.5 个和 0.2 个百分点，东、中、西部地区城镇投资分别增长 22.3%、35.2% 和 27.7%。分产业看，在国家建设社会主义新农村的政策支持下，第一产业投资增幅最大。三次产业投资分别增长 80.8%、25.9% 和 25.3%，第一、第三产业分别比上年加快 60.5 个和 1.3 个百分点，第二产业比上年放缓 1.1 个百分点。

① 摘自《2008 年第一季度中国货币政策执行报告》，中国人民银行网站，2008－05－14。

进口增速快于出口增速，贸易顺差同比略有减少。第一季度，进出口总额为5 703.8亿美元，增长24.6%，增速比上年同期加快1.3个百分点。受外需减弱和冰雪灾害等因素影响，出口增速略有下降。出口3 059亿美元，同比增长21.4%，增速比上年同期下降6.4个百分点。进口2 644.8亿美元，同比增长28.6%，增速加快10.4个百分点。贸易顺差414亿美元，比上年同期减少49亿美元，但规模仍然偏大。从月度情况看，2月份，出口同比增长6.5%，增速回落45.2个百分点，但3月份增速又恢复到增长30.6%的水平，加快23.7个百分点，增速变化较大的主要原因是上年同期基数波动较大。

（二）农业生产稳定发展，工业生产增长较快

第一季度，第一产业增加值4 720亿元，增长2.8%，增速比上年回落1.6个百分点；第二产业增加值30 778亿元，增长11.5%，增速比上年回落1.7个百分点；第三产业增加值25 993亿元，增长10.9%，增速比上年回落0.4个百分点。

农业生产保持稳定发展势头，灾后重建积极推进，粮食播种面积略有扩大。尽管年初的低温雨雪冰冻灾害对部分地区农业生产造成了不同程度的影响，但各地灾后恢复重建工作效果显著，农业生产整体恢复状况良好。根据农作物种植意向调查，预计全国粮食播种面积10 562万公顷，比上年增加9万公顷，连续5年增加。第一季度，猪牛羊禽肉产量1 917万吨，同比增长3.7%，其中猪肉产量1 284万吨，增长2.3%。全国农产品生产价格（指农产品生产者直接出售其产品时的价格）上涨幅度25.5%，高于农业生产资料价格17.5%上涨幅度，有利于农民增收。

工业生产增长较快，企业产品销售率同比上升。第一季度，全国规模以上工业增加值同比增长16.4%，增幅比上年同期回落1.9个百分点；工业产品销售率为97.7%，比上年同期提高0.5个百分点；1—2月份，全国规模以上工业实现利润3 482亿元，在上年同期增长43.8%的较高基础上进一步增长16.5%。中国人民银行5 000户工业企业企业家问卷调查显示，2008年第一季度企业总体经营景气指数达29.6%，比上年同期下降0.8个百分点。

（三）居民消费价格水平上涨较快

居民消费价格继续高位运行。第一季度各月，CPI同比依次上涨7.1%、8.7%和8.3%，平均为8.0%，同比高5.3个百分点。分类别看，食品价格上涨21.0%，拉动CPI上涨6.8个百分点，贡献率为85%，是拉动CPI上涨的主要因素；居住类价格上涨6.6%，拉动CPI上涨1.0个百分点，贡献率为12.5%。非食品价格涨幅也有所扩大，在2007年上涨1.1%、比2006年提高0.1个百分点的基础上，2008年第一季度上涨1.6%。2月份食品价格快速上涨与春节和冰雪灾害因素的影响密切相关。雪灾破坏运输和农业生产，引起供给不足，春节期间

集中消费放大了需求，肉禽蛋、油脂和鲜菜等食品类价格上涨较快。随着节后消费需求相对减弱和天气回暖，食品类价格 3 月份有所回落。

国际大宗商品价格快速上涨。第一季度，受库存下降、供求紧张，以及美元进一步走软和国际投机资金炒作等因素影响，国际原油和原材料等大宗商品价格继续上涨，纽约商品交易所 3 月底原油期货价格收于每桶 101.58 美元，现货价格收于每桶 100.92 美元；伦敦金属交易所期铜和期铝的当季涨幅分别为 27.81% 和 24.08%。在我国经济日益融入全球经济的背景下，国际大宗商品价格上涨进一步加大了国内输入型通货膨胀压力。

进、出口价格上涨较快，进口价格涨幅高于出口价格。第一季度各月，进口价格同比分别上涨 14.8%、18.1% 和 17.6%，平均为 16.8%，比上年同期高 12 个百分点；出口价格各月同比分别上涨 6.5%、11.9% 和 9%，平均为 9.1%，比上年同期高 3.8 个百分点。

受煤炭、原油和钢材价格涨幅不断扩大的影响，工业品价格加速上扬。第一季度，原材料、燃料、动力价格和工业品出厂价格涨幅逐月上升，分别上涨 9.8% 和 6.9%，涨幅比上年同期分别扩大 5.7 个和 4.0 个百分点。农产品生产价格同比上涨 25.5%，其中粮食生产价格同比上涨 11.4%，畜牧业同比上涨 44.9%。农业生产资料价格同比上涨 17.5%，比上年同期加快 13.3 个百分点。种子、仔猪、化肥、农药和柴油等农业生产资料价格大幅上涨，主要是农业生产资料成本大幅提高，且农民从事养殖业和种植业的积极性较高，对农业生产资料需求旺盛。农业生产资料价格的大幅上涨，将挤压农民的获利空间，降低农民从事种植业和养殖业的积极性，应引起重视。

劳动报酬增加较快。第一季度，全国城镇单位在岗职工平均工资为 6 524 元，同比增长 18.3%。其中，城镇国有经济单位 6 960 元，增长 17.7%；城镇集体经济单位 3 902 元，增长 20.0%；城镇其他经济类型单位 6 328 元，增长 19.0%。据抽样调查，第一季度农民工资性收入人均 608 元，同比增长 16.9%。

GDP 缩减指数同比大幅上升。第一季度我国 GDP 为 6.1 万亿元，实际增长率为 10.6%，GDP 缩减指数（按当年价格计算的 GDP 与按固定价格计算的 GDP 的比率）为 8.2%，同比上升 3.5 个百分点。GDP 缩减指数自 2007 年第二季度起持续上升，由于 GDP 缩减指数比较全面地反映了一般物价水平的变动，应对其走势保持高度关注。

资源性产品价格改革继续稳步推进。2008 年 1 月份发布《国务院关于促进节约集约用地的通知》，对闲置土地征缴增值地价；将进一步改革资源税制，计征方式由从量计征改为从价计征，并扩大资源税目。尽管当前消费价格涨幅较高，资源价格改革有一定压力，但从长远考虑，推进资源价格改革有利于发挥价格在配置资源性产品中的重要作用，充分反映资源稀缺程度和市场供求状况，鼓励资源的合理开发和利用，促进经济发展方式的转变。因此，未来宜合理兼顾控制通货膨胀和资源价格改革的关系，在充分考虑社会各方面承受能力的情况下，积极稳妥地推进资源价格改革。

（四）财政收入快速增长，支出结构继续改善

第一季度，全国财政收入（不含债务收入）15 971.3 亿元，同比增长 35.5%，增幅比上年同期高 8.8 个百分点；全国财政支出 9 506.7 亿元，同比增长 30.4%，增幅比上年同期高 14.6 个百分点。收支相抵，收入大于支出 6 464.6 亿元，比上年同期增加 1 969.8 亿元，增加较多。

全国税收收入保持较快增长，各税种收入全面增长。国内增值税、国内消费税和营业税共完成 7 541 亿元，同比增长 25.2%，增收 1 516 亿元，占增收总额的 39.7%；企业所得税和个人所得税共完成 3 814 亿元，同比增长 34.5%，增收 978 亿元，占增收总额的 25.6%。财政支出中，农业、社会保障和社会事业发展支出增长较快。第一季度，农林水事务支出、社会保障和就业支出、教育支出、医疗卫生支出、环境保护支出分别同比增长 37.7%、30.9%、24.4%、40.6% 和 54.3%。

（五）国际收支

国际收支继续保持大额顺差，外汇储备快速增长。第一季度，实际使用外商直接投资 274 亿美元，同比增长 61.3%，比上年加快 49.7 个百分点。截至 2008 年 3 月末，外汇储备余额为 16 822 亿美元，比上年年末增加 1 539 亿美元，同比多增 182 亿美元。

外债总规模增速略有回升。2007 年末，我国外债余额为 3 736 亿美元，比上年年末增长 15.7%，增速同比提高 0.8 个百分点。其中，登记外债余额为 2 405 亿美元，比上年年末上升 9.8%；短期外债余额为 2 201 亿美元，比上年年末增长 19.9%，占全部外债的 58.9%，占比较上年年末上升 2.1 个百分点。

（六）行业分析

第一季度，多数行业效益水平快速提高。1—2 月，12 个主要工业部门中，煤炭行业在价格上涨的带动下，利润同比增长 66.8%；医药、建材、机械、冶金、电子、轻工行业实现利润增幅达 36.1% ~ 50.1%。纺织、轻工行业等劳动密集型行业的出口增势减缓，利润率保持稳定。1—2 月，纺织、轻工行业利润分别增长 14.2% 和 36.1%。主要高耗能行业和产品生产增速明显放缓。第一季度，粗钢、电解铝产量同比分别增长 8.6% 和 7.9%，增幅同比回落 13.7 个和 28.7 个百分点；电石、铁合金、水泥、平板玻璃等产品产量增幅也有不同程度的回落。煤电油运生产快速增长。第一季度，原煤、原油产量和发电量分别为 5.69 亿吨、4 685 万吨和 8 051 亿千瓦时，同比分别增长 14.6%、2.2% 和 14%。共完成货运量 55.3 亿吨，同比增长 10.6%。

1. 房地产行业。

第一季度，房地产开发投资增长较快，结构优化，商品房销售面积同比有所下降。房屋销售价格继续快速上涨，但涨幅趋缓。商业性房地产贷款增速放缓。

房地产开发投资增长较快，结构优化。第一季度，全国完成房地产开发投资4 688亿元，同比增长32.3%，增速比上年同期提高5.4个百分点，高于同期固定资产投资增速6.4个百分点。其中，商品住宅完成投资3 316.5亿元，同比增长34.7%，占开发投资总量的70.7%，90平方米以下住房投资758.5亿元，同比增长91.5%，占开发投资总量的16.2%，较上年同期提高5个百分点。随着各项房地产宏观调控政策的不断落实，中小户型、中低价位住房供给的不断增加，会在一定程度上缓解住宅市场的结构性矛盾。

住房需求保持稳定。商品房销售面积同比有所下降，第一季度，全国商品房销售面积1.04亿平方米，同比下降1.4%，商品房销售额4 111亿元，同比增长1.5%。新开工和竣工面积增长较快。新开工面积2.4亿平方米，同比增长25.9%；竣工面积7 855.9万平方米，同比增长26.9%。商品房空置面积继续减少。3月末，全国商品房空置面积1.21亿平方米，同比下降3.9%，其中，空置商品住宅6 170万平方米，同比下降10.6%。

房屋销售价格继续较快上涨，但涨幅趋缓。第一季度，全国70个大中城市房屋销售价格同比上涨11%，涨幅比上年同期上升5.4个百分点。其中1—3月环比涨幅分别为0.3%、0.2%和0.3%，明显低于上年月均1%的涨幅，且3月份有10个城市出现房价环比下跌。第一季度70个大中城市新建住房销售价格同比上涨11.8%，二手住房销售价格同比上涨11.5%，土地交易价格同比上涨16.5%，房屋租赁价格同比上涨2.1%。第一季度，乌鲁木齐（24.5%）、蚌埠（14.8%）、宁波（14.6%）、南宁（14.5%）、北京（13.9%）和杭州（13.7%）房屋销售价格同比涨幅位居全国前列，部分前期涨幅较大的城市如深圳环比房价出现小幅下降。

商业性房地产贷款增速放缓。商业性房地产贷款和购房贷款余额增幅自2007年12月末开始逐步下降，分别由2007年12月末的30.6%和33.6%下降至2008年3月末的25.7%和29.8%。截至2008年3月末，全国商业性房地产贷款余额为5.01万亿元，同比增长25.7%。其中，房地产开发贷款余额为1.8万亿元，同比增长19.1%；购房贷款余额为3.1万亿元，同比增长29.8%。

2. 石油行业。

2007年以来，国际原油价格屡创新高，2008年3月份每桶价格突破110美元后，5月上旬再度突破每桶120美元。我国是石油净进口国，石油价格持续大幅攀升进一步增大了我国的通货膨胀压力，国内成品油与原油价格倒挂矛盾突出，石油化工下游行业成本压力加大。

随着制造业的快速发展和生活用能源的迅猛增加，石油需求急剧扩张，增加对进口油的需求。2007 年，我国原油生产量为 1.87 亿吨，消费量为 3.27 亿吨，进口量为 1.63 亿吨，进口原油占国内原油消费量的比重为 49.8%。第一季度以来，在社会发展、春耕来临以及少数单位囤油待涨等因素的共同作用下，国内部分地区成品油，尤其是柴油供应偏紧。通过加强资源调配，加强信息引导，确保重点用油等措施，3 月末成品油供应紧张状况得到缓解。

原油价格快速上涨，加大了国内通货膨胀压力。近年来，我国原油价格已与国际市场接轨，国内大庆和胜利等油田的原油价格与米纳斯、布伦特等国际市场原油价格高度趋同。随着国际油价屡创新高，国内原油价格也大幅上涨，1—3 月，大庆油田原油平均价格分别为 92.0 美元/桶、95.9 美元/桶和 102.2 美元/桶。

成品油价格存在较大上调空间。我国成品油仍然实行定价管理。国际原油价格持续大幅上涨导致国内成品油与原油价格倒挂矛盾突出。以汽油为例，3 月份我国汽油出厂价为 5 480 元/吨，剔除增值税和消费税只有 4 400 元/吨左右，而国内大庆原油价格约为 5 250 元/吨。同时，国内成品油价格也大大低于国际成品油价格。3 月份，国内 93 号汽油价格为 7 000 元/吨，低于国际价格约 1 500 元/吨。

受价格机制等因素影响，上游行业效益相对提高，下游行业效益相应下滑，特别是炼油行业亏损加剧。自身油源较少而原油进口依赖度较高的国内石化企业面临与日俱增的高成本压力。1—2 月，石油和天然气开采业利润为 788 亿元，同比增长 61.2%。石油加工行业由上年同期盈利 156 亿元转为净亏损 239 亿元。

在国内外成品油价格存在较大差距，国内原油和成品油价格倒挂的情况下，应继续积极推进石油等资源性产品价格改革。国内油价调整相对滞后，在一定程度上鼓励了低价石油消费，不仅不利于推动经济结构调整，还造成节能压力传递不畅、动力不足。在国际原油价格主要以美元计价，而美元近年来持续贬值的情况下，提高人民币汇率灵活性能够降低以人民币计价的国内原油价格，提高以外币计价的成品油价格，从而缓解成品油和原油价格倒挂，减少国内外成品油价差。同时，应积极稳妥地推进石油等资源性产品价格改革，理顺资源价格形成机制，逐步使资源性产品价格真正反映资源的稀缺程度、供求关系和环境成本，这对于促进资源节约和环境保护，抑制投资和出口过快增长，具有重要意义。

21 世纪高等学校金融学系列教材

一、货币银行学子系列

金融学	朱新蓉	主编	35.00 元	2005.06 出版
金融学学习指导	朱新蓉	主编	33.00 元	2006.06 出版
货币金融学	张 强 乔海曙	主编	32.00 元	2007.05 出版
（国家精品课程教材）				
货币银行学（第二版）	夏德仁 李念斋	主编	27.50 元	2005.05 出版
货币银行学原理（第二版）	周 骏 王学青	主编	26.50 元	2002.04 出版
（教育部经济类专业主干课程推荐教材）				
货币银行学原理（第五版）	郑道平 龙玮娟	主编	29.00 元	2005.06 出版
金融理论教程	孔祥毅	主编	39.00 元	2003.02 出版
西方货币金融理论	伍海华	编著	38.80 元	2002.06 出版
现代货币金融学	汪祖杰	主编	30.00 元	2003.08 出版
行为金融学教程	苏同华	主编	25.50 元	2006.06 出版
中央银行通论（第三版）	孔祥毅	主编	40.00 元	2009.02 出版
中央银行通论学习指导（修订版）	孔祥毅	主编	38.00 元	2009.02 出版
商业银行管理学	彭建刚	主编	29.00 元	2004.02 出版
（国家精品课程教材）				
商业银行管理学（附课件）	李志辉	主编	45.00 元	2006.12 出版
（普通高等教育"十一五"国家级规划教材）				
商业银行管理学习题集	李志辉	主编	20.00 元	2006.12 出版
（普通高等教育"十一五"国家级规划教材辅助教材）				
现代商业银行管理学基础	王先玉	主编	41.00 元	2006.07 出版
金融市场学	杜金富	主编	34.50 元	2007.05 出版
现代金融市场学（第二版）	张亦春	主编	46.00 元	2007.08 出版
（附课件）				
中国金融简史（第二版）	袁远福	主编	25.00 元	2005.09 出版
（普通高等教育"十一五"国家级规划教材）				
货币与金融统计学（第二版）	杜金富	主编	37.00 元	2006.09 出版
（附习题光盘）（普通高等教育"十一五"国家级规划教材／国家统计局优秀教材）				
金融信托与租赁（第二版）	王淑敏 齐佩金	主编	32.50 元	2006.09 出版
（普通高等教育"十一五"国家级规划教材）				
金融信托与租赁案例与习题	王淑敏 齐佩金	主编	25.00 元	2006.09 出版
（普通高等教育"十一五"国家级规划教材辅助教材）				

现代信用管理学

金融营销学　　　　　　　万后芬　　　　　主编　31.00元　2003.03出版

金融风险管理　　　　　　宋清华　李志辉　主编　33.50元　2003.01出版

金融信息系统

网络银行　　　　　　　　孙　森　　　　　主编　28.50元　2004.02出版

房地产金融

银行会计学　　　　　　　于希文　王允平　主编　30.00元　2003.04出版

金融稽核学

二、国际金融子系列

国际金融学　　　　　　　潘英丽　马君潞　主编　31.50元　2002.05出版

国际金融概论(第二版)　　王爱俭　　　　　主编　25.00元　2005.09出版
　　(普通高等教育"十一五"国家级规划教材)

国际金融　　　　　　　　刘惠好　　　　　主编　30.00元　2007.04出版

国际金融管理学　　　　　张碧琼　　　　　编著　36.00元　2007.09出版

国际金融与结算(附课件)　徐荣贞　　　　　主编　35.00元　2005.09出版

外汇理论与交易原理　　　杨胜刚　姚小义　主编　36.60元　2002.10出版

国际结算(第三版)　　　　苏宗祥　景乃权　等编著　40.00元　2004.06出版
　　(普通高等教育"十一五"国家级规划教材)

国际结算辅导与练习　　　苏宗祥　　　　　主编　20.50元　2006.02出版
　　(普通高等教育"十一五"国家级规划教材辅助教材)

国际结算(第四版)　　　　苏宗祥　徐　捷　编著　58.00元　2008.11出版
　　(普通高等教育"十一五"国家级规划教材)

国际资本市场

各国金融体制比较(第二版)　白钦先　　　　等编著　43.50元　2008.07出版

三、投资学子系列

投资学　　　　　　　　　张元萍　　　　　主编　45.00元　2007.09出版

证券投资学　　　　　　　吴晓求　季冬生　主编　24.00元　2004.03出版

证券投资概论

投资银行学教程　　　　　郑　鸣　王　聪　著　33.00元　2005.04出版

证券投资分析　　　　　　赵锡军　李向科　主编　30.50元　2003.06出版

组合投资与投资基金管理　陈伟忠　　　　　主编　15.50元　2004.07出版

风险资本与风险投资

投资项目评估

项目融资(第三版)　　　　蒋先玲　　　　　编著　36.00元　2008.10出版

四、金融工程子系列

金融经济学教程　　　　　陈伟忠　　　　　主编　35.00元　2008.09出版

金融工程学
金融工程案例
固定收益证券
衍生金融工具　　　　叶永刚　　　　主编　28.00 元　2004.01 出版
公司金融(第二版)　　陈琦伟　　　　主编　28.00 元　2003.06 出版
公司金融案例
金融计量学　　　　　张宗新　　　　主编　42.50 元　2008.09 出版
数理金融　　　　　　张元萍　　　　编著　29.80 元　2004.08 出版

五、金融法子系列

金融法　　　　　　　甘功仁　黄　欣　主编　34.50 元　2003.03 出版
金融法教程(第二版)　刘定华　　　　主编　31.50 元　2004.02 出版
　　(普通高等教育"十一五"国家级规划教材/ 司法部优秀教材)
保险法学(第二版)　　魏华林　　　　主编　31.50 元　2007.09 出版
　　(教育部法学专业主干课程推荐教材)
证券法学　　　　　　符启林　　　　主编　31.00 元　2003.08 出版
票据法教程　　　　　刘定华　　　　主编　30.00 元　2008.05 出版
信托法学　　　　　　徐孟洲　　　　主编　27.00 元　2004.01 出版
　　(北京市高等教育精品教材)

六、金融英语子系列

金融英语阅读教程(第二版)　沈素萍　　主编　38.50 元　2006.02 出版
　　(北京高等学校市级精品课程教材)
金融英语阅读教程导读(第二版)　沈素萍　主编　16.00 元　2007.02 出版
　　(北京高等学校市级精品课程辅助教材)
金融英语教程
保险英语教程
保险专业英语　　　　张栓林　　　　编著　22.00 元　2004.02 出版
财经英语教程
金融英语函电

21 世纪高等学校保险学系列教材